考古學探究

李相均 著

考古學探究

李相均 著

1판1쇄 인쇄 | 2013년 09월 25일
1판1쇄 발행 | 2013년 09월 30일

발행처 | 전주대학교 출판부
발행인 | 이호인
등록번호 | 제 43호
등록일자 | 1985년 11월 20일
전북 전주시 완산구 효자동 3가 1200
우편번호 | 560-759
전화 | 063-220-2790
FAX | 063-220-2067
인쇄 | C&C World (063-278-3014)

ISBN 978-89-8448-158-9 92900
값 18,000원

考古學探究

李相均 著

全州大學校出版部

책을 내면서

고고학은 인류가 남긴 물질적 증거를 연구하여 인류사를 복원하는 학문이며, 이것은 주로 유적조사를 통하여 얻어진 자료가 많이 이용된다. 유적의 조사와 발굴은 항상 새로운 발견을 의미하고 지적인 호기심을 자극하여 즐거운 긴장감을 맛보게 한다. 유적조사의 현장에서 호미질을 하다가 유물이 걸리면 손끝에 전해오는 짜릿한 그 느낌을 지금도 간직하고 있다.

그간 필자는 학생들에게 고고학과 관련된 내용을 강의하면서 늘 교재의 필요성을 가지고 있었다. 고고학을 처음 접하는 학생들이 사용할 입문서의 기초적인 내용과 우리나라 고고학의 시기별 내용을 동시에 다룰 수 있는 교재가 필요하였다. 이에 본서는 필자가 학생들에게 강의한 내용을 중심으로 기술하였으며, 고고학입문과 한국고고학의 개요에 대하여 기술하였다. 개설서적인 강의는 대개 고고학입문과 구석기시대에서 원삼국시대까지를 다루면 한 학기의 분량으로는 충분하다고 생각되었다.

본서의 내용은 고고학 입문, 구석기시대, 신석기시대, 청동기시대, 원삼국시대로 나누어 기술하였다. 현재의 시기구분으로는 청동기시대 다음으로 초기철기시대가 있다. 그러나 초기철기시대의 유물을 검토해보면, 철기가 보급되기는 하였지만 한반도에서는 청동기의 제작기술이 최고조에 도달한 상태이며, 실질적으로 이 시기는 청동기문화

단계에 속한다고 볼 수 있다. 따라서 본서에서는 기존의 초기철기시대를 청동기시대 후기에 편년하여 구분하는 안을 수용하였다.

본서에서는 고고학의 용어나 유물의 명칭에 대해서는 아직까지 통일된 견해가 없기 때문에 되도록 한글과 한자어를 병기하였으며, 일반적으로 부르고 있는 용어를 선택하였다. 또한 고고학의 기초 교재로 활용하기 위해서는 사례를 많이 인용하거나 유적이나 유물의 도면과 사진을 많이 넣어 어려운 내용을 이해하는데 도움이 되고자 하였다.

아무쪼록 본서의 간행으로 인하여 학생들이 고고학에 대한 기초지식을 충분히 습득하게 된다면 그것으로 만족할 따름이다. 끝으로 본서가 간행되기까지 많은 연구자의 도움이 있었으며, 이 기회에 지면을 빌어 감사를 드린다. 아울러 졸문의 출판을 허락해 주신 전주대학교 출판부와 편집에 수고한 C&C출판사 관계자에게 감사의 말씀을 전한다.

2013년 9월
온고을 천잠봉 아래 연구실에서

이 상 균

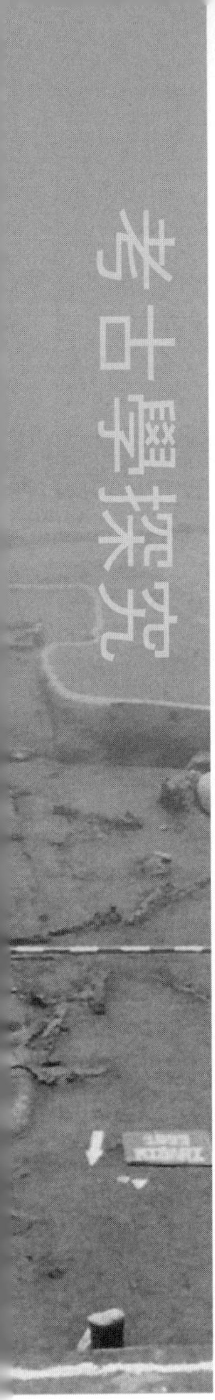

Contents_

Ⅳ. 청동기시대

Ⅴ. 원삼국시대

Ⅰ. 고고학 입문

1. 고고학이란?

1) 고고학의 정의

고고학考古學을 체계적으로 공부하지 않은 사람에게 "고고학은 어떠한 학문인가?"라고 물으면, 원시시대의 것을 연구하는 학문, 혹은 먼 옛날의 유적遺蹟이나 유물遺物을 연구하는 학문이라는 답변을 듣게 되는 경우가 많다. 현재의 고고학적인 연구활동이 선사와 고대에 집중되어 있어서 일반인들에게는 오래된 시대만을 연구하는 것으로 비추어졌기 때문이다. 또한 고고학을 학문으로 여기기보다는 황금유물, 보물을 찾는 흥미위주의 낭만적인 것으로 인식하는 경향도 있다. 그러나 고고학은 오랜 형성과정을 통해서 19세기 초에 학문으로서 정립되었으며, 연구방법에 있어서도 자연과학과의 공조를 통해서 발전을 거듭하고 있다.

이러한 고고학은 그 어원에 있어서 그리이스어의 고대古代, 고물古物, (archaeos)과 학문(logos)의 복합어인 archaiologia에 유래하고 있다. 고고학은 르네상스시대 이후 그리이스, 로마의 유구와 유물을 조사하고 연구하는 분야가 육성되기 시작하였으며, 당시의 고전연구 속에서 성립된 학문이라 할 수 있다. 17세기에는 영어의 Archaeology로 번역되었으며, 동양권에서는 일본에서 1877년경 고고학이란 명칭으로 번역하여 사용하였다. 물론 그 이전에 중국에서 고고考古라는 단어가 송대宋代 이후에 사용되기는 하였으나, 학문으로서의 정립은 유럽의 영향을 받은 근대에 이르러서이다.

고고학의 정의에 대해서 영국의 호고스(Hogarth,D.G)는 "인류 과거의 물질적 유물을 취급하는 과학"이라 하였고, 프랑스의 레낙크(Reinach,S)는 "조형되거나 공작된 유물에 의해 과거를 해명하는 학문"이라 정의를 내리고 있다. 동양에 고고학이란 명칭을 도입한 일본의 하마다浜田耕作는 "과거인류의 물질적 유물을 연구하는 학문"이라 하였다. 우리나라의 고고학을 개척한 김원용金元龍은 "인류가 생활의 증거로 남긴 일체의 유적, 유물을 발굴, 수집, 관찰하여 그것을 통해서 인류의 역사, 문화, 생활방법 등을 연구, 복원, 해석하는 학문"이라고 정의하고 있다. 이와 같이 고고학은 문헌기록에 의하지 않고 과거의 인류활동을 물질적 자료를 기초로 하여 인류의 역사를 밝히려는 학문이다. 즉 고고학은 문헌이 없는 유구遺構, 유물遺物에서 인간 활동에 관한 지식, 정보를 어떻게 끌어내어 연구하는가 하는 학문인 것이다. 물론 어려운 작업이기는 하지만, 물질적인 자료로부터 당시 사회의 문화와 정신적인 측면까지도 밝혀내야 한다.

예를 들어, 신석기시대 토기의 용도에 있어서 기존에는 취사와 저장용기 정도로 이해하고 있었지만, 고고학적인 조사성과에 의해서 지금은 제사용기, 운반용기, 제염토기製鹽土器, 옹관甕棺 등으로도 폭 넓게 사용되었음을 알 수 있었다.(사진1)

▲ 신석기시대 다양한 토기(사진1)

특히 신석기시대의 옹관은 중국

이나 일본에서는 일반적으로 조사되고 있었으나, 우리나라에서는 그 예가 없었다. 그러나 근래에 진주 상촌리유적 14호주거지에서 출토된 빗살문양토기 내부에서 화장火葬한 인골편이 수습되었고, 주변에서 화장에 사용한 것으로 보이는 적석유구積石遺構가 발견되었기 때문에, 우리나라에서도 처음으로 신석기시대에 토기의 옹관이 사용된 것을 확인할 수 있었다. 또 하나, 진안 용담댐 수몰지구의 월계리 와요지에서 출토된 기와의 예를 들면, 타날구打捺具에 의한 기와의 문양시문, 암키와 단면의 2회 이상 분할흔적, 와도瓦刀 등면에 의한 단면 처리, 기와 내부의 모골흔적, 5가지 이상의 모골와통模骨瓦筒 연결흔, 수키와의 2가지 분할기법 등을 파악하여 백제시대 기와의 제작기법을 완전하게 밝힐 수 있었다.(사진2) 이와 같이 문자가 없는 물질적 증거인 토기나 기와를 가지고 인류가 사용한 흔적, 용도, 제작기법 등의 정보를 이끌어내고 있는 것이다.

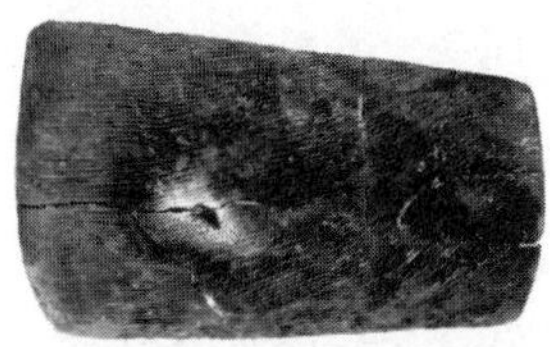

▲ 진안 월계리 와요지 기와(사진2)

2) 문명 이후의 고고학

문명 이전의 장기간에 걸친 인류의 역사는 고고학적인 방법에 의해서 밝혀지고 있지만, 문헌기록이 충분한 역사시대에 있어서도 고고학적 자료는 여러 가지로 중요한 사실을 밝힐 수가 있다. 역사시대의 문헌은 주로 왕실이나 귀족 등 극히 제한된 계층의 신분을 대상으로 한 것이 많고, 역사적인 사건들을 위주로 기술하고 있다. 따라서 문헌에는 지극히 당연한 일상생활이나 귀중하지 않는 사항은 기록으로 남기지 않는 것이 많다. 특히 서민들에 대한 생업, 생활상은 더더욱 파악하기 어렵다. 또한 당 시대에 역사가 기록되지 아니하고, 후대에 종합하여 기록하는 경우도 있어서, 사료의 신빙성이 결여되기도 한다. 여기에 역사가들의 오류, 왜곡, 편견, 창작 등이 작용하여 기록된 문헌도 적지 않다.

한 예로, 고려 중기에 왕명에 의해 국가적 사업으로 편찬된『三國史記』는 고려 귀족 중심의 사회질서가 안정된 시기에 이전의 역사를 고려 왕조의 입장에서 정리하였다. 삼국사기를 저술하였던 김부식은 당시 대표적 문벌귀족이었고, 신라 출신 계통이었다. 따라서 삼국사기의 역사서를 편찬할 때, 신라의 입장에서 저술할 수밖에 없었으며, 고려의 통일 과정에 있어서도 왕건과 대립구도를 이루었던 견훤, 궁예와 관련된 부분의 서술은 아무래도 낮추어 평가될 수밖에 없었다. 이러한 현상은 신라와 밀접한 관계에 있었던 가야사의 부분도 마찬가지이다. 가야의 경우는 기록이 별로 남아있지 않지만 고고학적인 조사를 통하여 많은 기록의 부족한 부분을 메워주고 있다. 지금은 가야사 연구에 있어서 고고자료를 활용하지 않으면 연구를 진행할 수 없을 정도로 유구와 유물의 자료가 축적되어 있다.

또한 부여 왕흥사지王興寺址 발굴조사에서는 목탑지, 회랑지, 진입로 등이 확인되었고, 목탑지에서는 심초석과 사리장치가 발견되었다. 사리구멍에는 청동제 외합外盒과 외합 내부에서 은제 외호, 금제병이 들어 있었고, 이 청동제 외합에 명문銘文이 적혀 있었다. 명문에는 정유년丁酉年(577년) 2월 15일, 창왕이 죽은 왕자를 위해 절을 세웠다는 기록이 있다. 왕흥사의 창건연대에 있어서『三國史記』에는 법왕 2년(600년)으로 되어 있으나, 실제로 발굴조사에 의한 연대는 위덕왕 24년(577년)으로 23년의 차이가 있음이 새롭게 밝혀졌다. 이 조사로 인하여 일본에 파견한 아좌태자阿佐太子 이외에 먼저 죽은 왕자가 있었던 사실도 알게 되었다. 고고학적인 조사를 통하여 역사서 기록 내용의 오류를 지적할 수 있는 계기가 되었다.

이와 같이 역사학은 문헌에 의해서 남겨진 기록을 가지고 과거의 역사를 연구하는 것이며, 고고학은 인간에 의해서 만들어진 문헌 이외의 물질적 자료를 가지고 역사를 연구한다. 이 양자는 문헌과 물질적 자료라는 취급하는 자료의 연구 방법이 다르지만 인류가 과거에 행했던 인간 활동의 여러가지 국면을 기록한 흔적이기 때문에 종합적으로 연구하지 않으면 안된다. 여기에서 물질적인 자료는 유적조사를 통해서 얻어지며, 이 유구, 유물의 해석을 통해서 인류사의 문화변천을 밝히고 있다.

3) 고고학의 범위와 대상

고고학의 연구범위와 대상은 인류가 거주한 모든 지역과 그 흔적을 다루기 때문에 매우 복잡하고 다양하다. 연구범위는 인류가 거주한 시기와 공간에 적용되고 있다. 연대상으로 보면, 인류가 지구상에 나타나서 현재까지의 전 기간에 해당한다. 한때는 최고 인류의 시기가 형질인류학形質人類學, 고생물학古生物學의 영역으로 생각하기도 했으나, 이 시기의 원인猿人도 도구를 사용한 흔적이 있어 지금은 고고학의 영역에서도 연구를 하고 있다. 인류의 출현이 500만년전으로 인식되고 있으니, 고고학의 연구범위는 장기간에 걸쳐 있다고 볼 수 있다. 고고학의 연구범위는 원칙적으로 현재까지이나 우리나라에서의 연구범위 하한은 대개 1950년대 한국 전쟁까지를 다루고 있다. 한국 전쟁시의 주둔지, 전투지, 폭격 및 학살장소 등 전쟁과 관련된 유구와 유물이 고고학적인 조사대상에 해당한다. 우리가 살고 있는 현재의 시기는 앞으로 50년, 100년 후의 고고학자들이 조사대상에 포함시킬 수 있을 것이다.

지역적으로는 인류가 과거에 거주했거나 활동한 전 지역의 범위를 망라한다. 오늘날과 마찬가지로 인류가 생업을 영위함에 있어서 발길이 미치지 않은 곳이 없듯이, 과거에 있어서도 우리의 선조들의 발길이 닿은 육지의 평지, 구릉지역, 산속 등 모든 곳이 고고학의 연구범위에 해당한다. 지구의 환경에 따라서 인간의 이동과 거주가 이루어지기 때문에 해저, 호수, 사막지역에 남아 있는 인류의 흔적들을 조사하고 연구하기도 하다. 근래에는 눈부신 과학의 발달로 인하여 인간에 의한 우주탐사, 남 · 북극의 탐험, 우주를 떠다니는 통신위성 등의 과학적 산물도 미래에는 고고학의 연구범위에 포함될 것이다.

고고자료의 범위는 유구와 유물이 중심을 이루지만, 그렇다고 해서 엄밀히 정해진 범위는 없다. 새로운 자연과학적 방법의 발달과 필요성에 고고자료의 연구범위가 확대되는 것이다. 고고자료는 유구와 유물이지만, 자연유물로 총칭되는 조개껍질, 동 · 식물유체, 암석편, 화산재, 탄화식물 등도 인류와 관련지어지는 것들이다. 종래에는 인공유물을 중심으로 연구가 진행되었고, 자연유물은 정성적定性的인 평가에 의해 간단하게 보고서에 표기되는 정도였다. 그러나 고고학에서 규명하는 인류사의 대부분은 인류와 자연환경의 상호관계가 중요한 의미를 가지므로, 인류에게 적극적으로 이용되지 않고 단편적으로 활용된 자연유물에도 관심을 가져야 할 때이다. 또한 고고학의 연구에 있어서 인류활동의 복원을 가능하게 하는 분석법이 있는데, 예를 들면, 유적 주변의 토양을 채취해서 화분분석花粉分析을 행하여, 식생의 변화를 규명하는 일이다. 과거의 식생변화에 따라 인류가 환경에 어떻게 적응하고 대응했는가를 추정해 볼 수 있기 때문이다.

고고학의 연구대상은 인류가 생업을 영위함에 있어서 생성된 유구와 유물 모두를 포함한다. 금동관이나 금은 장신구 등 화려한 유물은 물론이고, 별로 값어치가 없어 보이는 토기나 석기편 등도 고고학자에게는 귀중한 연구대상인 것이다. 인류에 의해서 남겨진 물질적 자료는 유구遺構와 유물遺物로 구분되고 있으며, 이를 총칭하여 유적遺蹟이라 부르고 있다. 유구는 일반적으로 움직일 수 없는 부동산적인 것을 지칭한다. 인류에 의해서 축조된 건조물, 패총, 인류가 남긴 발자국 등 고착固着되어서 이동이 불가능하거나 곤란한 것이며, 가옥, 성, 분묘, 마을, 논밭, 저수시설, 도로, 항만, 암벽회화 등이 이에 해당한다. 이에 비해 유물은 움직일 수 있는 동산적인 것이며, 토기, 석기, 무기, 제사구 등 각종 도구와 동·식물의 잔존물, 그 배설물 등 용이하게 위치가 변경이 가능한 것을 말한다. 이 외에도 석기를 제작할 때 생기는 무수한 격지剝片나 쓰레기장에서 발견되는 동·식물 유존체, 음식물 잔해, 인간이 무의식적으로 남긴 발자국 등 인류와 관계되는 모든 자연유물도 고고학의 자료로 활용되고 있다.

한 예로, 창녕 비봉리패총에서는 신석기인들의 대변이 화석화되어 발견되었다.(사진3) 이를 분석糞石이라고 하는데, 당시 사람들의 식생활을 복원할 수 있으며, 대변 속에 회충알, 촌충알 등 기생충의 여부를 파악하여 신석기인들의 병리상태를 점검할 수 있는 좋은 정보를 얻을 수 있다. 따라서 분석도 훌륭한 연구자료가 될 수 있으며, 유물로서의 중요한 가치를 가지고 있다.

▲ 창녕 비봉리 분석(사진3)

4) 고고학의 필요성

역사학의 문헌자료는 결함이 있지만 역사의 자료로서 이용하기 쉽다. 그러나 문헌이 존재하는 시기는 문자가 발명된 이후의 시기에 한정되며, 우리나라의 경우는 대개 원삼국시대原三國時代까지는 문헌의 연구가 제한적이다. 지구상에서 인류의 출현은 500만년전으로 연구되고 있으며, 인류 초기단계에서 문자 발명까지의 사이는 오랜기간 동안 문헌자료의 공백기간이 있었다. 문헌이 없는 이 시기의 인류 역사를 밝히는데 물질적 자료에 의존할 수밖에 없으며, 고고학이 필요한 최대의 이유이기도 하다.

고고학의 주된 연구는 문헌자료가 없는 시대에만 해당되지 않는다. 문헌자료가 풍부한 역사시대에도 고고학이 아니면 밝힐 수 없는 것이 있다. 문헌에는 반드시 그 시대의 모든 것이 기록되어 있지 않다. 여러 현상 가운데 당시의 사람들이 기록할 필요가 있다고 인식되는 사항만을 선별하여 기록하기 때문이다. 따라서 극히 일상적이고 반복되는 당연한 일들은 기록되지 않으며, 고고학 자료에 의해서 보완이 가능하다. 이를테면 일반 서민들의 주거시설이나 고분 등은 기록에 남지 않으며, 고고학 조사에 의해서만 밝힐 수 있다. 필자가 조사한 진안 월계리 와요지는 백제시대의 기와 가마인데, 고고학 조사를 통하여 가마의 구조와 기와의 축조방법을 완전하게 파악할 수 있었다. 백제시대의 기와 가마에 대한 기록은 문헌에 남아있지 않기 때문에 고고학적 조사의 필요성은 중요성을 더하고 있다.

고고학은 문헌에 기록되어 있지 않은 사실을 밝히기도 하지만, 문헌의 신뢰성을 비판하는 역할을 할 수도 있다. 문헌은 인간에 의해 쓰여진 것이기 때문에 여기에는 편견, 왜곡 등의 여지가 있다. 한 예로, 익산 미륵사지석탑 해체 조사 과정 중에 1층 심주석에서 사리구멍이 발견되었다. 내부에서는 금동제 사리 외호와 내호, 유리제사리병, 금제사리 봉안기 등 680여 점의 유물이 출토되었으며, 특히 금제사리봉안기金製舍利奉安記의 명문은 그간 우리가 알고 있었던 『三國遺事』의 문헌 기록인 선화

▲ 익산 미륵사지석탑 출토 사리봉안기(사진4)

공주 설화의 내용을 뒤엎는 내용이어서 주목을 끌었다.(사진4) 명문 중에는 좌평 사택적덕沙宅積德의 딸인 백제 왕후가 재물을 희사하고, 기해년己亥年(639년)에 미륵사를 창건해 사리를 봉안했다는 기록이 보이기 때문이다. 봉안기에 따르면, 백제왕후는 신라 진평왕의 딸 선화공주가 아닌 사실이 밝혀졌으며, 서동요로 대표되는 무왕과 선화공주 설화는 후대에 가공되었을 가능성이 제기되었다. 이와 같이 우리는 문헌의 기록을 그대로 수용하여서는 안되며, 고고학적 조사는 기존 문헌의 신뢰성을 인정하거나 비판하는 중요한 역할을 하기도 한다.

5) 고고학의 어려움

인류가 남긴 활동 흔적 중에 부패하지 않고, 현대까지 남는 경우는 극히 제한적이어서 자료가 매우 빈곤하다. 고고학자는 이러한 영세한 자료로 과거 인류의 모든 활동을 복원해야 한다. 고고자료는 유기물질에 의해서 형성된 것이 많기 때문에, 시일의 경과와 함께 잔존하는 것은 토기나 석기, 철기, 유리, 옥 등의 썩지 않는 유물만이 출토된다. 따라서 상당수의 자료들은 인류가 제작하여 사용되었음에도 불구하고 출토자료가 한정되어 연구하는데 어려움이 있다.

문헌자료는 정보를 축적하고, 전달하기 위해서 쓰여진 것이기 때문에 역사의 정보원情報源으로 이용되기 쉽다. 문헌의 내용은 이미 집필자에 의해서 개념의 형태로 정리되고 언어로 표현되어 있다. 그러나 고고학 자료는 아무런 정리를 거치지 않은 인간활동의 생생한 흔적이다. 고고학자는 생생한 흔적을 개념적概念的으로 인식하고, 말로 표현하는 것부터 시작해야 한다. 유물에 대해 관찰자가 어떠한 관점에서 연구하는가에 따라 제각기 다르기 때문에 연구방법이 무한대이며,

상상력이 많이 가미되어야 한다.

한 예로, 진주 상촌리유적 청동기시대의 석기제작소에서는 제작하다가 실패하여 무심코 버려진 반달형돌칼半月形石刀이 출토되었다.(사진5) 이 반달형돌칼은 제작하는 도중에 부러진 것이어서 세심한 관찰에 의해 제작기법의 단서를 밝혀낼 수 있었다. 제작공정의 순서는 편평한 강돌을 가지고 반달모양의 형태로 다듬은 다음, 끈을 엮어 손잡이 사용하기 위한 두 개의 구멍을 뚫어, 최종적으로 연마硏磨하여 예리한 날을 만드는 순서의 공정임이 확인되었다. 이와 같이 당시 청동기인들이 무심코 버린 정리가 되지 않은 흔적을 고고학자가 다각도의 관찰에 의해 개념적으로 인식하여 제작공정을 밝힌 예이다.

▲ 진주 상촌리 반달형돌칼(사진5)

또한 인류의 사상적, 정신적인 문제를 어떻게 복원할 것인가 하는 물질자료의 한계에 부딪히기도 한다. 충북 청원 두루봉에서 발굴된 동굴유적 중 하나인 흥수굴에서 어린아이 뼈 2개체분과 동물화석, 그리고 주먹도끼, 여러면석기 등 석기제작소가 발견되었다. 여기에서는 5세 정도의 어린아이 인골이 조사된 바 있으며, 이때 인골 주변의 흙을 채취하여 화분분석花粉分析을 실시하였다. 분석결과, 인골의 가슴 부위에서 집중적으로 들국화류의 꽃가루가 다량으로 검출되었다. 구석기시대에도 죽음을 애도하며 장례의식이 진행되었음을 알 수 있었으며, 우리가 알 수 없었던 당시의 사상적, 정신적 문제를 어느 정도 복원할 수 있는 단서가 되기도 하였다.

이와 같이 고고학에서는 부패되어 한정된 자료만을 가지고 연구하거나, 정리가 안된 인간활동의 흔적을 개념적으로 인식하거나, 물질자료의 한계에 부딪혀 연구의 어려움을 겪기도 하는데, 이러한 현상이 고고학의 연구를 어렵게 하는 요인이 되고 있다.

2. 고고학의 발달과 시기구분

1) 고고학의 발달

인류에 의해 만들어진 미술품이나 유물은 그리이스, 로마시대부터 관심의 대상이 되었지만, 학문으로 인정된 것은 14~16세기에 개화한 르네상스시대 부터이다. 이 시기에는 고전 고대의 문화와 예술에 대한 관심이 높아지고, 이러한 호고주의好古主義는 유럽 전역에 확산되었다. 그 관심은 문헌과는 달리, 그리이스, 로마의 유구와 유물이 조사되고 연구되기 시작하였던 것이다. 학자들이 그리이스, 로마 등지에서 고전, 미술적인 유물을 발견, 수집, 기록하는 형태로 진행되었으며, 유물을 수집하는 것이 당시 사회에서 유행이 되었다. 유럽 각지에서 출토된 유물은 애호가들에 의해 수집되기도 하였으며, 국왕이나 귀족들의 콜렉션으로 박물관이나 별장 등에 수장되기도 하였다.

18세기에는 이탈리아의 폼베이, 그리이스의 아크로폴리스와 같은 유적이 조사되었다. 이 시기의 유적조사는 주로 고대의 예술품을 얻는데 목적이 있었기 때문에, 체계적인 조사가 아니라 거의 도굴하는 수준이었다. 또한 이전에 유행하였던 골동품 수집은 점차적으로 쇠퇴하기 시작하여, 별장 등에 장식하여 왔던 유물들이 골동품상을 통하여 베니스, 파리, 마드리드, 뮌헨, 프라하 등 유럽 각지에 팔려나가게 된다. 이러한 시대에 독일의 윙켈만(Winckelmann,J.J)은 그리이스, 로마의 조각을 비교 연구하고, 제작수법, 제작기술에 의해 형식구분, 연대결정을 통하여 고전고고학과 미술사관을 확립시켰으며, 학문적 수준을 한 단계 끌어올렸다. 윙켈만은 본격적으로 고고학의 연구법을 실천한 연구자이며, 오늘날 고전고고학古典考古學의 아버지로 불리어지고 있다.

한편, 19세기 초반에는 고대보다 더 거슬러 올라가는 인류의 문화사를 규명하려는 경향이 보였으며, 선사고고학先史考古學으로 정립되어 가고 있었다. 1836년 톰센(Thomsen,C.J)은 석기, 청동기, 철기의 3시대법을 제창하여 유럽의 고고학계에 지대한 영향을 미치기도 하였다. 19세기 중반에는 유럽 열강들의 식민지 진출이 본격화 되어 각지에서 유물을 수집하여 본국으로 약탈해오는 시기였으며, 또한 영국에서는 고고학회가 창설되어 근대고고학이 성립되었다. 19세기 후반 이후에는 많은 연구자들이 등장하여 고고학 연구가 점차 체계적으로 정립되기 시작하였다. 독일의 슐리만(Schliemann,H,)은 트로이의 실재를 증명하고자 4번에 걸쳐서 트로이유적을 발굴하였다. 또한 이 유적조사에서는 층위적인 발굴이 진행되었고, 체계적인 고고학 조사가 이루어졌다는 점에서 의의가 있다.

고고학의 가장 기초적인 연구방법인 형식학적방법이 정립된 것도 이 시기이다. 스웨덴의 몬테리우스(Montelius,G.O.A)는 북유럽의 청동기시대 유물을 연구하면서 유물의 분류分類와 편년編年에 있어서 형식학적방법型式學的方法을 사용하였으며, 1903년에 『고대문화의 제문제』라는 저서에서 형식학적방법의 이론을 완성시켰다. 이 방법은 당시 다윈(Darwin,C)이 주장한 진화론進化論의 영향을 받았으며, 인류가 만든 유물의 변천과정에 종자의 진화과정을 인용하였다.

2) 고고학의 시기구분

(1) 3시대법과 5기구분

고고학에 있어서 3시대법은 18세기에 여러 학자들에 의해 주장되었지만, 이를 유물분류에 처음으로 적용한 연구자는 덴마아크 국립왕실박물관의 톰센(Thomsen,C.J)이었다. 3시대법은 재질에 따라 석기石器, 청동기青銅器, 철기鐵器의 순서로 도구를 사용한 것으로 인류역사의 문화발전을 구분한 것이다. 톰센의 3시대법 특징은 재질에 의한 유물분류이며, 이 복잡한 유물에 질서체계를 부여한 것이다. 고고학연구에 있어서 유물의 적절한 분류를 처음으로 시도하였다. 3시대법을 유물분류의 기초에 이용하여 인류사의 편년編年과 시대구분時代區分에 활용하고자 하였다. 톰센은 박물관의 전시실에 석기, 청동기, 철기의 3실을 명확히 분리하여 전시하였다. 1836년에는 이 3시대법에 의해 전시한 내용을 국립왕실박물관의 가이드북에 소개하여 출판하였으며, 이후 3시대법은 19세기말 유럽전역에 통용되었다. 이 3시대법은 20세기 전반까지 전 세계의 고고학에 지대한 영향을 끼쳤으며, 편년과 문화단계 설정에 많은 도움을 주었다.

톰센에 의해 제창된 3시대법은 유럽 각지에서 유물의 분류와 고고학적 조사에서 유용하게 활용되었다. 그러나 프랑스 북부지역의 손무천변에서 인공적인 석기가 발견되어 석기시대가 장기간에 걸쳐 형성되었다고 판단하였다. 이에 따라 영국의 러복(Lubbock.J)은 3시대법의 최고시기인 석기시대를 구석기시대舊石器時代와 신석기시대新石器時代로 구분하였다. 1909년에는 프랑스의 모르간(Morgan.J.D)이 구석기와 신석기의 중간에 중석기시대中石器時代의 구분을 추가하여 3시대법은 점차로 세분화 되었다. 이러한 20세기 전반의 구석기舊石器, 중석기

中石器, 신석기新石器, 청동기靑銅器, 철기시대鐵器時代의 5기구분은 유럽지역에서 널리 통용되었으며, 유럽뿐만이 아니라 인류사의 일반적인 발전단계로 인식되었다. 그러나 5기구분은 20세기 중반 이후에는 방사성탄소연대측정법放射性炭素年代測定法이 보편화되고, 전 세계적인 측면에서 문화가 다양하게 설명되면서 적용할 수 없게 되었다.

(2) 시기구분의 한계

유럽을 중심으로 한 5기구분은 세계적으로 통용되기에는 한계가 있음이 확인되었다. 이 구분에는 세계사적 시대구분으로서는 불충분하며, 문화단계의 표식으로서도 어려운 점이 있다. 이른바 5기구분은 유럽 이외의 다른 지역에서는 적용되지 않는 곳이 많다. 예를 들면, 청동기의 존속시기는 세계적으로 각기 다르다. 청동기의 주조술은 약 5,000년전에 이집트, 서남아시아에서 시작되었으며, 약4,000년전에는 유럽, 3,500년전에는 우랄산맥을 넘어 시베리아로 전파되었으며, 약 3,000년전에는 중국 동북부를 거쳐서 우리나라에 유입되었다. 이와 같이 청동기의 사용은 세계적으로 공통된 것이 아니고, 청동기의 사용시기가 긴 서남아시아 지역, 곧바로 철기시대로 들어가는 지역, 일본과 같이 청동기와 철기가 함께 사용되는 지역이 있어, 지역에 따라서 각양각색이다.

또한 유럽에서의 신석기시대는 농경의 개시인데, 동아시아에서는 토기와 간석기磨製石器가 특징이며, 미국에서는 청동기가 충분히 발달하지 않았는데, 청동기시대란 구분은 적합하지 않다. 또한 미국은 지역이 넓어 문화의 발전단계가 다르며, 이에 따라 유럽과는 다르게 석기石期, 고기古期, 형성기形成期, 고전기古典期, 후고전기後古典期의 시기구분이 이루어졌다. 아프리카에서는 인류의 문화가 발전되어가는 동안 금속의 등장보다는 석기의 사용이 주류를 이루고 있어, 전기석기前期石器, 중기석기中期石器, 후기석기後期石器의 시기구분을 하고 있다.

중국에서는 구석기와 신석기시대에 이어서 상주시대商周時代, 진한시대秦漢時代 등으로 표현되어 선사시대 이후에는 왕조를 중심으로 설명하고 있다. 일본의 경우는 토기제작 이전의 구석기시대 개념으로 센도끼先土器, 신석기토기의 특징인 새끼줄 문양을 굴려서 토기를 제작 하였다는 의미로 죠몬繩文, 청동기시대와 철기시대를 포괄한 야요이弥生, 고총고분의 등장시기인 고훈古墳시대로 구분하고 있다. 우리나라에서는 일반적으로 구석기, 신석기, 청동기, 초기철기, 원삼국시대로 구분하고 있으며, 연구자에 따라서 초기철기와 원삼국시대를 합쳐서 철기시대로 구분하기도 한다.(표1)

톰센	유럽	미국	아프리카	중국	일본	한국
石器	舊石器	石期	前期石器	舊石器	先土器	舊石器
靑銅器	中石器	古期	第1中間期	新石器	繩文	新石器
鐵器	新石器	形成期	中期石器	商周時代	彌生	靑銅器
	靑銅器	古典期	第2中間期	秦漢時代	古墳	初期鐵器
	鐵器	後古典期	後期石器			原三國

표1. 고고학의 시기구분

이러한 예에서 보듯이 유럽을 중심으로 통용되었던 5기구분은 전 세계에 적용해 버리면 문제가 될 수밖에 없으며, 유럽의 5기구분에 완전히 일치시킬 수 없다. 출토된 유구와 유물을 가지고 시기구분을 함에 있어서 적용되는 지역과 시기가 각각 다르기 때문에, 고고학상 전 세계의 통일된 시기구분은 성립할 수 없다. 다만 각 지역의 특성에 맞는 시기구분을 설정하여 대비시키는 방법을 적용해야 할 것이다.

3. 고고학의 다양화

1) 선사고고학

고고학의 연구영역은 다양하게 세분화되고 있다. 크게는 선사고고학先史考古學, 역사고고학歷史考古學, 주제고고학主題考古學으로 대별된다. 이 중에 문헌의 기록이 없는 시대를 다루는 영역이 선사고고학이다. 중국과 같이 문헌 기록이 시작되는 지역과 시기는 각기 다르게 나타나지만, 현재 우리나라에서는 구석기, 신석기, 청동기, 초기철기, 원삼국시대가 선사고고학의 범주에 해당한다. 대개 시기상으로는 AD300년경 이전까지를 선사고고학의 범주로 보고 있다.

구석기시대舊石器時代는 500만년전까지 거슬러 올라가며, 오늘날 멸종된 동·식물이 공반하면서 인류의 생활이 수렵과 채집으로 영위된 시기를 말한다. 이 시기는 인류의 생업이 길게 영위된 시기이며, 자연환경에 충분히 적응하지 못하였기 때문에 이 연구를 위해서는 고환경의 복원, 고생물학 등 자연과학 분야와의 공동연구가 필요한 시점이다. 또한 인류의 진화발전에 대한 연구, 인류가 남긴 석기의 연구도 중요한 테마가 되고 있으며, 특히 석기의 분류와 비교, 제작 기술, 석기조합 등의 연구는 세밀하게 진행되고 있다.

신석기시대新石器時代는 지구의 온난화 현상과 문화의 발전 속도가 빠르게 진행되어 각 지역마다 독자적인 문화가 발달하게 된다. 토기의 발명, 간석기의 제작, 활과 화살촉의 등장, 농경과 목축의 발달, 패총의 형성 등 문화와 사회의 구성이 복잡해지며, 연구의 내용도 다양해진다.

금속기가 출현하는 청동기시대靑銅器時代에는 벼농사가 시작되면서 빈부 차에 의한 계급사회가 형성되고, 소국가에 의한 연맹왕국이 성립된다. 유물에 있어서는 금속기가 등장함에 따라 농구류, 무기류가 급증하였고, 빈번이 일어나는 전쟁에 대비하여 마을을 둘러싼 환호環濠가 만들어졌다. 청동기시대 후기에는 비로소 청동에 대신하여 철기가 유입되기 시작한다. 철기의 수용은 소국가의 흥망성쇠를 가름하는 중요한 잣대가 되고 있으며, 강대국으로 기반을 다지는 계기가 되었다.

원삼국시대原三國時代는 주조술의 발달과 함께 철기가 본격적으로 생산되었다. 평양을 중심으로 한 낙랑지역에서 한의 문물이 삼한지역에 적극적으로 수입되었다. 이 시기에는 우경牛耕의 발달과 함께 등요登窯가 사용되어 중국의 회도기법에 의한 도질토기陶質土器가 생산되었다. 이 시기에는 우리나라에 문헌기록이 없기 때문에 중국측에 남아있는『三國志 魏書 東夷傳』이 참고가 되고 있다. 또한 삼국중에 고구려, 백제와 같이, 그 시작은 기원전에 해당하지만 고대국가로의 면모를 갖춘 시기는 300년 이후로 보고 있기 때문에, 그 이전은 크게 원삼국시대의 범주에 속한다고 볼 수 있다.

2) 역사고고학

역사고고학은 문헌의 기록이 존재하는 시대의 고고학을 일컫는다. 역사시대는 주로 문헌에 의해서 연구가 진행되고 있어서 고고학의 대상으로 주목받지 못한 감이 있다. 근래에는 유적조사의 성과에 힘입어 문헌 기록의 공백을 메우기 위한 노력과 그 중요성이 인식되고 있다. 이러한 인식은 비단 우리나라 뿐만 아니고 세계적인 현상이라 할 수 있다.

우리나라의 경우는 일제시대에 진행되어 온, 삼국시대의 왕궁, 사찰, 고분 등의 유적조사가 역사고고학의 대세를 이루어 왔다. 해방 이후에는 역사학자들에 의한 조사가 꾸준히 이어졌으며, 근래에는 국토개발에 의한 문화재 조사의 증가에 의해 역사시대 분야의 고고자료가 증가하게 되었다. 이러한 역사시대 유적조사의 진전에 따라 최근에는 삼국시대가 세분되어 각기 고구려고고학, 백제고고학, 신라고고학이란 명칭과 아울러 가야고고학, 발해고고학 등의 용어도 생겨나 점차 세분화 되고 있는 양상이다. 특히 남한에서 백제와 신라, 가야의 고고학적 조사와 연구는 눈부신 발전을 이루고 있으며, 고대사의 연구에 있어서 고고학적 성과를 도입하지 않으면 연구를 진행할 수 없을 정도가 되었다.

백제고고학의 예를 들면, 공주 송산리고분군의 무녕왕릉 조사를 시작으로 근래에는 서울 풍납토성 조사, 부여 능산리고분군의 능산리사지 조사와 백제금동대향로의 발견, 부여 왕흥사지의 조사, 익산 미륵사지 조사와 석탑의 사리장치 발견, 익산 왕궁리유적의 조사 등 굵직한 유적조사들이 진행되었으며, 그 곳에서 출토된 유구와 유물들의 중요성은 세간을 놀라게 하고도 남음이 있다.

유럽에 있어서는 중세고고학中世考古學, 근세고고학近世考古學으로 분류하기도 한다. 중세고고학의 예를 보면, 유럽의 경우는 사원, 교회, 봉건영주 등에 의해 권력이 분산되고, 전란이 빈번했기 때문에 문헌 기록이 별로 남아 있지 않다. 따라서 교회, 묘지, 성채 등의 중세유적에 대한 조사와 연구가 활발히 진행되고 있다. 근세고고학은 가장 최근의 역사고고학 분야이다. 한 예로 유럽에서는 산업혁명과 관련한 공장이나 당시에 사용한 도구, 기계장치의 복원 등이 다루어지고 있다. 미국에서는 북미 대륙 최초의 이민선인 메이플라우어호가 도착한 보스턴 남쪽의 플라이머스에서 이민촌을 발굴해서 가옥을 복원하고 야외 박물관을 만들어 전시한 예를 들 수 있다. 일본에서는 도시의 재개발에 의한 에도시대江戸時代의 각종 유적이 조사되고 있으며, 에도고고학이란 명칭이 사용되고 있다. 우리나라에서는 고려고고학, 조선고고학의 명칭은 사용하고 있지 않지만, 문헌사와 병행하여 꾸준히 조사와 연구가 진행되고 있다.

역사고고학의 한 분야로 고전고고학古典考古學과 종교고고학宗教考古學의 범주가 있다. 고전고고학은 유럽에서 그리이스, 로마시대의 유구와 유물을 조사하고 연구하는 분야이다. 주로 유럽의 고대에 대한 부분의 연구이며, 우리나라에는 적용하기 어렵지만, 시기상으로는 삼국시대에 해당하는 영역으로 보면 좋을 듯하다. 종교고고학은 유럽에서는 성서고고학聖書考古學, 일본에서는 불교고고학佛教考古學으로 불리기도 한다. 구약에서 신약성서에 이르는 팔레스티나 주변지역에 나오는 도시, 교회 등이 조사되고 있으며, 이스라엘을 중심으로 연구가 성행하고 있다. 불교고고학은 동양 각국에서 행해지는 가람의 배치, 사찰건축, 불탑, 불도구의 연구가 중심을 이룬다. 우리나라의 경우, 불교고고학이란 용어는 사용하지 않지만 신라나 백제지역의 사찰유적에서 많은 유적이 조사되고 있다.

3) 주제고고학

(1) 환경고고학

고고학 연구에 있어서 환경은 중요한 영역이기도 하다. 인류 역사에 있어서 문화의 발달은 자연환경과 밀접한 관련을 가진다. 오늘날도 대규모적인 자연환경의 파괴가 이루어지듯이, 과거에도 정도의 차이는 있지만 자연환경의 변화, 파괴, 개변改變이 이루어졌다. 그러나 과거에 환경의 파괴, 개변이 이루어지기는 했지만, 그래도 오늘날과 같이 대규모적인 것이 아니었으며, 자연과의 공생이 이루어지는 관계가 지속되었다. 환경고고학環境考古學에서 다루어지는 주요 연구는 인류가 환경에 대해 어떻게 적응하며 자연을 개발하였는가, 인류에 의해 자연환경이 어떻게 개변되었는가 하는 연구이다. 따라서 생물학, 지질학 등의 자연과학적 분석법을 이용해 자연환경과 인간의 상호관계를 밝히는 중요한 주제라고 할 수 있다.

환경고고학의 영역은 한 유적에서의 생태문제, 환경변화, 동·식물의 유체 분석, 토양분석, 수종분석, 화분분석 등이 포함되며, 각 수림대의 변화에 의한 동·식물의 이동, 화산폭발에 의한 자연재해도 당시의 환경을 연구하는데 있어서 중요한 연구 분야이다. 근래에는 유적조사 시에 환경과 관련한 연구자들이 참여하여 유적이 영위되던 당시의 환경을 파악하여 인간이 자연환경에 어떻게 적응하였는가 하는 연구가 점차 일반화되어 가고 있다.

(2) 식물고고학

식물고고학植物考古學은 유적이나 그 주변에서 출토된 식물유체를 동정同定하고 분석하여 식생植生을 복원하거나 식물의 이용상황을 복원하는 분야이다. 인류의 식물 이용수준에 대한 규명은 중요하다고 할 수 있으나, 인류가 식물을 어떻게 이용하고 관리하였는가는 불분명한 점이 많다. 예를 들어, 벼와 보리 등의 곡물연구는 많은 관심을 가지고 연구가 진행되었으나, 감자나 근경류根莖類 등 야생식물의 재배는 관심대상에서 제외되어온 감이 있어, 이러한 분야에도 관심을 가져야 한다.

현재 유적에서의 식물고고학 연구는 주변지역의 식생을 복원하기 위하여 보울링하는 방법이 적용되고 있으며, 식물이용 상황을 연구하기 위해서는 화분분석이나 수전水田의 프랜트오팔(plant opal) 분석이 행해지기도 한다. 유구 내에서의 조사도 활발하게 진행되고 있으며, 특히 주거지 내의 화덕자리에서 검출된 식물질을 연구하기도 한다. (사진6) 화덕자리의 흙을 채취해서 조사하면 탄화미, 각종 곡물, 어류 유체 등이 검출되기도 하며, 또한 화덕자리에 대한 동·식물의 지방산분석脂肪酸分析을 시도하기도 한다.

▲ 전주 송천동 화덕자리 탄화미(사진6)

(3) 동물고고학

동굴유적이나 해안가의 패총유적, 저습지유적 등에서는 당시의 식생활에 사용된 동물유체가 발견된다. 특히 쓰레기장으로 일컬어지는 패총에서는 다양한 조개껍질과 함께 어류, 포유류, 조류, 해수류를 포함한 각종 동물뼈가 출토되고 있어 당시 식생활을 포함한 생업의 많은 정보를 제공한다. 또한 뼈나 녹각, 이빨, 조개껍질에 의한 각종 어로구나 장신구도 출토되고 있어, 그 제작기법, 사용기술, 도구의 지역성 등의 연구도 활성화 시킬 수가 있다. 동물고고학動物考古學은 이러한 동물유체를 분석함으로써 유적주변의 자연환경 복원, 동물의 포획시기와 방법, 식료로서 이용상황, 식량자원의 구성, 칼로리 계측 등을 알 수 있다. 이로 인하여 인류의 경제활동, 환경이용, 식료개발의 역사, 당시의 영양상황을 복원할 수 있는 계기가 되고 있다.

동굴유적이나 패총에서 동물유체를 확보하기 위해서는 샘플링을 채취하여 분류를 시도하며, 동물유체의 종種에 대한 동정분석同定分析을 실시한다. 동물유체의 연구를 위해서는 동물의 골각표본에 의한 동정同定과 정량화定量化작업이 필요하다. 따라서 골각에 대한 기초지식이 필요하며, 동정을 위해서는 현생 동물유체의 표본이 이용되기도 한다. 모든 동물유체의 각 부위는 종별에 따라 규모, 형태가 제각기 다르기 때문에 출토된 동물유체의 일정 부위만을 가지고도 어떤 종류의 어느 부위인지를 알 수 있다. 또한 조개껍질의 성장선분석을 통해서 어느 계절에 포획되었는지, 포유류의 턱뼈를 통해서 연령을 추정할 수 있고, 이러한 동물유체의 많은 정보량은 인간 생업활동의 복원을 가능하게 한다.

(4) 민족고고학

민족고고학民族考古學은 전통문화를 보유하고 있는 소규모 민족집단을 조사해서 과거의 여러가지 인간활동 패턴을 복원할 때, 비교자료, 모델, 가설 검토의 기초를 만들어 내는 분야이다. 현존하는 원주민 마을의 주거배치나, 공동장소, 묘지 등을 비교하고, 식생활과 생업의 양상을 파악하여 선사시대의 생활상을 복원하는 자료로 활용하기도 한다. 이전에는 야외고고학의 훈련을 받은 인류학자가 주로 조사하였으나, 근래에는 고고학자가 직접 참여하여 조사하는 경향이 높아지고 있다.

한 예로 오스트레일리아 북부의 앤버라족을 1년간 관찰한 미한(Meehan,B)은 식량의 조달과 음식의 영양섭취 상황을 분석하였다. 그

결과, 앤버라족은 조개류 채집에 의한 칼로리량이 전 식료의 10%에도 미치지 못하지만, 쉽게 입수 가능하고 신선한 음식물로 선호되어 조개 채집의 활동을 중시하고 있음이 확인되었다.

(5) 실험고고학

실험고고학實驗考古學은 고고자료의 기능과 용도 등을 추정하기 위하여, 유구나 유물을 직접 제작하여 과거와 동일한 조건으로 실험해 보는 분야이다. 실제로 유구나 유물을 제작하여 실험해 봄으로서 제작 방법, 소요 시간 , 노력의 정도 등을 추정해 볼 수 있다. 이러한 실험은 고고학 자료의 모든 분야에서 유효하며, 과거 인류의 기술과 지식 체계를 알 수 있는 계기가 된다. 실험고고학의 사용흔분석 일환으로 러시아의 연구자 세메노프(Semenov,S.A)는 현미경을 이용한 석기의 사용흔使用痕을 분석함으로써 석기의 제작방법은 물론, 사용 용도를 유추해 내는 연구를 진행시킨바 있다.

예를 들어 돌도끼石斧의 사용흔을 알기 위해 유적에서 출토된 돌도끼를 같은 형태로 만들어 직접 실험해 보는 방안도 생각해 볼 수 있다. 돌도끼를 제작하여 나무를 벌채하거나, 밭 경작을 해보거나 해서 돌도끼의 마찰흔을 현미경으로 분석하는 방법이다. 그리고 실제로 유적에서 출토된 돌토끼의 마찰흔과 비교하면, 유적에서 출토된 돌도끼의 사용 용도를 추정할 수 있게 되는 것이다. 이 외에도 악기를 제작해서 사용한다든지, 어로구를 제작하여 실제로 성능실험을 하는 경우도 있다. 또한 선사, 고대의 주거를 복원하여 일부러 화재를 일으켜 방치한 후에, 발굴조사를 시도하고 내부의 양상과 퇴적된 모습을 확인하기 위한 실험도 진행되고 있다.

(6) 수중고고학

수중고고학水中考古學은 지반의 침하, 해수면의 상승에 의해서 바다나 호수, 하천 등 물속에서 발견되는 유적에 한하여 수중조사를 하는 분야이다. 물속에서 조사를 해야 되는 불리한 조건이지만, 지상의 발굴에서는 얻을 수 없는 귀중한 자료를 얻을 수 있다. 근래에 잠수기술과 수중카메라, 해저용 측량기 등 수중 장비의 발달에 의해서 수중고고학이 점차 활기를 띠고 있다. 또한 해수면 변동에 의해 수중에 잠긴 연안沿岸의 해저유적도 수중고고학의 대상이 되고 있다. 현재의 기온보다 낮았던 시기의 유적들은 지금의 해수면보다도 아래쪽에 위치해 있을 가능성이 높기 때문에 연안지역이나 갯벌지역도 유적조사의 중요한 지역이다. 수심이 낮은 연안지역의 경우는 간단한 방수벽을 만들어 내부의 물을 빼고 유적을 일시적으로 육지화시켜 조사하는 방법도 있다.

우리나라의 경우는 목포해양유물전시관의 수중발굴팀에 의해 신안 무역선, 완도 평선 침몰선, 군산 십이동파해역, 태안 마도의 도자기 운송 침몰선 등이 수중조사 되었다.(사진7)

▲ 태안 마도선 인양모습(사진7)

해양유물전시관에는 목재유물 보존처리소가 있어, 침몰선의 보존처리, 기타 목재유물의 보존처리에도 만전을 기하고 있다.

(7) 수전고고학

수전고고학水田考古學은 청동기시대 이후 일반화된 벼농사와 농경 관련 흔적들을 연구하는 분야이다. 수전 토양, 수전의 입지와 구획단위, 수전과 관련된 시설, 목제농경구 등의 연구를 통하여 벼농사와 관련된 연구가 진행되고 있다. 특히 수전유구의 흔적은 유적의 토양을 채취해서 현미경을 이용한 플랜트오팔(plant opal)의 분석을 통해 찾을 수 있다. 유리질 규소체의 플랜트오팔은 고유의 형태와 크기를 가지며,

벼과에 속하는 플랜트오팔은 부채꼴 모양의 형태를 보인다. 따라서 부채꼴 모양의 벼의 규소체가 검출되면 벼농사가 이루어진 것으로 단정하는 것이다.

우리나라에서 청동기시대 수전고고학의 성과는 춘천 천전리, 보령 관창리, 논산 마전리, 부여 구봉리, 대구 동천동, 울산 무거동 옥현, 울산 야음동, 밀양 금천리, 함안 도항리유적이 벼농사가 이루어진 유적으로 알려지고 있으며, 이와 아울러 수로와 수문, 저수시설도 확인되고 있다.

(8) 마을고고학

유적조사에 있어서 비교적 많이 조사되는 유구 중에 하나는 주거지이며, 이 집합 단위를 취락聚落이라 한다. 마을고고학은 고고자료의 공간적인 분포를 통하여 고대 행위의 유형을 복원하고자 하는 공간고고학과 유사한 개념이다. 마을고고학에서는 인간과 관련된 마을 내의 생활연구, 친족구조, 사회조직 등 공간적인 분포에 관한 연구를 진행하고 있다. 마을 내의 구조와 공간, 기능분석, 각 구조의 배치상태를 통하여 계층과 분업, 친족 등의 연구, 마을의 발전과정이 연구되기도 한다. 또한 마을 내 구성원의 사회적, 문화적, 정치적 문제까지도 폭 넓게 다루어지고 있다. 근래에는 각 시대별로 대규모 마을의 고고학적 조사성과가 축적됨에 따라 이 분야의 연구가 활발히 진행되고 있다.

(9) 컴퓨터고고학

고고학 연구에 있어서 컴퓨터의 이용은 날로 급증하고 있으며, 이제 컴퓨터 없이는 조사와 연구가 진행될 수 없을 정도가 되었다. 발굴조사의 현장에서 유구의 측량, 유물의 실측에 컴퓨터가 이용되기도 하며, 출토된 많은 양의 고고자료를 정리, 등록, 분류하는 과정에서도 각종 통계처리를 이용한 정리분석이 유용하게 이루어지고 있다. 이 밖에도 3D를 이용한 유구의 해체와 복원, 문화재의 가상현실 복원, 컴퓨터 시뮬레이션 분석 등이 이루어지고 있다.

한 예로 미륵사지석탑은 미륵사 창건 당시에 조영된 것으로 목탑을 석탑으로 번안한 우리나라 최고, 최대의 석탑으로 본래는 9층이나 6층만 남아 있었다. 붕괴의 위기에 처한 것을 1915년 일본인들이 콘크리이트로 보강하였으며, 2002년 이후 3D를 활용한 해체조사가 진행되어 2014년까지 복원할 예정으로 있다.

(10) 생체분자고고학

생체분자고고학生體分子考古學은 생물학과 고고학 분야의 학자들이 고대 인류를 연구하고자 협력하여 탄생하였다. 유적에서 새롭게 찾은 유기물질의 작은 세포를 분석하고, 고대 DNA의 미세한 부분을 검출하여 그 정체를 심층적으로 밝혀내는 분야이다. 분자고고학의 첫 시도는 20세기 초기에 있었으며, 지금은 고대 동물의 분자 추적, 인류의 DNA 분석, 박테리아 분석 등 최첨단 과학을 이용하여 인류 및 고대 동물의 비밀을 밝혀내고 있다. 특히 과거 인류의 흔적은 지워지지 않는 DNA, 미토콘드리아에 전시되고 있으며, 이것들을 해독하여 인류의 비밀을 파헤치고 있다. 연구의 한 예로, 미토콘드리아 DNA 서열이 밝혀짐에 따라, 네안데르탈인에 관한 연구가 진전되었는데, 지금은 네안데르탈인 게놈에 대한 전체적인 분석이 이루어지고 있고, 이 분석은 50여종의 멸종 동물에 대해서도 진행되었다.

근래에는 DNA보다 생명력이 긴 분자들이 발견되고 있으며, 그 분자들은 인류의 생활상을 생생하게 파악할 수 있게 해주고 있다. 석기에 묻어 있는 혈액단백질, 몸에서 흘러나온 사체지방, 공이에서 발견된 녹말입자 등은 DNA 연구에서 지나쳐버린 상당한 정보를 제공하여 고고학 연구에 새로운 방향을 제시해 주고 있다.

4. 고고학의 방법론

1) 형식학적 방법

(1) 속성과 형식

인류에 의해서 만들어진 유구와 유물은 다종다양하다. 유구와 유물을 생산할 때는 그 목적이나 요구의 많은 부분은 개인적인 경향보다는 사회적인 경향이 크다. 즉 어떤 유물을 제작할 때 재료의 입수방법이라든가, 가공방법의 선택 등은 그 사회의 절차와 규범 하에서 만들어진다. 이러한 고고자료들은 주의 깊게 관찰하면 유물의 재질, 제작법, 형태 등 여러 가지 특징이 존재하는데, 그러한 특징을 속성屬性(attribute)이라 한다. 이 속성을 기초로 연구자가 유구, 유물을 적절하게 분류한 단위를 형식型式(type)이라 부르며, 고고학적 분류단위의 기본을 이루고 있다. 고고자료의 여러 가지 속성을 통해서 형식이라는 분류단위를 만들어가는 작업과 방법을 형식학型式學(typology)이라 한다.

형식을 구성하는 요소인 속성은 다양하지만 크게 시간적 속성, 공간적 속성, 사회·문화적 속성 3가지로 나눌 수 있다. 시간적 속성은 시간의 경과와 함께 변화하기 쉬운 속성이다. 예를 들어 토기의 기형과 문양은 석기나 주거지, 분묘 등의 유구와 유물에 비해서 변화하기 쉬운 속성이다. 따라서 시간의 순서에 의해서 변화하기 쉬운 토기의 기형이나 문양을 가지고 시기구분의 지표로 이용하고 있다. 각 시대별로 토기의 연구가 가장 활발하게 이루어지는 것도 바로 이러한 연유이다.

공간적 속성은 공간적으로 한정된 지역에만 존재하는 속성을 말한다. 예를 들어, 원삼국시대에서 백제 초기에 걸쳐서 형성된 묘제인 장고분長鼓墳은 전남 일원의 특정 공간에만 존재하는 속성이며, 일본에서는 전방후원분前方後圓墳으로 불리는 이 고분이 서일본지역에서 많이 분포하고 있다.(사진8) 따라서 양 지역의 고분에서 출토되는 유물 등으로 보아 문화와 인간 집단의 범위, 이동, 교섭 등이 고고학적으로 연구되고 있다.

▲ 해남 당산리 장고분(사진8)

사회 · 문화적 속성은 시간적, 공간적 속성에 비해 파악하기 어렵다. 남여에 의한 노동구분, 친족조직, 사회조직 등은 사회적 행위를 매개로 생겨난 것인데, 그렇다면 그것을 구성하는 모든 속성 중에는 사회적인 특징을 반영할만한 것들이 존재했을 것이다. 파악하기 어려운 각 시대의 정신적인 문제를 다루는 사회 · 문화적 속성의 이러한 문제는 앞으로 중점적으로 연구되어야 하는 분야이다.

(2) 형식학적 방법

유구와 유물은 인류가 생업 활동에 의해서 남기는 것인데, 이러한 생업 활동은 그들에게 놓여진 사회적인 모든 관계 속에서 만들어진다. 현대 생활에 있어서도 사회, 일상생활에 필요한 것들이 만들어지는 경우와 같다. 이러한 유구와 유물은 반드시 시간적인 순서와 공간적인 범위를 가진다. 고고학 연구자들은 고고학적인 자료를 가지고 이러한 시간적, 공간적 범위를 추정하는 단서를 잡으려고 노력한다. 그 단서를 찾으려는 중요한 방법 중의 하나가 형식학적방법型式學的方法이다. 유구, 유물은 그 시대에 대해 쉽게 입을 열지 않는다. 고고학자는 발굴해 낸 유물에 대해 말을 걸어 대화하는 심정으로 고민과 추정을 무수히 반복하여 유물의 성격을 밝혀야 한다. 근래에는 토기편 하나만 가지고도 어느 시대의 것인지 알 수 있으며, 동물뼈 한 조각만 가지고도 종류, 성별, 사망원인까지도 추정할 수 있게 되었다. 이와 같이 형식학적 방법은 유물을 정확하게 형식으로 분류해서 그것이 어떠한 순서로 변천해가는가를 밝힘으로서 유물의 시간적인 선후관계, 연대학의 체계, 즉 고고학에 있어서 편년체계編年體系를 만들려고 한 것이다. 고고학에서의 편년체계는 인류의 역사를 밝히는데 있어서 골격의 역할을 한다.

고고학에 있어서 중요한 연구방법 중의 하나인 형식학적방법은 스웨덴의 연구자 힐데브란드(Hildebrand)에 의해 주장되었으며, 이를 체계적으로 정리하여 기초를 완성시킨 연구자는 그의 동료인 고고학자 몬테리우스(Montelius, G.O.A, 1843~1921)이다. 몬테리우스는 북유럽, 그리이스, 이탈리아 등의 청동기시대 유물에 대하여 편년연구를 진행하였으며, 1903년에 고고학 연구의 기초가 되는 형식학적방법의 이론을 완성하였다. 몬테리우스의 형식학적방법은 19세기 중반 다윈(Darwin,C)이 주장한 진화론進化論에서 종자種子와 같이 하나의 형식이 다른 형식으로부터 진화해가는 과정의 영향을 받아, 유구, 유물도 그것을 만들었던 시기의 기술적, 사회적 조건에 제약되며, 일정한 발전법칙에 따라서 변화하는 것으로 이해하였다. 진화론은 유물의 변천과정을 설명하는데 직접 인용하여, 초기의 고고학자들에게 많은 영향을 주었다.

실예로서 몬테리우스는 철도 객차의 예를 들었다. 1825년 영국에서 철도가 개통했을 때, 초기의 객차는 거의 역마차와 같은 것이었다.(도면1-a) 지붕에는 짐칸이 있고, 앞과 뒤에는 의자, 중앙에는 문, 창문은 차체의 윤곽과 같은 곡선으로 되어 있다. 차체의 몸체는 역마차 특유의 모습을 하고 있다. 그 다음은 3칸의 객실이 딸린 객차가 등장하였다.(도면1-b) 3칸의 객실은 역마차의 모습이며, 차체가 부풀어 오르고 지붕의 짐칸이 남아 있다. 이러한 역마차의 잔영은 스웨덴의 1등 객차에도 보이고 있다.(도면1-c) 부풀어 오른 차체, 지붕의 짐칸이 없어졌지만, 문이나 창문은 전과 같은 모습을 유지하고 있다. 같은 시기의 1등과 보통객차의 혼합차량에는 역마차의 흔적은 거의 보이지 않는다.(도면1-d) 몬테리우스는 이처럼 근대산업의 제품에 있어서도 계보를 거슬러 올라갈 수 있는데, 기술이 발달하지 않고 여러 가지 선택이 용이하지 않았던 옛날시대의 것도 계통적인 변화가 있는 것으로 생각하였다. 또한 청동기시대 북유럽의 머리핀에 대해서도 바늘부분과 활모양 형태의 조합된 양상을 관찰하였다. 활모양 양단은 바늘을 나선형으로 감아 원판상으로 만들고(도면2-a), 다음은 활모양 형태가 짧아지고 나선형 부위가 커지면서 외연으로 꼬아진 선이 들어간다.(도면2-b) 이후 활모양 형태의 양단은 렌즈상의 대형 원판의 형태가 되며,(도면2-c) 장식화가 진행되면서 형태도 원판이 아닌 타원상으로 변화한다.(도면2-d) 몬테리우스는 이러한 관찰을 이탈리아와 북유럽의 금속제 도끼, 청동제 단검, 장검, 청동제 용기 등 각종 유물에 적용하였으며, 형태, 장식, 문양, 제작기법 등을 비교 검토하여 그 계보를 완성시켰다.

필자는 형식학적방법을 통하여 신석기시대 일본 큐슈九州의 소바타식토기曾畑式土器와 한반도 남해안 빗살문양토기櫛文土器와의 관련성을 연구한 적이 있다. 소바타식토기 중에 가장 특징적인 문양은 삼각집선문三角集線文이며, 이 문양은 큐슈에서는 존재하지 않는 속성이다. 삼각집선문은 소바타식토기가 성립하기 직전의 한반도 남해안 영선동식토기瀛仙洞式土器에 보이고 있으며, 큐슈의 소바타식 전단계인 니시가라쓰식

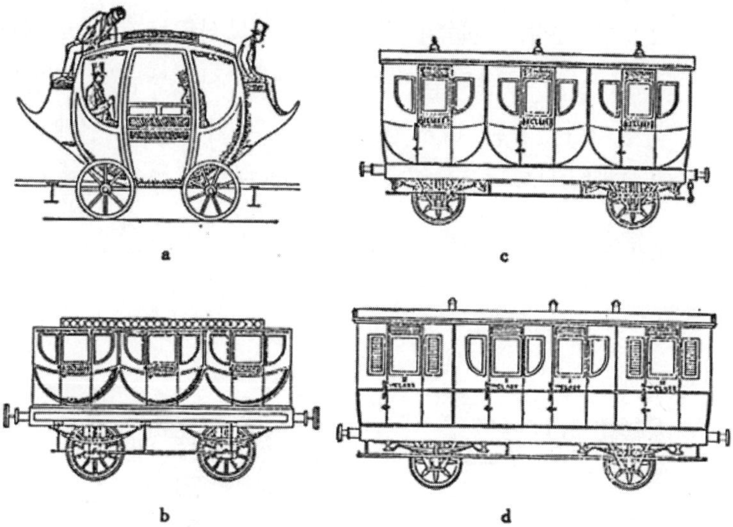

▲ 도면 1. 영국 철도객차의 조열

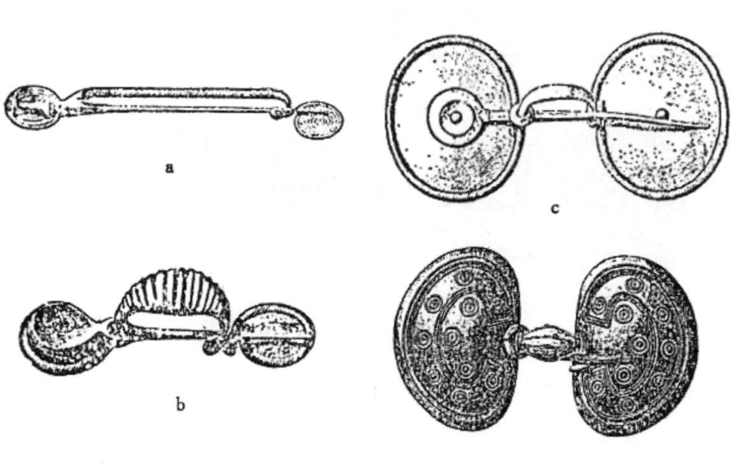

▲ 도면 2. 북유럽 머리핀의 조열

토기西唐津式土器에서 보이는 구획문양대區劃文様帶와 결합하는 양상을 보인다. 여기에서 삼각집선문의 변천과정을 모식도로 보기로 한다. (도면3) Ⅰ은 영선동식의 삼각집선문이며, A의 시문부위는 구연부에 있는 것이 특징이다. Ⅱ는 니시가라쓰식의 구획문양대+연대호상문連對弧狀文이며, B의 시문부위는 충전充塡문양으로 사용된다.

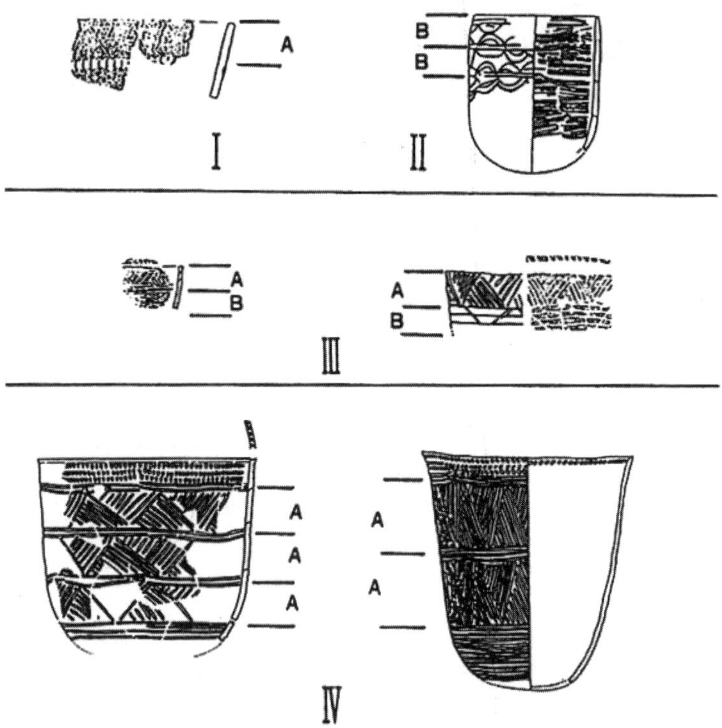

▲ 도면 3. 일본 소바타식토기 삼각집선문 변천도

이와 같이 Ⅰ과 Ⅱ는 지역적으로도 바다를 사이에 두고 있고, 문양이나 시문부위에 있어서도 다르다. 각기 다른 이 속성이 소바타식토기의 제1단계에서는 Ⅰ과 Ⅱ가 결합되어 Ⅲ으로 성립한다. Ⅲ에서는 영선동식토기 A의 시문부위가 그대로 전해지고, B는 니시가라쓰식토기의 전통인 충전문양으로 존재한다. 그 후에 A는 니시가라쓰식에서 유행하고 있던 충전문양으로 사용되고, Ⅳ로서 정착하게 된다. 모식도의 Ⅰ·Ⅱ→Ⅲ→Ⅳ로의 변천이 보이고, 큐슈 소바타식토기의 삼각집선문은 한반도 남해안의 영선동식토기에서 구할 수 있음을 형식학적인 방법을 통하여 증명하였다.

(3) 인류사의 복원

고고학의 편년을 설정하기 위해서는 유물의 속성을 파악하여 형식학적 분류에 근거해서 연속적인 형식으로 정리하여야 한다. 인간이 제작한 모든 유물은 잘 관찰하면 만들어진 순서를 파악할 수 있다. 분류한 고고학상의 형식은 층위학, 연대법 등의 근거를 기초로 해서 그 연속의 신구방향新舊方向을 결정한다. 이렇게 설정된 지역적인 편년은 한 지역에서 인접지역으로 형식 상호간의 공존관계를 확대해 감으로 인해 고고학적 편년체계編年體系가 만들어지고, 유구와 유물은 비로소 시간적인 위치가 주어지게 되는 것이다. 최종적으로는 세계 각지의 편년체계 상호간을 연결시켜 전 세계에 걸친 편년체계를 만드는 것이 목적이나, 현재에 있어 대륙간의 편년 대비는 충분히 이루어지지 않고 있다.

고고학은 인류의 출현시기부터 현재에 이르기까지 인류사를 복원하는 한 영역을 담당하고 있다. 인류사의 복원을 위한 역사의 연구는 주로 문헌기록을 다루고 있지만, 선사시대의 역사는 고고학적인 방법에 의해서만이 가능하다. 또한 문헌기록이 충분한 시대에도 문헌 이외의 유구와 유물의 연구는 고고학에 의해서 연구되고 있다. 따라서 인류사를 복원하기 위해서는 물질적인 증거를 기반으로 한 고고학과 문헌기록을 기반으로 한 문헌사학이 동시에 활용되어야 한다. 이 두 영역은 물질적 증거와 문헌기록이라는 다른 성질이지만, 인류가 과거에 행동했던 다양한 활동들을 기록한 흔적들이기 때문에, 인류사의 복원은 이 두 영역을 종합하여 연구하여야 한다.

2) 층위학적 방법

(1) 퇴적층위

인간이 집단으로 생활할 수 있는 조건은 옛날이나 지금이나 변함이 없다. 대개 남사면에 바람을 막아주고 주위에 샘물이 존재하는 조건이면 사람들이 모여들어 마을이 형성되기도 한다. 또한 산간에서는 동굴유적이나 바위그늘巖蔭유적이 존재하기도 한다. 사람들이 거주하던 문화층은 생활면이 몇 층이나 겹쳐 유물이 포함되는 퇴적층을 이루게 되며, 퇴적은 시간적인 순서로 이루어지기 때문에 그 지층의 순서는 카렌다와 같다고 할 수 있다. 이러한 퇴적된 층은 후대에 교란이 되지 않는 한, 상층은 하층보다 빠른 시기이며, 같은 층안에 공존하는 것은 동일한 연대에 속하는 원칙이 성립되는 것이다.

지층의 층위에 대한 연구는 고고학의 방법론에 있어서 형식학적방법과 함께 기본적인 방법으로 인식되고 있다. 지질학자 라이엘(Lyell)에 의해 확립된 누중累重의 법칙을 고고학에서 도입하여 층위적 발굴을 시도하고 있는데, 이러한 층위의 연구는 다각도에서 진행되고 있다. 유적에서 중복된 유구의 지층을 통해 선후관계를 파악하기도 하며, 유구의 퇴적이 어떻게 이루어졌는가도 층위학적방법層位學的方法을 통해서 알 수 있다. 고분의 경우, 봉분의 판축기법版築技法, 도굴 진행의 흔적도 확인되며, 화산재의 분출에 의한 퇴적으로 연대를 결정하기도 한다. 몇해 전 한 일본의 고고학자에 의해 구석기의 연대 조작사건이 있어 세간을 놀라게 한 적이 있다. 일본 구석기시대의 연대를 더욱 더 올려보려는 의도에서 시작되었는데, 이는 사전에 제작해 놓은 석기를 낮은 쪽의 지층에 묻어두어 시기를 높여보려는 것이었다.

이와 같이 고고학의 연구방법에 있어서 층위학적 파악은 연대의 높낮이를 가늠하는 중요한 연구방법이라 할 수 있다. 층위학적방법은 단독으로 이루어지기보다는 형식학적방법과 병용하여 연구하는 것이 보다 정확한 편년과 연대를 얻을 수 있다.

(2) 유적의 층위

발굴조사에서 기록해야 할 중요한 사항 중에 하나는 층위의 확인과 기록이다. 층위는 조사의 진전에 따라 다양하게 발견되며, 지층에서 유구나 유물이 포함된 층위를 문화층文化層, 혹은 유물포함층遺物包含層이라 부른다. 문화층은 인류의 활동에 의해서 생성된 층위를 말하며, 한 유적에서 몇 개의 문화층이 발견되기도 한다. 이때 각 문화층에 어떠한 고고자료가 포함되어 있는가를 조사하여 발굴자료를 층위라는 시간적인 경과 속에 위치될 수 있도록 하여야 한다.

층위의 조사는 유적 주변, 문화층, 유구의 퇴적층, 고분이나 성의 판축법, 유구 내의 토층, 유구의 중복 및 교란층 등 다양하게 이루어진다. 유적의 주변에서는 지층을 보울링하여 샘플을 조사하는 방법이 이루어진다. 지층의 순서에 의해서 화분분석, 수종분석의 데이터를 가지고 환경을 복원하는 자료로 활용하기도 하며, 주로 식물고고학의 차원에서 이루어진다. 이와 유사한 방법은 구석기시대의 유적조사에서도 많이 활용되고 있다. 조선대학교 박물관에서 조사한 화순 도산유적의 예를 보면, 6개의 층위가 확인되었다. 이중 4개의 층위에서 구석기가 출토되었으며, 각 층위마다 석기의 양상이 다르다. 제1유물층에서는 몸돌, 격지, 망치, 찍개류, 여러면석기, 밀개, 긁개, 제2유물층에서는 주먹도끼, 주먹찌르개, 주먹대패, 제3유물층에서는 주먹찌르개, 찍개, 제4유물층은 돌날, 몸돌, 격지가 출토되었다. 이 층위에 의한 석기의 출토는 마지막 간빙기 이후 최근 지층에 이르기까지 주먹도끼군에서 돌날석기군으로 발전해 가는 시간적인 순서를 층위에 의해서 확인할 수 있다. 각 층위별 석기의 조성과 제작기법 등이 파악되면, 시기별 석기의 편년을 그려낼 수 있다.

층위는 유구의 퇴적층에서도 중요한 의미를 가진다. 진안 월계리 1호와요지의 경우, 퇴적층을 통해서 아궁이부의 구조와 무너진 와요지의 천정을 확인할 수 있었고,(사진9) 2호와요지에서는 와요지를 축조하기 위해 인위적으로 성토한 흔적을 찾을 수 있었다. 이는 와요지의 축조기법을 해명하는데 많은 도움을 주었으며, 유구 내의 토층, 층위조사의 중요성을 일깨워 주었다. 층위조사는 유구 내의 화덕자리, 기둥구멍, 저장구멍 등의 유구에서도 이루어지며, 고분이나 토성, 제방의 판축에 있어서도 층위의 조사가 필요하다. 고분의 경우는 층위를 통해서 도굴의 흔적 유무를 파악할 수도 있으며, 유구의 중복에 의한 고분의 선후관계도 알 수 있다. 김제 벽골제의 경우는 제방의 판축에 있어서 중간 중간에 낙엽이나 나뭇가지를 깔아 견고성을 더한 부엽공법敷葉工法이 채택되고 있음이 조사되었다. 이러한 부엽공법은 서울 풍납토성, 부여의 나성에서도 확인되며, 특히 일본 오오사카에 있는 사야마저수지狹山池에서도 보이고 있어, 고대의 성과 제방 축조에 있어서 판축기법이 동아시아적인 차원에서 이루어졌음을 알 수 있다.

▲ 진안 월계리 1호와요지 토층(사진9)

(3) 화산재 층위

화산재는 화산의 폭발로 인하여 화구에서 분출되는 쇄설물이며, 대개 입자의 직경이 2mm 이하를 화산재라 부르고 있다. 화산재는 단시간에 광범위한 지역에 퇴적하여 지층을 형성하게 되며, 이 화산재 층위의 두께를 측정하여 화산의 진원지를 파악할 수 있다. 또한 화산재는 층위마다 광물의 조성이나 성질에 있어서 특징이 있으며, 이는 층위학상 연대를 결정하는데 있어서 중요한 단서가 되고 있다. 화산재 내에는 분출의 연대를 알 수 있는 유기물이나 광물의 시료가 포함되어 있으며, 퇴적된 층위의 상하관계를 분석함으로서 지형의 발달, 기후, 식생, 토양 등의 환경변천, 해수면 변동, 지각변동 등 다방면의 자연환경 연구에 도움이 되고 있다. 특히 고고학에서는 유적의 연대를 결정하거나 고고학 자료의 세부편년에 유용하게 활용되고 있다.

우리나라에서 화산재층이 퇴적된 화산으로는 백두산 천지, 한라산 백록담, 울릉도 성인봉이 있다. 이중 10세기 중반 두 차례에 걸쳐 폭발한 것으로 기록된 백두산은 많은 양의 화산재를 분출하였으며, 발해 멸망의 원인이 된 것으로도 보고 있다. 이 백두산의 화산재는 일본 홋까이도오北海道나 도우호꾸東北지방에서도 확인되고 있어, 일본 역사 고고학의 층위연구에 중요한 단서를 제공하기도 한다.

선사시대의 화산재 층위연구에 있어서 우리나라와 관련된 것은 일본 큐슈九州지역의 예를 들 수 있다. 먼저 구석기시대의 대표적인 것으로는 아이라 Tn(약 22,000년전)의 화산재가 있다. 이 화산재는 일본 혼슈本州의 북단에서도 확인되고 있어, 후기구석기시대 일본 전역의 편년 연구에 도움을 주고 있다. 신석기시대에는 큐슈 남단의 기까이鬼界 칼데라가 분화하여 퇴적된 아까호야 화산재(약 6,400년전)가 있다. 이 화산재는 큐슈 전역은 물론 서일본에까지 도달했고, 우리나라의 제주도와 남해안지역에서도 확인되고 있다. 이 화산재의 분출연대와 출토토기의 관계가 죠몬토기繩文土器의 형식대비에 중요한 역할을 하고 있다. 이 시기는 죠몬토기 조기에서 전기로 이행하는 시기이며, 우리나라 융기문토기隆起文土器의 비교 자료로도 유용하게 활용되고 있다.

4) 이화학적 방법

유구, 유물에는 여러 가지 특징이 존재하며, 이 특징을 적절하게 분류한 형식학적방법을 이용하거나, 층위학적방법을 이용하여 편년체계編年體系를 확립할 수 있다. 이러한 편년체계를 확립하기 위해서는 이화학적방법理化學的方法도 필수적이다. 고도로 발달된 자연과학법을 고고학에 적용하여 절대연대를 부여하는 것인데, 방사성탄소연대법, 피션트랙법, 포타슘-아르곤측정법, 열발광측정법, 연륜연대법, 고지자기법, 흑요석수화층법, 화석규조분석, 탄소와 질소의 동위체비법, 지방산분석 등이 고고학 연구에 적용되고 있다.

특히 방사성탄소연대법은 고고학의 연대결정을 하는데 있어서 카렌다에 의해 이미 알고 있는 자료를 측정한 결과 연대가 일치하였으며, 이러한 측정결과가 고고학의 편년체계 도움에 큰 영향을 미치고 있다.

(1) 방사성탄소연대법

고고학의 연대측정에 있어서 가장 많이 사용되는 것이 방사성탄소연대법放射性炭素年代法(C14.dating)이며, 이 방법은 1950년대 미국 시카고대학의 리비(Libby,W.F) 교수에 의해서 개발되었다. 리비는 역사시대의 연대가 판명된 자료를 측정하여 이미 알려진 자료의 연대와 부합함을 증명하였으며, 또한 구석기시대의 라스코벽화가 있는 동굴의 목탄 시료를 가지고 15,516±900BP의 연대를 측정하여 고고학 자료의 연대측정에 직접 응용하였다. 이화학연대에 붙는 BP는 Before Physics의 약칭이며, 1950년을 기준으로 그보다 몇년 전인가를 표시하는 것이다.

이 방사성탄소연대법의 원리를 보면 탄소(C)에는 원자량이 12, 13, 14가 존재하는데, 이 중에 C14는 방사선을 방출하면서 규칙적으로 붕괴한다. 생존의 동·식물체의 C14 함유율과 공기 중의 C14 함유율은 일정하나, 죽으면 그 때부터 공기 중의 탄소 보급이 정지되고, 그 순간부터 C14가 감소한다. 감소하는 속도가 5730±40BP년이 지나면 C14 함유율이 절반이 되는 비율을 계산해서 연대를 결정하는 방법이다. 적용되는 유물은 유적에서 출토된 목탄, 통나무배, 조개껍질, 식물유존체, 동물유존체 등의 유기물질이다. 이 방법은 후기구석기시대 이래, 고고학 편년의 절대연대 측정에 유용하게 이용되고 있다.

(2) 피션트랙법

피션트랙법(Fission track dating)은 암석의 연대측정에 이용되며, 고고학에서는 암석, 석기 및 토기 태토胎土내 석립石粒의 연대측정에 응용할 수 있다. 광물이나 자연 유리질에는 우라늄 질량수 238과 235의 두 종류가 있으며, 이 중에 우라늄 238은 시간이 경과되면 알파선을 방출하며 붕괴하나, 일부의 원자는 분열에 의해 손상을 입게 된다. 그 손상의 흔적을 피션트랙이라 하는데, 광물 중의 우라늄 원자량 과 그 중에서 분열을 일으킨 우라늄 양을 대비시켜 연대를 측정하는 방법이다. 주로 지질학, 고생물학에서 많이 이용되며, 적용연대는 10만년 이상에서 수천만년전 까지를 측정할 수 있다.

(3) 포타슘-아르곤법

포타슘-아르곤법(Postassium-Argon dating)은 지질학에서 많이 사용되며, 암석에 함유된 포타슘의 방사성 붕괴를 이용한 연대측정법이다. 아프리카 올드바이(Olduvai gorge)유적의 원인猿人과 석기의 측정에 처음 적용되었으며, 유물의 연대는 175만년전으로 밝혀졌다. 이 방법은 포타슘이 풍부한 현무암, 흑요석, 장석, 운모, 화산재 등의 암석, 광물의 측정에 용이하며, 100만년 이상의 연대를 구하는데 적합하다. 주로 지질학에서 많이 이용되고 있으나, 고고학에서의 적용은 구석기시대의 연대를 제시하는데 이용되고 있다. 우리나라에서는 구석기시대 연천 전곡리유적 유물포함층의 아래에 있는 현무암을 측정한 바가 있다.

(4) 열발광측정법

열발광측정법熱發光測定法(Thermoluminescence dating)은 토기나 화산재 등이 흡수한 자연 방사선량을 측정하여 연대로 환산하는 방법이다. 광물에 일정한 열을 가하면 파란색의 형광을 발하고, 한번 형광을 발한 뒤에는 축적된 에너지가 없기 때문에 발광하지 않는다. 토기의 제작시 500° 이상에서 구워지기 때문에 축적된 에너지를 모두 방출하여 토기에 재축적된 형광을 계측하는 원리이다. 적용은 토기, 기와 이외에도 불에 탄 돌이나 흙도 가능하다. 현재는 70년전의 기와에서 50만년전의 화산재에 이르기까지 광범위한 연대를 측정할 수 있다.

(5) 고지자기법

고지자기법古地磁器法(Paleomagnetic dating)은 소토燒土의 최종 소성연대를 잔류 자기에서 물리적으로 정하는 방법이다. 그 원리를 보면, 도요지, 화덕자리 등의 소토는 잔류자기殘留磁器를 띠고 있고, 이 잔류자기의 방향은 가마의 최종 가열시의 지자기地磁器방향과 일치한다. 게다가 소성연대를 알 수 있는 소토의 잔류자기를 측정해서 지자기의 방향과 연대의 대비 데이터를 넓은 연대범위에 걸쳐서 축적하게 되면 과거의 지자기가 연대와 함께 어떻게 방향을 변화시켰는가를 표준

곡선으로 나타낼 수 있다. 이미 완성된 표준 곡선에 대응하는 연대를 파악하여 대비하면 최종 소성연대를 알 수 있게 된다. 필자가 조사한 진안 용담댐 수몰지구의 월계리 2호와요지에서 잔류자기 측정을 하였다.(사진10) 월계리와요지는 와요형태, 기와의 문양과 제작기법, 출토된 토기에 있어서 백제시대 말기의 것으로 연구되었으며, 잔류자기 측정에서도 이와 유사한 7세기 후반을 전후한 시기로 측정되었다.

▲ 진안 월계리 와요지 고지자기 조사(사진10)

(6) 연륜연대법

연륜연대법年輪年代法(Dendrochronology)은 천문학자인 더글라스(Dougglass,A.E)에 의해 개발되었으며, 나무의 성장에 의해 나타나는 나이테의 너비 변동 변화에 착안하여 연대측정에 응용하였다. 나이테의 너비 변화를 해를 따라 거슬러 올라가면 생육환경이 공통적인 일정한 지역 내에서는 수종마다 고유의 공통적 패턴을 그릴 수 있다. 현재부터 과거에 이르기까지 나이테의 변화를 연결시켜, 유적에서 출토된 통나무의 나이테를 대비시키면 연대를 알 수 있다. 이 방법은 복잡한 조건을 필요로 하지 않고 오차가 적은 고정밀도의 연대측정을 할 수 있으며, 고고학을 포함하여 미술사, 건축사, 지형학 등의 연구분야에 널리 응용되고 있다.

(7) 화산재에 의한 연대측정

화산재층의 형성연대를 기준으로 화산재 층위에서 출토된 고고자료의 연대를 측정하는 방법이다. 화산재 내에는 분출연대를 알 수 있는 유기물이나 광물의 시료가 포함되어 있다. 고고학에서의 이용은 퇴적된 층위의 상하관계를 분석함으로서, 유적의 연대를 결정하거나 고고학 자료의 세부편년에 유용하게 활용되고 있다. 화산재 층위연구에 있어서 우리나라와 관련된 것은 일본 큐슈九州지역의 구석기시대 아이라 Tn(약 22,000년전) 화산재와 신석기시대의 기까이鬼界 칼데라가 분화하여 퇴적된 아까호야 화산재(약 6,400년전)가 있다. 아까호야 화산재는 큐슈 전역은 물론 서일본에까지 도달했고, 우리나라의 제주도와 남해안지역에서도 확인되고 있다. 이 화산재의 분출연대와 출토토기의 관계가 죠몬토기繩文土器의 형식대비에 중요한 역할을 하고 있으며, 화산재를 과학적으로 분석하여 연대를 결정할 수 있다.

5. 유적조사

1) 지표조사

인류가 남긴 물질적 증거를 연구하여 인류사를 밝히는 데에는 주로 발굴조사를 통하여 얻어진 자료가 많이 이용된다. 발굴은 항상 새로운 발견을 의미하며, 지적인 호기심을 자극하고 즐거운 긴장감을 맛보게 한다. 그러나 육체적인 고통, 단순노동, 세밀한 정리와 분석, 올바른 해석 등 어렵고 딱딱한 면도 있다.

필자가 자주 질문을 받는 것 중에 하나는 "흙 속에 묻혀 있는 유적을 어떻게 찾아내는가"하는 것이다. 현재 우리나라에서 유적을 조사하기 위해서는 3단계의 절차가 필요하다. 유적을 찾아내기 위해서는 반드시 1단계의 지표조사地表調査를 거쳐야 한다. 발굴조사를 진행하기 이전에 일정지역에 존재하는 고고학적 유적을 육안으로 조사하고, 유물분포의 위치와 범위를 지도상에 기입하는 단계를 말한다. 근래에는 경운기나 트랙터 등을 이용하여 평지나 구릉지역을 경작하기 때문에, 유적이 있으면 윗부분이 파괴되어 유물이 지상에 노출되는 경우가 많다. 따라서 지표면을 조사함으로서 유구나 유물이 노출되어 있는지를 육안으로 확인하는 조사가 필요한 것이다. 유적의 대부분은 이 지표조사 과정에서 확인되고 있으며, 그 조사의 데이터는 유적의 입지, 지형의 특색, 현지의 지번, 유적의 종류와 시대, 출토유물의 성격, 유적의 범위 등이 제시되어야 한다. 지금은 우리나라에서도 각 시군 단위로 문화재 분포지도가 작성되어 배포되고 있으며, 각 지자체의 기본 연구자료나 각종 공사시에 유적파괴에 대처하는 예비 자료로 활용되고 있다.

2단계는 시굴조사試掘調査인데, 발굴조사에 앞서 대상 지역의 일부를 시험적으로 파서 유적의 개략적인 성격과 범위, 발굴의 구역설정, 발굴방법, 소요예산, 작업일수 등 정확한 계획을 수립하는데 필요한 단계이다.(사진11) 발굴조사가 필요한 지역은 지표조사를 통해서 유적의 범위가 확인되면 유적의 성격추정을 위해서 시굴조사가 진행된다.

▲ 진안 월계리 와요지 시굴조사(사진11)

시굴조사 단계에서 보다 구체적인 유적의 현상을 파악하고, 유적의 성격에 따라서 발굴조사 진행의 준비를 보다 효율적으로 할 수 있기 때문이다. 시굴조사는 문화재청의 승인 하에 이루어지며, 유적의 성격과 규모 등이 밝혀지면 곧바로 발굴조사로 이어진다.

2) 발굴조사

(1) 발굴조사의 의미

지표조사와 시굴조사가 완료되면, 본격적으로 3단계의 발굴조사

發掘調査가 시작된다. 지하에 매장되어 있는 유구와 유물을 계획된 방법에 의해 조사하여 고고자료의 수집과 정보를 얻어낼 수 있는 가장 중요한 단계이다. 지하에 매장되어 있는 유구, 유물은 발굴 당시에는 정리된 개념이 아니기 때문에 추후에 분석과 연구를 위해서는 정확하고 충분한 조사가 이루어져야 한다. 따라서 발굴조사를 통해서 유구나 유물의 출토상태와 위치, 공반유물, 유구 간의 조합관계, 층위문제 등 고고자료의 모든 정보를 파악하고, 여기에 대한 도면실측과 사진촬영 등을 충실하게 기록하여야 한다. 아울러 발굴조사는 유적을 파괴하는 행위이고, 다시는 조사 이전의 상태로 되돌릴 수 없기 때문에 유적이 지니는 역사적, 학술적 가치에 대한 책임을 자각해야 한다.

발굴조사는 학술발굴과 구제발굴로 분류되고 있다. 학술발굴學術發掘은 대개 학술적으로 중요하거나, 유적의 정비를 목적으로 학술단체나 정부에서 시행하는 경우가 많다. 전북지역의 경우만 해도 미륵사지, 왕궁리유적의 조사, 그리고 근래에 이루어진 미륵사지 동탑의 해체, 복원사업도 그 예라 할 수 있다. 이에 비해 구제救濟발굴 은 택지, 공단, 도로, 공공시설, 댐 건설 등 각종 개발사업에 의해서 불가피하게 긴급적인 조사를 하는 경우이며, 발굴 건수도 연간 1,000여건을 훨씬 초과한다. 발굴조사는 1980년대 많은 대학에 고고학 전공이 생기면서 문화재에 대한 인식 고취와 함께 대학박물관을 중심으로 활발한 조사가 진행되어 왔다. 2000년대에 들어서는 문화재 보호법이 강화되면서 지표조사가 의무화 되었고, 이에 따라 유적조사의 시굴, 발굴 건수가 급증하게 되었다. 현재 전국적으로 80여군데의 문화재 발굴전담기관이 있으며, 고고학적인 조사가 더욱 활기를 띠고 있다.

(2) 발굴의 방법

발굴조사는 유구의 확인면에서부터 완굴完掘하기 까지의 과정을 거쳐야 하며, 단순히 발굴 뿐만이 아니라 여기에 수반되는 토층관찰,

유구의 기록, 사진촬영, 유물수습에 이르기까지 생각보다 복잡하고 다양한 방법이 동원된다.

발굴조사는 대개 테스트 피트(test pit)에서 트랜치(trench), 평면발굴의 순서로 진행된다. 테스트 피트는 유구의 유무를 확인하는데 있어서 의심나는 부분을 군데군데 파보는 일종의 시굴조사의 형태이다. 트랜치는 일반적으로 시굴조사에서 이용되고 있으며, 폭 1~2m 정도 목적에 상응한 길이를 파서 유구나 유물을 확인한다. 평면발굴은 유적의 전체면적에 대하여 일정 단위의 방안형태로 구획하여 조사하는 방법이다. 이러한 발굴조사법은 크게 방격법方格法과 사분법四分法이 있다. 방격법은 바둑판과 같은 형태로 조사하며, 일반적으로 이용되는 조사방법이다. 방형의 피트를 만드는 그리드를 설치하여 조사하는 방법으로 마을유적, 건물지, 사지寺址 등 넓은 지역을 조사할 때 이용된다. 사분법은 주로 고분의 봉토封土를 조사할 때에 이용된다. 봉토의 정상부를 기준으로 사등분하여 퇴적양상을 파악하고 내부의 매장주체부 등을 확인하는데 효과적인 조사이다. (사진12)

▲ 해남 만의총 사분법에 의한 조사(사진12)

발굴조사는 조사 가능한 모든 범위를 전면적으로 조사하는 것이 가장 좋은 방법이지만, 유적의 유구와 그 성격, 목적에 따라서 가장 효율적인 방법이 선택되기도 한다. 예를 들어, 패총의 층위를 중시할 때에는 트랜치 발굴이 필요하고, 주거지의 밀집지역인 마을과 같은 경우는 평면발굴이 필요하다. 또한 발굴조사에 있어서 토층의 관찰은 중요한 의미를 가진다. 흙의 색깔, 점성 유무, 견고함의 여부 등 흙의 성질에 의해서 유구를 확인할 수 있으며, 그 변화의 추이를 정확히 알고 있어야 한다. 인위적으로 파헤쳐진 흙은 자연의 퇴적상황에서 변화되어 토층이 본래의 색조와 다르게 나타나기 때문이다. 고고자료가 지하에 매장되어 있는 한, 이 토층의 차이를 발견하고, 흙의 변화를 추적하여 인간 행위의 흔적을 찾을 수 있다. 층위조사를 위해 토층을 관찰할 때에는 아침과 저녁의 햇빛에서는 구분하기 어려우며, 구름이 낀 상태의 경우가 관찰하기 쉽다. 토층의 구별은 자연퇴적인가, 인간에 의해 움직인 것인가를 파악하여야 하며, 토층에 따라서는 확연하게 구분되는 경우도 있지만, 애매하여 구분하기 어려운 경우도 있다. 또한 육안상으로 토층을 구분하기에는 한계가 있으므로 토색장土色帳을 이용하면 쉽게 색조를 구분할 수 있다.

발굴조사는 경작토나 교란층을 제거하고, 본땅의 유구면에서부터 조사가 시작된다. 이 때에 경작토에서 유물이 유구내의 유물과 관련되거나 접합이 되는 경우도 있으므로 유물의 수습은 충분히 이루어져야 한다. 유구의 발굴은 그 종류가 다양하지만 주거지의 발굴을 예로 수순을 보면, 먼저 평면에서 그 윤곽을 정확하게 파악하여야 한다. 우선 평면에서 원형, 타원형, 방형, 장방형 등의 형태와 주거지의 성격을 알 수 있으며, 혹은 주거 이외의 유구인가가, 어느 정도 판명되기 때문이다. 유구의 평면이 판명되면, 그 부분을 선을 긋거나 석회를 사용하여 표시를 한다. 주거내의 복토층覆土層도 퇴적상태를 보기 위하여 4분할 十자상의 벨트를 설치하여 바닥면에 이르기까지 남겨두고, 퇴적의 양상을 관찰하는 층위를 조사한다. 이 때에는 주거내의 토층이 어떻게 퇴적되고 있는가를 조사할 수 있다. 주거 내의 조사는 유물이 출토되면 마지막 바닥면을 정리할 때까지 남겨서 유구 전체와의 관계를 볼 수 있도록 한다. 바닥면까지 조사가 진행된 후에는 기둥구멍이나 저장구멍 등을 확인하여야 하며, 혹은 화덕자리 등의 유구도 검출될 수도 있다. 특히, 저장구멍이나 그 안에서 출토된 토기의 경우에는 내부에 식물질이 들어 있을 가능성이 있기 때문에 채취하여 내용물을 확인할 수 있도록 해야 한다. 주거 내의 시설들을 조사할 때에는 토기, 석기, 철기, 탄화물 등의 유물과 주거 내의 유구들과 관련성 여부를 주의 깊게 관찰하여야 하며, 출토된 유물은 최종적으로 실측과 사진, 레벨 등의 기록을 마친 후 수습하여야 한다. 주거 내에서의 조사가 마무리되고, 유물의 수습이 끝난 후에는 주거 전체의 평면도나 단면도의 작성, 유구 각 부위의 레벨 측정 등이 필요하다. 유구나 유물의 실측은 1/20~1/5 정도의 축적으로 이루어지며, 주거지는 1/20로 실측하는 것이 일반적이다.

이와 같이 주거지의 예를 들어 발굴의 순서와 방법을 개요적으로 설명하였다. 주거 외의 고분, 토광, 적석유구, 패총, 가마터 등의 발굴조사도 부분적으로는 특수한 기술이 요구되기도 하지만, 이 주거지의 발굴방법을 기본으로 할 수 있다. 주거지의 발굴방법을 충실히 익히면 다른 유구의 경우도 응용하여 조사를 진행할 수 있다.

(3) 발굴용구

발굴조사는 작업자체가 토목공사와 유사하며, 여기에 필요한 용구도 다양하다. 유적의 성격에 따라서 필요한 장비도 각기 다르며, 제토除土작업에 필요한 중장비에서부터 유구면의 규모가 작은 토광을 파내기 위한 국자나 수저와 같은 작은 용구까지 다양하게 사용되고 있다. 발굴용구는 측량용구, 사진용구, 발굴용구, 운반용구, 실측용구, 수납 용구, 정리용구 등으로 구별할 수 있다. 측량용구는 발굴을 시작하기에 앞서 조사지역에 대한 측량을 할 때에 반드시 필요하며, 또한 유구, 유물의 출토 위치, 유물의 고저高低를 기록할 때에도 필요하다. 측량용구는 광파 측정기, 트랜싯트, 레벨기 등이 일반적으로 사용되고 있으며, 근래에는 유구나

▲ 측량기 사용모습(사진13)

유물의 현장 도면작성에 있어서도 측량기가 활용되고 있다.(사진13)

사진용구는 기존에는 필름을 사용하는 기계식 카메라가 사용되었으며, 사진의 종류도 흑백, 칼라, 슬라이드 3종류를 필요로 하였다. 그러나 이제는 디지털 카메라의 보급으로 인하여 편리하게 사진을 촬영할 수 있게 되었으며, 정리에 있어서도 색깔보정, 명암보정이 가능하여 원하는 사진을 얻을 수 있다. 게다가 앨범이 필요 없게 되어 사진의 보관도 이전보다 훨씬 자유로워졌다. 최근에는 동영상으로 촬영하여 유적의 생생한 현장을 영상으로 보관하여 연구나 시청각 자료 등 다양한 목적으로 사용하고 있다.

발굴용구는 삽과 곡괭이, 괭이, 호미, 꽃삽, 톱, 국자, 수저, 붓, 전지가위 등 농경도구를 비롯하여 유구의 성격에 따라서 다양한 발굴용구가 사용되고 있다. 조사에서 흙을 제토하는데 필요한 포크레인, 유구의 조사에서 퍼 올려진 흙을 운반하는 일륜차, 벨트 컨베이어 등의 운반용구도 사용된다. 이 외에도 발굴조사에서 출토된 각종 유구와 유물을 정확히 기록에 남기고, 이들을 채집하고 수납하는 데에도 많은 도구들이 필요하다.

실측용구는 유구와 유물을 실측하기 위한 것으로 각종 필기구를 비롯하여 실, 줄자, 콤펙스, 방안지, 화판 등이 사용되고 있으며, 수납용구는 유물봉투, 상자, 라벨, 샤례 등이 사용되고 있다.

3) 자료의 정리

발굴조사 후 유물의 정리기간은 대개 발굴조사의 기간과 동일한 일정이 소요된다. 자료의 정리는 출토유물의 세척에서부터 등록, 유물 접합과 복원, 유물 실측과 촬영, 보고서 편집과 작성 등의 순서로 보고서가 나오기까지의 일련의 작업이다. 발굴조사가 종료된 후에는 크게 유구와 유물에 대한 기록물과 유적에서 수습한 각종 유물로 분류된다. 조사에서 출토된 기록은 발굴 전체 측량도, 유구 평면도, 층위 단면도, 유구와 유물의 출토사진, 유물대장, 조사일지 등 다양하며, 추후에 분석, 연구를 위해서 꼼꼼히 정리되어야 한다.

유적에서 출토된 유물은 대개 매장된 상태에서 진흙이 부착되어 있기 때문에 물세척이 필요하다. 물세척시에는 유물의 상태에 따라서 주의가 요구된다. 토기의 부드러운 표면을 세게 문질러서 상처를 낸다든지, 안료顔料가 칠해진 것을 모르고 세척한다든지, 석기의 날이 있는 부분을 세척하여 새로운 상처를 내는 일 등은 주의를 해야 한다. 물을 사용할 수 없는 금속제품은 건조시켜서 흙을 털어내거나, 녹을 제거하는 작업이 필요하다. 게다가 동물유체, 조개류, 식물질 등 자연유물도 수습되는 만큼 출토상황에 따라서 적절한 조치가 필요하다.

세척이 완료된 유물은 출토기록을 약자로 표기하는데, 유물 부위의 중요하지 않은 부분에 작은 글씨로 기입하고 그 부분을 메니큐어나 락카 등으로 코딩한다. 이로 인하여 각 유물은 고고자료로 등록이 완료되며, 다른 출토기록을 가진 자료와 함께 분류가 용이하게 된다. 또한 출토품은 재질과 용도에 의해 분류하여 유물상자에 수납하고, 인공유물과 자연유물 등 유물 분류방법에 따라 정리가 이루어진다.

대개 출토된 유물은 파손된 상태로 수습되는데, 정리작업 과정에서 접합과 복원작업이 이루어진다. 단순한 단편자료를 본래의 모습으로 복원하여 연구자료, 박물관 전시자료 등으로 활용될 수 있도록 가치를 높일 수 있다. 또한 접합하는 과정에서 유물의 제작과정과 유적 내에서의 폐기과정 등을 알 수도 있으며, 당시 사람들의 행동양식을 밝힐 수도 있다.

출토유물은 유물의 성격에 따라서 다르지만, 계측計測과 집계集計가 필요한 것이 있다. 통계적 분석이 일반화되면서 유적 출토유물의 전체량이 어느 정도이며, 그 중에 각종 유물이 차지하는 양은 어떤지 파악하여 수량적인 분석을 할 수 있기 때문이다. 대개 고고자료는 통계적 분석에 적합한 성격을 가지고 있다. 토기나 석기의 경우 종래에는 집계에만 의존했지만, 토기는 높이, 구경口徑, 저경底徑 등을 계측하고, 석기는 길이, 폭, 중량 등을 계측하여 출토자료에 객관적인 데이터를 부여하고 있다. 이러한 데이터는 발굴조사를 직접 담당하지 않았더라도 누구나가 실물을 접하지 않고 자료의 분석을 할 수 있다.

유물의 접합과 복원작업이 이루어지면 유물의 실측도가 작성되어야 한다. 유물의 전체상을 도면화 함에 따라 규모와 형태적 특징을 알 수 있게 된다. 또한 유물 내에 시문된 각종 문양도 실측하여야 하며, 복잡한 문양은 탁본에 의해 처리되는 경우도 있다. 이 과정에서 비로소 유물의 정확한 관찰이 이루어지며, 이는 곧 자료의 정확한 분석으로 연결되어 연구의 기초에 밑거름이 되고 있다. 유물의 실측도는 축소하여 트레싱 페이퍼에 작성하고, 유구의 경우에는 스케일이나 방위표시 등도 기재하여야 한다.

정리작업이 마무리 되면, 최종적으로 보고서 작업이 필요하다. 발굴조사는 유적이 파괴됨을 전제로 진행하는 것이기 때문에 이에 대한 내용은 충실히 보고서에 기재되어야 한다. 보고서는 발굴의 경과, 과정 등의 내용을 객관적이고, 공평한 내용이 되도록 기술되어야 한다. 이로서 발굴내용은 일반에게 공개가 되고, 발굴자료가 고고학적 사실로서 공식화 된다. 보고서의 내용은 유적의 입지와 환경, 조사경위, 조사개요, 유구와 유물의 조사내용, 분석, 조사성과 등이 기재된다. 보고서에는 측량도, 실측도, 사진, 탁본 등을 이용하여 사진과 도면을 제시하여야 한다. 특히 발굴조사 중간 중간의 모습들을 사진, 도판으로 많이 제시하여 주는 것이 보고서의 이해에 도움이 되며, 사진, 도면화하기 어려운 정보는 문장에 의해 기술하면 된다. 보고서는 발굴조사의 최종 성과를 정리한 것이며, 연구서적인 성격을 띠기보다는 유적의 발굴조사 내용을 가급적 충실히 전달하려고 노력해야 한다. 이 최종적인 보고서를 가지고 관련된 연구자들이 주변의 유사 유적과 비교하거나 분석하여 연구자료로 활용할 수 있으므로, 보고서의 작성은 그 만큼 중요한 의미를 가진다.

4) 자료의 보존처리

(1) 자료의 수습과 전사방법

발굴조사 유물 중에는 토기나 석기와 같이 변질이 어려운 것도 있지만, 공기나 햇빛에 노출되면 쉽게 변질되거나 부식이 되는 것이 있어 신속하게 기록하고 수습하여 보존처리를 해야 하는 경우가 있다. 보존의 필요성이 있다고 판단되는 유구와 유물이 부식되거나 약화되었을 때에는 유물의 포함층이나 유구, 유물의 일부를 실내로 운반하여 조사하게 된다. 이렇게 보존처리가 필요한 유물은 대개 유기물질로 이루어진 목제유물, 칠제품漆製品, 초본류草本類, 장기간 매장에 의해 약해진 인골, 자연유물 중의 동 · 식물유체 등이 포함된다. 철기나 청동기와 같은 금속유물도 녹의 진행을 억제하기 위하여 보존처리가 필요하며, 이 외에도 묘광, 화덕자리, 가마터, 주거지, 패총 등의 유구가 옮겨져 보존되기도 한다.

보존을 위해 유구나 유물을 수습하기 위해서는 사진이나 실측 기록을 마친 후에 반출하는 범위와 중량을 계산하여 운반에 대비하여야 하며, 유구와 유물은 수축과 균열이 생기므로 수용성 아크릴수지 용액을 뿌려 건조시킨다. 반출하기 위해서는 반출 부분을 굴삭하여 분리시키고, 주위나 상하면은 우레탄수지를 사용하여 발포스치롤상으로 발포해서 공간에 충진한다. 반출 후에는 우레탄수지의 해체작업과 동시에 전시나 보관의 용도에 따라 조정하여 보관한다. 보존처리를 위해 수습하는 또 하나의 방법은 동결공법凍結工法에 의한 유구의 수습이다. 유구, 유물을 액체질소를 이용하여 순간적으로 동결시켜 수습하는 방법이며, 수습 후에는 자연 해동을 시킨다.

층위의 기록은 대부분 실측이나 사진에 의존하는 경향이 있으나, 유적단면의 전사보존轉寫保存은 가장 효과적인 기록 보존이다. 층위전사는 예산, 시간, 자연재해 조짐 등의 제약이 있을 때 행해지며, 대개 고분의 봉토나 판축상태, 패층, 습지대의 단면 등이 전사에 이용되고 있다. 토층의 전사를 하기 위해서는 대상면을 편평히 하고, 강인한 접착력을 가진 합성수지를 도포한다. 패층이나 모래층의 연질단면은 수분과 어울리는 이소시아네트계 수지를 사용하며, 보관용과 전시용에 따라 합성수지 도포의 조절이 필요하다. 전사면轉寫面에 부착하는 포의 종류는 면이나 마의 직물을 사용하며, 도포한 후 판넬에 부착하여 보관, 전시한다. 전사 후 토층에 노출된 유물은 접착제를 사용해 고정시키고, 목제유물이나 종자 등은 수축되기 때문에 경화처리硬化處理가 필요하며, 패총의 풍화된 부분도 경화처리 하여야 한다. (사진14)

▲ 풍납토성 층위전사 모습(사진14)

(2) 목제, 금속유물의 보존처리

유물의 매장상태는 토양수분 중에 함유된 광물성 염류와 부식성 토양과 접촉되어 있기는 하지만 빛이 없고 안정된 온도, 습도상태, 그리고 대기와의 차단 등 환경조건이 비교적 적당하기 때문에 보존이 되나 이것이 발굴과 동시에 노출되면 급속하게 변형된다. 여기에서는 발굴시 많이 출토되는 목제와 금속유물에 대한 보존처리 방법을 알아보도록 한다.

목제유물은 저습지유적의 발굴로 인해 증가하고 있으며, 광주 신창동, 부여 궁남지, 무안 몽탄리유적, 해저에서 출토된 목선 등 다양하다. 목제유물은 수침, 밀봉상태에서 장기간 보존된 경우에는 목제의 수지분과 셀룰로이스가 유출, 붕괴되고 여기에 물이 과포화 상태에 이른다. 이러한 유물이 건조되면 금이가고 수축현상이 일어 나는데, 과포화된 물을 다른 안정된 물질로 대체하든가, 형체를 바뀌지 않게 물을 강제적으로 제거하는 방법이 활용되고 있다. 전자가 PEG함침법含浸法(Polyethylene Glycol)이고, 후자가 진공동결건조법眞空凍結乾燥法이다. PEG함침법은 가장 많이 이용되는 목제보존 방법이며, 목제에 포함된 함유수분을 다른 안정된 물질로 대체하는 원리이다. PEG는 목제의 치수를 안정시키는 약제이나 보존과학에서 응용하고 있으며, 목제의 상태나 성질에 따라 PEG 400, 600, 1500, 2000, 4000의 약제가 쓰인다. 보온 가능한 물탱크에 담가두면 목제의 물이 PEG용액으로 바뀌며, 처리기간은 직경 30cm, 길이 1m 정도의 목제유물의 경우 1년 정도 소요된다. 규모가 작은 목제 파편에서부터 거대한 목선에 이르

▲ 목선 보존처리 모습(사진15)

기까지 적용할 수 있다.(사진15) 진공동결건조법은 생화학분야와 식품의 보존에 널리 사용하고 있으며, 목제에 함유된 수분을 강제적으로 제거하는 방법이다. 원리는 목제 안의 수분을 3부칠알콜로 변환시켜 포일로 싸서 진공동결건조기에 넣고 -40°로 동결시키며, 동결 후에는 낮은 기압으로 감압減壓시켜 3부칠알콜을 빠른 속도로 건조시키는 방법이다. 이 방법은 목간木簡, 채색 있는 유물, 칠기 등 규모가 작은 목제유물에 효과적으로 적용할 수 있다.

목선의 보존처리 공정의 예를 보면, 먼저 처리 전에 수종분석, 부패도 측정, 유물의 재질, 실측, 사진 등의 기록이 충분히 수반되어야 한다. 그 다음 목선에 부착되어 있는 부식물을 세척하고 탈염처리를 하여 미생물의 생성을 억제시킨다. 보존처리에 앞서 선체의 구조나 복원연구에 필요하기 때문에 선체의 모형을 제작해 둘 필요가 있다. 목선의 경화처리는 1단계에는 PEG400을 사용하여 약한 부식층의 안정화, 2단계에는 PEG4000을 사용하여 심한 부식층의 안정화를 도모한다. 마지막으로, 건조와 표면처리를 하고 선체를 복원한다.

유적에서도 철제유물이 비교적 많이 출토되고 있다. 지금은 녹이 없는 스텐레스나 철의 순도를 높여 녹슬지 않게 하는 기술이 발전하고 있으나 이전의 철은 녹이 진행된다. 유물의 녹이 별로 없는 경우는 메탄올, 아세톤용액으로 씻어 보관하는 정도로 충분하지만, 녹이 많이 진행되어 형체를 알 수 없을 때에는 X-ray 사진으로 판정할 수도 있다. 철기유물의 강화처리는 외부의 공기로부터 차단해 녹의 진행을 억제하는 목적이 있으며, 주로 합성수지에 의한 강화처리가 진행된다. 합성수지를 침투시키기 위해 수지탱크에 넣어 감압減壓방식을 사용하며, 철기유물은 아크릴수지로, 청동제품은 인크라락으로 강화처리 하는 경우가 많다. 접합을 시킬 때에는 용해되는 열가소성 수지접착제(세메다인)나 용해되지 않는 열경화성 수지접착제(아랄다이드) 등을 사용한다. 철제유물의 보강제로는 에폭시계 합성수지가 있다. 보관은 습기가 없는 곳이어야 하며, 목기나 종이제품 등과 동일한 케이스에 전시하는 것은 금물이다.

철제유물 보존처리 공정을 보면, 먼저 철의 재질, 구조조사를 비롯하여 녹의 원인을 규명하는 매장환경조사, 현재상태의 기록 등 사전조사가 필요하다. 다음으로 녹 및 부착물 제거를 위한 세척작업과 함께 탈염처리, 수지함침(1, 2, 3차), 접합 및 복원의 순으로 보존처리가 진행된다. 처리 후에는 처리방법의 기록, 정기적인 관찰이 필요하다.

6. 고고학 연구의 자연과학 응용

1) 식생활 분석

(1) 지방산분석

지방산분석脂肪酸分析은 고고학 자료에 남아 있는 지방산에서 당시에 포획, 가공, 처리했던 생물의 종류를 추정하여 고대의 환경이나 식생활을 분석하는 방법이다. 동·식물의 몸체를 구성하고 있는 성분 중에 지방은 미량이기는 하지만, 땅속에서 오랜 기간 동안 변하지 않고 잔존한다. 유적에서 출토된 석기나 골각기에 남아 있는 지방산에서 당시 포획대상의 종류를 알 수 있으며, 무덤이나 화덕자리 등 유구의 기능, 용도 해명에도 획기적인 성과를 올리고 있다. 진안 갈머리유적의 신석기시대 적석유구積石遺構 53기 중에 기능 추정을 위해 3기의 유구에 대하여 지방산분석이 이루어졌다. 분석은 4호, 50호, 53호적석유구의 재층에서 채취한 토양시료를 가지고 이루어졌다. 분석 결과, 도토리 껍질의 식물성 성분이 확인되었고, 14호적석유구의 토기 내부에 부착된 탄화물은 동물일 가능성이 높은 식료로 판명되었다.

(2) 탄소 · 질소안정동위체법

탄소 · 질소안정동위체법炭素 · 窒素安定同位體法은 고인골古人骨의 탄소와 질소의 동위체에 의한 식생활을 분석하는 방법이다. 고인골의 조직중에 축적된 탄소와 질소는 생전에 섭취한 식료를 통해서 축적된 것이다. 식료는 종류에 따라 이 원소의 안정동위체 비율이 다르기 때문에 조직중의 탄소와 질소의 동위체비율로 섭취된 식료의 양적인 조합을 알 수 있다. 즉 선사인들이 섭취, 소화한 식료를 통해서 신체조직에 고정, 축적된 탄소와 질소의 안정동위체 비율을 가지고 그 유래된 식품을 찾아내 식생활을 복원하는 방법이다. 이 방법으로 지금까지 고고학에서 기대할 수 없었던 단백질이나 에너지의 섭취량을 정량화 할 수 있게 되었다.

2) 환경의 복원

(1) 화석규조분석

화석규조분석化石硅藻分析은 고지형이나 고환경의 복원에 이용되고 있다. 화석규조는 담수에서 해수에 이르는 거의 모든 수역에서 서식하는 0.01~0.1mm 정도의 아주 미소한 생물인데, 그 세포는 규산을 포함하고 있기 때문에 퇴적된 흙속에 잔존한다. 이 화석규조가 담수 지역 혹은 해수지역인가, 아니면 중복되는 곳에 서식하는 종種인가를 분석함으로서 어디까지 해안선이 들어왔는가를 밝힐 수 있어, 당시의 지형과 환경을 밝히는데 이용된다. 이러한 논리는 유공충류有孔蟲類 분석에도 적용할 수 있다. 유공충류는 각 해역, 기수역에 넓게 분포하는 원생생물로 원형질을 보호하는 각질이 있다. 이 각질은 화석으로서 퇴적물에 보존되어 잔존하기 때문에 시준화석示準化石으로 이용된다.

(2) 산소동위체비법

산소동위체비법酸素同位體比法은 과거의 해수온을 알 수 있는 방법으로 화석의 조개껍질이나 유공충류有孔蟲類의 각질을 만드는 탄산칼슘을 사용한 산소동위체비법이 이용된다. 물을 구성하는 원소인 일종의 산소동위원소를 다양한 시료를 대상으로 측정하여 고대에서 현재에 이르기까지 해수 온도의 변동을 측정할 수 있다. 이 방법은 산소의 동위체인 18O와 16O의 존재비가 각질이 형성되었던 시기의 수온을 반영하고 있어, 저온일수록 무거운 18O가 많은 점을 이용한 것이다. 즉 조개껍질의 탄산칼슘 중 18O, 16O의 비율과 물의 18O, 16O의 비율을 측정하면, 이 탄산칼슘이 형성되었을 때의 온도를 알 수 있다. 시료는 조개껍질 이외에도 동물유존체, 어류, 치아 등의 자연유물로도 측정이 가능하며, 산소나 수소의 동위원소도 동시에 측정할 수 있다.

(3) 화분분석

화분분석花粉分析은 유적이나 그 주변의 퇴적물 중에 남아있는 수목이나 풀에서 꽃가루를 분석하는 방법으로 선사시대에서 현대에 이르기까지 식생변천, 기후변화, 농경복원 등을 추정할 수 있다. 아울러 지층의 층위에 따른 화분분석으로 인하여 연대결정과 환경을 복원하고 있다. 화분은 외부에 노출되더라도 견딜 수 있도록 스포로폴레닌이라는 강한 내성의 물질로 되어 있다. 화분의 분석은 이 특성을 이용하여 강한 산이나 알카리성 물질로 화분 이외의 입자를 제거하여 화분을 분리할 수 있다. 이 분석법은 실험이 비교적 간단하며, 현미경의 발달과 셀룰로이스를 제거하는 처리법이 고안되어 급속한 진전이 이루어졌다. 근래에는 벼의 화분을 분석함으로서 벼농사의 기원을 밝히는 연구에도 응용되고 있다.

3) 산지추정분석

(1) 형광X선분석법

형광X선분석법螢光X線分析法은 형광X선의 방사를 이용하여 원산지를 분석하는 방법이다. 물질자료의 X선을 조사하면 거기에 포함되어 있는 원소에 따라 다른 파장의 형광X선이 나온다. 이 X선의 파장에서 원소의 종류를 알 수 있고, 강도에서 양을 알 수 있다. 우리나라에서는 흑요석黑曜石의 산지추정에 많이 활용하고 있다. 유물을 파괴하지 않고 측정할 수 있으며, 원산지별로 석재의 원소조성을 분석한 데이터와 유적지에서 출토된 자료를 대조함으로서 산지를 동정할 수 있다. 우리나라 신석기시대 유적 출토의 산지추정 측정결과, 동삼동, 범방 패총에서 출토된 흑요석 34점은 모두 일본 큐슈九州지역의 흑요석으로 판명되었다. 동삼동의 12점 중 고시따께腰岳가 9점으로 가장 많고, 하리오시마針尾島산이 1점이다. 범방에서는 22점 중 고시따께 14점, 요도히메淀姫와 우시노따께牛の岳産 6점, 하리오시마 1점으로 측정되어, 남해안의 흑요석 교류는 일본 큐슈의 여러 지역에서 다양하게 전개되었음을 알 수 있다.

(2) 미량원소분석법

미량원소분석법微量元素分析法은 철기 속에 포함되어 있는 미량원소를 분석하여 제철의 공정이나 원료산지에 대한 추정, 철기의 유통 경로 등을 추정하는 방법이다. 철기는 유적에서 일반적으로 출토되는 유물이며, 철기유물 속에는 알루미늄, 나트륨, 망간, 티탄, 바나듐, 비소 등의 미량원소가 함유되어 있다. 이 미량원소의 함유량은 철기에 따라 각각 다르게 나타나기 때문에 이 양을 분석하는 것이다. 고고학에서는 석기나 토기분석에 이용되었으나 점차 청동기, 철기로 확대되었다. 현재는 미량원소분석법으로 약 50종의 원소를 측정했지만, 유효하게 사용할 수 있는 원소의 수는 10여종밖에 되지 않는다.

(3) 납동위원소비법

납동위원소비법鑞同位元素比法은 청동기 제품에 포함되어 있는 4종의 납동위원소 양의 비율을 측정하여 원료의 산지를 추정하는 방법이다. 선사와 고대에 있어서는 청동기의 생산에 필요한 원료의 수입과 교환 등의 요소가 필요하며, 언제, 어디에서 원료를 수입하였는가의 산지 추정을 밝히는 작업은 중요하다. 유적에서 출토되는 청동기 제품의 녹에 포함되어 있는 납에는 무게가 서로 다른 질량수 204, 206, 207, 208의 4종의 안정적인 동위원소를 가지며, 이 중에 204는 지구 생성시부터 존재한 가장 안정적인 납동위원소이다. 방사성 붕괴에 의해 형성된 납은 처음부터 존재한 납(204Pb)과 혼합하여 방연광方鉛鑛을 형성한다. 이때 방연광은 일정한 납동위원소비를 나타내므로, 이를 분석하면 산지를 추정할 수 있다.

4) 연령과 포획계절의 추정

패총에서 출토된 동물유존체에 대해서 이화학적인 분석방법을 이용하여 자료를 해석, 분석하고 있는 추세이다. 동물의 사망시기는 수렵이 행해진 계절이기 때문에 이것을 밝히지 않으면 수렵, 어로의 계절성을 논할 수가 없다. 이러한 문제점을 해결하기 위해서 유적 출토 동물유존체의 연령과 사망시기의 사정査定이 필요하다.

포유동물의 연령은 턱뼈인 상악골과 하악골이 남아있는 경우는 비교적 정확히 알 수 있다. 포유류 동물은 유치와 영구치가 있어, 이것을 연령의 기준으로 삼을 수 있다. 이빨의 맹출萌出과 교환이 신뢰성 높은 연령지표가 되며, 맹출 후에는 교모咬耗의 진행상태, 충치 등 병리적 현상도 연구되고 있다. 그리고 사지골 골단 연골의 골화骨化, 두개골의 유착상태, 이빨의 층판에 의한 연령추정 등 많은 방법이 이용되고 있다.(사진16) 사슴의 경우는 각좌골의 형태와 크기를 이용해서 연령판정을 할 수가 있다. 그러나 이와 같은 연령추정은 절대연령으로서는 정확성에 한계를 지닌다. 보다 정확한 절대연령을 사정하기 위해서는 주기적으로 형성된 성장선을 이용하는 것이 효과적이다. 여기에 가장 적합한 것은 이매패二枚貝의 조개껍질, 어류의 비늘이나 척추뼈, 포유동물의 이빨이 이용된다.

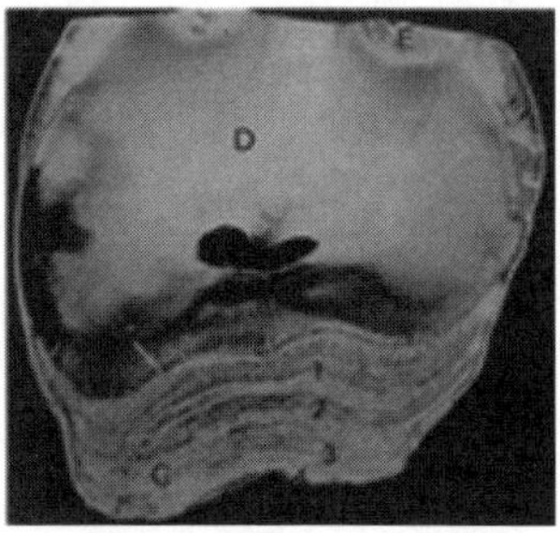

▲ 멧돼지 이빨의 연령추정(사진16)

사슴과 멧돼지는 제1후구치後臼齒가 6개월, 제2후구치가 18개월, 제3후구치가 30개월경에 나온다. 제3후구치가 다 맹출한 상태의 것을 성수成獸라 하며, 이 시기에 성숙하게 된다. 제2후구치 도중에서 제3후구치 도중을 약수若獸, 제1후구치에서 제2후구치의 도중을 유수幼獸라 부른다. 성수로 보는 시기는 멧돼지와 사슴이 3세 정도, 개가 6개월, 쥐는 3개월 정도이며, 작은 동물 일수록 성숙이 빠르다. 3세이상의 연령은 이빨이 전부 형성되기 때문에 이빨의 마모상태로 대략의 연령을 추정하기도 한다.(도면4)

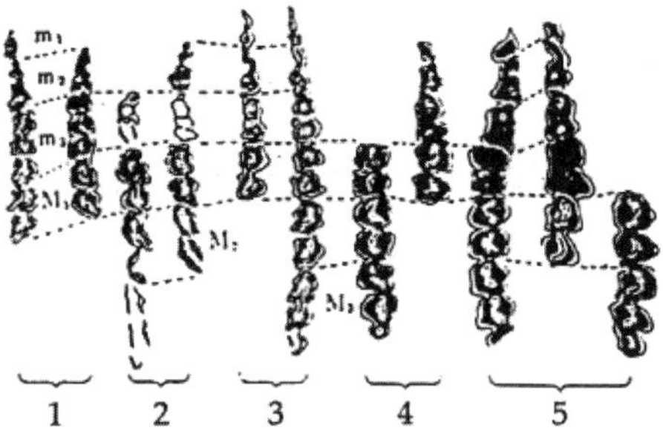

▶ 도면 4. 사슴이빨 맹출과 마모도

1. M_1 맹출이후, M_2 맹출하지 않은상태
2. M_3 맹출도중, 3. M_3 맹출 거의완료
4. M_3 맹출 완료후, 마모진행
5. 마모진행되어 에나멜질 없어짐

(2) 조개껍질의 성장선분석

조개껍질貝殼의 성장선분석成長線分析이 가능한 종류는 이매패二枚貝의 조개껍질이 많으며, 그 중에서도 많이 이용되는 종류는 바지락, 백합, 꼬막 등으로 우리나라 패총유적에서 일반적으로 출토되는 것들이다. 조개류의 성장선 연구는 수산학水産學에서 연령추정에 사용하였으나 고고학에서도 채집계절을 파악하기 위한 연구로 도입되었다. 조개껍질의 성장선은 육안의 파악이 어렵기 때문에 조개껍질을 절단하여 단면을 레프리카 작성한 다음 현미경으로 관찰해야 한다. 조개껍질은 하루에 하나의 성장선이 생겨나며, 하절기와 동절기에 성장하는 속도가 다르다. 수온이 높은 여름에는 성장이 빠르고 성장선 의 간격이 넓으나 겨울에는 그 간격이 좁아진다. 따라서 조개껍질 단면의 성장선에서 하절기와 동절기의 구별이 가능하며, 절단면에 보이는 성장선의 패턴에서 몇 번째의 여름과 겨울을 지냈는지 알 수 있다. 그리고 조개껍질 단면의 가장 외측의 겨울을 나타내는 중심 부위에서 복연腹緣까지의 사이에 성장선의 수를 파악하면 그 조개가 언제 채집되었는지를 알 수 있다. 이 방법에 의해 채취 계절을 추정할 수 있으며 패총에서의 식량구성, 생업활동 등의 복원연구에 많은 정보를 제공한다.(사진17)

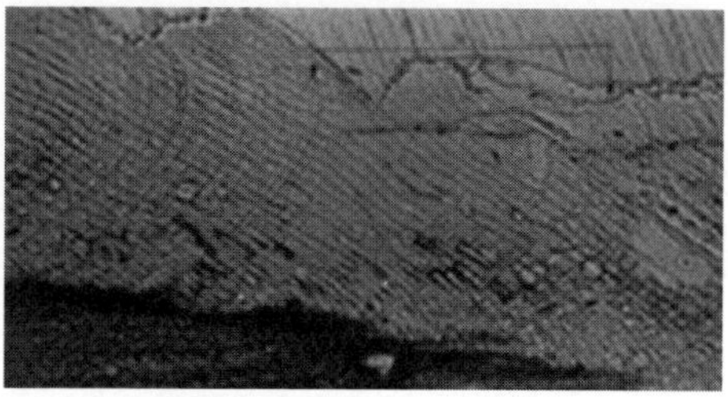

▲ 바지락의 성장선(사진17)

Ⅱ. 구석기시대

1. 빙하와 자연환경

1) 빙하와 지질

우리나라는 산악지대가 많으며, 산록이나 낮은 구릉은 지질학적 구분으로 신생대新生代 제4기의 갱신세에 해당한다. 이 시기는 약200만년~10,000년전이며, 제4기층이나 동굴의 퇴적층에서 유적이 확인되고 있다. 지구의 온도는 신생대 제3기에 비해 많이 떨어졌으며, 추운 기후와 따뜻한 기후가 반복되었다. 빙하는 신생대 3기말부터 극심하게 진행되었으며, 그 주기가 여러번 반복되었다. 빙하氷河나 간빙기間氷期의 기간은 짧게는 6~7만년, 길게는 20~30만년이 이어졌기 때문에 우리가 살고 있는 현 시점도 간빙기의 어느 시점일지도 모른다. 빙하의 반복에 의해 지형과 지질이 변하였고, 동·식물의 분포를 포함하여 생태계의 변화도 가져왔다.

구석기시대舊石器時代 사람들은 이러한 혹독한 자연환경의 변화에 적응하며 생업生業에 종사해야 했으며, 오늘날 발견되는 유적의 환경과는 다른 조건이었다. 유럽의 알프스지역을 기준으로 하면 지구는 춥고, 건조한 시기가 4번(균쓰, 민델, 리스, 비름빙기)에 걸쳐 지속되었으며, 빙기와 간빙기가 반복되었다. 우리나라에서는 제4기 동안에 빙하 지역보다 남쪽에 위치해 있어서 빙하의 직접적인 흔적은 없으며, 퇴적층은 간빙기에 형성되었다. 이 중에서도 가장 추웠던 시기는 비름 빙기의 22,000년전으로 현재의 기온보다 7°정도 낮아 지금과는 비교할 수 없을 정도로 추웠던 것으로 보인다. 빙하가 폭 넓게 자리한 이 시기 에는 지구의 표면이 얼음으로 뒤덮힌 지역이 많아 바다의 해수면海水面이 저하되었으며, 이로 인하여 우리나라 주변의 해수면도 지역에 따라서는 100~140m정도로 낮았던 것으로 연구되고 있다. 이 시기의 우리나라 북부 고산지대에는 산간빙하가 발달하였으며, 황해는 분지로 노출되고, 동해는 호수화 되었다. 따라서 우리나라의 주변은 해수면이 낮아져 서해와 중국과는 연결되어 있었고, 일본열도와도 거리가 가까워져 육교화陸橋化 되었을 것으로 추정된다. 이를 통하여 우리나라와 일본열도 사이는 인간과 동물의 이동이 자유로웠을 것이다. 이와는 대조적으로 간빙기에는 따뜻한 날씨에 의해 빙하가 녹아 해수면이 상승되었다. 현재 한반도나 일본열도의 지형은 이 시기에 윤곽이 갖추어졌다.

우리나라가 빙하의 영향을 받은 흔적은 산비탈을 벗어난 구릉의 평지쪽에 형성된 얼음쐐기층(ice wedge)에서 확인할 수 있다. 얼어붙은 땅은 건조기의 지표면같이 균열을 보이는데, 얼음이 녹는 해빙기에는 그 틈으로 수분이 침투하게 된다. 이 과정이 반복되면, 균열은 더욱 벌어지고 깊게 쐐기모양을 형성하게 된다.(사진18) 이러한 얼음쐐기층은 우리나라 거의 전 지역에서 확인되고 있으며, 구석기 유적의 형성 시기를 가늠하는데 중요한 역할을 하고 있다. 과거에 얼음쐐기층은

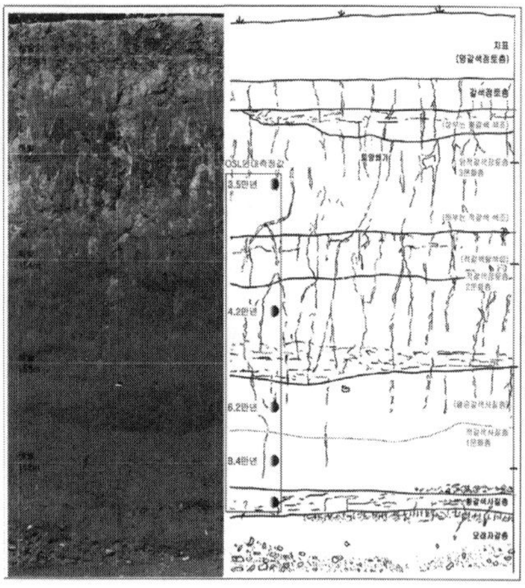

▲ 홍천 백이유적 얼음쐐기층(사진18)

4회 정도 진행된 것으로 관찰되고 있으나, 그 생성원인 및 연대에 대해서는 아직 결론에 이르지 못하고 연구가 진행되고 있다.

우리나라에서는 강이나 바닷가를 포함하여 내륙지역에도 계단식 구릉을 이루는 지형이 많다. 지역에 따라 4~5개 정도 나타나며, 시기에 따라서 후빙기, 후기 갱신세, 중기 갱신세, 전기 갱신세 등으로 구분이 가능하다. 구석기의 유적은 이 계단식 구릉에서 발견되고 있으며, 시기는 중기구석기시대 이후에 속하는 것으로 보고되고 있다.

2) 식물, 동물상의 영향

신생대 제4기에 들어와 지구의 온도가 떨어지면서 삼림환경森林環境의 변화가 지속되었으며, 여기에 식물과 동물의 변화에도 많은 영향을 미치게 되었다. 대개 식물의 경우는 화분분석花粉分析을 통하여 기후 변화를 연구하며, 동물의 경우는 유적에 발견되는 뼈나 화석을 활용하고 있다. 동 · 식물의 특성에 따라서 변화하는 양상의 차이는 있지만, 기후의 변화에 잘 적응하는 종種도 있고, 적응하지 못하고 아예 절멸해 버리는 종도 있다.

식물상植物相에 의한 환경연구는 층위별 비교연구가 가능하고 여러 종류의 식물자료를 동시에 수집할 수 있는 화분분석이 주로 이루어진다. 우리나라에서는 공주 석장리유적에서 처음으로 분석이 이루어졌으며, 지금은 많은 유적에서 화분분석이 이루어지고 있다.

현재의 수림대와는 달리, 빙하기에는 한대성 침엽수림針葉樹林이 주류를 이루었으며, 여기에 동물군도 맘모스, 동굴곰, 털코뿔이, 들소, 동굴하이에나 등이 서식하게 되었다. 함경북도 일대 장덕리의 토탄층土炭層에서 발견된 맘모스의 화석은 우리나라 북부 지역이 한때는 영구 동토지대凍土地帶였음을 시사하고 있으며, 화분분석에서도 이 일대가 한랭하고 습한 초원지대였음을 알려주고 있다. 약 17,000년전 속초 영랑호 주변의 화분분석에서는 가문비나무속, 전나무속, 소나무속, 낙엽송 등의 아한대림亞寒帶林이 분포하고 있는 사실이 확인되었다. 경남 거창의 가조분지에서도 추운 기후에 사는 가문비나무와 자작나무의 비율이 높게 나타나고 있다.

날씨가 따뜻해진 간빙기에는 한대성 침엽수림이 점차로 패퇴하고, 아열대亞熱帶 조엽수림照葉樹林이 차지하게 되었으며, 동물군도 쌍코뿔이, 코끼리, 사자, 물소, 마카카 원숭이, 복작노루 등 아열대성 기후의 동물이 서식하였다.(사진19) 평양 검은모루와 청원 두루봉동굴에서는 열대 혹은 아열대 기후에서 서식한 동물종이 포함되어 있다. 화분분석에 있어서는 중기 갱신세의 따뜻한 시기에 퇴적된 것으로 보이는 두루봉 2굴의 지층에서 소나무와 오리나무가 확인되었으며, 북한의 용곡 제1동굴에서 따뜻한 기후를 좋아하는 수삼나무, 솔송나무의 화분이 조사되었다.

▲ 청원 처녀굴 쌍코뿔이 출토(사진19)

이와 같이 우리나라에서는 빙하기와 간빙기의 반복에 따라서 동물군의 형성도 다르게 나타난다. 특히 유적에서 출토된 동물상動物相의 구성은 온대림溫帶林의 동물군이 주류이지만, 비름빙기 이전의 간빙기에는 아열대 기후의 동물이 포함되어 있으며, 비름빙기에는 추운 기후를 나타내는 절멸종絕滅種이 포함되어 있다. 우리나라에서 조사된 구석기의 동굴유적에서는 각종 석기와 함께 이들 동물화석들이 많이 출토되었다. 이들 동물군은 지금 우리나라에서 볼 수 없는 대형동물이 많이 있어서 구석기시대 당시 기후변동의 영향이 얼마나 크게 작용하였는지를 짐작할 수 있다.

2. 인류의 탄생과 진화

1) 전기구석기의 인류

인류의 탄생과 진화는 세계 각지에서 발견되고 있는 고인류 화석의 축적에 의한 연구성과가 크다. 인간은 약 500만년전 고릴라, 침팬지, 오랑우탄의 유인원類人猿에서 갈라졌으며, 인간으로서 진화를 거듭하고 있다. 나약했던 인간의 존재가 맹수의 공격이나 혹독한 자연환경을 잘 극복하면서 능동적으로 대처해 나갔다. 불을 다루어 추위를 극복하고 동물을 길들였으며, 각종 석기를 만들어 자신들을 지켜나갔다.(도면5)

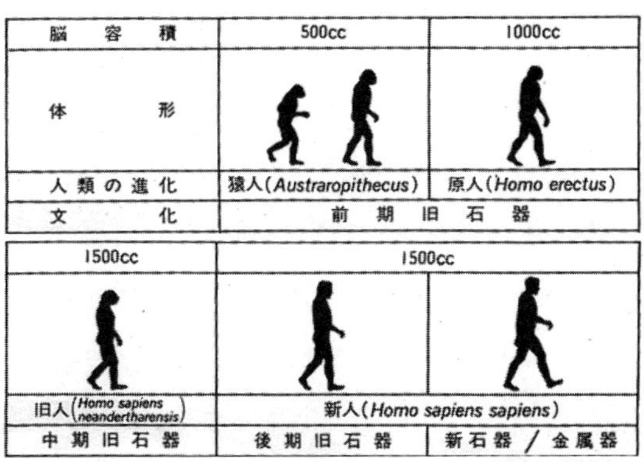

▲ 도면 5. 인류의 진화과정 (鈴木 1988인용)

초기의 고인류古人類 화석은 아프리카에서 발견되고 있으며, 고인골古人骨의 특징에서 보면 약 500만년전 오스트랄로피테쿠스(Australopithecus)의 시기에 인류로 분화分化한 것으로 보고 있다.(사진20)

▲ 연천 선사박물관 초기 인류의 모습(사진20)

연구자에 따라서는 오스트랄로피테쿠스 등장 이전의 인류진화 초기 단계에 다양한 고인류가 있었으며, 그 시기는 사헬란트로푸스(Sahelanthropus)의 700만년전까지 올려보는 견해도 있다. 유인원類人猿과 인간의 구별은 두발로 서서걷는 직립보행直立步行의 가능 여부로 판단하고 있다. 탄자니아 라에톨리 지역에서는 350만년전의 화석에서 직립보행의 흔적인 발자국이 발견되었으며, 이디오피아의 하다르와 아팔지역에서는 318만년전의 아파렌시스(Afarensis)의 발자국 화석과 골반의 특징에서 직립보행의 흔적을 확인할 수 있었다. 두발로 걸어 다니면서 손이 자유롭게 되었으며, 물건의 운반, 식물채취, 동물의 수렵 등이 시작되었다. 그러나 이 시기에는 아직 도구 제작의 가능성은 인식되고 있지만 석기를 제작한 흔적은 확인되고 있지 않다. 석기는 진화를 시작한지 한참 흐른 뒤에 만들 수 있게 되었다.

도구를 만들기 시작한 시점은 동아프리카이며, 약 260만년전 호모 하빌리스(Homo habilis)의 시기이다. 호모 하빌리스는 지능이 이전보다 발달하였으며, 도구를 제작한 최초의 인류이다. 이들은 직립보행에 의해 손이 자유로워져 도구를 만들 수 있게 되었으며, 계획적으로 뗀석기打製石器를 만들기 시작하였다. 탄자니아의 올두바이유적에서는 자갈돌을 이용한 찍개單面器와 긁개削器, 여러면석기多角面圓球, 몸돌石核 등이 출토되었다. 이 시기의 올두바이(Olduvai)문화는 점차로 주먹도끼

握斧를 만든 아슐리안(Acheulean)문화로 발전해 갔다.

그 뒤를 이어 약 170만년전에 호모 에렉투스(Homo erectus)가 출현하였다. 직립보행이 보편화 되었으며, 두뇌의 용적도 1000cc 정도에 달해 이전보다 한층 진화가 진행되었다. 이 시기에는 전기구석기시대의 상징인 주먹도끼가 완성되기도 하였으며, 석기를 이용한 사냥기술이 발달하여 생활권을 넓혀가기도 하였다. 또한 불을 다루어 난방을 시작하였으며, 맹수로부터 방어적인 효과도 얻을 수 있어서 초기의 인류에 있어서 불은 생활의 활력에 더 없는 조건이 되었다. 또한 음식을 익혀 먹음으로서 맛과 영양을 고루 얻을 수 있었으며, 두뇌의 발달을 촉진시켰다. 아울러 추운지방으로 거주를 확대하여, 비로소 아프리카 이외의 유럽과 아시아지역으로 진출할 수 있었다. 약 25만년전 아프리카나 유럽 등지에서는 석기제작기법의 하나인 르발르와기법(Levalloisian techniques)이 보이기 시작하며, 네안데르탈인이 거주하게 된다. 유럽에서는 네안데르탈인(Homo neanderthalensis)이 거주하는 시기를 중기구석기시대로 구분하고 있다.

아시아에서는 전기구석기시대前期舊石器時代의 유적으로 근동지역의 우베이디아(Ubeydia)유적, 자바의 산기란(Sangiran)유적과 트리닐(Trinil)유적이 알려져 있다. 중국에서는 호모 에렉투스의 화석이 곳곳에서 발견되었으나, 우리나라에서는 아직 출토예가 없다. 중국에서는 약 100만년전의 유적으로 섬서성의 남전藍田, 하북성의 소장량小長梁과 동곡타東谷坨유적이 조사되었다.

2) 중기구석기의 인류

마지막 간빙기 이후 비름기에는 호모 사피엔스(Homo sapiens)가 등장하였다. 이 시기는 12만년전에 해당하며, 우리나라에서 중기구석기 시대中期舊石器時代가 시작되는 시점이다. 이 시기의 사람들은 호모 에렉투스 단계에 비해 두뇌의 용적이 1500cc 정도로 크게 발달하였다. 낮아진 눈썹의 융기부, 둥근 두개골, 작아진 치아 등은 이전의 네안데르탈인과는 구별되고 있다. 호모 에렉투스 단계에는 현대인에 가깝게 진화되었으며, 문화 또한 발달된 모습을 보이고 있다. 우리나라의 구석기유적인 평남 덕천리 승리산 동굴유적과 평양 역포구역 대현동 동굴유적에서 인골의 흔적이 확인되었다. 이 시기에 유럽에서는 2차 가공된 석기인 돌날石刃의 석기가 제작되기 시작하였으며, 우리나라에서도 돌날문화石刃文化의 영향을 받았다. 이러한 돌날문화는 후기 구석기시대後期舊石器時代의 좀돌날문화細石刃文化로 계승되었다.

3) 후기구석기의 인류

현대인과 거의 동일한 신체로 진화된 사람은 호모 샤피엔스 샤피엔스(Homo sapiens sapiens)이며, 지능이 고도로 발달하였다. 이 시기는 약 40,000년전에 해당하며, 중기구석기시대의 돌날문화石刃文化를 받아들여 구석기혁명이라 일컬어지는 돌날기법石刃技法과 좀돌날기법細石刃技法의 표준화된 석기의 작업공정을 완성시켰다. 이 시기에는 석기의 발달에 힘입어 수렵, 채집에 종사하였으며, 유적의 수도 증가하였다. 우리나라 구석기유적의 대부분은 후기구석기시대後期舊石器時代의 유적이며, 출토된 인골은 평남 덕천리 승리산 동굴, 평양 상원 용곡동굴, 평양 만달리 동굴, 청원 흥수굴 등지에서 인골이 출토되었다. 특히 흥수굴에서 출토된 어린아이의 인골과 동굴벽화 등을 통하여 장례의식을 엿볼 수 있으며, 예술적인 유물의 흔적이 발견되기도 한다.

현생인류現生人類의 기원은 아프리카의 한지역 발생설과 다양한 지역에서 동시다발적으로 진화했을 것이라는 다지역 발생설이 있으며, 이 기원에 대한 논쟁은 아직도 진행 중에 있다. 전자는 미토콘드리아 DNA의 연구에 의하여 호모 샤피엔스가 아프리카의 단일 집단에서 분화과정을 통하여 기원했다는 것이며, 기원의 시기는 50,000년 전후에 아프리카를 벗어났다는 것이다. 이에 비해 후자는 170만년전 호모 에렉투스의 조상이 아프리카에서 유라시아 대륙 각지에 이주하여 각 지역에서 독립적으로 진화를 거듭하여 비슷한 시기에 호모 샤피엔스로 진화했다는 설이다.

3. 석기의 제문제

1) 석기의 제작

구석기시대에 있어서 석기의 재료는 유럽의 경우 프린트가 주로 사용되며, 아프리카는 규암이나 화산암이 많이 사용되고 있다. 챠트나 흑요석은 전 세계적으로 사용되었으며, 석영암은 동아시아 지역의 유적에서 흔히 보이고 있다. 우리나라에서는 전기나 중기구석기시대의 유적에서 석영암, 규암이 보편적으로 보이며, 후기구석기시대에는 석기의 새로운 제작법인 돌날기법石刃技法이 보편화 되면서 호온펠스, 유문암, 응회암, 셰일, 반암, 니암, 혈암, 흑요석 등 입자가 곱고 결정이 없는 돌이 사용되고 있다. 이들의 재료는 각각 고유의 성질을 가지며, 떼어내는데 있어서 물리적인 특성이 존재한다. 이를 이해해야 원하는 용도에 맞게 석기를 용이하게 가공할 수 있다.

▲ 장흥 신북 몸돌과 격지(사진21)

석기제작에 있어서 망치의 종류, 타격하는 힘의 세기, 타격 각도 등에 의해 돌이 깨지는 방향과 날의 날카로움이 다르게 나타난다. 석기를 제작하는데 있어서 자연석의 몸돌石核(core)과 몸돌에서 떨어져 나간 격지剝片(flake)가 있다.(사진21) 격지는 석기를 만드는 과정에서 생기는 돌의 파편을 지칭하며, 격지가 떨어져 나올 때 힘을 받은 면을 타격면이라 한다. 이때에 떨어져 나온 면을 배면, 바깥부분을 등면이라 부른다. 이러한 파편들은 구석기시대의 석기제작 기술복원에 있어서 중요한 자료가 된다. 석기제작은 몸돌에 타격을 가했을 때, 타격을 가한 부분 바로 아래에 방사상放射狀의 원추형圓錐形 모양의 흔적이 보인다는 점이다. 유적현장에 무수히 많은 격지를 수습하여 잘 관찰하면 원추형의 방사상 형태의 타격점을 관찰할 수 있다. 타격 후 떼어진 석기는 동심원同心圓과 균열흔龜裂痕이 생기게 된다. 균열흔의 방향은 타격점을 향하고 있어 타격의 방향을 찾는데 기준이 되며, 동심원은 이에 직교直交하여 나타난다. 이러한 돌이 깨지는 원리를 잘 추적해 가면 석기 제작방법을 확인할 수 있다.(도면6) 또한 이러한 석기의 제작기법은 구석기시대의 시기구분을 하는데 중요한 근거가 되고 있으며, 인류의 진화 정도와도 밀접한 관련을 가진다.

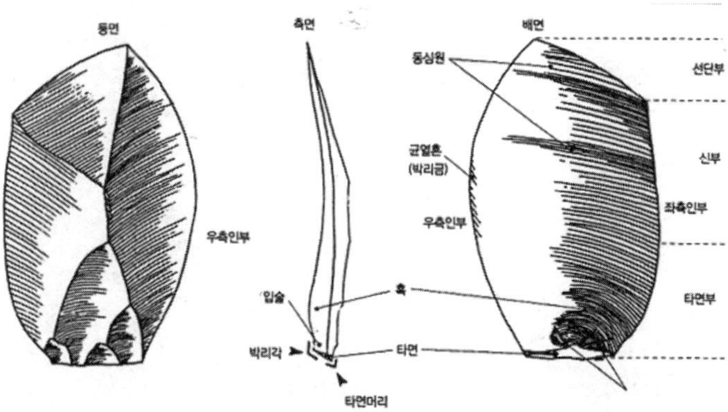

▲ 도면 6. 석기의 주요명칭

전기구석기시대에는 자연석을 통째로 1차 가공하여 석기를 제작하였으며, 이를 몸돌석기石核石器라 부른다. 중기구석기시대 이후에는 이 몸돌石核에서 가공하여 떼어낸 격지剝片를 석기로 사용한다. 몸돌은 석기가 떨어져 나가고 남은 부위이기 때문에 석기로 활용되지 않지만, 석기의 제작기술과 관련하여 많은 정보를 간직하고 있다. 몸돌은 떼어낸 격지의 종류나 기법, 타격면 수에 따라 여러 형식으로 구분되며, 이를 분류하여 석기의 제작방법을 연구할 수 있다. 후기구석기시대에는 돌날기법石刃技法의 일반화로 인하여 하나의 몸돌에서 많은 양의 석기를 얻을 수 있으며, 돌날도 예리한 날을 가질 수 있게 되었다. 또한 석기제작의 표준화가 이루어져 동일한 석기를 다량으로 폭 넓은 지역에서 생산할 수 있게 되었다. 전반적으로 중기구석기시대까지는 석재의 경질성硬質性이 중요시 되지만, 후기구석기시대에는 날의 예리함과 박리剝離의 용이함이 고려되었다.

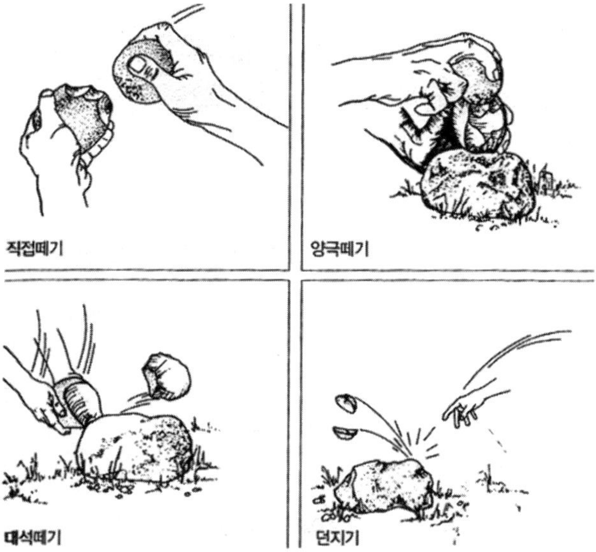

▲ 도면 7. 석기제작법(장용준 2005인용)

석기를 제작하는데 있어서는 다양한 기술이 적용되고 있으며, 크게 직접타격과 간접타격으로 구분할 수 있다. 직접타격은 석기제작을 위해 몸돌 자체를 타격하는 것이며, 여러 종류의 망치돌을 이용하여 직접 타격하기도 한다. 직접타격은 구석기시대의 전 기간에 걸쳐 사용되었다. 직접타격은 두손을 이용하여 망치돌과 석재를 동시에 쥐고 떼어내는 수지타법手持打法, 모룻돌臺石 위에 석재를 올려놓고 타격을 가하면 양 방향에서 가격한 효과를 누린 양극타법兩極打法, 모룻돌에 몸돌을 부딪쳐서 석기를 만드는 대석타법 臺石打法, 단순한 격지를 얻기위해 모룻돌이나 큰 돌에 던져서 깨는 투척법投擲法 등이 있다.(도면7)

이에 반해 간접타격은 돌, 나무, 녹각, 골각 등 중간 매개체인 망치나 쐐기를 이용하는 방법이다. 이러한 타격은 후기구석기시대에 돌날 기법과 함께 사용되기 시작하였다. 떼어내고자 하는 부분에 쐐기를 대고 타격함으로서 불필요한 석재의 소비를 방지하고, 정확한 부위를 타격하여 원하는 형태의 석기를 만들 수 있다. 간접타격은 몸돌을 모룻돌臺石 위에 고정시켜서 타격하는 펀치타법, 손에 들고 타격 하는 수지박리법 手持剝離法, 손이나 가슴으로 압박하여 떼어내는 압박 박리법壓迫剝離法 (눌러떼기) 등이 있다. 이 압박박리법이 개발되어 좀돌날細石刃과 같은 매우 정교한 석기의 제작이 가능해졌다.

2) 자연석으로 만든 석기

구석기시대는 석기의 발달 정도에 따라서 전기, 중기, 후기로 3기 구분되고 있다. 석기를 기준으로 인류의 발달 정도를 가늠하기 때문이다. 그러나 구석기는 형태나 용도가 뚜렷하지 않아 분류에 어려운 점이 있다. 구석기 전공자가 아니면 애매하여 쉽게 구분할 수 없는 것도 상당수 있다. 전기구석기시대의 석기는 형태가 정형화되어 있지 않은 것이 많으며, 용도에 있어서도 한 가지에 국한된 경우는 거의 없었을 것이다. 전기구석기시대의 석기는 자갈돌의 가장자리나 주변 전체를 돌아가면서 타격을 가하여 날카로운 날을 만든 크기가 비교적 큰 석기들이다. 하나의 자갈돌에서 하나의 석기가 완성되며, 거칠게 다듬어진 1차 가공된 석기들이다. 뗀석기打製石器는 약 260만년전 호머 하비리스(Homo habilis) 단계에 제작되었으며, 계획적인 석기제작 기법을 가지고 만들었다. 초기의 석기는 자연석을 기반으로 한 1차 가공된 석기가 주류를 이루고 있다. 이 시기의 석기들은 주먹도끼握斧(hand axe), 찍개單面器(chopper), 주먹찌르개尖頭器(pick), 가로날도끼手斧(cleaver), 여러면석기多角面圓球(polyhedral) 등이 있다. 특히 주먹도끼는 인류가 만든 최초의 규격화 된 석기이다.

(1) 모룻돌

모룻돌臺石(anvil)은 인류 최초의 도구이며, 가공되지 않고 몸돌石核의 형태를 그대로 이용하고 있다. 모룻돌은 석기를 제작하는데 받침돌로 사용되고 있으며, 윗면에 석기 제작을 위해 사용한 흔적이 많다. 크기는 대개 20~40cm 정도의 크기이며, 두껍고 편평한 자갈돌을 사용한다. (사진22)

▲ 단양 수양개 모룻돌(사진22)

(2) 찍개

찍개는 외날찍개와 양날찍개로 구분된다. 외날찍개單面器(chopper)는 자연석을 이용하여 한쪽면을 순서 있게 타격하여 날을 만든 석기이며, (사진23) 안팎날찍개兩面器(chopping tool)는 자연석의 마주보는 양쪽면을 엇갈리게 떼어내어 날을 만든 석기이다. 이 석기의 둘레 전체를 조정하면 주먹도끼握斧가 된다. 찍개는 인류가 만든 최초의 석기라 할 수 있으며, 전기구석기부터 후기구석기시대에 이르기까지 전 세계적으로 사용되었다. 자갈돌로 만든 찍개는 우리나라의 모든 지역에서 보편적으로 확인되고 있으며, 크기는 대개 10cm 전후의 주먹 보다 약간 큰 정도이다. 날의 형태는 세부적으로 직선, 오목, 볼록날로 나누어지며, 목제를 가공하거나 동물 해체시에 부위별로 잘라내는데 사용한다. 우리나라의 출토유적은 연천 전곡리, 파주 금파리, 양평 병산리, 공주 석장리, 단양 금굴, 단양 수양개, 제천 창내, 순천 죽내리, 진주 내촌리유적 등이 있다.

▲ 양평 병산리 외날찍개(사진23)

(3) 주먹도끼

주먹도끼握斧(hand axe)는 양측변이 대칭을 이루는 삼각형, 혹은 타원형을 이루고 있으며, 가장자리 전체에 예리한 날이 형성되어 있는 대형석기이다. 전기구석기시대의 대표적인 석기로 유럽, 중국, 러시아 등 동아시아 지역에 넓게 퍼져있으며, 일본에서는 확인할 수 없는 대륙계 석기이다. 주먹도끼는 찍개와 함께 가장 오랜 기간에 걸쳐 사용된 석기이다. 우리나라의 주먹도끼는 자연면이 남아 있고, 일반적으로 끝이 뾰족한 타원형을 이룬다. 주먹도끼는 끝부분이 뾰족하여 도끼의 용도 이외에도 다양한 기능으로 사용되었다. 사용흔의 분석에 의하면, 수렵, 동물의 해체, 나무나 가죽, 뼈의 가공 등 찍고, 자르는 데에 주로 사용하였다. 도끼의 규모는 대개 15~20cm 정도이다. 주먹도끼의

▲ 파주 금파리 주먹도끼(사진24)

출토유적은 한탄강, 임진강유역에 집중적으로 출토되고 있으며, 연천 전곡리, 원당리, 파주 금파리, 주월리, 단양 금굴 등이 있다.(사진24)

(4) 주먹자르개

주먹자르개橫刃石斧(cleaver)는 대패날과 비슷한 형태이며, 가로날도끼로 불리기도 한다. 주먹도끼와는 달리 날이 축과 직교直交하는 방향의 단부에 형성되며, 날카로운 자르는 날을 가지고 있다. 잔손질은 하지 않으며, 날 이외의 몸통과 아랫부분은 양면떼기로 손질한다. 용도는 나무를 가공 하거나 사냥한 동물을 해체할 때 사용한다. 이 석기는 전기구석기시대의 대표적인 석기이며, 연천 전곡리, 연천 원당리, 파주 금파리, 단양 금굴 등에서 출토되었다.(사진25)

▲ 연천 원당리 주먹자르개(사진25)

(5) 주먹찌르개

주먹찌르개尖頭器(pick)는 둥근 자연석을 가공하여 끝부분을 뾰족하게 만든다. 주먹도끼와 유사한 형태이나, 끝부분으로 갈수록 폭이 좁아진다. 수렵이나 식물채취시에 사용하며, 찌르거나 구멍을 내는 용도로도 사용한다. 전 세계의 전기구석기에서 중기구석기시대에 주로 출토되고 있다. 후기구석기시대에도 보이고 있으나 소형화, 정형화 된다. 연천 전곡리, 동해 구호동유적 등에서 출토되었다.(사진26)

▲ 동해 구호동 주먹찌르개(사진26)

(6) 여러면석기

여러면석기多角面圓球(polyhedral)는 차돌의 전면을 둥굴게 깨낸 것이며, 크기는 작은 것은 직경 5cm 정도, 큰 것은 13cm 정도에 이른다. 이 석기는 전 세계의 구석기시대 모든 시기의 유적에서 출토되고 있다. 용도에 대해서는 망치, 사냥돌, 식물질의 분쇄구 등으로 보는 경향이 있으나, 아직 정확한 결론을 얻을 수 없다. 다만 형태에 있어서 몸돌을 돌아가면서 평탄하게 조정하여 충격의 효과가 있는 여러면을 형성하였기 때문에 돌팔매용 사냥돌의 성격이 강하다. 그러나 식물질을 분쇄하는 분쇄구로 보는 경향도 있다. 출토 유적은 양구 상무룡리, 단양 금굴, 청주 봉명동 유적 등이 있다.(사진27)

▲ 청주 봉명동 여러면석기(사진27)

3) 격지로 만든 석기

중기구석기시대 이후에는 자연석에서 의도적으로 떼어낸 격지剝片로 만든 긁개削器(side-scraper), 톱니날석기鋸齒狀石器(denticulate), 소형 찌르개 등이 등장하며, 석기의 크기가 작아지고 날을 정연하게 다듬고 있다. 후기구석기시대에는 석기의 새로운 제작법인 돌날기법石刃技法이 보편화되면서 여기에 사용되는 석기의 재질도 다양하게 보이고 있다.

석재의 선택에 있어서는 제작의 용이성, 제작목적에 맞는 소재생산 여부, 편이성이 고려되고 있으며, 석질이 좋은 것만을 고집하지 않고 용도에 맞게 재료가 선택되었다. 후기구석기시대가 되면 석영, 규암, 이암, 흑요석, 유문암, 응회암, 셰일, 역암, 수정 등의 재질이 선택 되어지며, 전체적으로 석영계 석재보다는 돌날기법을 사용하기 위한 균질한

계통의 석재가 이용되어 진다. 또한 후기구석기시대에는 찌르개, 새기개, 밀개, 자르개와 같은 조립식 개념의 석기가 제작되었다. 찌르개와 같은 석기는 날이 예리해지면서 살상력이 증대되었고, 사냥의 정확성을 높이는 계기가 되었다. 게다가 석기가 가벼워지고 수리하는 데에도 용이하였다.

격지로 만든 석기는 정형화되며, 크기도 작아진다. 압박박리법壓迫剝離法과 같은 새로운 석기가 제작되었으며, 하나의 자연석에서 대량생산이 가능한 2차 가공된 석기가 만들어졌다. 이러한 석기는 슴베찌르개剝片尖頭器(tanged point), 뚜르개石錐(awl), 새기개彫器(burin), 톱니날석기鋸齒狀石器(denticulate), 긁개削器(side-scraper), 밀개搔器(end-scraper), 돌날石刃(blade), 좀돌날細石刃(micro blade) 등이 있다. 후기의 유적은 그 수가 급격히 증가하여 강과 지류 유역의 구릉에서는 어김없이 구석기유적이 발견되고 있다.(도면8) 이와 같이 뗀석기打製石器의 발달은 대형화에서 소형화, 다기능화에서 전문화, 부정형화에서 정형화로 발달하는 양상이다. 석기의 크기는 점차 작아 지면서 석기의 제작은 전문적인 기능을 가진 다양한 종류의 석기가 제작 된다. 또한 후기로 갈수록 점차로 정형화되는 모습을 볼 수 있으며, 출토량이 많지는 않지만 간석기磨製石器도 사용되고 있다.

(1) 망치돌

망치돌(hammer stone)은 모룻돌과 마찬가지로 인류 최초의 도구이며, 대개 성인의 주먹크기 정도이다. 중기구석기시대 이전에는 석영계 암석을 이용하며, 후기에는 사암을 이용한 것이 많다. 형태는 원반형, 방형, 장방형 등 다양하며, 망치돌의 크기에 따라 격지의 크기도 달라진다. 주로 석기를 제작하는 타격용으로 사용되고 있으며, 대개 큰 조각을 떼어낼 때 이용한다. 망치돌은 모서리나 측면에 갈린 흔적이나 찍힌 흔적이 남아 있는 경우가 있어, 석기제작 이외에 식물 가공에도 활용된 것으로 보인다. 후기구석기시대가 되면 망치돌의

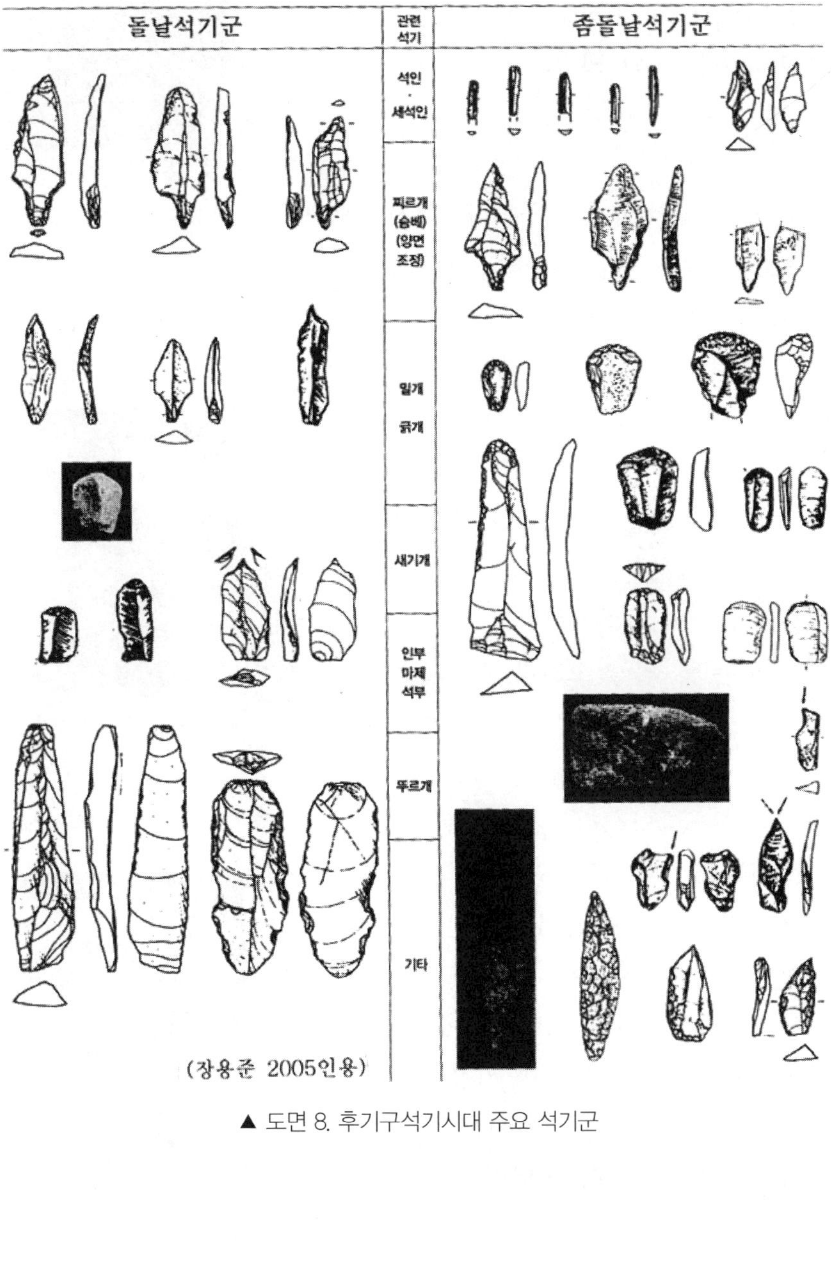

▲ 도면 8. 후기구석기시대 주요 석기군

대용으로 뿔이나 골각이 사용되기도 하는데, 작은 격지를 떼어내기에 적합하다. 망치돌은 파주 금파리, 진주 집현, 순천 월평, 밀양 고례리유적 등에서 출토되었다.(사진28)

▲ 순천 월평 망치돌(사진28)

(2) 새기개

새기개彫器(burin)는 격지나 돌날의 모서리 부분에 조각칼과 같은 가늘고 긴날을 만든 것이다. 전기구석기시대에 만들어지지만 후기 구석기시대의 돌날기법의 영향을 받으며, 점차 소형화되고, 정형화된다. 새기개는 특유의 면을 지니고 있어 분류가 비교적 용이하며, 제작 형식은 12가지 정도로 다양하다. 새기개면의 각도는 일정하지 않고, 형상에 따라 직각날, 중앙날, 경사진날이 있다. 용도는 뼈나 나무에 깊게 홈을 파서 잘라내거나 섬세하게 가공할 때 사용된다. 새기개의 출토 유적은 공주 석장리, 대전 노은동, 밀양 고례리, 단양 수양개, 제천 창내, 장흥 신북, 진주 집현, 해운대 중동 등이다.(사진29)

▲ 대전 노은동 새기개(사진29)

(3) 긁개

긁개削器(side-scraper)는 몸돌의 측면 가장자리를 잔손질하여 예리한 날을 만든 것으로 구석기시대에 많이 사용되는 석기이다. 긁개는 출토되는 석기 중에 가장 많이 발견되고 있으며, 중기구석기시대부터 만들어져 후기 구석기시대까지 사용되었다. 용도는 목재나 가죽을 긁어 내거나 얇게 잘라내는 가공구로

▲ 순천 월평 긁개(사진30)

추정된다. 긁개의 출토유적은 공주 석장리, 단양 수양개, 진주 집현, 순천 월평, 해운대 중동, 좌동 등 이다.(사진30)

(4) 밀개

밀개搔器(end-scraper)는 격지나 돌날의 끝부분을 잔손질하여 활모양으로 날을 만든 석기이며, 주로 후기구석기시대에 사용되고 있다. 밀개의 가공은 주로 배면에서 등면 쪽으로 조정하는 경우가 많고, 날은 긁개에 비해 정교하고 가파른 편이다. 형태는 원형, 부채꼴형扇形, 장방형, 호형弧形 등이 있으며, 이중 부채꼴형과 장방형이 많다. 이것은 자루에 결합이 용이하도록 하기 위한 방편으로 보인다. 밀개는 긁개와 마찬가지로 후기구석기시대 돌날기법의 영향을 받아 소형화, 정형화 되는 석기이며, 17가지의 형식이 확인되고 있다. 용도는 사냥에서 잡아온 동물의 가죽을 해체하거나 가죽의 가공에 적합하다. 제천 창내나 진안 진그늘유적에서 출토한 규모가 10cm 이상의 밀개는 가죽의 가공이 용이하지만, 5cm 미만의 밀개는 비효율적일 수밖에 없다. 출토유적은 제천 창내, 공주 석장리, 대전 노은동, 진주 집현, 금평, 진안 진그늘, 순천 월평, 장흥 신북 등이다.(사진31)

▲ 장흥 신북 밀개(사진31)

(5) 돌날

돌날石刃(blade)은 양측이 평행한 모양이며, 길이가 너비의 2배 이상 길쭉한 형태이다. 이 석기는 유럽의 르발르와기법(Levalloisian techniques)과 유사한 돌날기법石刃技法에 의하여 만들어진다. 돌날기법은 비결정질 석재를 선별하여 떼어내고자 하는 크기로 몸돌을 조정한 후에, 일정한 간격으로 규격화 된 돌날의 석기를 수십개까지 얻을 수 있다. 몸돌에서 떨어질 때 양쪽에 날카로운 날이 만들어지기 때문에 별도로 다듬지 않아도 된다. 돌날기법은 이전의 불규칙한 격지 생산과는 달리, 계획적이고 표준화된 석기제작 방법으로 대량생산이 가능해졌다. 유럽에서는 중기구석기시대에 제작되기 시작하지만, 우리나라에서는 후기구석기시대에 많이 사용되며, 이로 인하여 석기 생산의 효율성이 극대화 되었다. 이러한 돌날기법은 시베리아 지역에서의 영향을 받은 것으로 보인다. 돌날의 출토유적은 양구 상무룡리, 단양 수양개, 제천 창내, 공주 석장리, 대전 용호동, 진안 진그늘, 순천 월평, 죽내리, 밀양 고례리, 해운대 중동 등이다.(사진32)

▲ 진안 진그늘 돌날(사진32)

(6) 좀돌날

좀돌날細石刃(micro blade)은 돌날이 소형화된 5cm 미만의 크기를 지칭한다. 규모가 작아서 단독으로 사용하기보다는 나무나 골각 등에 길게 홈을 파서 여러 개의 돌날을 장착하여 창이나 작살과 같은 용도로 사용한다. 날의 보수가 용이하며, 대형동물을 포획하는데도 사용하였다. 좀돌날은 후기구석기시대 중엽에 제작되기 시작하여 신석기시대 초기까지 사용된다.(사진33)

▲ 진안 진그늘 좀돌날(사진33)

좀돌날의 제작기법은 후기구석기시대를 특징짓는 기술이며, 뗀석기 박리기법剝離技法의 완성이라 할 수 있다. 좀돌날은 한반도, 일본, 중국, 몽고, 시베리아, 알래스카 등에 분포하며, 그 제작기법은 10여가지가 있는 것으로 알려져 있다.

기법의 종류는 일본지역의 유우베츠기법湧別技法으로 대표되는 수양개기법,(도면9) 박편의 배면을 이용한 석장리기법, 배모양 좀돌의 집현기법, 방형의 소재에 양측의 자연면을 이용한 하화계리기법, 돌날을 소재로 한 상무룡리기법, 원추형의 좀돌인 금성기법, 소형의 삼각형 좀돌인 장흥리기법 등이 알려져 있다. 이들 기법은 박리剝離하는 기술이 유사하지만 돌날기법은 직접타격을 가한 것이고, 좀돌날기법은 간접타격에 의해 석기를 제작하는 공정을 보이고 있다.

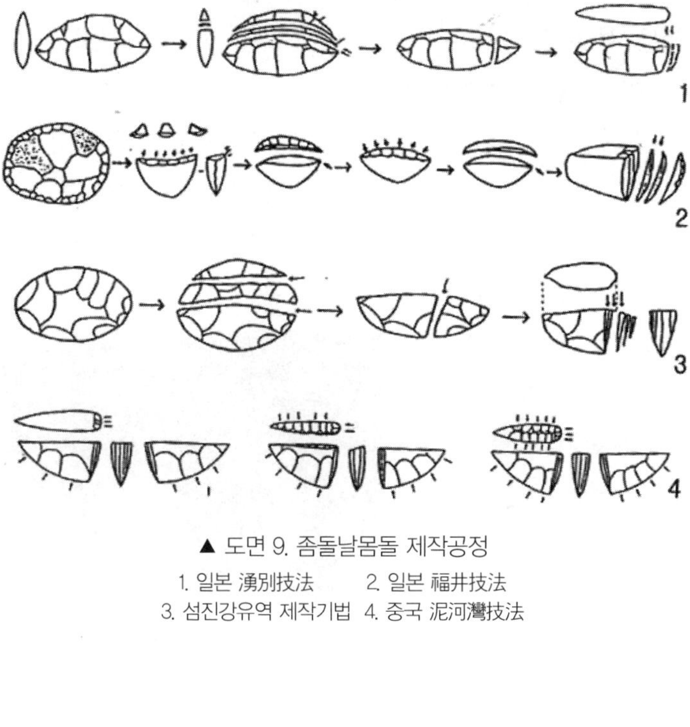

▲ 도면 9. 좀돌날몸돌 제작공정
1. 일본 湧別技法　2. 일본 福井技法
3. 섬진강유역 제작기법　4. 중국 泥河灣技法

(7) 슴베찌르개

슴베찌르개剝片尖頭器(tanged point)는 후기구석기시대의 대표적인 석기이며, 돌날의 두꺼운 부분을 슴베莖部로 만들고 얇은 쪽을 뾰족하게 가공하였다. 슴베부분은 좁고 길게 만들어 자루를 장착할 수 있도록 하였고, 날 부분은 돌날기법石刃技法에 의해 생성된 예리한 날을 그대로 활용하였다. 길이는 5~10cm 정도이며, 창과 같은 용도로 사용하였다.

약 30,000년전에 돌날기법과 함께 출현하였고, 중심연대는 25,000년 전에 해당한다.

후기구석기시대에 본격적으로 등장한 찌르개는 최소의 노력으로 최대의 사냥감을 획득할 수 있었으며, 수렵에 투입되는 인원을 줄이고, 수렵시간도 단축되었다. 이 시기에는 수렵대상의 동물, 연령별 사냥, 특정 종의 편중화 현상이 유적에서 확인되고 있다. 현재 구석기유적에서 제일 많이 출토되는 동물은 사슴이며, 대형동물의 부분별 출토와는 달리 거의 모든 부위가 출토된다. 이것은 사냥 후에 주거지까지 통째로 옮겨와 소비하였음을 의미한다.

슴베찌르개의 출토유적은 단양 수양개, 철원 장흥리, 남양주 호평동, 진안 진그늘, 대전 용호동, 용산동, 밀양 고례리, 순천 죽내리, 월평, 순청 금평, 임실 하가유적 등 전국적으로 많은 유적에서 출토되고 있다. 중국이나 러시아, 일본 등지에서보다 우리나라에서 출토가 많으며, 시기도 다른 지역보다 빨라서 슴베찌르개가 우리나라에서 만들어져 주변지역으로 전파되었을 가능성이 높은 것으로 연구되고 있다.(사진34)

▲ 진안 진그늘 슴베찌르개(사진34)

(8) 뚜르개

뚜르개石錐(awl)는 석기의 한쪽 끝에 손질을 가하여 오목하게 조정하여 뾰족하게 만든 것이다. 사용된 소재는 균질한 석재가 많으며, 강도가 있는 석영으로 제작한 것도 있다. 용도는 가죽이나 나무, 뿔 등에 구멍을 뚫거나, 구멍을 확장할 때 사용한다. 이 석기는 홍천 하화계리, 양구 상무룡리, 공주 석장리, 남양주 호평동, 순천

▲ 양구 상무룡리 뚜르개(사진35)

월평, 밀양 고례리유적 등에서 출토되었다.(사진35) 고례리유적의 뚜르개는 시베리아의 말타유적의 것과 유사하며, 좀돌날로 만든 뚜르개는 홍천 하화계리, 남양주 호평동유적에서 출토되고 있다.

(9) 기타

이 외에도 우리나라에서 발견되는 석기는 화살촉石鏃(arrow head), 자르개石刀(knief), 톱니날석기鋸齒狀石器(denticulate), 나뭇잎모양 찌르개葉形尖頭器(leaf-shaped point) 등이 있다.

화살촉은 전면을 눌러떼기 하였으며, 신석기시대의 화살촉과 유사한 형태이다. 동해 기곡유적에서 출토예가 있다. 자르개는 구석기 전 시기에 걸쳐 만들어지며, 몸돌에서 떼어 낼 때 생긴 날카로운 날을 그대로 사용하는 경우가 많다. 등칼이라고 불리기도 하며, 단양 수양개, 진주 장흥, 임실 하가유적에서 출토되었다. 톱니날석기는 돌날의 가장자리를 톱날과 같이 연속하여 떼어낸 것이다.(사진36) 우리나라에서는 중기구석기 시대부터 만들어지며, 제천 창내, 순천 월평, 밀양 고례리, 진주 집현 등의 유적에서 출토되고 있다. 후기구석기 후반부에 출현하는 나뭇잎 모양 찌르개는 전면을 눌러떼기하여 정교하게 다듬은 석기로 나뭇잎과 같은 형태이다.(사진37) 우리나라에서는 공주 석장리, 장흥 신북, 임실 하가유적에서 출토예가 있다. 특히 장흥 신북유적의 것은 좀돌날기법細石刃技法이 확인되는 동부 시베리아 레나강유역의 듀타이(Duktai) 동굴 유적의 것과 유사하다.

▲ 제천 창내 톱니날석기(사진36)

▲ 임실 하가 나뭇잎모양 찌르개(사진37)

구석기시대의 석기는 뗀석기打製石器가

주류를 이루지만 후기구석기 시대 후엽에는 간석기磨製石器를 사용하기도 한다. 간석기는 중국과 일본에서도 보이고 있으며, 우리나라에서는 단양 수양개, 대전 용호동, 진주 장흥, 밀양, 고례리, 장흥 신북 유적에서 출토되고 있다. 대개 10cm 내외의 소형 도끼가 제작되었다. 신북유적에서는 간석기를 제작하는데 사용한 오목하게 파인 형태의 숫돌砥石이 발견되기도 하였다. 이 시기의 간석기는 신석기시대의 찰절기법擦切技法과 같은 완전한 마연기술이 출현하지 않았기 때문에 밀양 고례리의 자갈돌석기나 대전 용호동의 망치돌과 같이 날이 있는 부위만 부분적으로 갈아서 만든 경우가 많다.

4. 시기구분

1) 연구소사

구석기시대는 인류가 출현하여 약 10,000년전 신석기시대가 시작될 때까지 인류문화의 가장 오래된 단계이며, 주로 채집과 수렵으로 생업이 영위되던 시기이다. 인류의 시작은 약 500만전의 오스트랄로피테쿠스(Australopithecus)이며, 아시아에서는 근동지역의 우베이디아(Ubeydia)유적, 자바의 산기란(Sangiran)유적과 트리닐(Trinil)유적, 그리고 중국에서는 섬서성의 남전藍田유적, 하북성의 동곡타東谷陀, 소장량小長梁유적이 100만년전 이전의 유적으로 알려져 있다.

우리나라에서 구석기유적의 존재 가능성은 1930년대 일본 연구자인 나오라直良信夫에 의해서였다. 나오라는 두만강변 동관진에 있는 후기 홍적세층에서 동물뼈와 함께 구석기로 보이는 흑요석 2점을 발견하였다. 그러나 이 유적의 보고는 당시 우리나라에 구석기문화가 존재하지 않은 것으로 인식되어 왔기 때문에 묵살당하고 말았다. 이것은 다분히 식민주의적 경향을 반영하는 것이었으며, 일본열도에서 구석기 유적이 알려져 있지 않은 시기에 우리나라에서 구석기유적 발견은 인정할 수 없었을 것이다. 그러나 일본에서의 구석기유적은 1950년 아이자와相澤忠洋에 의해서 처음으로 발견되어 지금은 많은 유적이 조사되었다. 하지만 일본열도에서의 구석기유적은 연대가 후기구석기시대를 넘지 못하고 있으며, 몇해 전 일본문화의 근원을 올려보려는 구석기 날조사건이 이루어진 것도 동단에 치우친 섬나라 일본열도의 열등성을 극복하기 위한 몸부림이었을 것으로 생각된다.

우리나라에서 구석기유적은 해방 이후 북한에서 1962년 함북 웅기 굴포리유적이 발견되어 학계에 보고 되었으며, 남한에서는 1964년 공주 석장리 금강변에서 구석기가 발견되어 연차적인 조사가 이루어졌다. 특히 1978년 연천 전곡리유적의 발견은 세계 구석기 고고학의 판도를 바꾸어놓을 정도로 중요한 유적으로 평가되었으며, 전곡리유적의 지속적인 조사 이후 구석기 연구 활성화의 계기가 되었다. 이후 구석기 연구자의 증가와 더불어 구석기 연구의 진전이 이루어지는 계기가 되었다.

1980년대에는 충주댐 수몰지구의 조사로 인하여 수양개 구석기유적이 조사되었고, 아울러 충북지역의 석회암 동굴을 중심으로 대대적인 구석기유적이 조사되었다. 또한 전남지역에서는 주암댐 수몰지구에서 구석기유적이 조사되었으며, 이후 순천 죽내리, 월평유적 등이 중요 유적으로 알려져 있다.

현재에는 남한 지역에만 1,000여곳 이상이 조사될 정도가 되었으며, 구석기유적의 수는 계속 증가하고 있다. 시기에 있어서는 대략 중기 구석기에서 후기구석기에 이르는 시기의 유적이 대부분을 차지하고 있다.

우리나라에 있어서 시기구분에는 많은 한계가 있다. 구석기 관련 유적의 절대연대가 많지 않고, 신뢰도가 떨어지기 때문이다. 자연과학적인 연대측정이 이루어지기는 하나 후기구석기시대에 국한되며, 신빙성 있는 편년체계가 확립되어 있지 않다. 층위를 연구하는데 있어서

4기 지질학적인 연구와 이에 대한 당시의 자연환경의 연구가 본격화되어야 시기구분과 관련한 편년이 가능할 것이다. 또한 석기의 유물과 동물뼈 등의 다양성이 제약되어 있어서 편년을 어렵게 만들고 있다. 이러한 문제점들이 극복되어야 우리나라에 있어서 시기구분이 제대로 이루어질 것으로 생각된다. 시기구분에 있어서 유럽이나 아프리카의 경우는 석기의 제작기술과 석기의 형태변화를 기준으로 20~25만년전 이전까지를 전기구석기, 4만년전 이전까지를 중기구석기로 구분하고 있다. 우리나라에서도 유럽의 예에 따라 전기, 중기, 후기구석기로 구분하고 있지만 변화의 양상과 유적의 연대가 불분명하여 구분연대의 기준이 연구자에 따라 각기 다르다. 특히 우리나라에서는 출토된 석기의 특징으로 미루어 보면 전기와 중기의 구분에 있어서 어려운 점이 많고, 연대차이도 다르다. 현재 우리나라에 있어서의 시기구분은 전기구석기 500~12만년전, 중기구석기 12~4만년 정도로 보는 견해가 많으며, 후기구석기는 약 4만년전 돌날石刃과 좀돌날細石刃의 제작기법과 압박박리壓迫剝離(눌러떼기) 등의 기술이 등장하여 10,000년전까지의 시기설정에는 무리가 없다.

2) 전기구석기(500~12만년전)

전기구석기시대는 자연석으로 만든 1차 가공된 석기가 만들어지는 시기이다. 석기는 대부분 석영이나 규암계통의 결정이 거친 석재가 사용되고 있으며, 규모에 있어서도 대형석기가 주류를 이룬다. 이러한 석재는 우리나라의 어디에서나 쉽게 구할 수 있고, 견고한 날을 만들 수 있기 때문에 사용빈도가 높았을 것이다.

이 시기의 우리나라에서는 석영계를 이용한 주먹도끼握斧, 주먹자르개横刃石斧, 주먹찌르개尖頭器, 찍개單面器, 가로날도끼手斧, 여러면석기多角面圓球, 몸돌石核 등이 존재하며, 특히 주먹도끼, 찍개, 가로날도끼, 몸돌석기가 주류를 이루었다. 주먹도끼는 1978년 연천 전곡리유적에서 발견된 이래, 남한 전역에서 발견되고 있으며, 형태와 제작의 방법은 다양한 편이다. 주먹도끼와 관련한 기존의 연구에서 미국의 고고학자 모비우스(Movius)는 구석기의 양대문화권을 주창한 바 있다. 그 주장은 인도를 경계로 하여 유럽에는 주먹도끼握斧, 동아시아에는 찍개單面器만 존재하는 것으로 알려졌다. 이로 인하여 유럽에 비해 동아시아의 문화가 열등지역으로 인식되기도 하였으나, 연천 전곡리유적에서 발견된 많은 양의 주먹도끼로 인하여 모비우스의 학설이 수정되기에 이르렀다. 한편으로는 동아시아의 주먹도끼가 전형적인 유럽의 아슐리안(Acheulean)계통의 것과 형태적으로 다르고, 유물의 공반관계나 연대도 다른 것으로 파악되기도 한다.

우리나라에서 오래된 유적으로는 상원 검은모루, 평양 용곡동굴, 단양 금굴, 공주 석장리 하부층, 연천 전곡리 하부층, 양양 도화리유적 등이 있으며, 이 중에 상원 검은모루동굴은 가장 오래된 유적으로 평가되고 있다. 상원 검은모루동굴에서는 주먹도끼, 찍개, 주먹자르개 등의 석기와 큰곰, 동굴곰, 하이에나, 물소, 큰뿔사슴 등의 동물화석이 출토되었다. 연대는 남한에서는 40만년전으로 인식하고 있으나, 북한에서는 100만년전으로 추정하기도 한다.

남한에서는 연천 전곡리유적이 대표적이다. 전곡리유적에서는 주먹도끼, 찍개, 주먹찌르개, 긁개, 여러면석기, 몸돌 등이 출토되었으며, 시기는 연구자마다 다양하나 대략 20만년전으로 보고 있다. 한탄강과 임진강유역의 파주 금파리, 주월리, 가월리, 고양 원당유적도 이와 유사할 것으로 생각된다. 단양 금굴에서는 주먹도끼, 찍개, 여러면석기 등과 함께 동물 뼈가 발견되었으며, 연대에 있어서는 1층이 60만년전으로 보고되고 있다. 공주 석장리유적 2지구의 1~6층에서는 주먹도끼, 찍개, 주먹찌르개, 찌르개, 긁개가 출토되기도 하였다. 이 외에도 전기구석기에 해당하는 유적은 철원 장흥리, 파주 가월리, 금파리, 연천 원당리, 양구 상무룡리, 제천 점말, 청원 두루봉동굴 등이 알려져 있다.

3) 중기구석기(12~4만년전)

유럽에 있어서는 격지剝片로 만든 2차 가공의 석기가 만들어지지만 우리나라에서는 석영이나 규암계통의 자연석으로 만든 석기가 계속해서 만들어진다. 긁개削器, 톱니날석기鋸齒狀石器, 홈날석기凹刃石器 등의 중소형석기 제작에도 이용되고 있다. 중기구석기의 마지막 단계에 이르러서 격지로 만든 돌날기법石刃技法에 의한 2차 가공된 석기가 나타난다.

층위에 있어서는 퇴적층 최상부 토양쐐기의 아래층이 중기구석기와 후기구석기문화와 공존하는 양상을 보여주고 있지만 명확한 구분층을 확인하기는 어렵다.

이 시기의 유적으로 북한지역의 웅기 굴포리 하위문화층에서는 주먹자르개, 찍개, 긁개, 찌르개 등이 출토되었다. 남한지역의 공주 석장리 2지구의 7~9층에서는 주먹자르개, 긁개, 찌르개 등이 출토 되었으며, 제천 명오리유적에서는 4~5만년전의 주먹도끼, 주먹자르개, 긁개, 찌르개, 톱니날석기 등이 출토된 바 있다. 전남지역의 승주 우산리 곡천유적과 화순 사수리 대전유적에서 중기구석기의 존재가 보고되었고, 순천 죽내리유적에서도 중기구석기까지 거슬러 올라갈 가능성이 제기되고 있다. 중기구석기 문화층에서 출토된 석기는 주로 석영암을 이용해 주로 1차 가공에 의한 석기제작을 하였고, 주먹도끼, 찍개, 긁개, 찌르개 등의 일반적인 도구가 많이 출토된다.

기타 유적으로는 양구 상무룡리, 연천 남계리, 청원 소로리, 청주 봉명동, 대전 용호동 등의 유적이 알려져 있다.

4) 후기구석기(4~1만년전)

후기구석기시대는 이전 시기의 몸돌石核을 중심으로 한 문화와는 확연히 다른 양상을 보이고 있다. 인류의 두뇌발달과 함께 생업과 밀접한 관련이 있는 전문적인 석기제작의 박리기법剝離技法이 창안 되었으며, 소형 석기들을 나무나 골각에 결합하여 사용하는 기술이 적용되었다. 석재에 있어서 반암, 호온펠스, 셰일, 유문암, 흑요석과 같은 양질의 석재로 정교한 석기를 제작하였다. 특히 셰일이나 흑요석은 후기구석기의 마지막 단계의 좀돌날 제작에 많이 사용되었다. 흑요석은 의정부 민락동, 남양주 호평동, 홍천 하화계리, 양구 상무룡리, 단양 수양개, 대구 월성동, 장흥 신북유적에서 출토예가 있다.

후기구석기시대의 주요 유적으로는 북한에서 호머 샤피엔스 샤피엔스의 인골이 출토된 평양 승리산동굴과 만달리동굴, 굴포리 상위문화층 등이 있다. 남한지역에서는 홍천 하화계리, 양구 상무룡리, 공주 석장리, 단양 수양개, 남양주 호평동, 청원 소로리, 대전 용호동, 전주 송천동, 진안 진그늘, 임실 하가, 순천 월평, 죽내리, 장흥 신북, 화순 도산, 밀양 고례리, 진주 내촌리, 부산 중동 등 많은 유적들이 있다.

후기구석기시대는 돌날기법石刃技法에 의한 돌날문화石刃文化를 열었던 시기이며, 석기제작의 2차가공이 본격화 되었다. 돌날을 이용하여 만든 다양한 석기가 활용되었으며, 또한 이 시기에 돌날보다 규모가 작은 길이 5cm 이하의 좀돌날細石刃이 제작되어 석기의 사용용도가 더욱 다양화 되었다. 후기구석기인들은 자원에 대한 풍부한 지식을 활용하여 이동생활을 하면서 생업을 영위하였다. 이 시기 우리나라에서는 돌날계통의 유적, 돌날과 좀돌날이 공반하는 유적, 좀돌날만 출토되는 유적이 있다. 이 시기에 전반적으로 사용된 석기는 돌날, 좀돌날, 긁개, 밀개이며, 생업에 있어서 사용빈도가 높았음을 알 수 있다. 돌날계통의 유적에서는 새기개가 출토되지 않는데 반해, 좀돌날계통의 유적에서는 새기개가 많이 공반되고 있다. 새기개는 좀돌날을 이용한 조립식 석기를 제작하는데 사용된 것으로 보인다. 이 시기의 유적 중에서 좀돌이나 재생격지再生剝片 등이 흩어져 있는 석기제작 장소로 추정되는 곳은 밀양 고례리, 단양 수양개, 진안 진그늘, 장흥 신북유적을 들 수 있으며, 이러한 유적은 야외캠프의 성격을 띤다고 할 수 있다.

이와 같이 후기구석기시대는 돌날의 석기발달과 석영계통의 석재 대신에 균질한 석재가 이용되면서 돌날계통의 석기와 소형석기가 공존하게 된다. 찌르개를 중심으로 한 조합식 석기는 석기의 경량화, 수리보수의 용이함을 갖추어 기존의 석기들 보다 사용이 더욱 편리하게 되었다. 또한 돌날기법이나 좀돌날기법과 같이 정형적인 박리기술이 창안되어 하나의 몸돌에서 많은 석기를 얻어낼 수 있었다.

후기구석기시대의 마지막에는 지구의 온난화가 진행되었으며, 후빙기의 급격한 환경의 변화로 인하여 수림의 생태, 동 · 식물의 분포가 변하였다. 구석기시대가 막을 내리고 인류 역시 새로운 환경에 적응하게 되었다. 우리나라에서는 제주 고산리유적에서와 같이 화살촉, 토기의 출현과 함께 신석기시대의 서막을 알리게 되었다.

5. 무덤

인간은 지구상에 출현하면서부터 죽음을 인식하였고, 이러한 것은 고고학적인 흔적에서 엿볼 수 있으며, 유구와 유물로 발견되고 있다. 그러나 한반도에 있어서 선사시대의 경우 충분한 과학적 근거를 가지고 죽음관을 엿볼 수 있는 것은 청동기시대 이후이며, 구석기시대와 신석기시대에는 이와 연관 지어볼 수 있는 일부의 유구와 유물이 발견되었을 뿐이다. 그 이유를 굳이 든다면, 한반도의 구석기시대와 신석기시대는 수렵과 채집이 주를 이루는 생활이어서 아무래도 농경이 본격화되는 청동기시대 이후의 시기보다는 이동해 가며 생활을 영위해야만 했다. 따라서 집단묘集團墓보다는 단독적인 지상장법地上葬法이나 얕은 토광장법土壙葬法을 선호하였을 것이며, 또한 시기적으로 오랜 기간 매장되어 있었기에 인골이나 부장된 유기물질이 이미 토양화하여 무덤의 존재인 것을 확인하지 못한 경우도 많았을 것으로 판단된다. 그 만큼 구석기시대와 신석기시대의 무덤은 발견될 확률이 타 시기에 비해 낮고, 고고학적 조사의 어려움도 있다고 할 수 있다.

구석기시대에도 죽음에 대한 의식이 존재했으나 그러한 유적이 쉽게 발견되지 않고 있다. 한반도에서는 북한지역 평양부근의 역포, 만달리에서 인골의 출토가 알려지고 있고, 남한의 석회암동굴인 청원 두루봉의 흥수굴에서는 완전한 인골이, 단양 구낭굴, 제천 점말유적에서도 인골이 발견되었다. 이것이 무덤의 성격을 띠는지는 파악할 길이 없으나 함께 수습된 유물의 성격에서 당시의 종교의식, 죽음관에 대한 의식을 엿볼 수 있다. 이 시기에 공주 석장리유적에서 개머리犬頭의 조각이, 제천 점말동굴에서 짐승의 얼굴, 두루봉동굴에서 사람얼굴人面이 새겨진 유물이 있다는 보고는 그 명확한 근거가 제시된다면 원시신앙과도 결부되어 해석할 수 있겠고, 이러한 신앙은 죽음과도 연관성을 갖는 것으로 판단할 수 있을 것이다.

두루봉 흥수굴에서는 인골 2구가 출토되었으며, 그 중에 1호 인골은 앙와신전장仰臥伸展葬의 상태로 완전하게 남아 있었다.(사진38) 1호 인골은 5살 정도이며, 두개골 용량 1,200~1,300cc, 신장은 110~120㎝ 정도이다. 시기는 4만년전으로 추정된다. 동굴 조사시에 인골 주변의 토양을 채취하여 화분분석花粉分析한 결과, 가슴 부위에서 들국화 종류의 꽃가루가 다량으로 검출되었다. 따라서 흥수아이가 죽은 시점은 가을이며, 후기구석기시대에도 장례의식이 있었다는 것을 알 수 있었다.

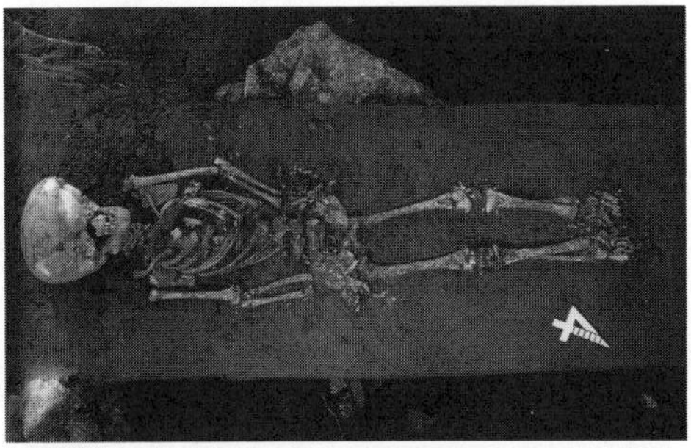
▲ 청원 두루봉 흥수골 1호 인골(사진38)

한반도 주변지역의 동북아시아 지역에서는 중기구석기시대 이후 무덤이 보고되고 있으나, 역시 그 예가 많지 않다. 시베리아 앙가라강 유역의 후기구석기시대 말타유적에서는 주거지의 바닥 밑에서 2구의 어린아이 무덤이 발견되었는데, 평탄한 돌로 덮여 있었다. 무덤 안에는 적색 안료가 뿌려져 있고, 맘모스 상아제의 목걸이, 장신구, 골각기, 석기, 여성상女性像, 수조상水鳥像 등의 부장품이 출토되었다. 여기에서 출토된 여성상은 조상숭배의 의미가 있는 것으로 추측되며, 얼굴의 형태는 현재의 시베리아 주민과 공통되는 몽고로이드와 같은 특징을 보인다. 또한 중국 근교의 주구점周口店 일대의 산정동동굴山頂洞洞窟에서는 3구의 인골이 발견되었는데, 그 주위에는 적철광赤鐵鑛의 가루가 뿌려져 있었다. 이 유적에서는 부장품인지의 확실한 근거가 없으나 조개껍질, 뼈바늘, 이빨에 구멍을 뚫은 장식품 등이 출토되었다. 일본의 경우는 후기구석기시대의 몇 예가 있으나, 그 중에 유노사또湯の里 유적에서는 좀돌날문화細石刃文化 단계의 자료가 출토되며, 평면 타원형의 묘광이 발견되었다. 묘광 내에서는 돌날몸돌石刃石核, 좀돌날몸돌細石刃石核, 석제 옥류玉類가 출토되었으며, 아울러 적색토양이 군데군데 산포되어 적색 안료를 뿌린 흔적으로 추정되고 있다. 또한 오오이따현大分縣 이와도岩戸유적에서는 유물 집중 부분의 집석集石 아래 부분에 토광이 있고, 그 안에서 치아, 두개골, 사지골 등의 인골과 조개류, 석기류가 발견되고 있다. 인골은 출토위치와 묘광의 형태로 보아 굴장屈葬된 것으로 추정되고 있다.

이와 같이 구석기시대 무덤의 예는 많지 않지만, 시베리아 지역의 가장 대표적인 말타유적의 상황에서 본다면, 2구를 묻는 합장合葬, 적색 안료를 뿌리는 장례의식, 인간의 영혼을 날아가게 하는 수조상水鳥像, 그리고 여성상女性像에서 본 조상숭배 의식 등이 이미 구석기시대에도 행해지고 있었음을 짐작할 수 있다. 따라서 동북아시아 지역에서 구석기시대에 이미 부장하는 풍습이 존재하였으며, 사자死者를 보내기 위한 상·장례 의식이나 절차가 다양하게 행해진 것으로 보인다.

6. 생업과 예술

1) 생업

구석기시대 생업生業의 복원은 신석기시대 이후의 시대와는 달리, 석기나 동물뼈 정도의 대단히 한정된 자료를 가지고 이루어지기 때문에 어려운 점이 많다. 게다가 유적의 형성 당시와는 달리, 오랜기간 동안 변형이 이루어져 당시 생업의 양상을 파악하기는 어려우며, 유적 조사시에 지질학적, 생물학적, 화학적 변형으로부터 분리하는 작업이 필요하다.

구석기시대의 사람들은 채집과 수렵을 위주로 생활하였기 때문에 이동하면서 식량을 확보하였으며, 이는 자연환경과도 밀접한 관련을 가진다. 방랑생활 보다는 일정한 영역 내에서 몇 군데의 거처를 마련하고 식량확보를 위해 주기적으로 순환이동을 하였을 것으로 추정된다. 식량자원의 경우는 봄에 200여 종류, 여름에 50여 종류, 가을에 100여 종류를 획득할 수 있으며, 이에 비해 겨울에는 극히 적은 양이 채집된다. 이러한 현상은 구석기시대의 거의 전 시기에 걸쳐 큰 변화를 보이지 않는다. 그러나 후기구석기시대부터는 동물자원의 비중이 점차 많아지게 된다. 동물자원은 영양가가 높고, 단백질의 섭취효율이 크지만 식물식료에 비해 안정적인 공급은 이루어지지 않았다.

생업의 수단에 있어서 음식은 안정적으로 확보할 수 있는 식물식료가 주류를 이루었을 것으로 보인다. 특히 후기 구석기인들은 식물질을 분쇄하기 위한 어금니가 발달하여, 턱이 넓적하게 진화하였다. 수렵에 의해서 부족한 단백질을 섭취하였으며, 불의 사용으로 인하여 고기를 익혀먹음으로서 이전보다 더욱 풍부한 영양섭취가 이루어졌다. 단양의 구낭굴에서는 사슴뼈가 다량으로 출토되어 집단적으로 사냥이 이루어졌으며, 이들 사슴 중에는 성수成獸보다는 어린 약수弱獸가 주류를 이루고 있어, 당시의 후기 구석기인들은 어린 사슴을 선택적으로 사냥하였음을 알 수 있다.

유적이나 동굴에서 출토된 동물의 뼈는 생업의 연구에 중요한 단서를 제공하고 있다. 동물뼈에 남아 있는 해체흔, 파손부위, 뼈의 출현빈도 등을 통해 사냥감의 배분양상을 추정하기도 하며, 여기에 동물뼈와 석기와의 공반, 조합관계를 분석 하기도 한다. 동물의 뼈를 사용한 골각기骨角器는 구석기시대에도 만들어졌으며, 우리나라에서 발견된 동물화석과 골각기가 출토된 유적은 평양 용곡동굴, 만달동굴, 제천 전말, 청원 두루봉동굴이 있다. 이들 유적에서 나온 골각기는 날카롭게 다듬은 것들이다.(사진39)

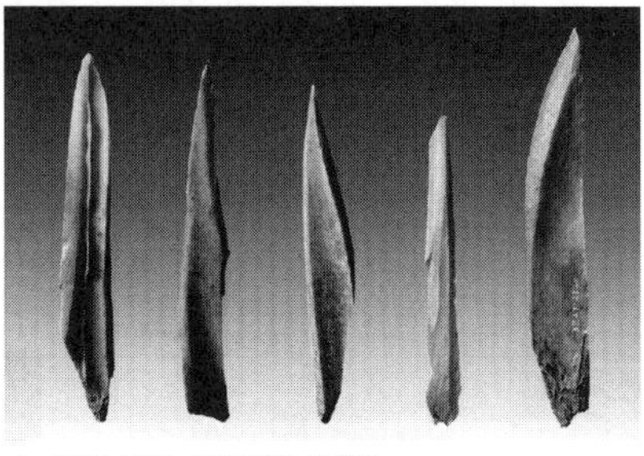

▲ 제천 전말 골각기(사진39)

유적조사의 성과에서 보면, 구석기시대 사람들은 동굴이나 바위그늘巖蔭에서 거주하거나 강가의 구릉에 캠프시설과 같은 움막을 짓고 생활을 영위하였다. 동굴유적은 그 자체가 주거로서의 성격이 강하며, 우리나라에서는 평양 용곡동굴, 역포 대현동굴, 덕천 승리산동굴, 평양 만달동굴, 청원 두루봉동굴, 단양 금굴, 제천 점말

동굴, 영월 금굴, 쌍굴 등이 조사되었다.(사진40) 구석기시대의 주거흔적은 다른 시기에 비해 얕게 파고 지상에 기둥을 세운 경우가 많아 발견되기가 용이하지 않다. 주기적인 이동생활을 하였기 때문에 텐트와 같이 간단히 설치하고 해체하여 이동할 수 있는 구조였을 것이다. 현재 우리나라에서 조사된 구석기시대의 주거유적은 공주 석장리, 제원 창내, 동해 노봉, 화순 대전유적 등이 있다. 또한 화덕자리가 있는 거주지의 성격을 띠고 있는 유적은 단양 수양개, 밀양 고례리, 진안 진그늘, 순천 월평, 장흥 신북, 부산 중동 등이 있으며, 야외캠프의 성격을 띠는 유적까지 합치면 그 수는 훨씬 많을 것이다.

▲ 청원 두루봉 15굴 주거지(사진40)

구석기시대 사람들은 아프리카를 벗어나 추운지역으로 이동하면서 의복이 필요했을 것이다. 가죽을 가공하는데 주로 사용한 밀개, 옷을 입고 있는 여인의 조각상, 뼈로 만든 바늘 등이 출토된 것으로 보아 의복의 사용을 추정해 볼 수 있다.

구석기시대는 시기가 오래되어 석기 이외의 유기물질은 잔존하기 어렵기 때문에 그만큼 출토 수량도 적다. 그러나 우리나라에서도 근래에 목재나 골각기 등이 발견되고 있어, 이 자료의 축적이 기대되고 있다. 목재와 관련된 것은 군산 내흥동유적에서 다량의 목재가 출토되었고, 진천 송두리유적에서는 다량의 숯이 검출된 바 있다. 이러한 유기물질은 특히 구석기시대 생업의 양상을 파악하는데 있어서 중요한 자료들이다.

2) 예술

구석기시대의 예술행위는 의례나 장신구 등에서 엿볼 수 있다. 또한 출토된 유물에 의한 구석기시대의 의례행위는 동아시아 여러 지역에서 확인되고 있으나, 우리나라에서는 아직 그 예가 드물다.

현재 우리나라에서 발견된 예술품 중에는 동굴벽화나 암벽에 새겨진 예술품은 없으며, 뼈나 돌에 새겨진 몇 예가 알려져 있다. 제천 점말용굴 Ⅳ층에서 발견된 털코뿔이 앞팔뼈에 두눈과 입이 있는 얼굴 형상의 그림이 새겨져 있으며, 중기구석기시대의 것으로 보고 있다. 청원 두루봉 9굴에서 출토된 얼굴 형상의 예술품은 사슴의 다리뼈이며, 두눈과 입이 표현되어 있다. 두루봉 2굴에서 출토된 얼굴 형상의 예술품은 사슴의 팔뼈을 이용하였으며, 역시 두눈과 입이 표현되어 있다.(사진41) 상원 용곡 제1호동굴 4문화층에서는 2.5cm 정도 길이의 사람얼굴을 표현한 뼈로 만든 예술품이 발견되었다. 이 유물은 둥굴게 갈아 만든 면에 27개의 점을 연결한 얼굴의 윤곽, 구멍을 파서 만든 두눈과 코, 그리고 24개의 점선으로 입을 표현하였다. 이러한 얼굴 형상의 예술품은 머리를 숭배하는 의식과도 결부시켜 볼 수 있다.

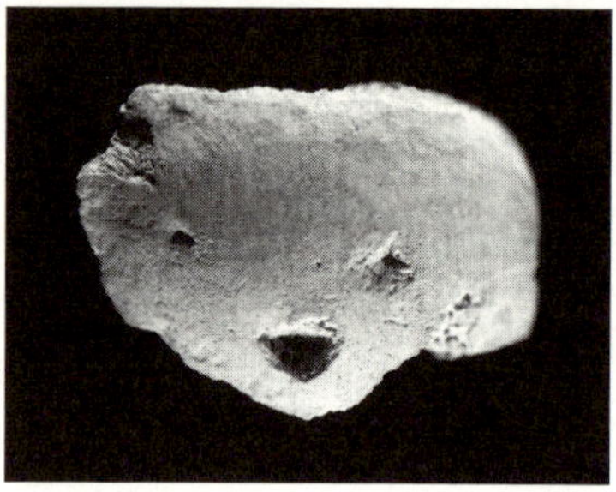
▲ 청원 두루봉 2굴 얼굴형상(사진41)

이 외에 두루봉 새굴에서는 큰꽃사슴의 두 뿔을 동일하게 다듬어 장신구로 활용한 흔적이 엿보인다. 아마도 두 장신구를 연결하여 목에 걸었던 것으로 추정된다. 또한 단양 수양개유적 Ⅳ층에서는 소의 정강이뼈에 등과 배, 지느러미가 있는 물고기를 형상화 한 예술품이 발견되었다.

의례행위와 관련해서는 장례의식과 곰숭배 의식을 엿볼 수 있다. 장례의식은 중기구석기시대에 보편화되는 경향을 보인다. 우리나라에서는 청원 두루봉 흥수굴에서 발견된 흥수아이의 예가 있다. 편평한 석회암을 바닥에 깔고, 그 위에 흙을 뿌린 다음 시신을 안치하였다. 주변의 토양을 분석한 결과, 가슴부위에서 들국화의 꽃가루가 다량으로 검출된 것으로 보아 죽음을 애도한 흔적으로 파악되고 있다. 두루봉의 처녀굴에서는 동굴곰을 의도적으로 배열한 흔적이 조사되었다. 큰꽃사슴의 뿔을 한 가운데 놓고 동굴곰 1개체분을 굴 벽쪽의 동향으로 배열하였다. 동굴곰의 머리뼈는 쪼갠 흔적이 없는 것으로 보아 의식을 위한 재물로 바친 것으로 추정된다.(사진42)

▲ 청원 두루봉 처녀굴 동굴곰 (사진42)

Ⅲ. 신석기시대

1. 자연환경

1) 기후와 식생의 변화

뷔름빙기가 끝나는 신생대 제4기의 마지막 부분을 후빙기後氷期라 부르고 있으며, 시기는 약 10,000년전으로 추정되고 있다. 후빙기에는 기후가 점차적으로 온난해지고, 이에 따라 해수면도 상승하면서 오늘날과 같은 기후환경을 이루게 되었다. 신석기시대가 시작되는 후빙기에는 지구 온도의 상승과 더불어 해수면의 변동, 강수량과 식생의 변화가 일어나 구석기인들에 비해 생활하기 좋은 환경으로 변화하였다. 후빙기의 기후와 식생의 변화는 퇴적층에서 채취한 화분분석花粉分析이나 유기물의 탄소동위원소 비율 등의 시료를 조사하여 확인하고 있으며, 유적에서 출토된 동·식물 자료에서 기후변화를 추적해 볼 수 있다. 또한 기후의 변화를 파악하는데 유공충有孔蟲과 화석규조化石硅藻의 분석이 이용되기도 한다.

약 20,000년전을 정점으로 지구의 온도가 상승하기 시작하여 10,000년전 후빙기를 지나고, 그 이후 6,000년전까지는 점차 따뜻해지면서 안정된 기후를 보였다. 6,000년전에는 현재 기온보다 3°정도까지

상승하여 온난한 시기가 지속되었다. 유적에서 출토된 자연유물에 있어서도 따뜻한 기후였음을 알 수 있는 자료가 확보되었다. 이 시기는 신석기시대의 조기早期, 전기前期에 해당하며, 해수면의 상승과 더불어 식생의 변화도 현저하게 나타나고 있다. 이후 지구의 기온이 조금씩 하강하기 시작하여 신석기시대 후기後期의 4,000년전경에는 지금보다는 약간 한랭하고, 불안정한 기후가 지속되었던 것으로 보인다.

한반도에 있어서 식생植生의 변화는 기후변화와 밀접한 관련이 있다. 후빙기 이후 신석기시대에 기후의 변화가 이루어졌으며, 해수면의 변동과 함께 수림대의 이동을 가져왔다. 이와 함께 식물상, 동물상의 변화도 도래하게 되었다.

신석기시대에는 고목, 저목 등 수백종의 수목을 비롯하여 풀, 이끼 종류까지 풍부한 삼림森林을 이루고 있었으며, 기온의 변화에 의해서 식생의 변화가 이루어지고 있다. 한반도에 있어서 10,000년전 이전의 식생은 추운 기후였음이 영랑호와 용곡동굴 퇴적층의 자료에서 확인되었다. 영랑호 퇴적층에서는 추운지역에서 자생하는 풀과 겉씨식물들이 주로 나왔고, 평양 용곡동굴 퇴적층에서도 15,000~10,000년전 퇴적지층에서 겉씨식물과 소나무, 명아주과가 기본을 이루는 추운 기후의 식생이 보이고 있다. 10,000~8,000년전에는 중부지방이 낙엽광엽수림落葉廣葉樹林지역을 이루고 있으며, 북부지방은 침엽수림針葉樹林이 주류를 이루고 있다. 이후 6,000년전까지는 기온 상승이 지속되었으며, 식생에 있어서도 남부지방은 참나무, 버드나무, 호두나무, 개암나무, 느릅나무, 자작나무 등 상록조엽수림常綠照葉樹林을 이루고, 낙엽광엽수림은 북부지방에까지 확대되었다. 그 이후 4,000년전에 남해안에서는 참나무, 오리나무, 밤나무, 개암나무, 느릅나무, 느티나무 등이 자생하였던 것으로 보이며, 다른 지역에서는 점차로 낙엽광엽수림과 침엽수혼합림으로 바뀌는 양상을 보인다.

이러한 식생의 변화와 함께 한반도의 삼림 속에서 동·식물의 번성이 이루어졌으며, 신석기인들도 이에 대응하여 수렵, 채집 등을 위해서 새로운 도구를 개발하는 등 풍성한 생업을 영위하였다. 신석기시대 삼림에서 채집되는 식물은 과실류果實類, 견과류堅果類, 근경류根莖類 등 다양하다. 봄에는 산채나 나물 종류, 여름에는 과실류, 가을에는 풍부한 열매류, 근경류, 견과류를 집중적으로 채집하였다. 특히 겨울에는 식량획득이 어려운 시기여서 가을에 채집한 각종 근경류나 견과류를 저장하거나 보존하기도 하였다.

2) 해수면의 변화

기후의 변화에 따라서 동시에 해수면의 변동도 이루어진다. 해수면의 변동은 여러 요인이 있겠지만 가장 영향을 받는 것은 빙하이다. 지구의 온도가 내려가면 빙하지역이 더욱 확산되어 해수면이 하강하게 되고, 지구의 온도가 올라가면 빙하가 녹아내려 해수면이 상승하게 된다. 이러한 해수면의 고저변화는 당시 해안가에 거주하면서 어로, 조개채집에 종사하였던 신석기인들의 생업에도 큰 변화를 가져오게 되었다.

뷔름빙기에 가장 추웠던 약 20,000년전을 전후한 시기에는 해수면이 현재보다 100~140m 정도가 낮았던 것으로 보고되고 있다. 그러나 안정된 기후로 변화한 10,000년전의 후빙기에는 해수면이 계속 상승하여 현재의 해수면보다 같거나 약간 높았던 것으로 조사되었다. 이후 6,000년전 정도에는 기온상승이 피크를 이루어 해수면도 현재보다 2~5m 정도 높았던 것으로 확인되었으며, 해안의 저지대는 해수면에 잠기었다. 5,000~4,500년전에는 기온이 점차 내려가고 그간에 내해內海지역이었던 곳이 육지화 되었다. 신석기시대 후기에 해당하는 이 시기에는 해수가 빠진 저지대에 벼농사에 알맞은 충적평야가 형성되었다. 옥천 대천리 주거지에서 쌀이 출토된 것으로 보아 이 시기에 이미 한반도에서도 벼농사가 시작된 것으로 보인다.

해수면의 변동은 후빙기에 들어 현저한 변화를 이루고 있으며, 그 변동은 유공충有孔蟲, 규조분석硅藻分析 등 미세화석 연구를 통해서도 비중있게 진행되고 있다. 그러나 우리나라에서는 연구자마다 제각기 주장하는 바가 다르게 나타나기도 하며, 동해안, 남해안, 서해안의 지역에 따라서도 연구자의 견해가 일치하지 않는다. 그 예를 소개하면, 오건환은 감포-울산간에 1~3m의 해진, 윤웅구는 6,000BP 남해안에서 2~3m의 해수면 상승, 이동영은 5,000BP 포항-울산간에 3~5m의 해진현상, 황상일은 서해안 일산지역에서 4,000년전 3~4m의 해수면 상승이 있었던 것으로 보고하고 있다.

이로 미루어보면, 약 6,000년전경에는 대규모로 해수면 상승이 진행되어 우리나라 해안선 주변의 평야부는 바닷물이 진입하여 내해內海를 형성하였다. 당시에는 평야가 적고, 바다에서 가까운 내륙의 산자락에까지 해수면이 근접하였던 것이다. 이 내해에는 조개, 해초, 어류 등이 서식할 수 있는 좋은 어장의 조건이 되었으며, 동시에 어업이 활발하게 진행되었다. 또한 내륙으로 해안선이 많아지기 때문에 파도의 영향이 적게 미치고 생활환경도 좋았던 것으로 보인다.

서해안의 경우는 많은 부속 도서島嶼와 리아스식 해안으로 이루어져 있으며, 6,000년전에는 현재의 해수면 보다 최고 5m 정도 높았던 것으로 보고되고 있다. 6,000년전 이전의 신석기시대 초창기草創期, 조기早期 단계의 인천 영종도, 용유도, 삼목도 등 도서지역의 신석기유적은 해안선이었을 가능성이 있으며, 지구의 온난화에 의해서 점차적으로 도서지역이 생겨난 것으로 추정된다. 서해안에서 대부분 후기에 해당하는 신석기시대 유적이 주류를 이루는 것도 이러한 연유에서일 것이다.

2. 신석기시대의 개요

신생대 제4기 홍적세의 빙하기가 끝나고 지구의 온난화 현상이 진행되면서 해수면이 상승하고 새로운 환경으로 변화하게 되는데, 이러한 후빙기의 새로운 환경에 적응하면서 정착생활을 시작한 문화가 신석기문화이다. 우리나라에서 신석기시대는 토기의 출현부터 청동기 사용 이전까지 수렵, 채집, 어로, 곡물농경에 의한 생업을 영위하는 시기를 지칭하고 있다.

신석기시대는 간석기磨製石器를 특징으로 하며, 기술적으로는 토기의 발명, 경제적으로는 농경과 목축이 시작된 시기이다. 그러나 유럽이나 서아시아에서는 토기의 발명과 농경과 목축의 개시가 반드시 일치하지 않으며, 토기보다도 정주농경定住農耕의 마을을 형성한 문화가 존재하기도 한다. 한편, 우리나라와 일본과 같이 획득경제의 단계이면서 토기 등의 신석기시대 요소를 공반한 문화도 있어, 신석기시대의 양상이 지역에 따라서 다양하게 전개되고 있다. 최근에는 신석기시대를 후빙기의 온난한 기후를 배경으로 새롭게 환경에 적응한 인류가 고도로 집약화한 획득경제 내지는 농경, 목축에 의한 생산경제를 개시함으로서, 각 지역에 특색을 가진 지역문화로 발달시킨 시대로 인식하고 있기도 하다.

신석기시대에 있어서 토기의 발명은 인류의 혁명으로 불리우는 사건이었다. 토기의 용도는 취사, 저장, 가공, 제사, 제염, 옹관, 운반에 이르기까지 실로 다양하게 활용되고 있다. 토기가 제작되어지는 배경은 식물상의 변화와 깊은 관련이 있다. 지구의 온난화로 인하여 한반도에 낙엽수림이 도래하면서 채집식물의 종류가 많아지게 되었다. 도토리, 상수리, 밤, 호두 등 견과류가 일상적으로 채집되었으며, 감자, 얼레지, 토란, 대마 등의 야생감자와 식물뿌리를 가공하거나 저장의 필요성이 제기되었다. 견과류나 감자류에는 전분의 함유량이 많다. 감자, 토란, 도토리 등의 전분 중에는 인간이 소화시키기에는 어려운 생베타전분生β澱粉이 함유되어 있다. 열이나 물로서 그 결정을 파괴하여 알파전분으로 변용시켜야 먹을 수 있게 되는 것이다. 베타(β)전분을 알파(α)전분으로 변용시키려면 가열처리를 해야 되고, 그러기 위해서는 반드시 토기가 필요하다. 토기에 불을 지펴서 전분의 알파화가 용이하게 되었고, 구석기시대의 한정된 음식과는 달리 넓은 범위의 식용식물 이용이 가능하게 되었다. 구석기시대는 기껏해야 바베큐 정도가 가능했지만, 신석기시대에는 여러 종류의 견과류나 감자류를 넣어 맛있고 뜨거운 스프를 먹을 수 있게 되었다.

또한 화살과 화살촉이 등장함으로서 구석기시대의 동물상에 대신하여 사슴, 멧돼지, 토끼, 너구리 등 중·소형동물을 포획할 수 있게 되었다. 이러한 수렵방식은 자연환경의 변화에 따른 동물상의 이동과 관련이 깊다고 볼 수 있다. 신석기시대에는 사슴, 멧돼지 등 동작이 비교적 빠른 동물을 사냥하는데 화살은 필수적인 것이었으며, 아울러 하늘을 나는 새들의 포획도 가능해져 수렵대상의 범위가 한층 더 다양해졌다.

삼림에서의 안정된 식량원의 공급, 채집과 포획을 위한 도구의 창조 등으로 생활이 안정되고 비로소 정주생활定住生活이 시작되었다. 식료 공급이 안정되면서 정주생활의 시작과 함께 조직적인 채집, 수렵이 발달하였고, 자연적으로 정주와 더불어 생활이 윤택해지면서 인구도 증가하게 되었다. 더욱이 신석기시대의 후반기에는 보리, 조, 수수 등 곡물농경이 시작됨에 따라 돌도끼石斧, 숫돌砥石 등의 간석기가 본격적으로 제작되기도 한다. 이 시기에 개, 돼지, 멧돼지 등을 사육하는 목축도 이루어지고 있다.

구석기시대와는 달리 무덤도 비교적 다양하게 만들어진다. 토광묘, 동굴묘, 옹관묘 등이 발견되고 있으며, 매장은 앙와신전장仰臥伸展葬이 주류를 이루고 있다. 무덤에는 단독으로 묻히는 단독장, 2인 이상 묻히는 합장도 있다. 부장품의 양상에서 본다면 신분지위의 고하가 있었고, 진주 상촌리유적의 예에서 본다면 화장火葬하는 풍습도 있었던 것으로 보인다.

신석기시대에는 기후가 온난해지고 점차 해수면이 상승하면서 해안과 강어귀에는 많은 프랑크톤이 생성되며, 조개의 서식에 적합한 생태조건이 만들어진다. 이러한 기후와 환경의 변화에 의해 점차 우리나라에서도 신석기시대에 해안을 중심으로 패총貝塚이 형성된다. 특히 해류의 통로인 쓰시마對馬島를 포함한 한반도 남해안과 서북큐슈西北九州에는 난류의 영향으로 대형어류가 북상했고, 당시의 신석기인들은 어로의 종사에도 힘을 기울여 바다의 자원이 많이 이용되었다. 구석기시대에 주류를 이루었던 육상의 수렵과 채집에 이어, 바다의 어로와 조개채집이 추가되어 신석기시대에는 생활이 더욱 윤택해지고 안정되었다.

전반적으로 신석기시대의 전반기에는 수렵, 채집, 어로에 의한 식량공급이 주류를 이루고, 특히 도토리는 신석기시대의 주식이 될 정도로 많이 애용되었다. 그러나 후반기에는 식량채집 단계를 벗어나 조, 수수, 기장, 밀, 보리 등 곡물 농경에 의한 식량생산을 시작하였으며, 신석기시대 마지막 단계에서는 벼농사가 시작된다.

3. 시기구분

한반도에 있어서 신석기시대의 시기구분은 연구자들에 의해 차이가 있기는 하나 대략 10,000년전부터 3,000년전까지를 지칭하고 있다. 시기구분은 아무래도 지역적 특징이 강한 토기의 세분을 중심으로 이루어지고 있다. 기존에는 한반도 신석기시대 토기의 시기구분이 잘 이루어진 남해안지방의 경우, 조기早期, 전기前期, 중기中期, 후기後期, 만기晩期의 5기 구분이 중심을 이루었다. 그러나 근래의 양상을 보면, 제주도 고산리유적의 어형漁形 화살촉과 문양이 없는 갈색토기가 출토되어 조기보다도 선행하는 초창기草創期의 시기가 있음이 확인되었고,(사진43) 양양 오산리유적 C지구의 최하층인 황갈색점토의 갱신세층 상면에서 압날점열구획문토기押捺點列區劃文土器와 무문토기가 출토되고 있어, 시기적으로는 8,000년전 이전의 연대가 확인되고 있다. 이에 한반도에서도 기존에 조기 단계보다도 선행하는 초창기 단계의 설정이 가능하다고 판단된다. 한반도 신석기시대의 편년은

▲ 제주 고산리 화살촉(사진43)

초창기(10,000~8,000년전), 조기(8,000~6,000년전), 전기(6,000~5,000년전), 중기(5,000~4,000년전), 후기(4,000~3,500년전), 만기(3,500~ 3,000년전)로 6기 구분이 가능하다고 할 수 있다.

초창기草創期의 유적은 제주도 고산리, 양양 오산리유적 C지구에서 그 양상을 파악할 수 있다. 제주도 고산리유적에서 문양이 없는 갈색토기, 융기문토기隆起文土器와 더불어 이등변삼각형의 어형漁形 화살촉 등이 출토되어 구석기시대에서 신석기시대로 이행하는 과도기적 문화양상을 보여주고 있다. 고산리식토기로 불리는 갈색토기는 융기문토기보다 선행되는 토기임이 확인되었고, 출토된 유물은 후기구석기시대의 석기제작과 신석기시대의 토기제작이 동시에 이루어지는 것이어서 신석기시대로 이행하는 시기의 유물로 파악할 수 있다. 제주도 고산리유적의 유물은 신석기시대가 시작되는 약 10,000년전에서 약 8,000년전의 공백 기간을 메울 수 있는 중요한 자료로 판단되고 있다.

조기早期에 해당하는 유적은 선봉 서포항, 양양 오산리, 부산 동삼동패총 등의 유적을 들 수 있다. 층위로 보면 동북부지역의 서포항 Ⅰ기, 중동부지역의 오산리 제1문화층, 오산리 C지구 융기문토기 출토층, 동남부지역의 동삼동패총 제1문화층 융기문토기가 주로 출토되는 층위이다. 동삼동패총의 제1문화층은 8,000~6,500년전에 해당되고 있으며, 특히 최하층에서는 일본 큐슈의 도도로끼B식轟B式토기가 융기문토기와 공존하고 있어, 한일간의 문화적 교류를 짐작할 수 있다.

전기前期에는 한반도 중서부, 서북부지역에서 전형적인 빗살문양토기櫛文土器로 불리는 토기의 기면器面을 전면 시문한 토기가 성행하고 있다. 주요 유적으로는 서울 암사동, 황해도의 온천 궁산, 봉산 지탑리유적 등이 있다. 이 시기의 토기는 기형에 있어서 첨저尖底, 환저丸底기형을 이루고 있으며, 문양의 특징은 자돌刺突계통에 의한 점열문點列文, 압날押捺계통에 의한 단침선문短斜線文, 침선沈線계통에 의한 어골문魚骨文

등이 주류를 이루고 있다. 첨저, 환저의 기형, 삼부위문양대三部位文樣帶를 특징으로 하는 전형적인 빗살문양토기의 기원에 대해서는 한반도 중서부지역 자체발생설이 가장 설득력이 있다.

중기中期가 되면 중서부지역에서는 인천 영종도 송산, 는들, 남북동, 시흥 오이도, 옹진 소연평도패총에서 보이듯이 전형적인 빗살문양토기로 불리는 토기에 변화가 생기기 시작한다. 시문면적이 축소되어 구분계區分系 저부의 문양이 생략되는 토기가 성행하게 된다. 전기에 보였던 삼부위문양대의 조잡화 혹은 생략화가 진행되고, 사격자문斜格子文의 계승이 눈에 띤다. 이 시기는 남해안 편년의 수가리 Ⅰ기층에 해당한다고 볼 수 있다. 그리고 중기에는 농경이 본격화되고 있음을 알 수 있다.

후기後期에는 중서부지역의 경우, 전형적인 빗살문양토기가 퇴화되어 구연부에만 문양을 시문하는 토기가 성행하고, 동북부지역에서는 서포항 Ⅳ기, 동남부지역에서는 동삼동 제4문화층, 수가리 Ⅱ기층이 후기에 해당한다. 후기에는 농경을 배경으로 내륙에서도 많은 유적이 발견되고 있다. 이 시기에는 해안가의 어로보다 내륙에서 안정된 농경을 위주로 한 생업이 진행되었다. 또한 옥천 대천리 주거지에서 탄화미가 발견되었듯이 신석기시대의 후기에 이미 벼농사가 시작되었음을 알 수 있다.

만기晩期는 동북부지역의 서포항 Ⅴ기, 동남부지역에서는 동삼동 제5문화층이 해당된다. 서포항 Ⅴ기층에서는 2기의 주거지가 조사되었고, 문양이 없는 토기에 융기의 토기가 추가된다. 후기 이후에 점차로 문양이 없어지고 무문토기의 비중이 늘어나 청동기시대로 이행하는 것으로 보인다.

4. 유구

1) 주거지

(1) 주거의 현상과 특징

서북부지역의 압록강, 청천강유역의 주거 형태는 대부분 신석기시대 후반기의 것이며, 장방형이 주류를 이루고 있다. 주거지는 수혈의 깊이가 얕고, 크기가 비교적 작아 신석기 말기의 양상을 보이고 있다. 대동강유역에서는 주거유적의 시기가 빠르게 나타나며, 평면형태가 원형에서 방형 혹은 장방형으로 변천하고 있다. 궁산문화의 공통적인 특징은 일반적으로 화덕자리 곁에 저장구멍을 마련하며, 토기의 저부底部를 떼어내고 구연부口緣部를 거꾸로 하여 묻은 형태이다. 또 하나의 특징은 출입시설이 반달형태를 보이는 것이 있다는 점이다. 그 외에 원형주거지인 점, 움벽이 경사진 점, 벽가에 기둥구멍을 배열한 점을 들 수 있다. 또한 평양 금탄리11호, 평양 남경31호, 평양 장촌1호의 대형주거지는 공동시설, 혹은 작업시설로 이용한 것으로 보인다.(도면10)

동북부지역의 선봉 서포항유적은 층위에 의해 주거지의 선후관계가 명확히 파악되고 있다. 서포항 2기층의 원형주거지에서 3기층의 방형,

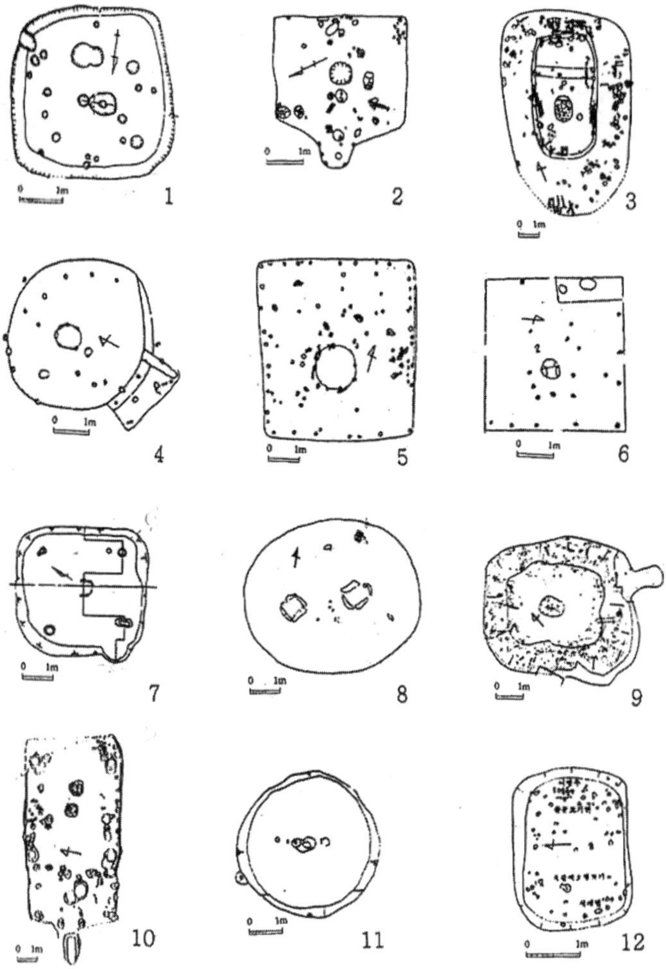

▲ 도면 10. 한반도의 주거형태

1. 지탑리호 2.마산리21호 3. 남경31호 4. 서포항3호 5. 서포항7호 6. 호곡2호 7. 암사동 74-3호 8. 오산리3호 9. 가평리1호 10. 대천리 11. 봉계리7호 12. 상촌A4호

그리고 4기층 이후에 추가되는 장방형의 순으로 주거구조가 변천하고 있음을 알 수 있다. 서포항에서의 주거규모나 평면형태는 다양하나 평균 30㎡의 규모가 일반적이다. 화덕자리는 일반적으로 원형 혹은 타원형 형태의 1개소이며, 화덕자리 주위에 강돌을 돌리는 경우가 많다.

중서부지역의 대표적인 서울 암사동유적 주거의 평면형태는 말각방형, 원형, 장방형, 타원형 등 다양하나, 그 중에 원형과 말각방형이 가장 많다.(사진44) 시기적으로는 원형에서 방형으로 변천한 것으로 보인다. 암사동과 연천 삼거리의 주거지는 일반적으로 화덕자리가 중앙에 1개가 있는 것이 보통이며, 구조는 바닥을 약간파고 강돌을 돌린 것이 일반적이다. 기둥구멍은 주거 벽에 조금 떨어진 곳에 세우거나 네 모서리에 배치하고 있다.

▲ 서울 암사동 주거지(사진44)

중동부지역의 양양 오산리, 고성 문암리유적의 주거 평면형태는 원형 혹은 타원형을 이루며, 남한지역에서는 가장 빠른단계의 주거유적이다. 후대의 양양 가평리나 지경리의 양상에서 본다면 주거형태는 원형에서 말각방형으로 변천한 것으로 보인다. 이 지역의 주거지는 일반적으로 화덕자리가 중앙에 있고, 형태는 원형, 타원형, 장방형 등이 있다. 대부분 화덕자리 주변을 강돌로 돌리고 있다. 기본적으로 화덕자리는 1개소이나 오산리 2호와 3호주거지에는 2개소가 있다.

서남부지역은 주거형태가 호서지역에서는 원형, 타원형, 장방형이 있으며, 호남지역은 원형이 주류를 이룬다. 화덕자리는 호서지역의 주거지에서는 확인되지 않은 곳이 많으며, 옥천 대천리의

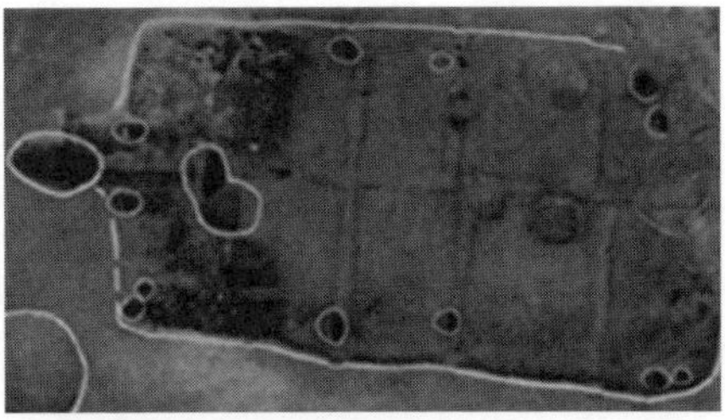
▲ 옥천 대천리 주거지(사진45)

경우는 2개의 화덕자리가 있다.(사진45) 호남지역의 주거지는 일반적으로 화덕자리가 중앙에 있고, 형태는 원형 내지 타원형이다. 그 중에 진안 진그늘과 여수 송도패총에서는 화덕자리 주변을 강돌로 돌리고 있는 형태이다. 보령 관창리유적의 주거지에서는 선반시설과 도랑시설이 확인되고 있다.

동남부지역은 지역에 따라 평면형태가 달리 나타난다. 경북 내륙의 금릉 송죽리유적의 주거지는 대부분 말각장방형의 형태이며, 화덕자리는 기본적으로 중앙에 1개소가 있다. 경남 내륙 합천 봉계리유적의 주거지는 평면이 원형 내지 타원형을 이루고 있다. 화덕자리는 대부분 중앙에 위치하며, 형태는 다양하다. 그러나 같은 경남 내륙에 있는 진주 상촌리유적의 주거형태는 전체적으로 말각장방형을 이루고 있어, 봉계리와는 다른 양상을 보이고 있다.

(2) 출입구조

주거의 구조에서 사람이 자유롭게 출입하는 시설은 당연히 존재하는 것이나, 매장된 상태의 평면구조에서 확인하기란 상당히 어려운 일이다. 출입시설이 지상에 설치되어 확인되지 않은 것도 있고, 계단식으로 파내려 가거나 주거 본체에서 돌출되어 있는 경우도 있다. 주거의 출입시설은 주거의 입지에 따라 정해지나 주로 남쪽 방향으로 나있는 경우가 많다.

출입시설이 계단식 구조인 주거지는 온천 궁산, 봉산 지탑리, 선봉 서포항, 서울 암사동, 합천 봉계리유적 등에서 많이 확인되고 있으며, 대동강유역에서 한강유역에 이르는 지역의 주거지에서 보편적으로 보이고 있다. 특히 지탑리 1호주거지에서는 경사진 구조와 계단식 구조가 동시에 나타나고 있으며, 암사동에서는 2개소에 계단식 구조가 있는 경우도 있다.

돌출식 구조의 경우는 주로 황해도의 청단 소정리와 봉산 마산리유적, 대동강유역의 평양 남경, 장촌유적 등에서 확인되고 있으며, 남한 지역에서는 서울 암사동, 양양 가평리, 청원 쌍청리, 합천 봉계리유적에서도 일부 확인되고 있다. 출입시설의 구조는 소정리2지점 1호, 소정리3지점 1호, 2호주거지에서와 같이 돌출부분이 반달형태의 경우가 있고, 마산리 21호주거지에서는 사다리꼴, 소정리1지점 3호, 4호, 소정리2지점 2호, 3호, 4호, 남경 12호, 장촌 1호, 2호주거지에서는 세장방형細長方形이 존재한다. 출입시설의 반달형태와 세장방형태에는 구조적으로 상당히 차이가 있고, 또한 주거형태도 원형과 장방형으로 다르다. 돌출식 출입시설의 구조는 반달형태→사다리꼴형태→세장방형태로 변천하고 있으며, 시기는 중기 말에서 후기로 편년되고 있다.

(3) 바닥구조와 저장시설

주거의 바닥은 실제로 신석기인이 생활하고 거주하는 공간이기 때문에 주거제작에 있어서 심혈을 기울이는 부분이기도 하다. 바닥을 설치하는데 있어서 생토층이나 혹은 모래바닥을 그대로 이용하는 경우도 있지만, 진흙으로 다진 경우, 조개껍질을 편평하게 깐 경우, 바닥에 돌을 깐 경우 등이 있어, 바닥의 처리가 다양하게 나타난다.

주거의 바닥에 점토를 바르거나, 혹은 그 후 불로 소성하여 단단하게 만든 경우가 많이 나타나고 있으며, 지역적으로도 용천 용연리, 온천 궁산, 평양 금탄리, 남경, 장촌, 봉산 마산리, 청단 소정리, 선봉 서포항, 무산 범의구석, 양양 오산리, 양양 가평리, 양양 지경리, 합천 봉계리유적 등 한반도 거의 전 지역에서 확인되고 있다. 조개껍질을 섞거나 편평하게 깔고 그 위에 점토를 발라 소성한 경우는 주로 사구층이 형성된 서포항, 궁산, 돌산송도 주거지에서 예가 보이고 있다. 점토를 바르거나 소성을 하는 것은 습기를 제거하거나 곰팡이 등을 억제하는 효과가 있었을 것으로 생각된다. 이 외에도 바닥에 돌을 깐 경우는 평양 청호리, 강화 삼거리, 춘성 내평리, 청도 오진리암음 등이 있으며, 이러한 바닥의 처리는 시기적인 차이가 없는 듯하다.

저장시설은 식료를 저장하는 공간이므로 화덕자리의 주변이나 주거 내부의 벽가 혹은 주거의 외부 등 주로 주거의 근처에 두고 있다. 화덕자리 주변의 저장은 궁산, 금탄리, 지탑리, 마산리, 암사동, 봉계리유적 등에서 조사되었다. 그러나 이 중에 특이한 시설은 토기의 저부를 잘라내어 구연부를 거꾸로 묻은 형태의 저장시설이 확인되는 점이다. 이러한 시설은 궁산, 금탄리, 지탑리, 마산리, 암사동유적의 주거지에서 조사되었으며, 대동강유역에서 한강유역에 이르는 지역에서 주로 발견되어 하나의 문화권 영역을 형성하고 있다. 이러한 저장시설은 일반적으로 1개소가 보통이나 지탑리 1호에서는 5개소, 2호에서 3개소, 3호에서 2개소, 서포항 17호에서 7개소, 암사동71-5호주거지에 2개소가 있다. 그리고 암사동이나 금릉 송죽리, 진주 상촌리유적에서와 같이 저장시설이 주거 외부에 설치된 경우도 있다.

(4) 화덕자리 구조

화덕자리는 조리시설과 난방시설을 겸한 시설로 주거시설에서 중심을 이루며, 또한 불씨를 보관하는 화로의 역할을 담당하기도 한다. 화덕의 위치는 보통 중앙에 1개소가 있는 것이 일반적이다. 화덕의 수에 있어서도 예외적으로 평양 남경 37호주거지의 2개소, 선봉 서포항 9호주거지의 5개소, 양양 오산리 2호와 3호주거지에서 각 2개소, 옥천 대천리의 2개소, 청도 오진리암음의 2개소가 확인되고 있다.

형태는 원형과 타원형이 주류를 이루고 있으며, 신석기시대의 전 시기에 걸쳐서 보이고 있다. 이에 반해, 궁산 2호, 금탄리 7호, 남경 12호, 37호, 장촌 1호, 소정리1지점 3호, 4호, 8호, 소정리2지점 2호, 3호, 4호주거지 등에서 방형 내지는 장방형이 보이고 있다. 방형이나 장방형은 원형이나 타원형보다는 늦은 시기임을 알 수 있다.

화덕의 구조는 강돌이나 할석割石을 돌린 것, 진흙을 바른 것,

집석集石시설을 한 것, 아무런 시설없이 움푹 파서 마련한 것 등이 있다. 화덕시설 중에 가장 많이 이용되는 구조는 강돌이나 할석을 돌리는 경우이며, 한반도의 전역에서 확인되고 있다. 그러나 진흙을 바른 구조는 궁산 2호, 5호, 금탄리 7호, 11호, 남경 31호, 37호, 청호리, 소정리1지점 1호, 소정리2지점 3호주거지에서만 확인되는 구조로 대동강유역과 황해도 일원에서만 보인다. 시기는 진흙을 바른 구조가 강돌을 돌린 구조보다 늦은 시기에 나타나고 있다.

(5) 기둥구조와 지붕형태

주거의 평면형태는 지붕의 구조와 관련이 깊을 것으로 생각되며, 주거는 그 내부에 있어서 화덕자리를 중심으로 공간을 분할하여 생활하였다. 공간을 분할하여 생활하려면 아무래도 기둥의 구조가 공간의 쓰임새를 좌우할 것으로 보인다. 기둥구멍이 벽가를 따라 배치되거나, 각 모서리에 배치되는 경우, 혹은 중앙에 하나만 있는 경우, 주거지의 내부와 외부에 동시에 존재하는 경우 등 다양하게 나타난다.

서북부지역 청단 소정리유적의 주거구조에서 본다면, 원형의 주거지에 기둥구멍은 벽가를 따라 배치하며, 안쪽으로 경사지고 서까래 시설이 있는 원추형圓錐形의 지붕구조이다. 그러나 방형주거지는 4기둥체재이며, 방추형方錐形의 지붕구조를 이룬다. 장방형의 주거지는 벽가에 기둥구멍이 많이 추가되는 것으로 보아 4기둥체재보다 발전되고 개량된 마룻대와 천정을 갖춘 양면경사의 지붕구조였을 것으로 판단된다.

동북부지역 선봉 서포항유적 빠른단계의 원형주거지는 벽가나 벽선을 따라 기둥이 있으며, 지붕의 구조는 서까래 시설이 있는 원추형으로 추정되고 있다. 방형주거지는 일반적으로 벽가를 따라 기둥구멍이 배치되는 것과 무질서하게 주거 내부에 존재하는 것이 있다. 장방형의 주거지는 벽선에 따라 위치하고 있으며, 양면경사兩面傾斜의 지붕형태임을 짐작할 수 있다. 무산 범의구석의 주거지는 벽과 그 내부에 3칸 구조가 되는 기둥구멍의 배열이 이루어지고 있으며, 구조는 4면경사의 지붕형태로 추정된다.

중서부지역 한강유역의 서울 암사동유적 주거지의 기둥구멍은 주거벽에서 조금 떨어진 곳에 둥글게 세우거나 네 모서리에 배치한 것이 일반적이며, 기둥구멍은 대부분 수직으로 형성되어 있다. 평면구조와 기둥구조로 본다면, 암사동에서 가장 많이 보이는 지붕형태는 원추형과 방추형의 4기둥체재이며, 중기 이후에는 방추형의 4기둥체재가 주류를 이룬다. 연천 삼거리 5호주거지에서는 8개의 기둥구멍이 거의 일정한 간격으로 배치되어 있어, 한강유역과 임진강변과는 기둥구조에 있어서 약간의 차이가 나타나고 있다.

원형주거지인 양양 오산리유적의 경우는 기둥구멍이 없는 것이 많다. 그러나 2호주거지에서는 8개의 기둥구멍이 한쪽으로 몰려 있는 경우와 4호주거지에서는 화덕자리를 중심으로 사방 2m 간격으로 기둥을 받치기 위한 받침돌이 확인되고 있다. 지붕구조는 평면형태가 원형인 것으로 보아 원추형으로 추정된다. 양양 지경리 4호주거지에서는 바닥에 2개의 기둥구멍이 있고, 벽을 따라 안쪽으로 서까래의 흔적이 있는 것으로 보아 서까래와 마룻대 시설을 갖춘 고깔형 지붕구조로 판단된다. 양양 가평리 2호주거지에서는 화덕자리의 사방에서 기둥구멍이 확인되었는데, 말각방형 4기둥체재의 구조로 판단되고 있다.

서남부지역의 옥천 대천리유적 주거지에서는 벽을 따라 기둥구멍이 있으며, 기둥구멍에서 보면 2칸구조로 분할하는 양상을 보인다. 동남부지역의 금릉 송죽리유적 주거지는 주로 말각장방형으로 기둥구멍은 주로 벽가를 따라 배치하고 있으며, 남벽 중앙에 대형 기둥구멍이 존재하는 경우가 있다. 진주 상촌리유적 주거지의 기둥구멍은 외곽의 가장자리를 따라 배치되고 있는 경우가 많아, 양면경사의 지붕구조임을 짐작할 수 있다.

2) 무덤

(1) 토광묘

토광묘土壙墓는 시신을 묻을 수 있을 정도의 구덩이를 파서 매장하는 가장 단순한 무덤이다. 이 토광묘는 북한지역에서는 함북 웅기의 용수동과 송평동, 동해안의 고성 문암리, 울진 후포리, 남해안의 부산 범방패총, 경남 통영의 연대도, 욕지도, 산등패총, 부산 가덕도 장항유적 등에서 조사되었다.

고성 문암리유적에서는 주거지와 매장유구가 동시에 조사되었으며, 신석기시대 전기문화층에서 발견되었다. 무덤의 잔존규모는 1.5×0.6m 정도이며, 형태는 말각방형이다. 이 유구에서는 고리형귀걸이玦狀耳飾 2점, 소형토기 1점, 간석기 2점이 공반되고 있다. 고리형귀걸이는 횡장형과 원형이며, 출토상태로 보아 머리방향은 남향이었던 것으로 보인다. 고리형귀걸이는 일본이나 중국의 신석기시대 무덤에서 보이며, 한반도에서도 몇 유적에서 발견되고 있어 동아시아지역의 비교연구가 가능하게 되었다.

여수 안도패총에서는 4기의 무덤이 조사되었으며, 출토된 인골은 모두 앙와신전장仰臥伸展葬을 이루고 있다. 이 중에 1호와 2호묘에는 적석시설이 없는 토광묘이나, 3호와 4호묘는 상면에 30~40cm 정도의 돌이 부정형으로 쌓여 있다. 이러한 적석시설은 남해안의 통영 연대도나 욕지도유적에서도 확인되고 있다. 이로 미루어보면, 안도패총의 무덤은 토광묘와 적석토광묘가 혼재하고

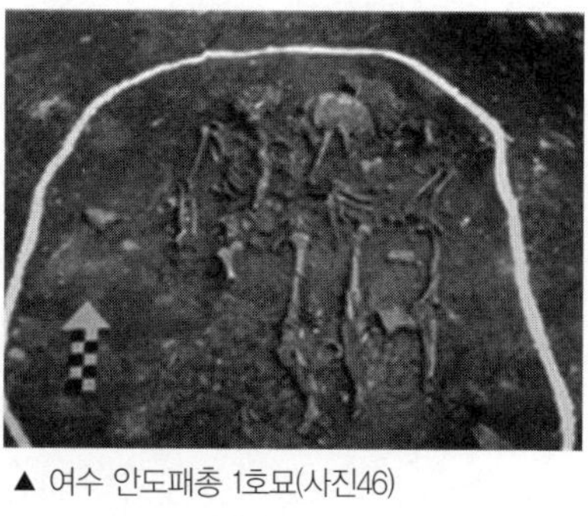

▲ 여수 안도패총 1호묘(사진46)

있음을 알 수 있다. 매장은 단독장이 기본이나, 1호묘에서는 부부로 보이는 남녀가 합장하고 있는 모습을 보이고 있다.(사진46) 부장유물은 1호묘의 남성과 3호묘의 여성인골에서 조개팔찌가 출토되었다. 특히 3호묘의 인골에서는 5개의 조개팔찌를 착용하고 있다.

근래에 조사된 부산 가덕도 장항유적에서는 신석기시대 전기에 해당하는 대규모 묘역과 함께 수혈유구, 적석유구 등이 조사되었다. 묘역에서는 인골 48개체분이 출토되었으며, 부장유물은 많은 양의 융기문토기, 영선동식토기, 돌도끼, 숫돌, 다량의 흑요석, 옥제 드리개, 문양이 시문된 골제품, 상어이빨, 조개팔찌 등이 출토되었다. 인골은 신전장伸展葬과 굴장屈葬이 확인되었으며, 그 중에 굴장은 23개체분이 확인되었다. 한반도 신석기시대 매장에 있어서 굴장의 사례는 처음이다. 장항유적의 굴장은 팔과 다리의 관절이 모두 심하게 꺾여 있는 모습이며, 의도적으로 의례행위가 이루어진 것으로 보인다. 특히 41호 인골은 굴장이며, 가슴 위에 'X'자형으로 양팔을 포개어 매장하였다. 팔목에는 3개씩 조개팔찌가 장착되어 있으며, 특히 20개 이상의 조개팔찌를 연결해서 목걸이로 사용하였다. 조개팔찌의 재료는 투박조개로 추정된다. 조개팔찌는 손목에 장착하는 것이 일반적이나 장항유적에서와 같이 다른 용도로도 사용하였음을 알 수 있다.

(2) 적석토광묘

적석토광묘積石土壙墓는 토광묘와 기본은 같으나 토광 위에 돌을 쌓는 방식이다. 주로 남해안의 패총유적에서 발견되고 있다.

통영 연대도패총에서는 다량의 조개껍질층과 함께 인골이 공반된 14기의 무덤시설이 밀집되어 조사되었다. 1호, 2호, 4호, 7호묘의 경우 묘광시설이 있는 것으로 조사되었으며, 대개 반원형을 이룬 토광이다. 매장형태는 일반적으로 단독장이나 2호묘에서는 3인 이상이 매장되는 합장을 보이고 있다. 매장방법은 신전장이나 5호묘에서는 엎어서 묻는 부신장俯身葬을 하였으며, 인골의 머리방향은 전부 서향을 이루고 있다. 부장유물은 조개팔찌, 결합낚시바늘, 뼈작살, 돌도끼, 숫돌, 토기 등이 다양한 유물을 의도적으로 매장하고 있다. 이 중에 7호, 11호, 14호묘의 부장유물은 양과 질에서 다른 무덤보다 많고 다양하므로 신분상의 차이가 반영된 것으로 보인다.

통영 산등패총에서는 집석유구와 각종 토기, 석기 등의 유물, 인골 등이 출토되었다. 조개껍질의 바닥면까지 파서 인골을 매장하고 있는 이른바 패각묘貝殼墓적인 성격을 띠고 있다. 인골은 치아 이외에는 잔존상태가 좋지 않다. 왼팔에는 3개의 조개팔찌를 장착하고 있으며, 머리뼈는 파손되었으나 대부분 잔존하고 있다. 인골은 동향의 앙와신전장의 상태로 조사되었다.

(3) 동굴묘

북한에서는 평남 상원의 용곡리 동굴에서 신석기시대의 인류화석이 보고되고 있다. 제1동굴의 신석기 문화층에 해당하는 5문화층에서 상악골 1개와 돌도끼, 갈돌, 토기 등이 출토되었다. 제2동굴의 신석기 문화층인 2문화층에서는 하악골 2개와 돌보습, 돌도끼, 돌낫 등 각종 석기와 토기, 방추차, 골각기, 장신구, 많은 양의 동물뼈 등 다양한 유물이 수습되었다.

남한에서 인골이 출토된 동굴유적은 춘천 교동의 봉의산 자락에서 조사되었다.(사진47) 이곳은 남향 산사면의 풍화암반을 인공적으로 파 들어간 동굴 형태의 주거지로 추정되며, 중앙 부위에는 움푹 들어간 화덕자리도 확인되었다. 이 화덕자리를 중심으로 3구의 앙와신전장 인골이 방사상放射狀

▲ 춘천 교동 동굴유적(사진47)

모양으로 발견되어 수습되었다. 동굴의 벽과 천정이 그을려 있는 것으로 보아 일부러 폐기한 것으로 보인다. 부장품은 인골의 아래 부분에서 돌도끼, 간돌화살촉 등 각종 석기류와 빗살문양 토기류가 출토되었다.

(4) 옹관묘

옹관묘는 전 세계적으로 사용되고 있으며, 지역과 시기에 따라 다양하게 나타나고 있다. 옹관은 시신을 넣거나, 혹은 뼈를 넣어 묻는 토기를 말하며, 한반도에서도 선사시대~조선시대에까지 전시기에 걸쳐 많이 사용되는 묘제이다.

▲ 진주 상촌리 옹관(사진48)

진주 상촌리유적 14호주거지에서 옹관 2기가 확인되었다.(사진48) 1호 옹관은 완형에 가까운 첨저기형尖底器形의 삼각집선문三角集線文토기가 수직으로 세워진 채 출토되었다. 토기의 저부에는 구멍을 뚫어 토기로 메웠으며, 내부에서는 화장된 성인 인골이 매납되어 있었다. 또한 이 유적에서는 적석積石 화장시설이 조사되기도 하였다. 이 적석 사이에서는 소토燒土와 목탄흔, 탄화된 도토리, 빗살문양의 토기편이 혼입된 상태이다. 적석을 제거한 수혈유구竪穴遺構 내에서는 붉게 소성된 흔적, 강한 열을 받은 석재, 많은 흑색소토가 확인되었으며, 각종 토기와 돌도끼 등도 출토되었다. 이 수혈유구의 중앙 부근에서는 약한 골편이 확인되고 있으므로, 이 적석유구는 인골을 옹관에 넣기 위한 특수한 화장 시설로 추정하고 있다.

(5) 신석기인의 죽음관

한반도 신석기인들의 죽음관에 대한 양상을 보면, 먼저 신석기시대에는 사자를 묻을 때의 머리를 두는 방향이 일정하지 않은 것 같다.

통영 연대도패총에서의 머리방향은 서향이 주류를 이루고 있으나, 부근 상노대도의 산등패총에서는 동향이며, 북한의 함북 용수동에서도 동향을 보이고 있다. 울진 후포리는 북향, 범방패총은 서북향, 가덕도 장항유적은 북서, 북동향을 가리킨다. 강원도의 춘천 교동에서는 인골 3구가 제각기 다른 동, 서, 남향의 방사상으로 향하고 있어, 한반도의 각 지역이 통일된 양상을 보이지 않는다. 따라서 현 자료로 본다면, 신석기시대에는 장례시에 머리방향 문제에 대한 의례적, 종교적인 의식은 각자의 유적 내에서 일정한 규범에 의해 이루어졌던 것으로 파악할 수 있다.

매장방법에 있어서는 일반적으로 앙와신전장이 주류를 이룬다. 앙와신전장은 토광묘가 무덤에 있어서 기본을 이루듯이, 매장방법에 있어서는 가장 많이 사용되는 방법이다. 그러나 근래에 조사된 부산 가덕도 장항유적에서는 23개체분의 굴장屈葬이 처음으로 확인되었다. 굴장은 팔과 다리의 관절이 모두 심하게 꺾여 있는 모습이며, 의도적으로 의례행위가 이루어진 것으로 보인다. 통영 연대도에서는 엎어서 매장하는 부신장俯身葬이 보이기도 한다. 동북아시아의 중국에서는 앙와신전장, 일본에서는 굴장이 많이 보이고 있다.

다음으로, 춘천 교동, 울진 후포리, 통영 연대도, 욕지도 등에서 보이듯이 합장合葬의 풍습이 존재했음을 알 수 있다. 신석기시대에는 매장형태에 있어서 일반적으로 1인씩 묻는 단독장이 주류를 이루고 있으나, 연대도패총의 2호묘에서는 3인 이상이 매장되고 있어 합장의 풍습이 있었음을 알 수 있다. 합장의 풍습은 시베리아의 구석기시대 유적에서도 확인되고 있어, 그 원류가 구석기시대에까지 거슬러 올라감을 알 수 있다. 이러한 합장은 주변국에서도 부부, 가족, 친족단위로 많이 이용되고 있으며, 황하 중류역 앙소문화기仰韶文化期의 원군묘元君廟 묘지에서는 25인이 합장된 경우도 있다.

또한 이 시기에 이미 신분, 지위의 고하高下가 있었던 것으로 추정된다. 연대도패총에서는 조개팔찌, 결합낚시바늘, 뼈작살, 돌도끼, 숫돌, 토기 등이 다양하게 출토되었다. 이 중에 7호, 11호, 14호묘의 부장유물은 양과 질에서 다른 무덤과 현저하게 구분되고 있으므로 신분, 지위상의 차이가 인정되는 것으로 생각할 수 있다. 무덤의 규모나 부장품의 다양성에 의해 빈부나 신분의 차이가 반영되고 있음은 주변국에서도 인정되고 있다.

마지막으로, 신석기시대 중기에는 이미 화장의 풍습이 있어 이차장이 행해졌음을 알 수 있다. 또한 이 시기에 화장을 위해 따로 적석積石 화장시설을 두었음을 추정할 수 있다. 진주 남강댐 수몰지구인 상촌리유적에서는 주거지내 2기의 옹관 내부에서 화장된 성인 인골이 매장된 것으로 보고되고 있다. 한반도의 경우 화장의 풍습은 불교가 도입하면서 삼국시대에 많이 행해졌으며, 고려시대에까지 연장되고 있다. 불교 유입 이전에도 청동기, 철기시대에도 화장 풍습의 흔적은 많이 나타나고 있으나, 상촌리유적의 조사로 인하여 화장을 하는 이차장의 풍습이 신석기시대 중기에까지 거슬러 올라감을 확인할 수 있다.

3) 야외화덕자리

(1) 야외화덕자리의 개요

야외화덕자리野外爐址는 조리, 난방 등을 위해 고정적으로 불을 지핀 흔적을 말하며, 신석기시대 조기 이후에 한반도 전역에서 발견되고 있다. 야외화덕자리는 패총과 관련이 있는 화덕자리, 취사를 위한 화덕자리, 음식 가공을 위한 화덕자리, 난방과 조명을 위한 화덕자리 등 여러 용도로 사용되었다. 양양 오산리유적의 야외화덕자리에서 도토리가 출토되고, 야외화덕자리의 여러 유적에서 갈돌과 갈판, 그리고 불에 그을린 흔적들이 조사되는 것으로 보아 야외화덕자리가 식물성 조리와 관련된 유구임을 짐작할 수 있다.(사진49)

야외화덕자리는 다양한 모습으로 발견되나 주거와 관련되는 유적, 패총과 관련된 유적, 단독으로 형성된 유적으로 구분되고 있다. 주거와 관련된 야외화덕자리의 주요유적은 인천 운서동, 인천 중산동, 영종도 는들, 서울 암사동, 하남 미사리, 함평 당하산, 양양 오산리, 양양 지경리, 고성 문암리, 진안 진그늘, 합천 봉계리, 금릉 송죽리유적이 있으며, 패총과 관련된 야외화덕자리 유적은 옹진 시도, 인천 을왕동, 안산 별망, 군산 노래섬, 가도, 김해 수가리, 부산 범방, 하동 목도패총이 있다. 단독으로 형성된 야외화덕자리 유적은 인천 영종도 송산, 삼목도, 용유도 남북동, 진안 갈머리유적 등이 있다.

▲ 양양 오산리 야외 화덕자리(사진49)

화덕자리는 야외에 단독적으로 있는 경우와 주거의 내부나 주거의 외부에 있는 경우가 있다. 대개 주거의 내부에 있는 화덕자리는 주거지의 연구와 관련해서 다루어지고 있다. 조사된 지역도 해안과 내륙에서 유적이 존재하고 있으며, 다양한 식료의 조리나 가공 등에 이용되고 있다. 패총유적 야외화덕자리의 경우에는 조개류나 어류 채집의 위치와 근접한 곳에 설치되기도 하여 편의성을 우선으로 하는 경향이 있다.

야외화덕자리의 구조는 다양하나 조리의 방법에 의해서 사용용도도 다르게 나타난 것으로 추정되며, 야외화덕자리가 사용되는 계절도 지역에 따라 차이가 있다. 이를테면 진안 갈머리유적의 경우는 도토리를 가공하는 야외화덕자리가 확인되어 도토리가 채집되는 가을에 집중적으로 사용되었을 것이며, 인천 삼목도나 용유도 남북동유적과 같이 여름에 주로 잡히는 난류성 어종인 것을 감안하면 여름에 집중적으로 사용된 야외화덕자리였을 것으로 추정하고 있다.

근래에는 야외화덕자리에 대한 지방산脂肪酸분석을 실시하여 구체적인 조리나 가공 대상을 파악하는 연구가 진행되고 있다. 현재 신석기시대 야외화덕자리의 지방산분석은 진안 갈머리유적의 적석유구와 인천 용유도 남북동유적에서 이루어졌다.

(2) 야외화덕자리에서의 식료가공

한반도 서해안을 중심으로 한 도서, 해안지역에서는 어패류 처리를 위한 유구와 유물이 존재한다. 군산 노래섬과 가도패총의 석기는 화살촉, 굴지구, 돌도끼, 돌칼, 갈돌, 갈판, 그물추, 숫돌, 공이, 모룻돌, 원반석기, 격지 등 다양하게 출토되고 있다. 석기의 조성면에서 보면 식료의 획득과 처리를 위한 석기가 중심을 이루고 있다. 특히 이 중 돌칼石刀은 길고 예리한 날을 가진 산성맥암의 재질이며, 패총에서 다량으로 발견되었다. 출토된 돌칼은 마모된 상태의 것이 많으며, 날의 각도나 형태로 보아 어류나 동물을 해체하는 도구로 사용되었을 것으로 판단된다. 노래섬이나 가도에서 보이는 다양한 석기는 장기간에 걸쳐 한 지점에서 어패류 채취 및 처리 등 다양한 활동이 이루어졌음을 보여주며, 노래섬 등에서 출토된 많은 양의 어골은 어류의 식료가공을 위한 생산집단이 존재했을 가능성을 시사하고 있다. 이들 노래섬이나 가도에서 어로구와 함께 출토된 어류의 뼈는 민어, 참돔, 복어과 등의 어종이 확인되어 활발한 어로활동이 행해졌음을 알 수 있다. 또한 어류뼈 중에는 대부분 머리부분이 남아 있고, 몸체의 개체 수는 극히 적은 양이다. 포획된 어류는 유적에서 머리 부분만을 잘라서 버리고 나머지는 식량으로서 운반해 간 양상을 보이고 있다. 노래섬, 가도패총의 야외화덕자리는 음식가공을 위한 화덕자리로 판단되며, 식료의 획득이 어느 한 기간에 집중적으로 이루어진 것으로 보인다.

진안 갈머리유적에서는 석기조성에 있어서 굴지구가 주류이면서 갈돌, 갈판, 공이, 긁개 등 식물성 식료의 가공과 채취에 이용된 비중이 높게 나타나고 있다. 금강하구의 노래섬이나 가도패총의 풍족한 어패류 식료와는 달리 갈머리유적에서는 도토리 등의 견과류堅果類와 근경류根莖類가 식료로 많이 이용되었을 것이다. 이 유적의 적석유구積石遺構 53기 중에 기능 추정을 위해 3기의 유구에 대하여 지방산분석을 실시하였다. 분석 결과, 도토리 껍질의 식물성 성분이 확인되었고, 14호 적석유구의 이중구연토기 내부에 부착된 탄화물은 동물성일 가능성이 높은 식료로 판명되었다. 갈머리유적에서 1km 정도의 거리에 인접한 진그늘유적에서도 1호 야외작업장 내의 7호, 8호, 9호야외화덕자리 주변에서 90여점의 도토리가 산포되어 있었다. 도토리는 껍질이 온전하거나 반쪽 혹은 1/4쪽의 알맹이 상태여서 껍질을 벗기는 작업 공정이 이루어진 것으로 보고하고 있다.

4) 저장구멍

(1) 저장구멍 출토유적

창녕 비봉리패총에서는 습지화된 환경에서 식물유체, 동물유체, 씨앗류 등이 다량으로 출토되었다. 유구로는 도토리 저장구멍貯藏孔, 야외화덕자리野外爐址, 소토燒土시설 등이 조사되었다. 도토리 저장구멍은 18기가 조사되었으며, 물속에 잠겨 있는 상태의 저장구멍과 물과 뭍의 경계에 있는 저장구멍이 있었음을 알 수 있다. 구조는 플라스크형이 4기, U자형이 11기 정도가 확인되었다. 이 중에 4호, 11호, 13호 저장구멍에서는 목재가 출토되었으며, 9호저장구멍에서는 편물編物, 10호, 11호저장구멍에서는 파쇄된 도토리 껍질, 12호저장구멍에서는 갈돌과 갈판이 출토되었다. 갈돌과 갈판의 출토로 보아 가공공간으로서의 기능도 수행한 것으로 보인다. 자연유물인 도토리, 가래, 솔방울, 조개, 잉어, 사슴, 멧돼지, 개뼈 등이 출토되어 다양한 연구자료가 확보되었다. 출토된 유물도 토기, 석기 외에 망태기, 목기, 분석糞石, 통나무배 등이 있으며, 이들은 모두 한반도 최고, 최초의 것이다. 비봉리패총의 중심은 신석기시대 조기에서 전기에 걸친 시기이다.(사진50)

▲ 창녕 비봉리 저장구멍(사진50)

울산 세죽유적에서는 도토리의 저장시설로 추정되는 원형의 수혈竪穴이 18기가 조사되었다. 1호수혈은 폭 45cm, 깊이 30cm 정도의 단면 U자형이며, 바닥에는 도토리와 나뭇잎이 5cm 두께로 깔려 있었다. 2호와 3호수혈은 단면이 완만한 U자형이며, 상부를 돌로 덮은 상태이다. 돌의 하부에는 나뭇잎과 유기물질이 확인되었다. 주변의 패총에서는 융기문토기를 비롯하여 자돌문, 압인문, 침선문 등이 출토되었고, 석기는 돌도끼, 화살촉, 돌창, 숫돌 등 다수의 박편이 출토되었다. 어로구는 결합낚시바늘, 단식낚시바늘, 장신구는 조개팔찌, 골각기는 작살이 출토되었다. 유적의 시기는 융기문토기부터 영선동식기에 해당한다.

2) 저장구멍의 구조와 기능

저장구멍은 신석기시대에서도 시기가 빠른 조기단계부터 사용되고 있다. 저장구멍은 식물성의 식료를 저장하기 위한 구덩이이며, 한반도에서 조사된 예는 그리 많지 않다. 저장구멍은 대개 물의 영향을 받은 저습지유적에서 발견되고 있으며, 내부에 주로 도토리 종류가 남아 있는 경우가 많다. 한반도와 비교자료로 검토해 볼 수 있는 일본 큐슈지역의 소바타패총曾畑貝塚의 도토리 저장구멍도 저습지유적에 해당한다. 저장구멍의 도토리 위에는 나뭇잎이나 나무껍질 등을 덮기도 하며, 최종적으로 돌을 얹어 놓거나 점토로 덮기도 한다. 저장구멍이 출현한 배경에는 떫은맛의 타닌성분을 제거하는 기술의 발달과 함께 견과류 등의 식물성 식료의 의존도가 높아진 것이라 생각된다. 아울러 농경구인 뗀돌도끼打製石斧가 증가하면서 식물성 식료의 대량 채취가 이루어져 저장구멍의 필요성이 증대되었던 것으로 보인다.

현재 한반도에서는 창녕 비봉리패총에서 18기, 울산 세죽유적에서 18기, 군산 내흥동유적에서 3기의 저장구멍이 조사되었다. 비봉리패총 저장구멍의 구조에 있어서 단면형태는 플라스크형과 U자형이 존재한다. 저장구멍의 내부에는 도토리가 저장되지만 도토리를 저장하기 위한 부속시설들이 검출되고 있다. 도토리를 저장한 다음에 저장구멍의 입구를 확인하기 위해 놓은 자갈, 도토리의 위를 덮은 초본류와 잔가지의 나무, 저장구멍의 내용물이 유실되는 것을 막고 저장구멍의 위치를 파악하기 위한 굵은 목재, 굵은 목재가 유실되는 것을 막기 위한 올려 놓은 할석, 저장구멍에 수직으로 박혀있는 목재 등의 부속물이 조사되어 구조를 파악할 수 있게 되었다.

비봉리패총 저장구멍의 기능에 대해서는 타닌제거시설, 저장시설, 가공시설로 사용된 것으로 보고되고 있다. 도토리에 포함되어 있는 타닌을 제거하는 데에는 일정기간 동안 물속에 담구어 놓거나 제분한 다음 물속에 담그는 방법이 있다. 비봉리패총 저장구멍에서는 타닌제거에 전자의 방법이 사용되었다. 도토리는 가을에 채취하여 적어도 봄까지는 저장을 하여야 한다. 비봉리패총의 저장시설은 채집한 도토리를 물속에 넣어두거나, 아니면 그냥 건조하여 저장하는 방법을 택했을 것이다. 따라서 비봉리패총의 저장구멍은 타닌제거와 해충으로부터의 예방과 일정 기간 동안 저장하는 기능도 있었을 것이다. 비봉리패총의 저장구멍에서는 파쇄된 도토리 껍질과 갈돌과 갈판 등이 출토되어 저장시설로 사용됨과 동시에 가공시설의 기능도 같이하였던 것으로 보인다.

근래에 한반도에도 저장구멍 유적의 조사가 이루어지고 있으며, 농경사회 이전에 수렵, 어로, 채집사회가 지속되었음을 알 수 있다. 저장구멍에는 주로 신석기시대 주식이었던 도토리를 포함한 채집식물을 저장하였으며, 겨울과 봄에 이르기까지 안정적으로 식량을 공급할 수 있었다. 식량의 저장은 곧 안정적인 정주생활에 이어졌으며, 한층 더 윤택한 생활을 영위할 수 있게 되었다.

5. 유물

1) 토기

(1) 토기의 제작

토기는 취사용기 이외에도 저장, 가공, 제사, 제염, 옹관, 운반에 이르기까지 다양하게 활용되고 있다. 토기를 사용함으로서 구석기시대의 한정된 음식과는 달리 넓은 범위의 식용식물 이용이 가능하게 되었다.

토기에는 문양이 시문施文되기 때문에 지역에 따라서 그 문양이 쉽게 변화하고, 지역, 분포, 제작 집단의 특징을 파악하기 쉽다. 물론 제작 방법도 집단이나 지역 나름대로의 전통이 있어, 토기의 상세한 관찰에 따라 토기제작 방법을 복원해 볼 수 있다. 또한 출토된 토기의 바닥면이나 단면, 내부 등을 관찰하면 토기제작에 사용된 시문구施文具나 도구 등을 유추해 볼 수도 있다.

▲ 토기제작 모습(사진51)

토기의 제작은 대체적으로 점토채취, 반죽, 성형成形, 문양시문, 건조, 소성燒成의 순으로 제작된다.(사진51) 먼저 점토채취는 생활 근거지의 주변에서 채취하고 있으며, 흙을 잘게 부수어 점토 속의 불순물 등을 제거한다. 토기제작에는 혼화재混化材를 사용하는 경우도 있으며, 혼화재로 운모, 활석, 사질, 석영, 장석 등의 광물질, 식물질, 조개껍질 등을 섞기도 한다. 혼화재가 혼입된 흙이 태토胎土이며, 이 태토분석을 통해 산지추정이나 토기의 전파문제 등을 연구하는데 중요한 자료로 사용되기도 한다.

토기의 제작방법은 먼저 점토를 반죽해야 되는데 빵을 반죽하는 것과도 유사하다. 지속적으로 반죽을 함으로서 기포氣泡를 없애고, 점착성을 높일 수 있기 때문이다. 점토 반죽이 끝나면 숙성을 하는 시간이 필요하다. 그 다음 본격적으로 토기의 성형이 이루어진다. 토기의 성형방법은 반죽한 태토를 한 단계씩 올려 쌓는 테쌓기輪積法와 나사모양으로 감아올리는 서리기卷上法 등의 성형방법이 사용된다. 성형이 끝나면 약간의 건조를 거쳐 문양을 시문하며, 문양은 지역과 시기에 따라 다양하지만 시문구는 나무봉, 골각기, 조개껍질 등의 도구가 사용된다. 문양시문이 끝나면 건조에 들어가는데, 토기의 사용용도에 따라 연마硏磨하는 경우도 있다. 토기는 대개 응달에 1주일 이상 건조하여 충분히 건조시킨다. 건조되면 본래의 토기 성형시 크기보다 10% 정도 축소되며, 중량은 35% 정도가 감소한다. 건조가 완료되면 마지막으로 소성작업을 진행한다. 소성은 노천에서 이루어지며, 습기 제거를 위해 예비로 불을 지펴서 충분히 주변을 건조한 다음 진행한다. 토기의 소성은 노천露天에서 이루어지기 때문에 700~900° 정도의 온도에서 구워진다. 노천에서 구워진 토기들은 대개 산화상태로 구워지기 때문에 적갈색을 띠게 된다.

(2) 토기의 지역성과 특징

신석기시대의 문화는 나라와 지역에 따라 다르게 정의되기도 하지만, 한반도의 경우에는 토기를 기준으로 지역을 구분할 수 있다. 한반도의 토기구분은 크게 서북부, 동북부, 중서부, 중동부, 서남부, 동남부지역으로 나누어 볼 수 있다.

서북부지역에서는 온천 궁산, 봉산 지탑리, 평양 금탄리유적이 편년안을 제시하는데 있어서 중요한 유적으로 판단된다. 일반적으로 서북부 편년안은 궁산과 지탑리 1지구 1호주거지로 대표되는 궁산1기, 지탑리 2지구 2·3호주거지로 대표되는 궁산2기, 금탄리 1문화층으로 대표되는 궁산3기, 금탄리 2문화층의 궁산4기로 적용할 수 있다. 궁산 1기의 토기는 심발형深鉢形, 발형鉢形, 포탄형砲彈形 등이 있다. 문양은 토기의 구연부, 동부, 저부로 분할되는 삼부위문양대三部位文樣帶로 이루어진다. 궁산2기는 문양에 있어서는 점열문點列文계통의 타래문, 중호문重弧文이 새롭게 등장한다. 이 시기에는 궁산1기의 삼부위문양대가 유지되고 있는 단계이다. 궁산3기에는 삼부위문양대가 사라지고 문양을 반복 시문하는 패턴이 주류를 이룬다. 문양은 횡선문橫線文, 압날문押捺文이 있고, 문양과 문양 사이를 충전充塡하는 삼각집선문 三角集線文이 있다. 궁산4기는 전면 또는 기면에 횡주어골문을 시문 하거나, 띠대문, 융기문양을 돌리는 등 변화양상이 보인다.

동북부지역의 두만강 하류와 동해안 지역에서는 선봉 서포항, 청진 농포동, 무산 범의구석, 나진패총 등의 유적이 조사되었다.(사진52) 서포항유적을 기준으로 서포항 1기층은 조기, 서포항 2기층은 전기, 서포항 3기층은 중기, 서포항 4기층은 후기, 서포항 5기층은 만기에

▲ 청진 농포동 토기(사진52)

비정할 수 있다. 서포항 1기의 토기는 평저기형이며, 구연부 가까이에 4~5줄의 단사선문短斜線文으로 시문하고 있는 것이 특징이다. 서포항 2기에서 출토된 토기는 수량이 많으며, 심발형 평저토기가 주류를 이룬다. 문양은 점열문點列文을 동부胴部에까지 시문하였으며, 점과 선의 배합으로 어골문魚骨文이 시문되기 시작한다. 서포항 3기에서는 토기의 종류가 다양해져 단지, 호형토기, 컵형토기 등이 만들어진다. 곡선 형태의 타래문이나 기하학적 문양을 압날押捺하는 경우도 있으며, 이 시기에 마연磨研토기도 출현한다. 서포항 4기의 토기는 사발형태의 발형 토기가 있으며, 새롭게 번개문양이 등장한다. 번개문양은 청천강 이북의 서북지방과 동북지방에 걸쳐 신석기시대의 늦은 시기에 보이고 있다. 서포항 5기에서는 침선문, 어골문, 번개문양 등이 간혹 보이기는 하지만 문양이 없는 토기들이 많이 만들어지며, 점차 청동기시대로 이행하게 된다.

중서부지역은 서울 암사동유적이 표준유적이 될 만큼 중요한 유적으로 판단된다. 제1기는 암사동, 하남 미사리유적이 대표적이다. (사진53) 토기 기형은 첨저尖底, 환저丸底의 심발형이 대부분이며, 시문부위는 삼부위문양대三部位文樣帶를 기본으로 하고 있다. 제2기는 암사동, 미사리유적을 포함하여 파주 주월리, 시흥 오이도 가운데살막 유적 등이 있다. 문양은 삼부위문양대의 기본 틀이 유지되나 문양의 불규칙성과 공백형성의 양상을 엿볼 수 있다. 또한 이 시기에 대동강 유역에서는 보이지 않는 삼각집선문三角集線文이 출현하며, 사격자문斜格子文도 동부문양으로 등장한다. 제3기는 인천 영종도 송산, 는들, 남북동, 시흥 오이도, 옹진 소연평도 등의 유적이 해당된다. 환저의 기형을 이루는 것이 많으며, 문양에 있어서는 횡주어골문橫走魚骨文, 횡사선대문

▲ 서울 암사동 토기(사진53)

橫斜線帶文, 격자문格子文 등 서해안에서 흔히 보이는 동일계 빗살문양토기가 주류를 이룬다. 제4기는 인천 을왕동, 오이도 뒷살막패총 등의 유적이 있다. 문양은 구연부 위주로 시문되며, 전체적으로 단순화되거나 조잡해지고 있는 양상이다. 삼부위문양대는 더 이상 시문되지 않는다.

중동부지역의 초창기에 해당하는 양양 오산리유적 C지구의 최하층에서는 압날점열구획문토기와 무문토기가 출토되었다. 토기의 기형은 발형이며, 압날점열구획문토기보다도 무문토기가 주류를 이룬다. 이 유적 C지구 최하층에서는 좀돌날몸돌細石刃石核과 좀돌날 細石刃이 출토되어 후기구석기의 석기제작 전통을 이어받은 것으로 보인다. 조기 및 전기에 해당하는 유적은 고성 문암리, 양양 용호리, 오산리, 동해 망상동유적을 들 수 있다. (사진54) 망상동에서 출토된 압날점열구획문토기와 무문토기는 석기의 양상에서 보면 오산리유적 C지구의 최하층보다는 다소 늦은 시기로 보여진다. 중기의 유적은 양양 가평리, 송전리, 지경리, 강릉 초당동유적을 들 수 있다. 이 시기의 토기는 중서부지역의 영향을 받은 토기가 주류를 이루며, 동남부지역 구연부 위주의 태선집선문太線集線文 계통 토기도 출토되고 있다. 후기의 유적은 고성 철통리, 강릉 지변동 유적이 있다. 철통리에서는 태선침선문太線沈線文이 퇴화되는 양상을 보이고 있으며, 지변동유적에서는 횡주어골문, 선문, 단사선문의 토기가 출토된다.

▲ 고성 문암리 토기(사진54)

서남부지역에서는 융기문토기보다 선행하는 제주도 고산리유적 출토의 갈색 무문토기를 초창기로 올려볼 수 있게 되었다. 어형 화살촉과 공반되는 양상을 보이고 있으며, 구석기에서 신석기시대로 이행하는 시기의 유물로 파악할 수 있다. 조기에 속하는 융기문양토기의 문양은 단일융기문, 복합융기문, 융기문+침선문류, 두립문頭粒文토기, 굴곡형屈曲型토기 등 동남부지역에서 출토하는 문양들과 거의 유사한 것이 출토되고 있어, 이 시기에는 남해안의 모든 지역이 동일 문화권이었음을 알 수 있다.(사진55) 전기에 해당하는 토기의 문양은 단사집선문短斜集線文, 압인횡주어골문押引橫走魚骨文, 압인횡주어골문+자돌점열문刺突點列文, 자돌문+단침선문短沈線文, 구획문양대區劃文樣帶+삼각집선문三角集線文, 패각조흔문貝殼條痕文 등이 시문된다. 이러한 문양은 동남부지역의 영선동식瀛仙洞式토기와 유사하다. 중기의 토기는 전북 해안의 경우, 군산 노래섬이나 가도패총에서 출토된 단사선문계통, 점열문계통, 금탄리 Ⅰ식에 해당하는 토기 등을 들 수 있다. 후기의 토기는 전북 해안의 경우, 문양은 단사집선문, 횡주어골문이 주류를 이루어 중서부 토기의 문양이 많이 점하고 있다. 여기에 격자문格子文, 능형압날문菱形押捺文, 능형집선문, 횡단선문橫短線文, 종주어골문, 조우문鳥羽文, 지자문之字文 등이 부가되는 양상을 보인다. 만기의 토기는 이중구연二重口緣토기로 대표되는데, 서남부지역 해안 전역에 분포하는 양상을 보인다.

▲ 여수 송도 토기(사진55)

동남부지역에서 가장 빠른 조기에 해당하는 융기문토기는 평저심발平底深鉢과 굴곡형屈曲型으로 대별된다. 이 중에 굴곡형토기는 동부가 단段을 이루는 것이 특징이다. 문양에 있어서도 자돌문刺突文이나 침선문이 복합되기도 한다. 이 토기는 평저심발토기와는 기형이나 문양에 있어서 차이를 보이며, 일본 큐슈의 도도로끼B식轟B式토기와 관련된다. 영선동식瀛仙洞式토기는 전기에 해당되며, 문양은 자돌문刺突文, 압인문押引文, 침선문沈線文에 의해 구성된다. 김해 수가리패총에서 출토된 토기는 Ⅰ기층이 중기에 해당되고 있다. 수가리식水佳里式

으로 설정된 이 토기는 주로 첨저 기형을 이룬다. 문양은 태선太線을 이루며, 구연부를 중심으로 연속단사선문連續短斜線文을 시문하고 있는 것, 어골문魚骨文이나 어골문과 복합된 집선문集線文을 시문한 것이 있다. 수가리Ⅰ기층에서 출토된 토기의 문양이 퇴화되고, 조잡한 형태로 시문되고 있는 수가리Ⅱ기층 출토의 토기를 후기로 보고 있다. 즉 중기의 연속단사선문이나 어골문과 집선문 등의 복합된 문양이 단독 문양으로 퇴화되어 이행되고, 또한 중기의 특징인 태선의 양상도 보이지 않는다. 만기는 이중구연二重口緣토기와 퇴화된 단사선문短斜線文이 특징적이다.

2) 석기

(1) 석기의 특징

서북부지역의 유적 중에 석기는 황해도의 온천 궁산, 봉산 지탑리 유적, 대동강유역의 평양 남경, 금탄리유적 등에서 많이 출토되었다. 서북부지역에서는 전반적으로 화살촉이 많이 출토되며, 가장 특징적인 요소는 역시 농경구와 가공구가 많이 보이는 점이다. 서북부지역에서는 타 지역에 비해 농경이 일찍 시작된 것으로 보인다. 궁산1기 궁산유적에서는 화살촉, 찔개살, 갈돌, 돌도끼, 숫돌 등이 출토되었다. 가장 많이 출토된 것은 화살촉이며, 수렵의 종류에 의해 각기 다른 용도의 화살촉으로 사용된 것으로 보인다. 궁산2기의 지탑리 주거지에서는 화살촉, 도끼, 갈돌, 숫돌, 그물추 외에도 궁산1기에 비해 돌끌, 자귀 등의 간석기, 돌낫과 돌보습이 추가된다. 농경과 관련된 돌보습의 굴지구와 수확구가 본격적으로 출토되고 있다. 궁산3기의 금탄리 1문화층 7호주거지에서는 양날돌도끼合刃石斧, 유엽형 화살촉, 그물추,

숫돌, 돌삽, 토기 등이 출토되었다. 이 시기에는 화살촉이 유엽형 화살촉으로 바뀌어 궁산4기까지 유행한다. 궁산4기의 금탄리 2문화층에서는 유엽형 화살촉, 돌도끼, 자귀와 함께 함북지방에서 흔히 발견되는 곰배괭이, 갈돌, 숫돌 등이 있다. 남경유적에서는 간돌도끼, 자귀, 대패날, 무경식 화살촉, 돌칼, 갈돌, 갈판, 숫돌 등이 출토되었으며, 이 유적에서 좁쌀과 저장용 대형토기, 벌채용구 등이 출토된 것으로 보아 농경이 본격화 되었음을 보여주고 있다.(도면11)

동북부지역의 선봉 서포항유적에서는 다양한 석기가 출토되었다. 서포항 1기의 석기는 괭이, 간돌화살촉, 긁개, 그물추, 숫돌 등 다양하며, 수렵구와 어로구가 주류를 이루고 있다. 서포항 2기에는 괭이, 간돌화살촉, 돌도끼, 긁개, 그물추, 숫돌 등 다량의 석기가 출토되었다. 서포항 3기의 석기는 서포항 2기의 것에 추가로 돌삽, 갈돌, 갈판, 자귀, 돌끌 등의 간석기가 보이고 있다. 전 시기보다 석기의 종류나 수량이 증가하고 있고, 농경과 관련되는 도구들이 출현하기 시작한다. 서포항 4기에는 곰배괭이, 뿔괭이, 갈돌, 갈판, 화살촉, 그물추, 돌칼, 도끼, 자귀, 돌끌, 망치 등의 석기가 출토되었다. 이 중에 곰배괭이는 서포항 3기의 돌삽과 함께 농경의 본격적인 돌입을 알려주는 중요한 유물로 평가되고 있다. 서포항 5기에는 4기에 보였던 석기 이외에 대패날이 추가되고 있으며, 조개칼, 낚시바늘의 골각제품도 보인다.

중서부지역에서 출토된 석기의 종류는 다양하며, 간돌화살촉이 가장 많이 발견되고 있다. 또한 중서부 내륙에서는 농경과 관련된 석기가 많이 출현하며, 도서, 해안지역에서는 어로구, 가공구가 주로 출토된다. 제1기 서울 암사동유적에서의 석기는 돌도끼, 긁개, 그물추 등 뗀석기가 주류를 이루고 있으며, 돌끌, 돌창, 화살촉의 간석기도 출토되고 있다. 농경과 관련된 돌칼, 맷돌, 갈돌, 갈판, 괭이, 돌보습, 돌낫 등도 출토되고 있어, 서북부지역과도 비교해 볼 수 있다. 제2기는 암사동을 포함하여 인천 삼목도, 시흥 오이도 가운데살막유적 등이 있다. 암사동

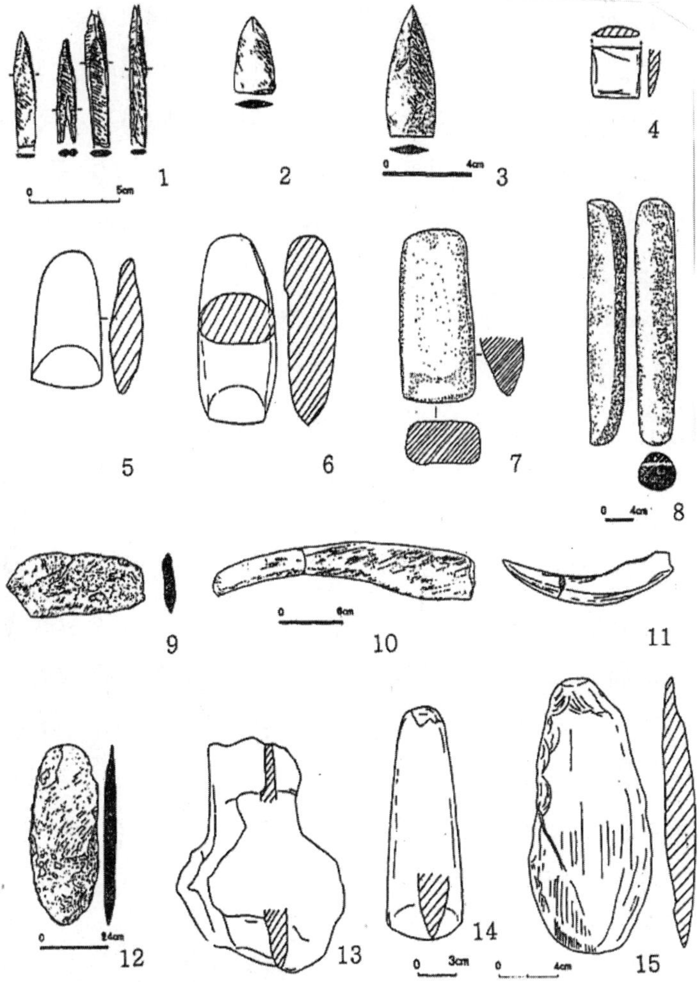

▲ 도면 11. 북부지방의 석기

1.궁산(화살촉) 2.지탑리(창끝) 3.지탑리(찔개살) 4.서포항(대패날) 5.서포항(자귀) 6.금탄리(돌도끼) 7.궁산(돌도끼) 8.지탑리(갈돌) 9.지탑리(숫돌) 10.지탑리(돌낫) 11.서포항(돌칼) 12.지탑리(보습) 13.서포항(곰배괭이) 14.서포항(괭이) 15.금탄리(돌삽)

에서는 반달돌칼, 괭이, 돌보습, 돌낫 등 농경에 필요한 용구들이 세트로 출토되었다. 제3기는 인천 영종도 송산, 남북동, 시흥 오이도, 옹진 소연평도 등의 유적이 해당된다. 송산유적의 석기는 화살촉, 숫돌, 갈돌, 갈판, 긁개, 찌르개, 자르개 등이며, 특히 흑요석 1점, 수정제 새기개彫器 3점이 출토되어 주목을 끌고 있다. 제4기는 인천 중산동, 을왕동, 연평 모이도, 오이도 뒷살막패총 등의 유적을 들 수 있다. 중산동유적에서는 망치돌, 뗀돌도끼打製石斧, 갈돌, 갈판 등이 있으며, 인접해 있는 을왕동에서는 갈돌, 공이, 찔개살이 출토되었다. (도면12)

중동부지역에서 가장 빠른 시기의 석기는 양양 오산리 C지구에서 출토되었다. 최하층의 석기는 긁개, 새기개, 톱니날석기 등의 뗀석기와 화살촉, 결합낚시바늘 등의 간석기로 구분되고 있다. 뗀석기는 좀돌날細石刃과 좀돌날몸돌細石刃石核이 출토되었으며, 후기구석기의 석기제작 전통을 이어받은 것으로 보인다. 조기, 전기에는 오산리 A · B 지역에서 돌도끼, 돌칼, 화살촉, 돌창, 숫돌, 결합낚시바늘, 돌톱, 추형석기, 그물추, 갈돌, 긁개, 찍개 등 다양한 석기가 출토되었다. 오산리유적에서 나온 흑요석과 그 석기는 백두산에서 가져온 것으로 추정되고 있어, 산지추정과 교역에 있어서 중요한 자료로 판단된다. 중기가 되면 석기의 종류가 다양화된다. 화살촉, 굴지구, 돌도끼, 돌칼, 공이, 갈돌, 갈판, 숫돌, 그물추 등 수렵구, 농경구, 가공구, 어로구 등의 다양한 석기가 출토되고 있다.(사진56) 후기에는 고성 철통리유적에서 돌도끼, 그물추, 갈판이 출토되었으며, 강릉 지변동 유적에서 돌도끼, 화살촉, 갈판, 그물추가 출토되었다.

▲ 고성 문암리 석기류(사진56)

서남부지역의 초창기에 해당하는 제주 고산리유적의 어형 화살촉은 구석기에서 신석기시대로 이행하는 과정의 유적으로 평가

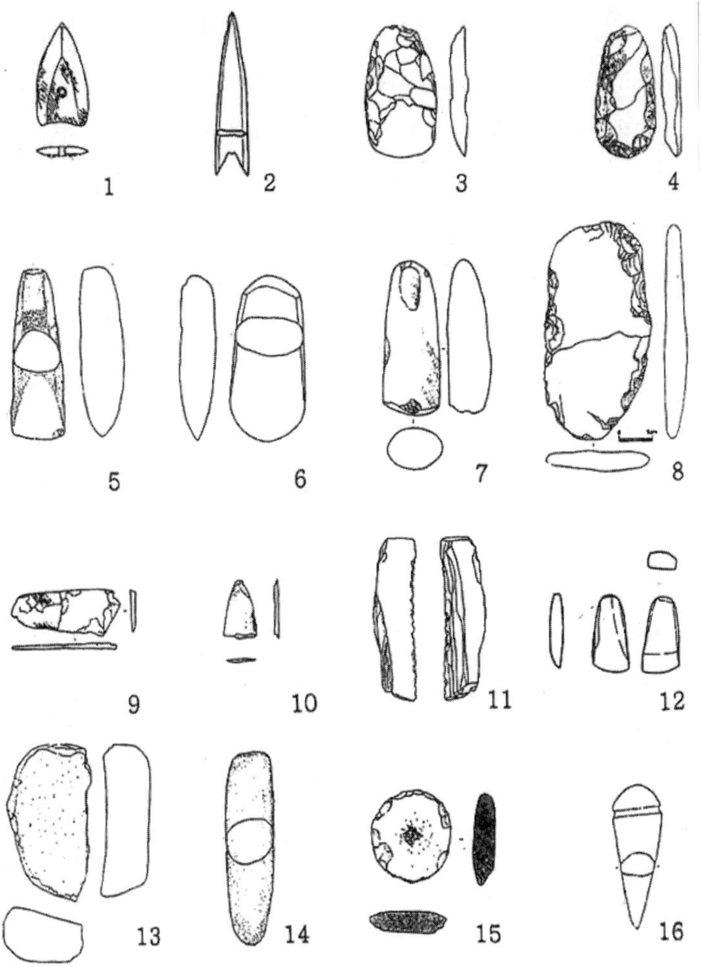

▲ 도면 12. 중부지방의 석기

1.오산리(화살촉) 2.지경리(화살촉) 3.암사동(간돌도끼) 4.미사리(뗀돌도끼)
5.오산리(간돌도끼) 6.지경리(간돌도끼) 7.암사동(공이) 8.암사동(보습)
9.암사동(돌낫) 10.암사동(돌창) 11.오산리(톱날석기) 12.남북동(돌끌)
13.암사동(갈판) 14.미사리(갈돌) 15.미사리(원반형석기) 16.오산리(추형석기)

되고 있다. 고산리유적 출토의 석기는 화살촉이 주류를 이루며, 밀개, 찌르개, 홈날석기 등이 출토되고 있다. 조기 단계에는 여수 돌산송도를 중심으로 여수 안도, 완도 여서도패총 등에서 빠른 단계의 석기들이 출토되고 있다. 돌산송도에서는 뗀석기로 밀개나 돌도끼, 돌끌 등 격지류가 많고, 여기에는 흑요석도 포함되어 있다. 안도패총에서는 돌도끼, 돌칼, 돌창, 돌작살, 돌톱, 숫돌, 돌수저, 흑요석 등이 출토되었다. 특히 흑요석은 220여점이 확인되고 있어, 조기단계부터 그 이후까지 일본 큐슈와의 교류가 광범위하게 이루어졌음을 알 수 있다. 전기 단계에는 신안 가거도패총에서 돌도끼, 갈판, 갈돌, 숫돌, 굴지구 등이 출토되었다. 군산지역의 노래섬이나 가도패총에서도 석기가 다양하게 출토되고 있다. 중기 단계에 노래섬이나 가도 패총에서는 어류나 동물을 해체하는 돌칼이 출토된다. 돌산송도에서는 점차 갈돌, 갈판, 숫돌 등의 간석기가 증가하고, 괭이나 보습 등의 굴지구도 제작되어 농경이 시작된 것으로 보인다. 후기 단계 이후에는 진안 갈머리유적의 괭이와 같이 굴지구가 주류를 이루면서 도토리 등의 가공용구인 갈돌과 갈판, 공이, 긁개 등 식물성 식료의 가공과 채취에 이용된 비중이 높게 나타나고 있다.

동남부지역 조기의 부산 동삼동 제1문화층에서 출토된 석기는 뗀돌도끼, 화살촉, 숫돌, 어로구는 그물추, 결합낚시바늘, 작살 등이 출토되었다. 동삼동패총의 최하층에서 큐슈의 도도로끼B식轟B式토기와 흑요석기가 출토되고 있어, 한일간의 교류가 서서히 시작된 것으로 보인다. 중기의 동삼동 제3문화층에서는 흑요석제 석기 및 격지, 뗀돌도끼, 외날 돌도끼單刃石斧, 갈돌, 갈판, 날부분 간석기, 숫돌, 어로구는 결합낚시바늘, 흑요석제 작살, 자돌구 등이 출토되었다. 중기 이전에는 바다자원을 이용한 생업이 주류를 이루었으나, 중기 이후에는 농경이 확산되어 생업의 패턴이 점차 바뀌어 간 것으로 보인다. 후기의 동삼동 제4문화층에서는 흑요석제 격지, 흑요석제 스크레이퍼, 날부분 간돌도끼合刃石斧, 뗀돌도끼, 돌끌, 갈판, 갈돌, 모룻돌, 공이, 어로구는 그물추, 결합낚시바늘, 흑요석제 화살촉, 장신구로는 목걸이, 조개팔찌, 고리형귀걸이玦狀耳飾 등이 있다. 만기의 동삼동 제5문화층에서는 흑요석제 격지, 흑요석제 긁개, 날부분 간돌도끼, 뗀돌도끼, 돌끌, 갈판, 갈돌, 모룻돌, 공이, 어로구는 그물추, 결합낚시바늘, 흑요석제 화살촉, 장신구로는 목걸이, 조개팔찌, 고리형귀걸이 등이 출토되었다.

(2) 흑요석의 양상

한반도에서 양질의 흑요석黑曜石은 백두산 주변에 많이 있으며, 동북부지역은 물론, 중동부지역의 유적에서도 발견되고 있다. 남해안에서는 일본 큐슈지역과의 교류를 알 수 있는 흑요석으로 만든 각종 석기가 많은 유적에서 출토되고 있다. 흑요석기는 이미 후기구석기시대부터 제작되기 시작하며, 또한 특정 지역에서만 산출되어 교역과정을 연구하는데 있어서 매우 중요한 자료로 다루어지고 있다.

흑요석이 많이 출토되고, 시기적으로 고루 분포하고 있는 유적은 부산 동삼동, 범방, 통영 욕지도, 연대도패총 등을 들 수 있으며, 이 외에도 흑요석의 출토는 동남부지역의 울산 세죽, 부산 조도, 다대포, 북정, 김해 수가리, 화목동, 통영 상노대도, 산등, 여수 안도, 돌산송도, 신안 흑산도, 서남부지역의 시흥 오이도 안말패총, 인천 영종도 송산, 는들 유적 등에서 확인되었다.

동삼동패총에서는 흑요석의 원석原石을 포함한 상당량의 흑요석제 석기와 석기의 제작과정에서 생긴 격지剝片가 출토되고 있다. 이 유적들에서의 흑요석 출토양상을 보면 원석과 다량의 격지가 있는 것으로 보아 완성품을 들여온 것이 아니고, 거점유적 현지에서 제작, 생산하여 주변의 공급지에 유통시킨 것으로 추정되고 있다. 교류와 유통을 가늠해 볼 수 있는 산지추정의 측정결과, 동삼동, 범방패총에서 출토된 흑요석 34점은 모두 일본 큐슈지역의 흑요석으로 판명되었다.

흑요석은 일본 큐슈에서 부산 근교의 동삼동, 범방, 연대도 등지의 거점공급지에 반입되었고, 이곳에서 제작된 흑요석제 석기가 주변의 공급지로 교역된 것으로 추정되고 있다. 흑요석의 입수에 있어서 남해안 거점공급지 집단이 직접 큐슈에까지 건너가 가져왔기 보다는 남해안의 신석기인들이 쓰시마對馬島까지 나아가 전문적으로 흑요석을 입수하고 교역하였을 것으로 보인다. 하인수는 쓰시마의 고시다까越高, 메오또이시夫婦石유적에서 출토된 융기문토기와 빗살문양토기들이 출토되는 유적이 존재하는 것으로 보아, 이들 집단이 남해안의 동삼동 이나 범방, 연대도 등지에 흑요석을 공급하였을 것으로 추정하였다. 흑요석에 의한 교역은 중기 후반 이후에는 쓰시마에서 남해안 신석기인 들의 집단은 보이지 않고, 쓰시마 사가佐賀패총의 예에서 보듯이 오히려 죠몬인繩文人들에 의해서 주도되는 양상을 보인다. 이 때에는 원석을 포함하여 돌작살, 돌톱 등 완제품 상태 교역된 것으로 보인다. 교역품은 쓰시마 사가패총의 흑요석과 동삼동 투박조개 제품의 조개팔찌로 볼 수 있으며, 이 시점은 신석기 후기, 즉 죠몬繩文시대 후기에 해당한다. 남해안의 신석기인들은 석기의 성능이 우수한 흑요석의 원석을 얻고자 하였으며, 그 교역물로 큐슈지역의 죠몬인繩文人들은 조개팔찌와 같은 장신구를 얻고자 하였을 것이다.

3) 어로구

(1) 뼈작살

뼈작살骨銛은 해안 지역의 패총유적에서 주로 발견되고 있다. 재료는 사슴의 중수골中手骨, 중족골中足骨, 녹각鹿角 등을 이용하여 제작하고 있다. 자루에 장착한 작살은 일체식一體式으로 볼 수 있으나, 자루와

작살이 분리되는 이탈식離脫式의 경우도 있다. 일체식은 뼈작살을 나무의 자루에 고정시킨 것으로 크기는 대개 10cm미만이다. 이탈식 작살은 자루에 장착한 작살에 로프를 연결하여 포획물을 명중한 후에 지칠 때까지 추적하여 잡는 방법이다. 이탈식 작살은 포획물에 명중 하였을때, 직각으로 회전하여 이탈하지 못하도록 되어 있다. 이탈식 작살은 주로 고래, 물개, 강치 등의 해수류와 대형 어류를 포획하는데 사용되고 있다. 이러한 작살들은 선봉 서포항, 부산 동삼동, 통영 상노대도, 완도 여서도 등의 유적에서 출토되었다. (사진57)

▲ 완도 여서도 뼈작살(사진57)

신안 가거도패총에서는 12점의 작살 미늘이 출토되었다. 이탈식 작살과 유사하긴 하지만 형태에서는 차이를 보이고 있다. 차이점은 대칭성을 가지는 긴 마름모형이거나 유엽형柳葉形이고, 미늘에 홈이 있거나 선단부先端部를 구분하는 방식을 적용하지 않은 점이다. 따라서 가거도 패총의 작살은 작살대에 홈을 만들어 선단부를 끼운 후, 끈으로 결합하여 사용하는 장착형이었을 것으로 추정하고 있다.

(2) 돌작살

돌작살石銛은 단독의 작살을 자루에 끼워서 고정시키는 것을 말하고, 대상물을 찔러서 포획하는 자돌刺突 어로구로서의 기능을 가지고 있다. 돌작살의 종류는 비교적 다양하며, 한반도보다는 일본 큐슈에서 출토예가 많다. 돌작살의 상한연대는 신석기시대 전기 초까지 올라가는 것으로 생각되며, 재질은 주로 사누가이트가 사용되고 있다. 한반도에서는 통영 욕지도유적에서 출토가 많으나 그래도 10점 미만이다. 이외에도 부산 동삼동, 통영 상노대도, 연대도패총에서도 약간 확인되고 있다. 큐슈에서는 서북지역의 유적에 집중되어 있고, 특히 쓰구메노하나 유적에서는 200점 이상의 작살이 출토되고 있다.

이러한 돌작살로는 돌고래, 고래 등의 해수류를 포획하는데에도 사용하였을 것이며, 또한 외양성 대형어류도 포획하였을 것으로 추정된다. 울산 반구대 암각화에는 돌작살을 사용하여 고래를 포획하는 모습이 그려져 있으며, 오늘날의 민족학적인 예에도 고래잡이에 작살이 활용되고 있다. 또한 바다의 연안이나 내해에서는 돌작살을 가지고 잠수를 통해 주변에 회유하는 대형어류를 효과적으로 포획했을 것으로 추정하고 있다.

(3) 돌톱

▲ 연대도, 동삼동 돌톱(사진58)

돌톱石鋸은 자루의 선단부분이나 양측에 몇 개의 작살을 끼운 것으로 선단부에 사용되는 삼각형의 작살과 장방형의 작살이 결합된 것을 가리킨다. 평균적으로 돌톱의 길이는 1.5~3cm, 폭이 1~1.5cm 정도이기 때문에 결합한 상태에서 사용할 수 있는 용도이다. 남해안에서는 부산 동삼동, 통영 상노대도, 여수 안도, 신안 대흑산도 등의 유적에서 확인되고 있다.(사진58) 동해안의 고성 문암리유적에서는 다량의 결합낚시바늘과 함께 결합식작살이 출토되어 주목을 끌고 있다. 상노대도의 연세대 조사구역의 V층에서 출토된 것은 시기가 신석기시대 전기의 시작단계로 보고 있어, 서북큐슈 돌톱의 기원을 남해안에 두는 경향이 있다.

서북큐슈西北九州에서는 60여군데 이상의 많은 지역에서 돌톱이 발견되고 있고, 대부분 해안과 도서지역에 집중하고 있다. 서북큐슈에서는 빠른 단계의 것들도 있지만, 죠몬繩文후기의 시기가 중심을 이루고 있다. 재질은 양 지역이 흑요석을 많이 이용하고 있다. 남해안에서 출토한 흑요석의 돌톱이나 돌작살은 서북큐슈 산지임이 형광X선분석법에 의해 밝혀졌다. 그 산지로는 사가현佐賀縣의 고시다께腰岳와 나가사끼현長崎縣의 사세보佐世保 주변으로 알려지고 있다.

(4) 결합낚시바늘

결합낚시바늘結合釣針은 해안과 도서지역의 유적에서 출토되고 있으며, 단식낚시바늘과는 분포나 크기 등에서 구분된다. 결합낚시바늘은 한반도의 동해안과 남해안에 편중되고 있으며, 일본에서는 큐슈지역에서 출토되고 있다. 그 이유는 쓰시마난류對馬暖流로 인하여 연중 풍부한 어장이 형성되고, 게다가 어종이 다양하여 낚시를 중심으로 한 어로 활동이 왕성하였기 때문일 것이다. 한반도와 일본에서 출토되는 결합낚시바늘은 기능이 동일하나 형태와 재질에서 차이가 있으며, 오산리형鰲山里型과 서북큐슈형西北九州型으로 구분되고 있다. 오산리형은 최근 남해안의 신석기시대 패총유적에 많이 공반되고 있다. 유적별로 보면 고성 문암리, 양양 오산리, 부산 동삼동, 범방, 통영 상노대도, 욕지도, 연대도, 여수 돌산송도, 여서도, 신안 대흑산도, 울산 우봉리, 군산 노래섬 등의 유적에서 출토되고 있다.(사진59) 특히 오산리형 결합낚시바늘은 일본 구마모또현 熊本縣 오오야大矢 유적에서도 혈암제의 축부軸部가 발견되었다. 오산리형의 존속시기는 오산리의 출토상황에서 알 수 있듯이, 최하층의 문화층과 각 주거지의 토기에 미루어 보면, 신석기시대 조기까지 거슬러 올라간다고 볼 수 있다. 서북큐슈형은 재질에 있어서 축부가 녹각을 이용하고 있고, 바늘부분針部은 주로 멧돼지 이빨이 사용되고 있다. 분포는 서북큐슈 해안·도서지역의 유적에 많으며, 죠몬繩文시대 전기부터 출토되고 있다. 이 서북큐슈형 결합낚시바늘은 쓰시마는 물론 남해안의 상노대도유적

▲ 결합낚시바늘(사진59)

에서도 출토되고 있다.

결합낚시바늘의 기능에 관해서는 돌작살 등과 분포가 중복되는 점, 대형의 크기, 축부와 바늘부분의 재질차이 등을 감안하면 대형어류를 포획대상으로 한 것이다. 외양적外洋的 성격을 가진 유적에서는 상어류, 청새치, 참돔, 돌돔, 혹돔, 복어, 능성어, 방어 등의 어류뼈가 출토되고 있다.

결합낚시바늘의 제작과정은 오산리유적에서 출토된 상당수의 완성품과 미완성품의 낚시바늘로 가늠해 볼 수 있다. 축부의 제작은 일정한 형태의 돌을 떼어내어 마연磨硏하거나, 혹은 찰절기법擦切技法에 의해 적당한 크기로 조정하여 마연하는 방법이 사용되고 있다. 오산리형은 축부에 혈암의 석재가 이용되고 있으며, 바늘부분은 뼈제품으로 되어 있다. 축부의 하단과 바늘부분의 상단이 평탄한 면을 이루며, 이 면을 끈으로 결합할 수 있도록 만들었다. 이 오산리형은 결합을 용이하게 하기 위해, 축부의 하단과 바늘부분에 깊은 홈이 있는 것이 많다. 이러한 제작기술은 단식낚시바늘과 같이 파손되면 버리는 것이 아니라, 바늘 부분만을 교체해서 다시 사용할 수 있는 경제적인 측면이 고려된 것이다.

4) 장신구

(1) 고리형귀걸이

고리형귀걸이玦狀耳飾는 동아시아 전 지역에서 출토되며, 한반도에서는 고성 문암리, 부산 동삼동패총, 청도 사촌리, 진주 선진리, 여수 안도패총 등에서 출토되었다. 문암리의 고리형귀걸이는 토광묘에서 완형으로 2점이 출토되었다.(사진60) 토광묘의 규모는 150×60cm 정도의 말각방형이며, 내부에서는 토기와 간석기 2점이 공반되고 있다. 연옥제로 만든 고리형귀걸이는 토광의 장축벽에 30cm 정도의 안쪽에서 출토되었으며, 형태는 횡장원형과 원형이 있다. 선진리의 고리형귀걸이는 신석기시대 하층에서 1점이 출토되었으며, 이 층은 융기문토기와 세침선문토기 등 조기에 해당하는 토기가 주류를 이루고 있다. 출토된 귀걸이는 방형에 가까우며, 연옥제의 재질이다. 안도패총의 고리형귀걸이는 구 지표의 윗면에서 출토되었다. 석제는 도석제로 추정되고 있으며, 둥근 고리모양으로 잘 마연되어 있다. 안도의 고리형귀걸이는 흑요석, 돌수저, 조개팔찌 등과 함께 일본 큐슈지역과의 문화 교류상을 밝히는데 중요한 유적으로 평가되고 있다.

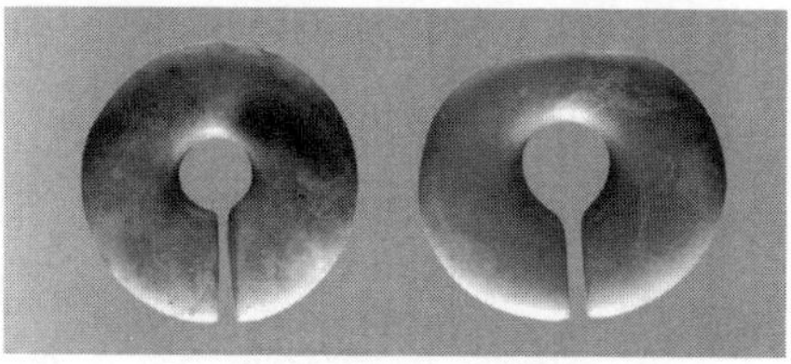
▲ 고성 문암리 고리형귀걸이(사진60)

신석기시대의 고리형귀걸이는 중국과는 달리 주로 해안가나 도서지역에서 출토되고 있으며, 문암리유적의 결합낚시바늘, 동삼동, 안도패총의 조개팔찌, 흑요석에 의한 교류 흔적 등을 감안한다면 그들은 어업을 통한 문물교류의 중심에 있던 자로 추정된다.

고리형귀걸이는 8,000~7,000년전에 내몽고 지역의 흥륭와興隆洼, 백음장한白音長汗, 사해査海유적 등에서 고리형귀걸이, 비형기匕形器를 비롯한 각종 옥기가 출토되었으며, 극동지역의 흑룡강성에서는 7,500~7,000년전에 소남산小南山유적에서 옥환玉環, 옥결玉玦, 비형기匕形器, 주珠, 부斧 결玦 등이 확인되고 있다. 고리형귀걸이와 비형기 등의 옥기는 이미 이 시기에 중국 동북지방에 넓게 분포하고 있었으며, 7,000년전 이후에는 일본열도, 큐슈지역에까지 확산되고 있다. 한반도에서의 고리형귀걸이도 7,000년전 이후 어느 시점엔가는 도달했을 것으로 추정되며, 문암리의 고리형귀걸이는 중국 요하유역의 흥륭와문화興隆洼文化에서 영향을 받은 것으로 판단된다.

(2) 삽입형귀걸이

삽입형귀걸이耳栓는 고리형귀걸이와는 달리 귀에 구멍을 뚫어 삽입하는 방식이다.(사진61) 삽입형귀걸이는 성인이 되면서 점차로 늘려가며, 귓불에 둥글게 끼워 넣는 원형의 토제품이다. 원반형태의 평면에 점열문點列文 등의 문양을 장식하기도 한다. 신석기시대 중기 이후 부산 동삼동, 김해 수가리, 울산 신암리유적에서 출토되고 있다. 동삼동의 삽입형귀걸이는 5cm 전후이며, 아프리카나 남미 원주민들의 장착 예를 보면 10cm가 넘는 경우도 있다.

▲ 부산 동삼동 삽입형귀걸이(사진61)

삽입형귀걸이는 중국에서 양자강유역의 하모도河姆渡, 대계大溪유적에서 출토되고, 일본의 큐슈에서도 죠몬繩文시대 전 시기에 걸쳐 널리 사용되고 있다. 고리형귀걸이든 삽입형귀걸이든 현 단계에서 시기의 선후관계는 확실히 알 수는 없지만 중국의 양자강유역, 한반도 남해안, 일본의 큐슈로 연결되는 교류는 지속되었던 것으로 판단된다.

(3) 대롱옥

대롱옥管玉은 북한지역의 웅기 송평동, 나진 초도, 온천 궁산, 남한지역의 춘천 교동, 파주 주월리, 울진 후포리, 통영 연대도, 가덕도 장항, 안면도 고남리패총 등 한반도 전역에서 출토되고 있는 양상이다. 대롱옥의 크기는 작은 것이 길이 1㎝ 정도이고, 긴 것은 10㎝ 이상의 것도 있다. 처음에는 새 뼈로 만들었으나 후에는 벽옥碧玉 등으로 만들었다. 궁산유적에서 벽옥제의 대롱옥이 출토되었고, 교동유적에서는 백마노로 만든 대롱옥, 가덕도 장항유적에서는 인골에 장착된 대롱옥이 발견되기도 하였다.

대롱옥에 있어서는 요하유역과 황하유역, 양자강유역 등이 거의 동시기에 출현하고 있다. 8,000~7,000년전 양자강유역의 팽두산彭頭山유적, 황하유역의 노관대老官臺유적, 회하유역의 고호賈湖유적 등에서 발견되고 있어, 대롱옥과 고리형귀걸이의 전파는 동시에 진행되지 않음을 알 수 있다. 한반도에 있어서 비교적 빠른 시기의 대롱옥은 궁산, 연대도패총 등에서 확인되고 있으며, 이 유적에서는 고리형귀걸이가 공반되지 않는 양상이다.

(4) 목걸이

목걸이頸飾는 연옥이나 활석, 돌 등을 이용하여 만든 것을 비롯하여 멧돼지 이빨이나 사슴뼈를 이용한 골각 목걸이, 대형어류의 이빨이나 척추를 이용한 목걸이, 소라나 가리비 등 각종 조개를 이용한 목걸이, 흙으로 만든 목걸이 등이 출토되고 있다. 이러한 목걸이는 춘천 교동, 울진 후포리, 부산 범방, 통영 연대도패총 등에서 출토되었다. 후포리의 석제목걸이 2점은 평면형태가 유선형의 주걱형이며, 범방패총의 무덤에서는 여자 아이의 인골과 함께 주걱형 연옥제 목걸이 1점이 확인되었다.

목걸이는 중국과 일본을 포함한 동아시아의 넓은 지역에서 확인되고 있다. 동아시아지역에서 중국 동북부 흥륭와興隆窪유적, 흑룡강성의 소남산小南山유적, 연해주의 Chertovy Vorota 동굴, 양자강유역의 팽두산彭頭山유적, 강소성의 정사지丁沙地유적 등에 폭 넓게 퍼져 있다.

(5) 조개팔찌

조개팔찌貝輪는 신석기시대에 보편적으로 출토되는 장신구이다. 조개팔찌는 가리비나 투박조개와 같이 소재의 희소성으로 인하여 의례구나 장신구의 용도로 사용되고 있다.

조개팔찌가 가장 많이 출토된 곳은 부산 동삼동패총이다.(사진62)

신석기시대 중기부터 미완성품, 반제품 등을 포함하여 1,500점 이상의 조개팔찌가 출토되었는데, 생산과정 뿐만아니라 동삼동 거점집단의 성격을 규명하는데 중요한 유적으로 평가되고 있다. 방대한 양의 조개팔찌는 전업집단의 성격을 보여주고 있기도 하다. 조개팔찌는 쓰시마對馬島에서 들여온 흑요석에 대한 교역품이었던 것으로 판단되며, 이는 쓰시마의 사가佐賀패총에서 출토된 113점의 투박조개 조개팔찌에서 짐작할 수 있다. 사가패총에서 출토된 조개팔찌는 쓰시마에는 서식하지 않는 투박조개로 제작한 것이며, 뼈로 만든 목걸이나 한반도 해역에 서식하는 뿔럭지삿갓조개, 흰삿갓조개로 제작한 조개팔찌도 존재하는 것을 감안하면 동삼동패총에서 교역품으로 교역되었을 가능성이 높다. 따라서 교역품은 동삼동패총에서는 조개팔찌, 사가패총에서는 흑요석으로 만든 석기였을 것으로 판단된다.

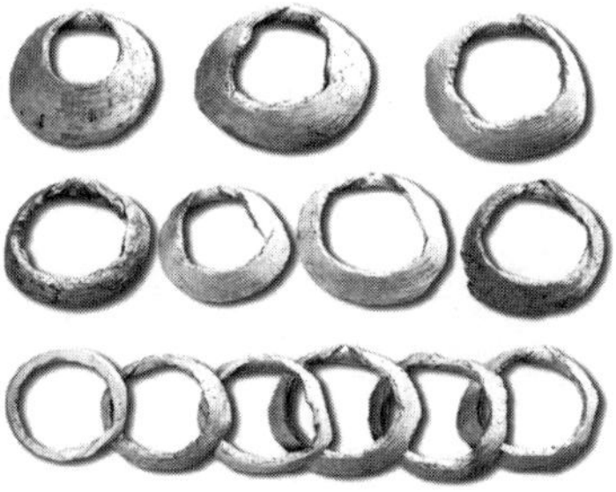
▲ 부산 동삼동 조개팔찌(사진62)

조개팔찌는 쓰시마 뿐만 아니라 남해안의 통영 연대도, 욕지도, 부산 범방, 가덕도 장항, 김해 수가리, 울산 세죽, 서남해안의 여수 돌산송도, 여수 안도, 완도 여서도, 신안 어의도, 서해안의 군산 노래섬, 서산 대죽리, 안면도 고남리, 남부 내륙 낙동강의 지류인 운문천변의 청도 오진리, 남한강 상류의 내륙 깊숙한 단양 상시, 단양 금굴, 영월 쌍굴의 동굴유적에 이르기까지 교역의 범위가 광범위 하였음을 알 수 있다. 특히 근래에 조사된 호남지역의 여서도패총에서 25점, 안도패총에서 70여 점의 조개팔찌가 출토되어 조개팔찌의 유통이 호남 도서지역에서도 활발하게 이루어졌음을 알 수 있다.

조개팔찌의 장착 예는 남해안의 산등, 연대도, 안도패총, 가덕도 장항 유적에서 확인되고 있다. 산등패총의 인골은 여성이며, 왼팔에 투박조개의 조개팔찌 2점, 큰배말 조개팔찌 1점이 장착되어 있다. 연대도의 인골에서는 왼팔 부근에서 조개팔찌가 출토되었다. 근래에 조사된 여수 안도패총의 3호토광묘에서 투박조개로 만든 조개팔찌 5개를 장착한 인골이 출토되었다. 가덕도 장항유적의 41호인골에서는 팔목에는 3개씩 조개팔찌가 장착되어 있으며, 특히 20개 이상의 조개팔찌를 연결해서 목걸이로 사용하였다.(사진63) 조개팔찌는 손목에 장착하는 것이 일반적이나 장항유적에서와 같이 다른 용도로도 사용하였음을 알 수 있다. 일본의 서북큐슈에서도 쓰시마의 사가佐賀, 큐슈의 니노브新延, 야마가山鹿패총에서 출토 예가 보고되고 있다. 특히 야마가패총에서는 출토인골 18구중에 성인여성 7구가 조개팔찌를 장착하고 있어, 일본 내에서 가장 많은 장착율을 보이고 있다. 조개팔찌가 인골에 장착되어 있는 경우는 한반도의 남해안지역과 쓰시마를 둘러싼 서북큐슈지역에 주로 형성되어 있고, 이는 어로구, 토기문화의 교류 범위와도 중복된다. 아울러 조개팔찌는 단순히 장신구라는 개념을 넘어 한반도 남해안과 일본 큐슈 양 지역의 신석기인들에게 공동의 관습, 정신적 체계가 존재했음을 짐작할 수 있다.

▲ 가덕도 장항 41호 인골(사진63)

6. 생업

1) 수렵

신석기시대의 수렵방식은 자연환경의 변화에 따른 동물상의 이동과 관련이 깊다. 신석기시대가 되면서 본격적으로 활과 화살이 사용되었고, 구석기시대의 대형 동물상에 대신하여 빠르고 날쌘 사슴, 멧돼지, 토끼, 너구리 등 중·소형동물을 포획할 수 있게 되었다.

유적에서 출토되는 동물뼈는 주로 동굴이나 패총, 저습지유적에서 확인되고 있으며, 그 중에서도 패총에서 출토되는 경우가 대부분이다. 현재 한반도의 신석기시대 유적에서 발견된 포유동물의 뼈는 약 20여종으로 알려지고 있다. 그 중에 사슴과 멧돼지가 압도적으로 많다. 특히 사슴은 수렵하여 식료로 활용하고, 남은 녹각이나 뼈는 어로구, 장신구 등의 도구로도 이용되고 있다.

동물의 포획에는 활과 화살, 돌창 등이 사용되었다. 활과 화살은 먼 거리에서 활용이 가능하며, 창은 근거리에서 사용되었을 것이다. 활을 이용하여 수렵하는 데에는 포유동물 이외에도 가마우지, 독수리, 꿩, 오리, 갈매기 등의 조류도 포함되어 있다.

수렵의 몇 예를 보면, 동남부지역의 부산 동삼동패총에서는 사슴, 멧돼지, 고라니, 호랑이, 김해 수가리패총에서는 사슴, 멧돼지, 오소리, 삵쾡이, 너구리, 통영 상노대도에서는 사슴, 멧돼지, 수달, 여우, 개, 통영 연대도패총에서는 사슴, 멧돼지, 너구리, 수달, 개, 고라니, 여수 안도패총에서는 사슴, 멧돼지, 개, 노루뼈, 완도 여서도패총에서는 사슴, 멧돼지, 개, 고라니, 노루 등의 뼈가 출토되었다. 또한 연대도 패총에서와 같이, 갈매기, 꿩, 독수리, 농병아리, 쇠가마우지, 오리, 야생비둘기 등의 조류도 출토되어 활과 화살에 의한 수렵이 다양하게 진행되었음을 알 수 있다.

해상에서의 해수류海獸類는 동삼동패총에서 고래, 돌고래, 강치, 수가리와 범방패총에서는 고래, 돌고래, 상노대도에서는 고래, 강치, 물개, 연대도패총에서는 고래, 돌고래, 강치, 안도와 여서도패총에서는 강치, 고래, 돌고래의 뼈가 출토되어 육상의 포유동물은 물론이고, 바다에 나가 해수류의 포획도 적극적으로 이루어졌다.

2) 어로와 조개채취

어로와 관련된 유적과 유물은 남해안과 남해도서 지역에 집중하고 있다. 남해안에서 내만, 하구에 위치한 김해 수가리나 부산 범방패총 등에서 출토된 동물뼈를 보면 생활영역은 굴 채집과 대구, 농어 등의 연안어업沿岸漁業을 하면서 동시에 육지의 사슴, 멧돼지 등의 수렵도 성행해 육지의 의존도가 높은 생업이었다. 부산 동삼동패총에서와 같이 그물이 찍힌 토기편이 발견된 것을 보면, 연안지역에서는 그물도 활용하였을 것으로 보인다. 도서지역이나 외해外海에 면한 유적에서는 외양성 어종의 증가와 해수류의 포획량이 많아진다. 남해안의 통영 연대도, 상노대도 등지에서는 상어, 방어, 고등어, 다랑어, 참돔, 혹돔 등의 외양성 어종이 많고, 돌고래, 물개, 강치, 수달 등의 해수류가 많이 보인다. 이러한 외양성 어종과 해수류가 다량으로 출토되고 있는 것은 신석기인들이 외해에까지 진출해 어로에 종사하였음을 보여주고 있으며, 결합낚시바늘이나 결합식작살, 이탈식작살 등의 어로구에서도 그 양상을 파악할 수 있다. 도서지역이나 외해에 면한 유적에서는 상어, 방어, 참돔, 혹돔, 돌돔 등 난류에 편승한 대형어류가 많고 고래, 돌고래, 강치 등 해수류의 포획이 본격화되며, 상대적으로 포유동물의 수종은 감소하는 양상을 보이고 있다.

어로기술은 작살이나 찔개살, 창 등 자돌구로 찔러서 잡는 자돌어법刺突漁法, 화살로 쏘아 잡는 궁시어법弓矢漁法, 낚시를 이용한 조어법釣漁法, 그물로 포획하는 망어법網漁法 등을 들 수 있다. 울산 반구대 암각화에서도 보이듯이 고래를 작살로 찌르는 모습이 보이고, 각 유적에서 출토되는 어로구, 그물추나 토기에 찍힌 그물로 유추해 보면, 당시의 어로활동이 다양하게 진행되었음을 알 수 있다. 또한 남해안의 연대도와 욕지도유적에서 출토된 남성의 인골에서 잠수생활을 장기간 할 경우 나타나는 외이도골종外耳道骨腫의 현상이 발견되고 있어, 신석기시대에 잠수어업이 성행하였음을 알 수 있다. 현재 제주도나 남해안에서 활동 중인 해녀들에게서도 이러한 외이도골종의 현상을 볼 수 있다.

어로 이외에도 남해안과 서해안에 분포하는 많은 수의 패총유적을 보면 조개류 채취가 매우 성행했음을 알 수 있다. 남해안의 예를 들면, 부산 동삼동패총에서는 밤고둥, 눈알고둥, 침배고둥, 큰뱀고둥, 홍합, 소라, 대수리, 참굴, 김해 수가리패총에서는 재첩, 굴, 물맛조개, 굴, 바지락, 피뿔고둥, 물맛조개, 홍합, 동죽, 통영 연대도패총에서는 참굴, 전복, 소라, 홍합, 밤고둥, 침배고둥, 큰뱀고둥, 여수 안도패총에서는 홍합, 참굴, 반고둥, 산우렁이, 소라, 삿갓조개, 완도 여서도패총에서는 굵은줄격판담치, 개울타리고둥, 배말류, 명주고둥, 소라, 검은큰따개비 등이 출토되었다. 남해안의 조개류는 해안가의 자연환경에 따라 다양하나, 출토된 조개류 중에 가장 많이 차지하는 것은 굴과 홍합이다. 굴과 홍합은 수심이 얕은 해안가의 암초에 서식하는 종류이며, 맛과 영양에서도 신석기인들이 애용한 식료 중의 하나였다. 굴, 고둥과 같은 암초성 조개류를 채취하는 데에는 빗창이나 예새 등과 같은 도구가 활용되기도 하였다. 남해안 신석기시대 패총에서는 굴과 홍합 등 많은 종류의 조개류가 식용되지만, 그 중에는 투박조개, 피조개, 가리비 등은 식용과 아울러 장신구로 이용되기도 하였다.

3) 농경

신석기시대의 전반기에는 수렵과 어로도 진행되었지만, 참나무류에서 채집되는 견과류가 식량의 주류를 이루었고, 농경은 대개 중기 이후에 점진적으로 이루어지고 있다. 중기 이후에는 점차로 식량채집 단계를 벗어나 조, 수수, 기장, 밀, 보리 등 농경에 의한 식량을 생산하기 시작하였다. 후기에 이르면 농경에 의한 곡물생산의 양이 증가하며, 그 중에서도 조와 기장의 출토량이 가장 많다. 조와 기장은 단기간에 경작할 수 있고, 다른 곡물에 비해 농경이 손쉽고, 또한 소규모의 재배가 가능하기 때문에 많이 이용된 것으로 보인다. 조와 기장은 중국 화북지방에서 기원전 7,000년 이전부터 재배되며, 한반도에 인접한 중국 요녕성의 신락新樂유적 하층에서는 기원전 5,000년 전부터 기장이 재배된다. 한반도에서는 중기 단계의 부산 동삼동패총 1호주거지와 진주 상촌리, 대평리에서 출토된 조와 기장은 후기 단계의 것이다. 특히 동삼동의 조, 기장의 출토 연대가 북한지역의 봉산 마산리나 봉산 지탑리유적과 비슷한 시기여서 한반도에서는 중기 단계에 이미 조와 기장을 중심으로 한 곡물농경이 본격화된 것으로 추정되고 있다.

농경의 흔적으로 중기 이후의 유적에서는 탄화된 조, 기장, 밀 등 곡물의 흔적들이 검출되고 있다. 북한지방의 지탑리 2지구 2호 주거지에서는 탄화된 조가 출토되었고, 농경구로는 돌보습, 돌낫, 괭이, 멧돼지 이빨로 만든 낫, 뿔괭이, 뒤지개 등이 출토되어 농경이 본격적으로 시작되었음을 알 수 있다. 특히 조는 마산리 7호주거지와 평양 남경 31호주거지에서도 출토되어, 농경의 시작은 조를 중심으로 한 곡물농경이었을 것으로 추정되며, 조 이외의 곡물농경도 서서히 이루어진 것으로 보인다. 남한지방의 부산 동삼동패총 1호주거지에서는 조 75립, 기장 16립이 출토되었으며, 진주 상촌리 B지구 6호, 17호주거지에서 보리, 도토리, 진주 대평리 어은 1지구에서는 조, 보리, 벼 등이 확인되었다. 옥천 대천리유적 주거지에서는 기장, 조, 쌀, 보리, 밀 등이 발견되었다. 중기에 시작된 농경은 후기가 되면 기장, 보리, 밀, 콩류 등 더 다양한 곡물농경이 재배되었다. 연대측정이 이루어진 동삼동과 상촌리, 대평리유적의 자료로 보아 BC 4천년 후반기에 한반도에서 조와 기장이 재배되었음을 알 수 있다. 특히 동남부지역에서 농경의 흔적이 보이는 유적의 특징을 보면, 이른 시기에는 어로, 수렵의 비중이 높고, 어패류, 해수류 제품의 사용빈도가 높게 나타난다. 이러한 현상은 농경이 시작되는 중기 이후에는 점차 약화되고 있는 양상을 보인다. 농경의 시작으로 인하여 바다자원보다도 곡물농경의 생산 비중이 높아지고, 식량의 입수가 점차 용이해지면서부터 바다로의 진출이 약화된 것으로 보인다.

곡물농경 이외에도 신석기시대에 이미 벼농사가 시작되었음을 입증하는 자료들이 근래에 증가하고 있다. 한반도에서 벼농사의 시작은 본래 청동기시대에 시작된 것으로 알려져 있었으나, 근래 한강 하류역의 김포 가와지 토탄층 출토 볍씨, 고양 일산지구 토탄층 출토 볍씨, 옥천 대천리 주거지에서 벼껍질, 쌀 등의 자료가 발견되고 있다.

7. 예술과 신앙

1) 예술

신석기시대의 예술품은 흙, 돌, 조개껍질, 골각기 등의 다양한 재료가 이용되며, 사람, 가면, 동물 등의 형상을 표현하고 있다. 이러한 예술품으로 신석기인들의 미적인 표현을 가늠해 볼 수 있으며, 또한 의례, 신앙과도 결부되고 있다.

신석기인들의 예술적인 감각은 일상생활의 도구에서 이미 파악할 수 있다. 가장 많이 사용되고 있는 것이 토기의 문양이다. 토기의 기면에 표현한 기하학적인 문양, 빗살문양의 다양한 형태 등 지역과 시기에 따라서 예술적인 장식이 이루어진다. 이러한 예술적 표현의 문양은 시대 편년의 기준이 되기도 한다. 일상적인 문양이 아닌 동물의 회화적인 문양이 출토되기도 하였다. 부산 동삼동패총에서는 사슴문양의 토기편이 출토되었고,(사진64) 창녕 비봉리패총에서는 멧돼지 문양이 표현된 토기편이 출토되었다.

▲ 부산 동삼동 사슴문양토기(사진64)

토우土偶는 흙을 반죽하여 사람의 형태를 모방하여 구운 것으로 신석기시대에 주로 만들어지고 있다. 인물상의 토우는 얼굴부위, 몸통부위, 손과 발 등이 추상적으로 표현되어 있다. 인물상의 토우는 북한지역의 청진 농포동유적에서 흙으로 사람의 몸 전체를 형상화하여 만든 것이 출토되었는데, 여성을 나타낸 것으로 보고 있다. 남한에서는 울산 신암리, 통영 욕지도유적에서 출토되었으며, 근래에 호남지역의 완도 여서도패총에서도 출토 예가 보고되고 있다. 신암리유적에서 출토된 토우는 여성상이며, 높이 3.6cm 크기의 몸통부분만 남아있다. 가는 허리와 가슴이 솟아있으며, 순산과 다산을 기원하는 의미로 제작되었을 것이다.(사진65) 여서도패총의 Ⅲ층에서도 머리와 팔, 다리가 결실된 길이 6.2cm의 토우가 출토되었다. 신암리나 여서도에서 출토된 토우는 머리와 팔, 다리가 없는 몸통만 있는 것이 특징이다. 토우는 아니지만 양양 오산리유적에서 출토된 원반형의 토제 얼굴은 길이 5cm 정도이며, 눈과 볼, 입 부분을 눌러서 표현하고 있다. 신석기인의 얼굴을 구체적으로 표현한 것은 이 예술품이 처음이다.

▲ 울산 신암리 토우(사진65)

토우 이외에도 흙이나 돌로 만든 동물상이 만들어지기도 한다. 농포동유적에서는 개의 머리, 납석제 새의 조상 등이 출토되었으며, 이들은 호신이나, 풍요 등의 기원과 관계된 것으로 보인다. 울산 세죽패총과 동삼동패총에서는 곰을 형상화한 동물상이 출토되었으며, 신석기시대에도 멧돼지, 개 이외에도 곰에 대한 신앙의례가 있었음을 알 수 있다. 욕지도유적에서 출토된 멧돼지는 길이 4.2cm이며, 뾰족하게 표현한 등허리, 각 지게 만든 주둥이, 그리고 눈과 엉덩이가 사실적으로 표현되어 있다. 오산리유적 C지구 최하층에서도 곰이나 개로 보이는 동물상이 출토되었으며, 출토된 지점이 기존에 조사된 오산리유적

보다도 시기가 빠른 것으로 알려져 있다. 동삼동패총에서 출토된 국자가리비의 조개가면은 사람의 얼굴을 형상화 하였다. (사진66) 조개의 표면에 작은 구멍 2개를 뚫어 눈을 만들고, 큰 구멍 하나를 뚫어 입을 만들었다. 조개가면을 쓰고 마을의 공동의식을 행하기도 하며, 축제나 의례 행위에 사용하기도 한다. 이러한 조개가면은 일본 큐슈지역의 아따까阿高패총에서도 출토되고 있어, 신앙과 의례에 있어서도 상호 관련이 엿보이고 있다.

▲ 부산 동삼동 조개가면(사진66)

2) 원시신앙

원시신앙의 측면에서 생각해 볼 때 한반도에서 비교적 많이 성행한 것은 채집, 수렵의 안전과 풍요로운 생업을 위한 자연물에 대한 기원, 출생에서부터 성년을 거쳐 죽을 때까지의 통과의례, 친족집단 중심의 조상숭배사상 등이 주류를 이루었을 것으로 보인다. 신석기시대의 신앙적인 의미가 내포된 유물은 조각품, 암각화, 기원과 호신을 위한 도구 등 여러 가지 유형이 있다.

선봉 서포항유적에서는 사람, 망아지, 뱀 등의 뼈 조각품이 발견되었고, 청진 농포동유적에서는 흙으로 만든 인물, 개의 머리, 새모양의 조각품이 나왔고, 그 외 여러 지역에서 원시신앙과 관련된 유물이 출토되었다. 이 중에서도 원시신앙의 측면을 가장 잘 이해할 수 있는 유적은 서포항유적으로 사람, 망아지, 뱀 등이 보고되어 있다.

서포항 3기층에서는 사슴뼈로 조각한 인물상이, 4기층에서는 짐승

뼈를 납작하게 갈아 안면의 테두리를 만들고 그 안에 얼굴을 형상화 하였다. 이 밖에도 농포동유적에서는 흙으로 빚은 토우와 같은 여성상이, 오산리유적에서는 인물상이, 동삼동패총에서는 조개가면에 구멍을 뚫어 눈과 입을 형상화한 것이 출토되었다. 신석기시대에 있어서 사람과 인물상은 신앙대상이 되고 있는 조상신의 모습을 새긴 것으로 생각된다. 이 인물이 새겨진 도구는 지금도 동북아시아의 일부 종족에서 활용되고 있는 것들이며, 수렵의 성공이나 자기 보호, 혹은 수렵과 어로를 상징하는 조상신을 새긴 것으로 판단되고 있다. 근래의 동북아시아의 민족학적인 보고에서도 수렵의식이나 주술신앙에 있어서 신석기시대의 유물과 같은 성격의 것이 이용되고 있어, 원시신앙의 성격을 추정하여 파악할 수 있는 단서가 될 수 있을 것이다.

짐승을 형상화한 것은 망아지, 개, 새 등의 조각품이 보고되고 있다. 서포항유적 3기층에서 망아지로 보고된 것은 사슴 녹각으로 동물의 머리를 조각한 것이며, 농포동유적에서는 개의 머리부분을 형상화 한 것, 곱돌로 만든 새의 머리부분이 출토되었다. 이러한 짐승은 당시 종족들의 상징적인 동물이거나, 아니면 수렵대상의 주술신앙과 관련되는 조각품으로 판단된다. 일반적으로 동물의 조각품은 시베리아 지역에서는 수렵신앙과 관련되고 있기 때문이다. 이러한 짐승의 조소품彫塑品들은 주로 머리부분이 많고 여기에 거의 모두 구멍이나 홈이 있어 몸에 차고 다닐 수 있게 하여 수렵신앙과 호신을 위한 도구로 생각된다.

서포항유적 3기층에서 출토된 뱀은 멧돼지 이빨을 갈아서 조각한 것으로 부러진 상태이다. 뱀과 관련한 유적은 바이칼호 주변의 암각화, 연해주지역의 암각화 등의 유적에서 관련된 것이 발견되고 있고, 숭상의 대상이 되고 있다. 이 같은 예는 몽고지방에서도 보고되고 있고, 일본 지역에서는 죠몬繩文시대 중기의 동일본 지역의 토기 기면에 뱀과 관련한 장식이 많이 시문되어 있다. 이로 미루어 보면 뱀과 관련한 유적이나 유물은 동북아시아 전역에서 보고되고 있고, 서포항유적의 뱀 조각은 토템의 상징인지 확실하지는 않지만 동아시적인 시야에서 원시신앙과 관련한 같은 맥락으로 해석해야 될 것으로 판단된다.

8. 남해상에서의 교류

1) 통나무배

해상에서의 해류는 쿠로시오黑潮, 쿠로시오 반류反流, 쓰시마난류對馬海流 등에 의해서 다양하게 연결되고 있음이 확인되었으며, 남해안 지역의 신석기인들은 해류, 조류, 날씨 등을 읽어 통나무배를 조종할 능력이 예상외로 높았던 것으로 보인다. 남해상에서의 해상교역은 당시의 동일한 생태조건, 대한해협의 공통된 어장의 공유에 의해서 이루어졌다. 공동어장은 문화가 교차하는 공간으로의 역할을 하였고, 이러한 생업환경은 양 지역에서 교역의 기반이 되었다.

한반도에서 해상교역을 위해 사용된 운송수단은 통나무배이다. 배는 부산 동삼동패총에서 출토된 배모양토기의 예가 있으며, 울산 반구대 암각화에서도 4척의 배 그림이 확인되었다. 그리고 실물로는 창녕 비봉리패총에서 2기의 통나무배가 출토된 바 있다. 출토상태가 좋은 1호 통나무배는 현 해수면보다 2.1m 정도 낮은 곳에서 발견되었다.(사진67) 선저부船底部만 남아 있는 상태이며, 잔존길이 310cm, 두께 2~5cm, 최대폭 62cm이다. 단면은 U자형으로 통나무를 파내어 만들었으며,

선미부船尾部의 상태를 감안하면 4m가 넘는 통나무배로 추정된다. 불에 그을려 가공한 흔적이 발견되고 있으며, 재질은 수령 200년의 소나무로 밝혀졌다. AMS연대측정 결과, 약 7,700년전의 것이며, 남해안과의 교류에 있어서 비교 자료로 자주 인용되는 일본 큐슈의 이끼리끼伊木力유적 출토의 통나무배보다 2,000년 이상 앞선 시기로 보고되고 있다.

▲ 창녕 비봉리 통나무배(사진67)

현재 유적에서 발견된 잔존 통나무배를 가지고 당시의 모습을 완전하게 복원하기 어렵다. 왜냐하면 범주帆柱를 세우기 위한 구멍이나 장치의 흔적이 확인되지 않았고, 선저부만 남아 있는 상태이기 때문이다. 통나무배는 남해 및 동지나해 연안에 분포하는 신석기시대 전기의 패총을 형성한 사람들에 의해 사용되었던 것으로 생각된다. 처음에는 연안부를 다니다가 쿠로시오나 쿠로시오 반류 등의 해류에 타고 점차 항해를 숙지해 갔을 것으로 판단된다. 통나무배를 이용한 남해안과 쓰시마의 항해는 해류와 계절풍을 이용한 것으로 보이며, 부산 인근의 해안에서 육안으로 보이는 쓰시마의 북서해안을 목표로 교역하였을 것이다. 쓰시마에서는 큐슈의 북측에 위치한 이끼壹岐섬을 경유하여 큐슈의 북쪽 해안에 쉽게 접근이 가능하다. 신석기시대뿐만 아니라 고대의 항해 루트도 유사한 경로를 이용하고 있다.

2) 토기의 교류

남해상에서의 문물교류는 동일 어장을 생활기반으로 하는 일본의 서북큐슈와 비교하여 생각할 수 있다. 공통된 특징을 가진 어로구가 양 지역에서 출토되고 있고, 토기의 양상도 상호 관련성이 있기 때문이다. 양 지역의 교류 양상은 조기의 융기문기隆起文期에 시작되어 전기의 영선동식기瀛仙洞式期, 중기의 수가리식기水佳里式期까지 이어진다.(도면13)

남해안에서 출토되는 융기문토기의 분포는 주로 남해, 도서지역 일대가 중심이 되고있다. 일부는 제주도의 고산리 유적이나 쓰시마의 고시다까越高유적 등에도 출토 예가 있어 해상에서의 원거리 이동능력도 상당히 높았던 것으로 보인다.(사진68) 융기문토기를 보면 토기의 형태가 평저심발이며, 복합융기문이 시문되고 있다. 쓰시마의 고시따까유적에서도 출토된 융기문양을 가진 토기는 남해안의 융기문토기의 모든 특징, 형식학적 변화 등에 있어서도 동일하다고 할 수 있다. 고시다까유적에서는 남해안의 융기문토기와 큐슈의 도도로끼B식轟B式토기가 공반되어 출토되고 있어, 양 토기의 시기가 비슷함을 짐작할 수 있다. 그러나 남해안에서 출토되는 기형에 단이 있는 굴곡형屈曲型토기는 큐슈의 도도로끼B식토기와 관련되는 것으로 생각된다. 굴곡형토기는 남해안 동측의 신암리, 우봉리, 동삼동, 상노대도, 연대도에 한정되어 있어, 문물교류의 성행은 지리적인 여건상 동남 해안이 중심을 이루었을 것으로 생각된다. 특히 연대도나 범방, 동삼동패총에서는 일부의 토기에 일본지역 토기의 특징인 패각조흔문貝殼條痕文이 사용되고 있다.

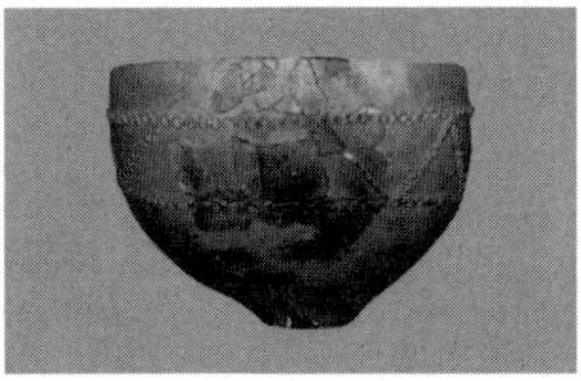

▲ 일본 고시따까 융기문토기(사진68)

융기문토기 이후, 남해안의 영선동식토기는 큐슈의 니시가라쓰식

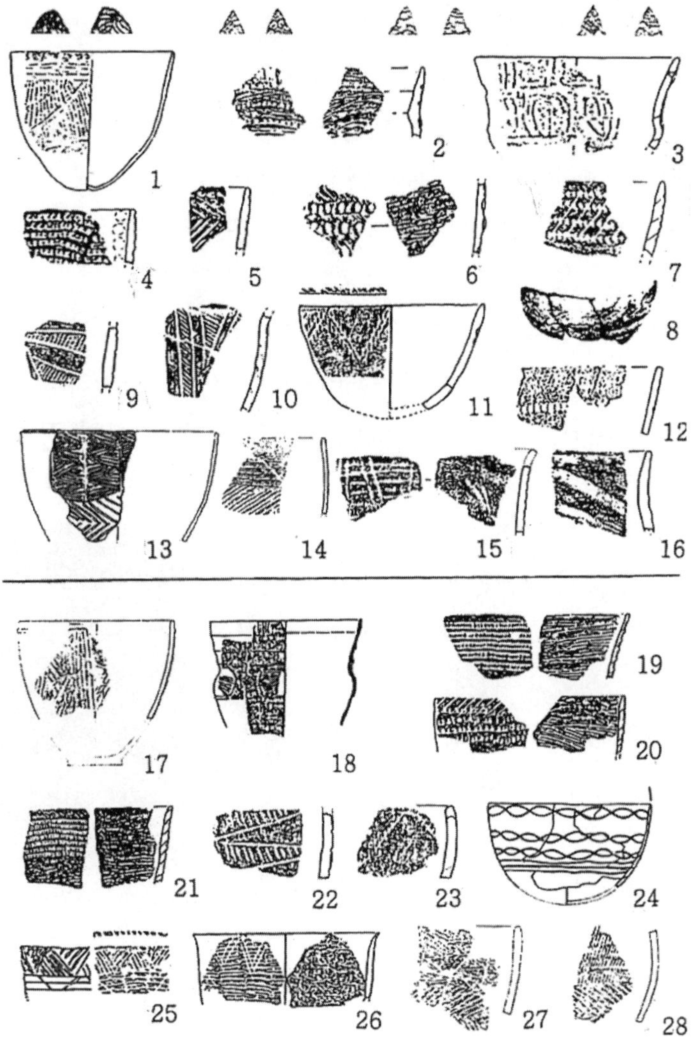

▲도면13. 남해안과 큐슈의 관련토기

1.돌산송도 2,7,9,연대도 3,16.신암리 4~6.소흑산도 8.범방 10.산달도 11,15.동삼동 12,14.욕지도 13.수가리 17.越高 18.轟 19~21,24.深堀 22.白浜 23,27,28.夫婦岩 25,曾畑 26.茱畑

西唐津式토기와 거의 대응되는 시기이며, 양 지역의 비교 자료로서 주목되고 있다. 영선동식토기는 문양에 있어서 자돌문刺突文과 압인문押引文은 새롭게 나타나는 속성이고 침선문沈線文은 융기문토기의 속성을 계승한 것이 많다. 이 시기에 양 지역의 토기문화는 문양모티브와 기형은 전체적으로 한반도 남해안에서 서북큐슈로 이어지고 있는데, 구획문양대區劃文樣帶나 호상문弧狀文의 수법에 관해서는 역 현상이 보이고 있다. 이러한 영선동식기에 보이는 각 문양은 서북큐슈의 서측에서 많이 발견되고 있다.

남해안 영선동식기의 종말단계에 많이 출토되는 삼각집선문三角集線文은 해방 전부터 주목되어온 큐슈 소바타식曾畑式토기의 원류로서 주목할 수 있다.(사진69) 소바타식토기 문양 중에 가장 특징 있는것은 충전充塡문양으로 시문되는 삼각집선문이다. 이 문양은 큐슈의 니시가라쓰식토기에는 존재하지 않은 속성이며, 그 출처는 역시 한반도의 남해안으로 생각된다. 남해안 영선동식기의 삼각집선문 시문부위는 구연부에 있는 것이 특징이고, 니시가라쓰식기에는 구획문양대 안의 충전 문양으로 많이 사용되어 소바타식토기에 정착하게 된다.

▲ 일본 소바타토기(사진69)

3) 석기의 교류

남해상에서 바다를 사이에 두고 양 지역에서는 어로활동이 활발하게 전개되어, 쓰시마, 서북큐슈 해안을 중심으로 지역간의 교류가 이루어지고, 수량은 많지 않지만 공통된 특징을 가진 토기, 석기, 어로구가 양 지역에서 출토되고 있다.

큐슈지역의 죠몬계繩文系토기는 한반도의 각지에서 출토되고 있다. 그 유적들을 보면, 울산 신암리, 부산 동삼동, 조도, 범방, 통영 연대도, 욕지도, 상노대도, 여수 안도패총 등의 유적에서 세노깡식塞ノ神式, 도도로끼B식轟B式, 니시가라쓰식西唐津式, 소바타식曾畑式, 아따까식阿高式, 니시비라식西平式, 가네가사끼식鐘崎式 등의 조기에서 후기에 이르는 각종 토기들이 출토되고 있다. 그와 관련하여 큐슈지역에서 출토되는 석기도 비교적 많은 유적에서 출토되고 있다.(도면14) 그 유적들을 보면, 울산 신암리유적에서 흑요석제 화살촉, 유견석기有肩石器, 부산 동삼동패총에서 흑요석제 화살촉, 돌작살石銛, 돌톱石鋸, 유견석기, 부산 범방패총에서 흑요석제 화살촉, 통영 연대도패총에서 흑요석제 화살촉, 돌작살, 돌수저石匙, 흑요석의 원석, 통영 욕지도패총에서 흑요석제 화살촉, 돌작살, 유견석기, 통영 상노대도패총에서 흑요석제 돌톱, 유견석기, 여수 안도패총에서 흑요석제 돌톱과 유견석기, 돌수저, 제주 고산리유적에서 돌화살촉 등이 출토되었다. (사진70)

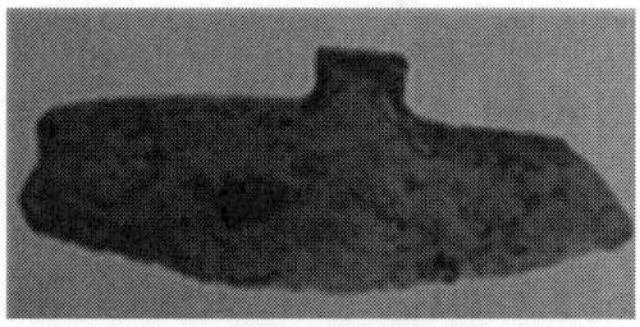
▲ 여수 안도 돌수저(사진70)

석기의 재질에서 흑요석은 큐슈와의 교류를 상징하는 대표적인 유물이다. 흑요석제의 석기는 동삼동, 범방, 연대도, 욕지도패총에서 많은 양이 출토되었고, 시기적으로도 고루 출토되고 있다. 이 중 동삼동과 연대도패총에서는 흑요석의 원석이 출토되었고, 우봉리, 동삼동, 조도, 다대포, 범방, 수가리, 연대도, 산등, 돌산송도, 안도 등의 유적에서는 흑요석의 격지편이 출토된 것으로 보아, 원석을 큐슈로부터 입수하여 직접 가공 제작하였던 것으로 보인다. 흑요석으로 제작한 유물로는 화살촉, 돌작살, 돌톱 등이 있으며, 바다를 건너 흑요석의 교역망이 형성되었던 것으로 보인다. 동삼동에서 출토되는 흑요석제의 석기는 일본의 큐슈지역이며, 그 주요산지는 고시따께腰岳로 알려지고 있다. 각 유적에서 흑요석제의 출토 양상을 보면, 이러한

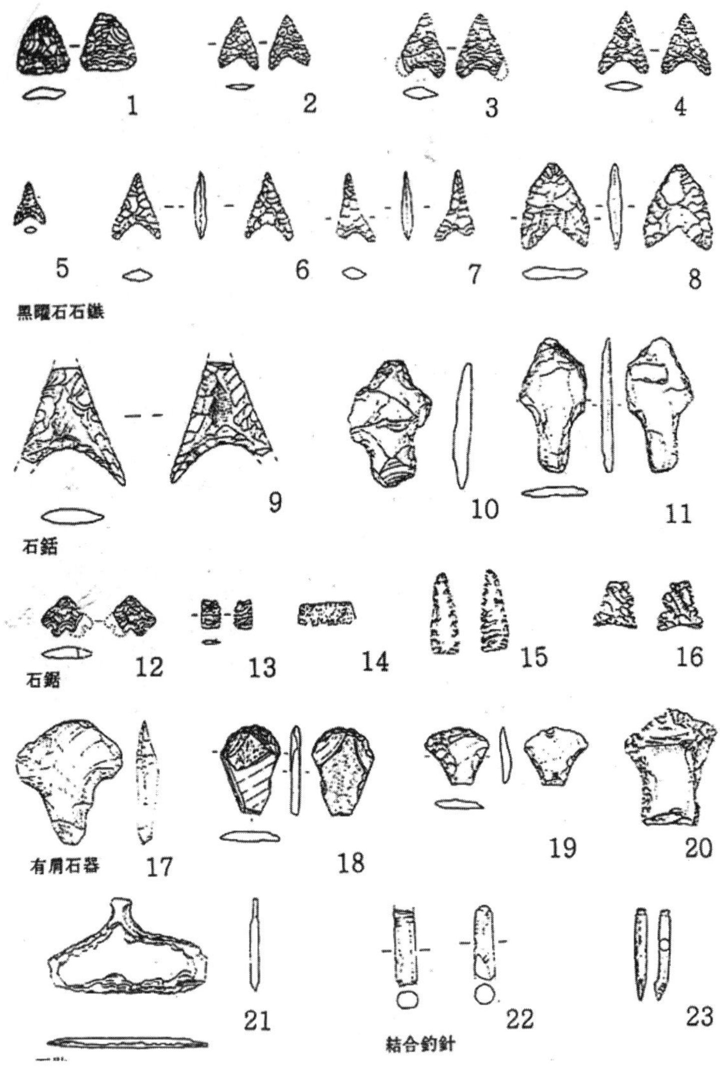

▲ 도면 14. 남해안과 큐슈의 관련석기

1~4, 12~14.동삼동 5,23.범방 6,9,21.연대도
7,8,10,11,18,19.욕지도 15,16,20.상노대도 17,22.신암리

흑요석의 교역은 남해안의 동삼동이나 연대도 등에 거점을 두고, 여기에서 남해안 각지로 공급된 것으로 보인다.

또한 유견석기는 큐슈지역에서 가마사끼형鎌崎型 스크레이퍼로 불리는 석기이다. 형태는 대형台形에 유사하며 어깨쪽 넓은 부분의 끝에 날을 형성한 석기이다. 이러한 석기는 한반도 남해안에서 출토 유적과 수량이 증가하고 있는 추세이다. 조개의 가공에 사용된 것으로 추정되는 이 석기는 울산 신암리, 부산 동삼동, 범방, 통영 욕지도, 상노대도, 여수 돌산송도 등의 유적에서 출토되었으며, 시기는 융기문토기의 전기부터 사용되기 시작한다. 큐슈에서는 고시따까越高, 아까마쓰赤松 해안, 가마사끼鎌崎, 가네사끼鐘崎, 쓰구메노하나유적 등 주로 서북큐슈의 해안과 도서지역의 유적에서 많이 출토되고 있다. 이 석기는 죠몬繩文 조기말경부터 출토되고 있어, 동삼동패총과 시기가 거의 같다.

4) 어로구, 장신구의 교류

남해상에서는 무엇보다도 어로활동이 활발하게 전개되어 남해안, 쓰시마, 서북큐슈 해안을 중심으로 지역간의 교류가 이루어지고 있다. 남해상에서의 교류는 지리적으로 쓰시마, 서북큐슈와 근접한 영남 해안과 도서지역에서 더욱 활발한 양상을 보이고 있으며, 양 지역간의 교류를 상정할 만한 어로구는 돌톱, 돌작살, 결합낚시바늘 등이 있다. 장신구는 조개팔찌 등을 비롯하여 귀걸이, 목걸이 등이 출토되고 있다. (도면15) 특히 어로구는 외양성 어로구로 알려지고 있으며, 남해안은 물론 서북큐슈까지 폭 넓은 지역에서 발견되고 있다.

양 지역의 외양성 어로구인 돌톱은 출토 유적이 해안지역에 많이 집중하고 있으며, 남해안에서는 부산 동삼동, 통영 상노대도, 여수

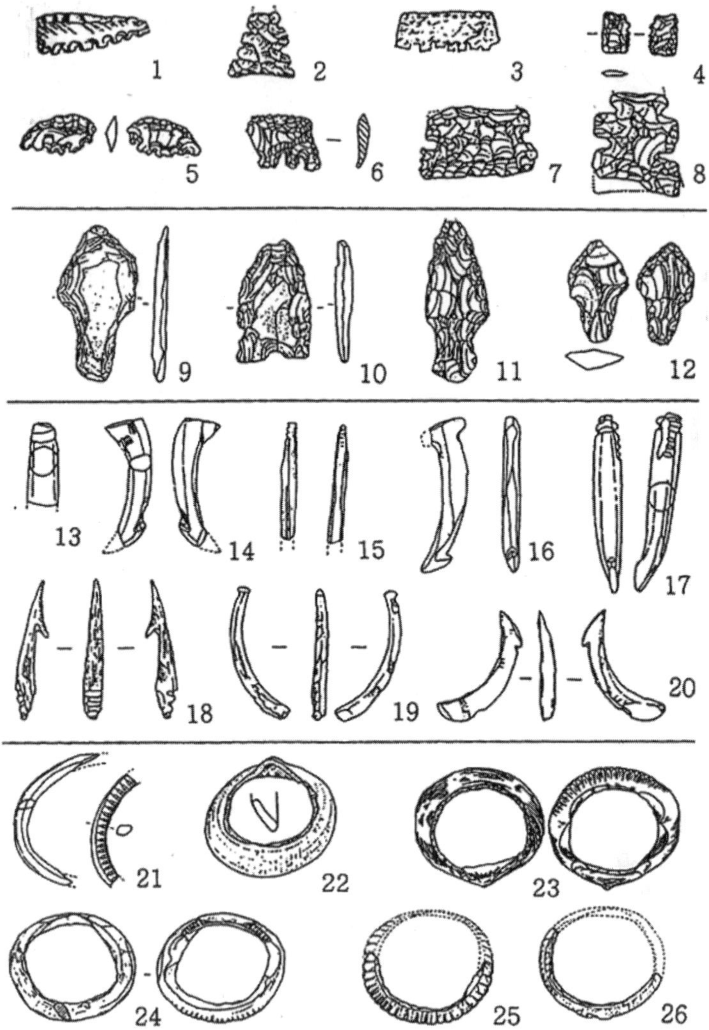

▲ 도면 15. 남해안과 큐슈의 어로, 장신구

1,2.상노대도 3,4.동삼동 5,12,24.山鹿 6.姫神社 7.深堀 8.赤松海岸
9,10,15,16.욕지도 11.쓰구메노하나 13,14,21.돌산송도 17.오산리
18.연대도 19,20,26.佐賀 22.수가리 23.산등 25.新廷

안도, 신안 소흑산도패총 등에서 출토되고 있다. 서북큐슈에서는 70여 군데 이상의 많은 지역에서 발견되고 있다. 재질은 대개 흑요석이 많이 사용되고 있으며, 남해안에서도 흑요석의 돌톱이 상당수 발견되어 큐슈와의 교류가 활발히 이루어졌음을 알 수 있다. 작살은 찔러서 포획하는 자돌 어로구의 기능을 가지며, 그 종류는 다양하다. 남해안에서는 욕지도에서 출토 예가 많고 동삼동, 상노대도, 연대도, 안도패총 등의 유적에서 확인되고 있다.(사진71) 결합낚시바늘은 주로 남해안에서 출토량이 많으며, 동남부의 양양 오산리유적에서도 많은 수의 결합낚시바늘이 출토되었다. 남해안지역의 결합낚시바늘 출토유적은 부산 동삼동, 범방, 통영 연대도, 상노대도, 욕지도, 여수 돌산송도, 신안 가거도, 대흑산도 등의 유적이며, 오산리형으로 불리는 결합낚시바늘은 큐슈의 오오야大矢 유적에서 출토되기도 하였다. 서북큐슈형으로 불리는 결합낚시바늘은 쓰시마의 사가패총은 물론 남해안의 상노대도유적에서도 출토되고 있다.(사진72) 한반도의 남해안과 큐슈의 양 지역 유적에서는 상어류, 청새치, 참돔, 돌돔, 혹돔, 복어, 능성어, 방어 등의 외양성 어류의 뼈가 출토되고 있으며, 이러한 어로의 포획에는 돌톱, 돌작살, 결합낚시바늘 등이 적극적으로 사용되었다.

▲ 여수 안도 돌톱(사진71)

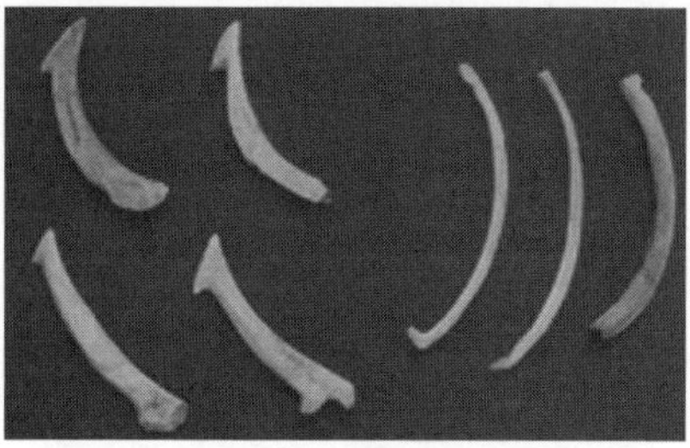
▲ 일본 사가패총 낚시바늘(사진72)

남해안에서는 교류를 상징할 만한 대표적인 장신구로 조개팔찌가 출토되고 있다. 남해안의 통영 산등패총과 연대도, 여수 안도패총, 부산 가덕도 장항유적에서는 무덤의 인골에서 조개팔찌가 장착된 상태로 출토되어 고고학적인 상황을 나타내는 좋은 예가 되고 있다. 서북큐슈에서도 사가佐賀패총, 니노브新延패총, 야마가山鹿패총에서 출토 예가 보고되고 있다. 인골에 조개팔찌가 장착되어 있는 경우는 남해안과 서북큐슈의 패총의 양 지역의 유적에서 확인되고 있으며, 조개팔찌의 제작 방법도 양 지역이 거의 동일하다. 조개팔찌에 사용된 조개껍질의 소재는 양 지역에서 투박조개 제품이 가장 많고 피조개, 새꼬막 등이 있다. 조개팔찌가 출토된 유적은 양 지역의 어로구, 토기문화의 교류 범위와도 중복되고 있다. 따라서 남해상에서의 교류는 토기, 석기, 어로구, 장신구 등 거의 모든 문물에서 이루어졌으며, 이러한 현상은 양 지역의 외양어업에 의해 적극적으로 이루어졌음을 알 수 있다.

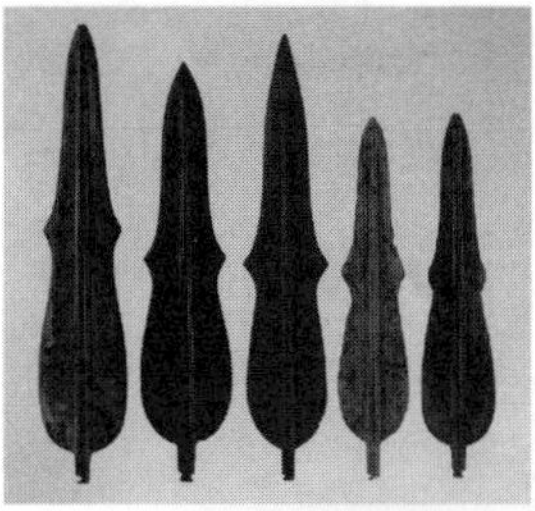

Ⅳ. 청동기시대

1. 청동기시대의 개요

신석기시대의 정주생활, 토기와 마제석기의 사용, 농경과 목축 등의 생업이 영위되는 시기를 지나 기원전 10세기경에 비파형동검琵琶形銅劍을 사용하는 청동기시대가 도래하게 되며, 이후 세형동검細形銅劍과 함께 청동기, 철기가 공반되는 기원전 1세기까지 지속된다. 청동을 기반으로 하는 야금술의 출현은 인류 기술의 발전과 더불어 사회 전반에 걸쳐 많은 변혁을 가져오게 하였으며, 더불어 청동기시대는 계급과 분업 등의 조직적인 사회가 활발히 진행된 시기이다. 지역적으로는 고조선의 영역이었던 비파형동검이 출토되는 요하유역遼河流域과 송화강유역松花江流域, 한반도 전역을 포함하고 있다. 그러나 한반도 남부지방에서는 청동기시대를 무문토기의 출현단계인 기원전 15세기로 올려보는 견해도 있다.

청동기의 도입과 더불어 이 시기의 특징적인 현상은 벼농사를 중심으로 하는 도작문화稻作文化의 전래이다. 쌀은 입에 넣기까지 가공이 쉽고 대량생산이 가능하기 때문에 신석기시대의 나무열매, 식물, 구근류 채집의 번거로움과는 큰 차이가 있으며, 맛에 있어서도 다른 곡물류보다 우수하다. 벼농사를 짓기 위해서는 일정한 장소에서 영주가 가능하며, 또 마을을 형성하여 사회조직의 변화를 초래하게 된다. 신석기인은 계절마다 무리를 지어 이동하면서 식량을 조달했으나 청동기인은 한 장소에서 자급자족이 가능하게 되어 부락을 이루었으며, 큰 사회 집단으로 발전하게 되었다. 이와 더불어 빈부의 차가 형성되며, 지배세력의 존재와 함께 비로소 소국가小國家가 탄생하게 된다. 벼농사에 의해서 수확된 쌀이 주식으로 일반화 되면서 이후 한국 경제사회의 중심을 이루게 된다.

이 시기에는 신석기시대와는 달리 대규모적인 자연의 개변이 진행된다. 청동기로 제작된 도구의 발달로 인하여 자원이 훼손되었으며, 벼농사로 인한 영주생활이 시작되면서 대규모 마을이 형성되기도 한다. 이 과정에서 주거와 창고시설, 망루와 목책의 방어시설, 목재 연료채취, 목기와 농기구 등의 제작이 이루어졌으며, 이로 인하여 주변의 많은 나무를 벌채하여 자연림이 점차 파괴되어 갔다. 신석기인은 자연에 의존해서 생활했지만 청동기인부터는 자연을 인간에게 유리하게 변화시키는 요인이 되었다. 이로 인하여 점차로 2차림이 확대되었으며, 태고의 원시림은 없어지게 되었다.

또한 전쟁이 본격적으로 시작되었음을 유구나 유물에서 파악할 수 있다. 마을유적에서는 적으로부터 마을을 보호하기 위해 주위를 두르는 환호環濠를 만들었으며, 여기에 목책을 세워 방어를 더욱 튼튼히 하였다. 진주 상촌리유적에서와 같이 무덤의 인골에서는 화살촉이 박힌 채로 출토되는 경우도 있으며, 목이 잘리고 사지四肢만이 매장된 인골도 출토되고 있다. 칼이 출현하였다는 것은 전쟁이 시작되었다는 증거이며, 청동기시대에 이미 권력층이 형성되었다는 것을 의미한다. 마을 간에는 농업생산을 축으로 한 지배와 종속관계가 성립되었으며, 벼농사를 짓기 위해서 토지와 물을 확보하기 위한 싸움, 축적된 쌀을 약탈하기 위한 싸움, 금속기를 수입하기 위한 교통로의 장악 싸움, 각 소국들의 외교권 싸움 등 다양한 형태의 전쟁이 지속되었다.

변화의 특징을 가장 잘 반영하는 토기는 신석기대의 빗살문양토기와는 달리 무문토기가 주류를 이룬다. 무문토기는 문양은 없지만 토기의 기형과 특징에 의해 지역을 나타내고 있다. 지역별 토기는 함북지방의 공렬문토기孔列文土器, 채문토기彩文土器, 압록강 중류역의 공귀리식토기, 청천강 이북에서 중국 길림성에 걸쳐 분포하는 미송리식토기, 청천강 이남의 팽이형토기角形土器, 서울, 경기지역의 역삼동식, 흔암리식, 가락동식토기, 충청도, 전라도, 경상도 서부지역의 송국리식토기, 강원도 지역의 천전리유형, 경상도 동부지역의 검단리형토기, 남부지방에 공렬문토기, 적색마연토기赤色磨研土器 등 다양한 토기들이 출토되고 있다. 후기에는 원형점토대토기圓形粘土帶土器, 흑도장경호黑陶長頸壺, 외반구연호外反口緣壺, 두형토기豆形土器 등이 용도에 따라 전문화된 석기와 함께 사용되었다.

청동기시대에는 무덤이 보다 정형화되고 다양해지며, 새로운 형태의 무덤이 등장하게 된다. 무덤의 종류는 석관묘石棺墓, 지석묘支石墓, 옹관묘甕棺墓, 목관묘木棺墓, 적석목관묘積石木棺墓등이 있으며, 마을의 주변 지역에 묘역을 형성하기도 한다. 그 중에 지석묘는 청동기시대의 가장 특징적인 묘제이다. 지석묘는 한반도에 4만여기가 있는 것으로 보고되었으며, 형태에 의해 중국 동북부에서 한강 유역에 걸치는 북방식과 한강이남, 전라도 지역에 주로 분포하는 남방식으로 구분이 가능하다. 매장은 북방식이 지상, 남방식은 지하에 이루어진다. 지석묘의 축조를 위해서는 많은 인력이 동원되어야 하며, 농경을 기반으로 하는 공동체사회가 이루어진 시기의 산물이다. 여기에서 출토되는 유물은 돌칼石刀, 돌화살촉石鏃, 대롱옥管玉, 무문토기 등이 주류를 이룬다.

이 시기에는 돼지, 개 등의 가축사육이 이루어졌으며, 이로 인하여 신석기시대에 주류를 이루었던 사슴과 멧돼지는 현저하게 감소되었다. 이 외에도 베틀을 이용한 방직기술이 개발되었으며, 식생활에 필요한 소금도 일반화 되었다. 신석기시대에는 염분을 섭취하기 위하여 동물의 골수骨髓를 활용하였지만, 청동기시대에는 농경의 보급과 함께 소금이 일반화 되고 교역의 주된 물품이었을 것으로 추정된다.

2. 초기철기시대와 관련하여

근래에 들어 한국고고학에 있어서 시대구분의 한 축이었던 초기철기시대初期鐵器時代의 설정문제에 있어서 다양한 의견들이 제시되고 있다. 현재에 있어서 초기철기시대의 연대는 대략 기원전 3세기~기원전 1세기경으로 편년되고 있다. 이 시기는 중국 전국시대 연燕나라의 철기문화가 보급되기 시작한 단계에 해당하나, 한반도에서는 아직 철기의 생산이 본격적으로 이루어지지 않은 시기이다. 역사적으로는 중국 동북지방의 요하유역遼河流域에서 후기 고조선과 위만조선이 세력을 펼치며, 송화강유역松花江流域에서는 부여가 성장하는 시점이다. 이 시기의 유적에서는 한반도 서북지역의 평북 위원 용연동유적에서와 같이 연나라의 화폐로 지칭되는 명도전明刀錢과 함께 청동기, 철기유물이 공반되는 양상을 보이고 있다.(사진73) 그러나 이 시기는 철기의 본격적인 생산단계에는 이르지 못하였으며,

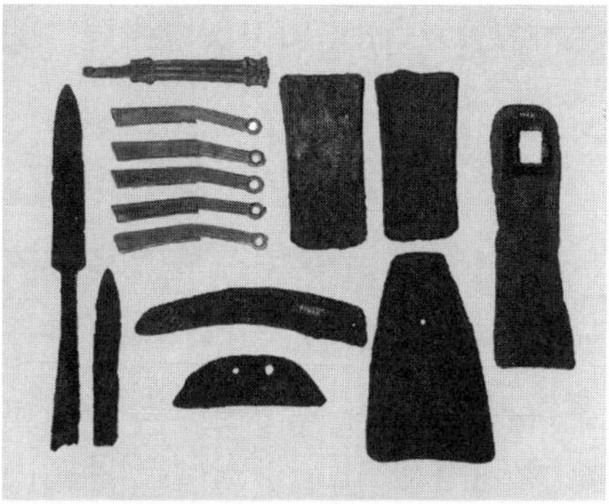

▲ 위원 용연동 출토유물(사진73)

철기보다는 오히려 청동기문화가 주류를 이루는 시기이다.

따라서 최근에는 기존의 초기철기시대를 청동기시대 후기로 구분해야 한다는 견해가 높아지고 있다. 또한 연구자에 따라서는 초기철기시대와 그 이후의 시기인 원삼국시대原三國時代를 통합하여 철기시대鐵器時代로 구분하려는 연구도 시도되고 있다. 초기철기시대의 유물을 검토해 보면, 철기가 보급되기는 하였지만 한반도에서는 청동기의 제작기술이 최고조에 도달한 상태이며, 실질적으로 이 시기는 청동기문화 단계에 속한다고 볼 수 있다. 따라서 본서에서는 기존의 초기철기시대를 청동기 시대 후기에 편년하여 구분하는 안을 수용하고자 한다.

청동기문화, 철기문화와 관련한 시기구분에 있어서는 중국 동북지방에서 한반도에 이르기까지 넓은 지역을 포함하고 있고, 전파되는 시기와 지역도 각기 다르기 때문에 많은 어려움이 따르고 있다. 또한 청동기와 토기와의 분포에 의해서도 시기구분이 달리 설정되기도 한다. 대체적으로 청동검으로 본다면, 시기에 있어서 비파형동검 이전의 시기를 전기, 비파형동검 시기의 중기, 세형동검 시기를 후기로 편년하고 있다. 남한지역에서는 무문토기 출토 주거지의 연대측정에 의하여 기원전 15세기에 발생했다는 학설이 제기된 바 있어, 이 무문토기를 근거로 본다면, 각목돌대문토기刻目突帶文土器 단계의 조기, 역삼동식, 흔암리식, 가락동식토기 단계의 전기, 송국리식토기 단계의 중기, 기존 초기철기시대의 원형점토대토기圓形粘土帶土器 단계의 후기로 구분하는 경향도 있다.

이와 같이 본다면, 기존의 초기철기시대는 청동검 구분의 세형동검의 시기인 후기, 무문토기 구분은 원형점토대토기 단계의 후기에 해당한다고 볼 수 있다. 또한 기존의 초기철기시대는 중국 동북지방과 한반도 전역의 유적과 유물의 특징에 따라서, 요동지역과 청천강 이북의 세죽리細竹里-연화보유형蓮花堡類型, 송화강유역의 대해맹大海猛-포자연유형泡子沿類型, 연해주지역의 단결團結-크로노프카유형, 청천강 이남

지역의 남성리南城里-초포리유형草浦里類型으로 구분되고 있다.(도면16)

그러나 이러한 시기구분은 지역에 따라서 문화의 발전단계, 청동기와 철기의 등장 시점, 토기의 변화상 등에 있어서 차이가 있음을 인정하지 않을 수 없다. 더구나 이 시기는 문헌상의 기록과도 비교해야 되는 현실을 감안해야 하며, 한중일 연구자 사이에도 타협하기 어려운 입장차가 존재하고 있다. 따라서 동북아 전역의 청동기, 철기문화를 대상으로 한 시기구분과 편년을 설정한다는 것은 현실적으로 매우 어려운 일이다.

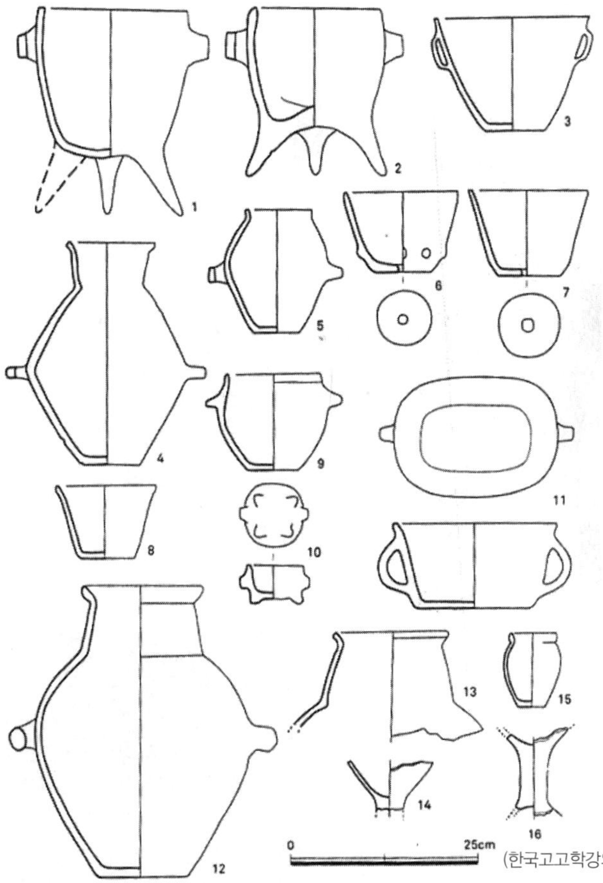

(한국고고학강의 2007인용)

▲ 도면 16. 대해맹-포자연유형토기

1~11.길림 후석산유적 12~16.길림 포자연유적

3. 유구

1) 주거지

(1) 개요

청동기시대에는 본격적인 농경이 시작되었으며, 영주생활을 하기 위한 마을이 형성되었다. 초기에는 구릉의 정상부와 하천 자연제방에 마을이 형성되지만, 점차적으로 논과 밭을 경작하기에 근접한 지역 강변의 대지위에 자리하거나 낮은 구릉지역으로 확대되어 간다. 처음에는 2~4기의 주거지가 마을을 이루나 강변의 대지로 확대해 가면서 10여기 정도의 마을이 형성된다. 마을의 주변에는 논과 밭이 경작되고 있으며, 주거구역 주변에 텃밭도 조사되고 있다.(사진74) 중기의 송국리식토기 단계에는 수십여기, 많게는 수백여기의 대규모 마을이 형성되기도 한다. 이 시기의 마을은 주거구역, 매장구역, 농경구역으로 정형화

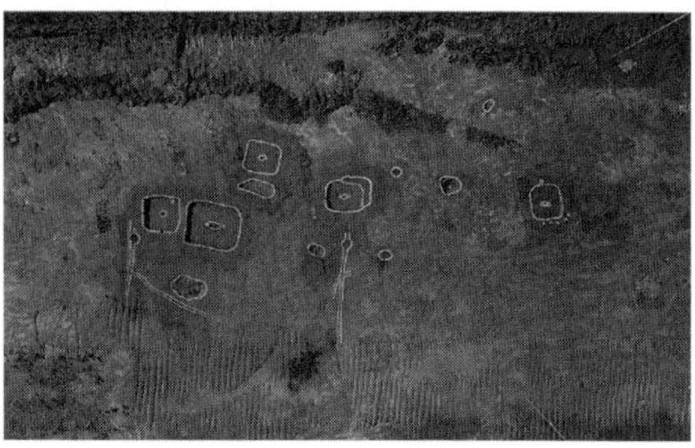
▲ 진주 대평리 옥방 주거와 밭터(사진74)

되어 배치되는 양상을 보이고 있다. 주거구역에는 생산시설, 저장시설, 광장, 의례공간이 있으며, 이를 방어하기 위한 환호環濠와 목책木柵시설이 발견되고 있다. 후기의 원형점토대토기圓形粘土帶土器 단계에는 보령 교성리, 화성 동학산유적과 같이 산 정상에 소규모 마을이 들어서기도 한다. 청동기시대 주거지의 대부분은 반수혈식이며, 평면형태는 장방형, 방형, 원형, 타원형, 부정형 등 다양하게 보이고 있다. 그 중에서도 방형계와 원형계가 주류를 이루고 있다.

(2) 조기

청동기시대 조기에 해당하는 주거지는 하남 미사리, 정선 아우라지, 김천 송죽리, 진주 상촌리 유적 등에서 방형 내지 장방형이 조사되었다.(사진75) 미사리유적의 주거지는 방형에 해당하며, 이 주거내부에는 판석을 두른 위석식圍石式 화덕자리를 갖추고 있으며, 화덕의 바닥에 편평하게 돌을 깐 경우도 있다. 출토유물은 각목돌대문토기刻目突帶文土器를 비롯하여, 반달형돌칼半月形石刀, 돌화살촉石鏃 등이 있다. 진주 상촌리 B지구의 주거형태는 장방형을 이루며, 상자형 위석식 화덕자리는 가장자리를 따라 초석이 배치된 특징이 있다. 각목돌대문토기를 비롯하여 공렬토기孔列土器, 적색마연토기赤色磨研土器, 반달형 돌칼, 돌화살촉 등 다양한 유물이 출토되었다.

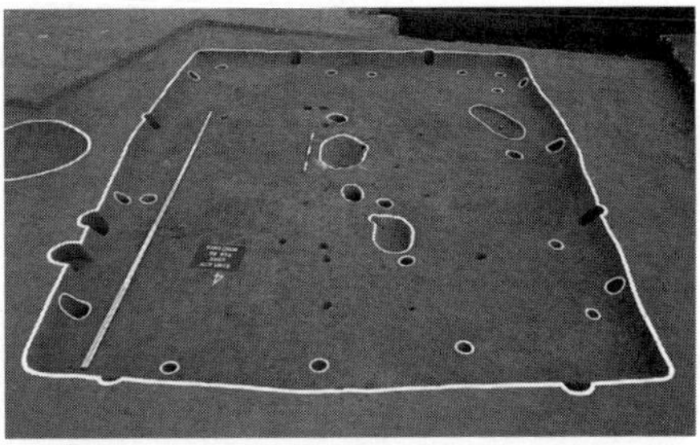
▲ 진주 상촌리 주거지(사진75)

(3) 전기

전기에는 서울 가락동, 서울 역삼동, 여주 흔암리, 아산 명암리, 천안 백석동, 청주 용암, 연기 송담리, 대전 둔산동 장방형계 주거지가 조사되고 있다. 화덕자리는 대개 1개소이나 규모가 큰 주거지에는 2개소가 있는 경우도 있다. 화덕자리는 강돌이나 할석을 네모지게 돌린 위석식圍石式이 많으며, 가락동식토기 출토지역의 주거지에서 주로 확인되고 있다. 주거 내부에서는 저장구멍을 설치한 경우가 많이 발견된다. 아무시설 없이 오목하게 파서 만든 무시설식無施設式은 역삼동식, 흔암리식토기 출토지역에서 주로 발견된다. 주거 내부에서는 저장구멍을 설치한 경우가 많으며, 가락동식과 흔암리식의 주거지에서는 출입구 우측에 위치하고 있다. 주거의 규모는 대개 20~25㎡ 정도의 소형에 해당한다.

전기 주거지의 예로 대전 둔산동 주거지의 경우는 장방형이며, 장방형의 위석식 화덕자리가 설치되어 있다. 벽에 인접한 곳에 20~30cm 간격으로 기둥구멍이 배열되어 있으며, 바닥의 중앙부에는 동서방향으로 3개씩 2줄의 초석이 배치되어 있다. 유물은 가락동식토기를 비롯한 각종 무문토기와 간돌검磨製石劍, 돌도끼石斧, 반달형돌칼, 돌화살촉 등이 출토되었다.

(4) 중기

중기의 송국리형 단계에는 주거지의 평면이 원형 내지는 방형으로 바뀐다. 규모는 원형이 20㎡, 장방형이 20~30㎡ 정도이다. 특히 원형의 송국리형 주거지는 주로 충청도, 전라도, 경상도 서부 지역에서 출토되고 있으며, 내부에 4개의 기둥구멍과 중앙에 돼지코 모양의 타원형수혈楕圓形竪穴이 있는 것이 특징이다.(사진76) 장방형 주거지와는 달리, 주거 내부에서 화덕자리는 발견되지 않으며, 타원형 수혈을 중심으로 석기 내지 옥기 등을 제작한 공방으로 활용되었을 것으로 추정된다. 이 시기 주거 내부의 저장구멍은 외부에 설치되는

▲ 전주 송천동2가 송국리형 주거지(사진76)

변화가 보이기도 한다. 송국리형 단계의 마을에서는 주거단위의 분화, 마을 규모의 확대, 방어시설, 마을의 기능분화, 위계질서 등의 변화를 엿볼 수 있는 것으로 연구되고 있다. 송국리형 주거지는 청동기, 철기문화와 함께 일본 야요이문화弥生文化 성립에 많은 영향을 주었다. 실제로 농경과 철기문화가 본격화되는 시점에 일본 큐슈九州지방에서 송국리형 주거지와 무문토기, 간석기, 지석묘 등이 발견되고 있다.

이와는 달리, 동남해안지역에서는 울산형 주거지로 불리는 화덕자리와 벽구壁溝, 외부돌출구가 있는 방형 내지 장방형의 주거지가 존재하고 있다. 화덕자리는 1~2기가 확인되며, 일부는 주변에 점토띠를 두른 것도 있다. 특이한 예로 울산 연암동유적에서와 같이 주거지 둘레에 도랑을 두른 경우도 있다.

(5) 후기

원형점토대토기 단계 후기의 주거지 형태는 방형이 주류를 이루고 있으며, 규모는 30㎡ 정도의 주거지가 많은 편이다. 이 시기에는 주거의 깊이가 얕아지고 기둥구멍의 수가 적어진다. 내부에서는 화덕자리, 벽구시설이 있으며, 일부 주거지에서는 부뚜막이나 구들시설이 확인되기도 한다. 부뚜막이나 구들시설은 주로 중국 동북부, 한반도 서북부, 두만강지역의 주거지에서 화덕자리 대신에 만들어진다. 부뚜막에는 연도煙道시설이 설치되기도 하는데, 벽면을 따라 길어지면 구들이 된다. 구들의 평면형태는 1자형, ㄱ자형, ㄷ자형으로 분류된다. 영변 세죽리, 진주 대평리유적 주거지의 구들은 ㄱ자형으로 알려지고 있다.

마을유적으로는 서해안에 인접한 보령 교성리와 안성 반제리, 고성 송현리, 합천 영창리유적을 들 수 있다. 이들 주거의 내부에서는 원형점토대토기가 출토되었다. 이 시기에 보령 교성리, 군산 도암리유적 주거지에서와 같이 중기의 송국리형 주거지에서 점토대토기가 출토되어 중기에서 후기로 이행하는 모습을 보여주고 있으며, 제주 삼양동유적에서는 200여기의 송국리형 주거지가 발견되었다.

(6) 고상가옥

청동기시대에는 주거의 용도로 사용하는 것 이외에도 고상가옥高床家屋, 공동작업장, 축사 등이 있었던 것으로 보인다. 고상가옥은 굴립주건물掘立柱建物로도 불리고 있으며, 오늘날의 정자와 같이 지표면보다 높은 지상에 있는 건물이다. 유적에서는 기둥구멍만 존재하므로 구조를 정확히 파악하기 어렵지만, 주변의 유구와 관련하여 용도를 추정할 수 있다. 하남 미사리유적의 것이 가장 빠르며, 중기 이후에 집중적으로 증가하는 양상을 보인다. 고상가옥은 농경의 발달과 함께 환호를 가진 마을유적에서 주거, 창고, 망루, 제단, 회의장소 등 공공건물로 사용되기도 한다. 사천 이금동유적에서는 규모가 크고, 광장이나 고분 주변에 위치하는 것으로 보아 제단이나 회의장소로 사용된 것으로 보인다. 고상가옥은 하남 미사리, 춘천 천전리, 보령 관창리, 해남 군곡리, 영암 장천리, 산청 묵곡리, 밀양 금천리, 진주 대평리 옥방, 사천 이금동, 창원 서상동유적 등에서 조사되었다.

(7) 환호

청동기시대 마을유적에서는 환호環濠시설이 조사되고 있으며, 이미 이 시기에 전쟁이 시작되었음을 알 수 있다. 마을 간에 농업생산을 축으로 한 지배와 종속관계가 성립되고, 벼농사를 위한 토지와 물 확보, 축적된 쌀의 약탈, 금속기 수입을 위한 교통로 장악 등을 위한 싸움이 지속되었다. 환호는 마을을 지키기 위한 방어 수단으로 설치되었다. 청동기시대 중기부터 설치되며, 부여 송국리, 울산 검단리, 울산 방기리, 진주 대평리 옥방, 산청 사월리, 대구 동천동, 창원 서상동 유적에서와 같이 마을 주위에 도랑으로 돌려져 있는 환호가 있다.(사진77) 특히 진주 대평리 옥방 1지구의 환호와 토루가 같이 사용된 경우가 있으며, 창원 서상동유적에서는 환호와 목책이 함께 사용된 경우도 있다. 후기에 해당하는 환호는 강릉 방동리, 화성 동학산, 합천 영창리, 안성 반제리, 오산 가장동, 수원 율전동유적에서도 확인되고 있다.

▲ 창원 서상동 남산 환호(사진77)

환호의 형태는 타원형이 주류이며, 2중이나 W자형으로 돌린 경우도 있다. 깊이는 1.5m 정도, 너비는 1~3m 정도의 규모이며, 마을을 방어하기 위한 시설이다. 진주 대평리 옥방유적의 마을에서는 2중의 환호가 조사되기도 하였다. 환호 내부에는 발이 잘 빠져나오지 못하게 하는 요형凹形의 홈을 판 경우도 있으며, 환호를 따라서 목책을 세운 기둥구멍의 흔적이 발견되는 경우도 있어서 철통같은 방어망를 형성한 것으로 생각된다.

마을을 방어하는 또 하나의 시설물은 목책木柵이 있으며, 중기 이후에 발견되고 있다. 목책은 부여 송국리유적에서 확인되었으며, 강릉 방동리, 진주 대평리 옥방1지구, 창원 서상동유적에서는 환호와 함께 조사되었다. 송국리유적의 목책은 마을의 외곽에서 발견되었으며, 확인된 길이만 430m 정도이다. 목책의 간격은 1.8m 정도, 기둥의 직경은 50cm 정도이다. 여기에 적이 접근하기 어렵게 가늘고 뾰족한 나무를 설치한 녹채鹿砦의 흔적이 출토되었다.

2) 고분

(1) 석관묘

청동기시대부터는 석관묘, 지석묘, 옹관묘, 목관묘, 적석목관묘 등 묘제가 다양화되며 여기에 상 · 장례의 양식도 복잡하게 혼용되어 나타난다. 이는 이 시대에 여러 종류의 문화가 혼합되고 있음을 의미하며, 고분이 지역적으로도 특징을 보이고 있어, 지역적 특색, 전통이 나타나고 있음을 알 수 있다. 또한 중국과 낙랑과의 교류를 통한 문물의 유입이 상 · 장례의 문화에서도 확연히 나타나고 있다.

석관묘石棺墓(돌널무덤)는 동북아시아 일대에 폭넓게 분포하는 청동기시대의 장법으로 판석이나 강돌을 사용한 석관으로 매장시설을 축조한 것이다. 이 묘제는 토광묘나 목관묘와는 달리 기존에 흙으로 덮어 버리는 관념에서 벗어나 일정한 공간을 부여했다는 점이 다르며, 한 단계 높은 수준의 장법이라 할 수 있다. 석관묘는 주로 구릉의 정상부에서 많이 발견되고 있으며, 판석이나 할석을 사용하여 매장시설을 지하에 마련하고 판석을 덮고 있다.(사진78) 하부구조에 있어서 지석묘와 밀접한 관련이 있는 것으로 보인다. 석관묘는 판석형과 할석형으로 대별되고 있으며, 규모면에서 1.6m 이상의 성인이 신전장伸展葬을 할 수 있을 정도로 큰 경우도 있지만, 1m 정도의 작은 것도 많다. 이렇듯 규모가 다양한 것은 신전장이나 굴장屈葬의 차이에 기인한 것으로 보이며, 지역에 따라서 매장법의 차이를 비교해 볼 수 있다.

▲ 부여 송국리 석관묘(사진78)

석관묘는 지역에 따라 구조를 달리하며, 부장유물도 다양하게 나타난다. 중국의 요령遼寧지역에서는 판석으로 축조한 석관묘가 많으며, 비파형동검琵琶形銅劍을 비롯한 다양한 청동기류, 무기류, 마구류가 출토된다. 북한지역에서도 강계 풍룡리, 강계 공귀리, 배천 대아리유적 등에서 판석을 사용한 석관묘가 존재하지만, 조사의 성과가 많지 않으며, 수량도 적은 편이다. 남부지방에서는 전역에서 발견되나 그 중에서도 밀집된 곳은 보령 관산리, 보령 관창리, 대전 괴정동, 서천 오석리, 부여 송국리, 공주 분강리, 공주 산의리, 논산 원북리, 논산 마전리, 논산 정지리, 익산 다송리유적 등 금강 중·하류지역이다. 대개 수십기가 한 지점에 밀집되어 발견되고 있다. 이 지역에서는 석개토광묘石蓋土壙墓(돌뚜껑움무덤)나 옹관묘甕棺墓와 함께 발견되는데, 이러한 석관묘는 송국리형 주거지와 밀접한 관련이 있는 것으로 보인다.

근래에는 천안 운전리, 보령 관창리, 진주 대평리 옥방, 어은지구, 사천 이금동유적에서와 같이 석관묘 주위로 도랑시설을 갖춘 특이한 형태가 발견되고 있다. 부장품은 대부분 무문토기류, 적색마연토기, 채문토기, 공렬토기, 원형점토대토기, 흑도장경호, 돌칼, 돌화살촉, 옥류와 청동거울, 소량의 청동기류가 출토되고 있다.

석관묘에서 출토된 몇 유적의 부장유물을 보면, 부여 송국리유적에서는 비파형동검琵琶形銅劍, 청동끌銅鑿, 간돌검磨製石劍, 돌화살촉石鏃, 대롱옥管玉 등이, 대전 괴정동유적에서는 세형동검細形銅劍, 청동거울銅鏡, 동화살촉, 청동종방울銅鐸, 방패형동기防牌形銅器, 검파형동기劍把形銅器, 굽은옥曲玉, 소옥小玉, 점토대토기粘土帶土器, 흑도장경호黑陶長頸壺, 논산 마전리유적에서는 간돌검, 돌화살촉, 홈자귀有溝石斧, 대팻날도끼扁平石斧 등이 출토되었다. 익산 다송리유적에서는 조문경粗文鏡, 대형 청동단추銅泡, 벽옥제 대롱옥, 무문토기, 흑도편 등이 출토되었다. 대형 청동단추는 중국 요령지방에서 발견되는 청동단추가 의기화 된 것으로 보인다. 이와 같이 석관묘의 부장유물은 간돌검,

돌화살촉, 옥, 다양한 청동기, 토기 등이 발견되고 있다. 이중 간돌검과 돌화살촉의 출토빈도가 가장 높다.

석관묘는 시신을 매장하는 의식에서 벗어나 사후세계를 남기고자 하는 의미에서 흙과 구별되는 석관을 사용한 것으로 보인다. 이러한 묘제는 금속기의 도입과 벼농사의 시작으로 인하여 정치적, 군사적 지위나 상속, 사유재산에 대한 관념 등이 상당히 발달된 청동기시대에 필연적으로 나타날 수 있는 무덤인 것이다. 부장유물에서도 알 수 있듯이 석관묘에서는 청동검銅劍, 청동거울銅鏡, 청동방울銅鈴 등 주로 의례용으로 사용하는 것들이 많다. 이것은 주술적인 힘을 가진 유물이며, 피장자가 생전에 신분이 높고 권위있는 인물이었음을 추측하게 한다.

(2) 지석묘

지석묘支石墓(고인돌)는 유럽, 지중해 연안, 인도, 동남아시아, 중국, 일본 등 전 세계적으로 분포하고 있지만, 그 중에서도 한반도가 4만 여기로 가장 많이 분포하고 있다. 지석묘는 전 세계적으로 한반도가 가장 많으며, 그 중에서도 호남지역이 압도적으로 많다. 지석묘는 대개 평지 보다 약간 높은 산기슭에 자리하는 경우가 많고, 전방에 하천이 있는 입지가 많이 선정된다. 이러한 입지에 선정되는 것은 선조들이 후손을 보호해 준다는 관념에서일 것이며, 묘지 선정에 있어 조상숭배 의식이나 규율이 존재하였던 것으로 보인다. 지석묘의 축조시에는 축조의례, 매장의례, 장례의례 등의 의식이 행해진 것으로 연구되고 있어, 죽음에 대한 의식과 절차가 그 사회의 정해진 규범 안에서 정연하게 이루어진 것으로 보인다.

지석묘가 한반도와 가장 관련 있는 지역은 중국의 요령지역이다. 이 시기의 묘제는 석관묘인데 지석묘의 원류를 여기에 두는 경향이 높다. 요령지역을 포함해서 한강 이북에는 탁자와 같은 북방식北方式이 분포하고 있다. 중국에서는 돌로 된 천막과 유사하다하여 석붕石棚이라 하며, 북한에서는 오덕형五德型이라 부르고 있다. 북방식은 남한지역에서는 분포수가 많지 않지만, 그 중에서도 강화도에 예가 많은 편이다. 그렇지만 남방식과 같이 수량이 많거나 군집된 모습은 보이지 않는다. 북방식의 석실은 4매의 판석을 지석으로 사용하여 지상에 노출된 상태이며, 피장자를 매장하기 보다는 석실 안에 넣어 두는 양상이다.

남부지방에서는 바둑판과 같이 받침돌의 지석支石이 있는 남방식南方式이 주류를 이룬다. 남방식 지석묘는 호남과 영남지역에서 주류를 이루고 있으며, 해안을 중심으로 밀집된 양상을 보인다. 특히 밀집된 양상은 고창 죽림리, 화순 효산리, 대신리 일대에서 볼 수 있으며, 이곳은 강화도의 지석묘와 함께 세계문화유산으로 지정되어 있다.(사진79) 또한 개석식蓋石式으로 불리는 것은 상석上石 밑에 지석이 없는 경우이며, 상석과 묘실이 지면에 직접 마주 접하는 형태이다. 북한지역에서는 개석식을 침촌형沈村型과 묵방형墨房型으로 구분하고 있다. 지역적으로는 남방식 지석묘와 공반되고 있으며, 일본 큐슈九州에서도 개석식 지석묘가 발견되고 있다. 북방식 지석묘와는 달리, 석실은 지하에 위치하게 되며, 그 형태는 판석으로 된 석관형石棺形, 할석이나 강돌로 쌓은 석곽형石槨形, 구덩이만 판 토광형土壙形, 상석 밑으로 돌을 두른 위석형圍石形 등 다양하다.

▲ 고창 지석묘군(사진79)

지석묘의 석실 안에 매장되는 부장품은 간돌검, 돌화살촉, 적색마연토기赤色磨研土器, 채문토기彩文土器, 청동기류, 옥류 등 다양하다. 남해안 지역에서는 비파형동검을 포함한 청동기류, 각종 옥, 토기류가 부장되기도 한다. 여기에서 섬진강유역 지석묘의 예를 보기로 한다. 승주 우산리 내우 지석묘군에서는 간돌검, 돌화살촉, 돌끌石鑿, 삼각형돌칼, 홈자귀有溝石斧, 달모양도끼環狀石斧, 비파형동검琵琶形銅劍, 각종 옥류, 무문토기, 적색마연토기편 등이 출토되었다. 특히 8호지석묘에서는 비파형동검 1점과 굽은옥 2점, 대롱옥 6점이 출토되어 부장품의 연구에 중요한 자료를 제공하고 있다. 보성 덕치리 신기지석묘에서는 비파형동검, 간돌검, 돌창, 돌화살촉, 청동화살촉, 삼각형돌칼, 돌끌, 홈자귀, 무문토기, 적색마연토기 등, 여천시 적량동 지석묘군에서는 비파형동검 7점, 비파형청동투겁창, 대롱옥, 홈자귀, 가락바퀴紡錘車, 무문토기, 팽이형토기角形土器, 적색마연토기가 출토되었다. 2호석곽형에서는 비파형청동투겁창과 대롱옥이 공반 출토되었으며, 팽이형토기는 서북지방에서 많이 보이는 것으로 서남해안에서 발견은 예가 드물다. 여천시 평려동 지석묘군에서는 청동검, 홈자귀, 돌화살촉, 각종 옥류, 무문토기, 적색마연토기 등이 출토되었는데, 인근 여수반도 지석묘의 유물상과 유사하다. 특히 옥류는 대롱옥管玉 170점, 소옥小玉 257점, 굽은옥曲玉 2점, 둥근옥丸玉 2점 등 다양하다.

이와 같이 섬진강유역 지석묘의 부장유물은 석기류는 간돌검과 돌화살촉이 주류를 이루고, 토기는 적색마연토기와 채문토기, 청동기류는 비파형동검, 세형동검, 청동투겁창銅矛, 청동화살촉, 옥류는 소옥, 굽은옥, 대롱옥, 둥근옥이 있다. 이러한 부장유물은 피장자가 실제로 생전에 사용하던 물건이나 의례용으로 특별히 제작하여 넣은 것으로 보인다. 여기에 비해 돌칼, 홈자귀, 숫돌, 가락바퀴, 무문토기류 등의 생활유물은 지석묘 주변에서 많이 발견되는데, 이들 유물은 부장유물과는 달리 생활유물이다. 이들 생활유물은 지석묘 축조시 혹은 부장 후의 제사에 쓰였던 것으로 생각된다.

지석묘 내부에 부장유물이 놓여지는 위치에 대해서는 전남지방의 연구 예가 있다. 이에 의하면 간돌검은 인골의 우측 허리에서 무릎 부근, 돌화살촉은 간돌검 부근이나 피장자의 가슴 혹은 그 아래쪽,

청동기는 허리나 다리쪽, 굽은옥, 둥근옥은 머리 부근, 소옥과 대롱옥 등은 가슴 부분, 적색마연토기는 머리 부근에서 출토되는 것으로 연구되고 있다. 따라서 이를 토대로 인골이 출토하지 않아도 유물의 위치로 머리 방향을 추정할 수 있다. 피장자의 성별과 부장품의 관계는 간돌검磨製石劍은 일반적으로 남자의 무덤에서, 옥류는 여자무덤에서 출토된다. 그러나 옥류는 남자무덤에서 동반되기도 하여 성별에 큰 의미는 부여되지 않은 것 같다.

매장방법은 반듯이 펴서 누운 자세의 신전장伸展葬, 옆으로 누워 구부린 굴장屈葬, 옆으로 펴서 누운 측장側葬, 화장火葬, 육탈된 인골을 재차 안치하는 세골장洗骨葬 등이 있으며, 이 중에 신전장이 주류를 이룬다. 현재까지 한반도에서 출토된 인골로 보면, 남성이 신전장, 여성은 굴장이 많은 편이다.

▲ 고산 도산리 지석묘(사진80)

지석묘는 대부분 무덤으로 사용되지만, 묘표석墓標石, 제단祭壇 등으로 사용되는 경우도 있다. 고창 도산리 지석묘의 예에서 본다면, 지상에 노출된 지석의 판석이 앞뒤가 열려 있는 형태여서 매장보다는 제단으로 사용되 었을 가능성이 높은 것으로 추정되고 있다.(사진80)

지석묘의 축조과정에 있어서 상석의 채굴과 운반은 어려운 작업이다. 상석의 채굴장소는 화순 대신리 지석묘군과 고창 죽림리 지석묘군에서 조사된 바 있다. 고창 죽림리 지석묘군에서는 상석을 채굴하는데 있어서 6가지의 방법이 확인되었다. 죽림리의 경우 상석의 채굴은 대개 뒷산의 성틀봉을 중심으로 7~8부 능선의 암석군에서 이루어졌으며, 암석의 절리면을 확보하여 인공적인 쐐기를 박아 분리하고 있다. 분리한 상석을 이동시키는 데에는 통나무와 밧줄을 이용하였으며, 여기에는 많은 인원이 동원되어야 한다. 실험을 통하여 보면, 30여톤의 상석을 운반하는데, 200여명의 인원이 필요한 것으로 알려져 있다. 이 시기에는 이미 인력을 동원할 수 있는 사회체재나 지배체재가 형성되었으며, 이는 정착된 농경사회가 그 기반이 되었던 것이다.

(3) 옹관묘

신석기시대의 옹관묘로 보고된 것은 진주 대평리와 부산 동삼동의 예가 있지만, 청동기시대부터는 한반도에서 옹관묘甕棺墓(독무덤)가 많이 사용되기 시작한다. 옹관묘는 일상생활에서 사용하던 토기를 이용하고 있으며, 규모로 보아 소아나 육탈된 인골을 안치하는 용도로 사용하고 있다.

청동기시대의 옹관묘는 토기 하나만을 사용하는 단옹單甕이며, 부여 송국리, 공주 남산리, 공주 송학리, 공주 산의리, 공주 안영리, 서천 오석리, 논산 마전리, 논산 원북리, 논산 정지리, 익산 석천리, 익산 화산리, 군산 아동리, 곡성 연화리 등 충청도, 전라도지역의 송국리형 문화권 안에서 주로 발견되고 있다. 이 시기의 옹관은 송국리형토기를 세우거나 비스듬히 묻은 형태이며, 판석 등을 뚜껑으로 하여 덮고 있는 모습이다.(사진81) 그러나 논산 마전리, 익산 화산리 옹관묘의 예와 같이 옹관의 덮개로 판석 대신 소형의 발형토기鉢形土器가 사용되는 경우도 있다. 옹관의 바닥이나 몸통에는 조그마한 구멍을 내고 있는데, 이것은 배수, 방습, 의례와 관련된 시설로 추정하고 있다. 이러한 옹관은 전라도 지역에서는 단독으로 발견되나, 부여 송국리, 논산 마전리 등에서는 석관묘, 석개토광묘 등과 함께 발견되고 있다.

▲ 익산 석천리 옹관묘(사진81)

옹관묘의 부장품은 지석묘나 석관묘에 비해서 매우 적게 나타난다. 옹관은 군집된 다른 묘제에 부수적으로 나타나고, 또한 소아용으로 사용된 예가 많다. 즉 한반도에서는 석관묘나 목관묘, 지석묘보다는 지위가 낮은 계급, 혹은 소아용의 무덤 등으로 사용되고 있으며, 부장유물도 매우 빈약하다. 그러나 한반도와는 달리 일본지역에서는 야요이시대弥生時代 요시노가리吉野ヶ里유적에서와 같이 옹관에서 청동검과 옥 등이 출토되기도 하여 지위가 높은자의 무덤으로도 사용되고 있어 주목되고 있다.

(4) 목관묘, 적석목관묘

목관묘木棺墓(나무널무덤)는 청동기시대 후기에 주류를 이루고 있으며, 토광을 파서 목관을 매장하는 방식이다. 목관묘는 완주 갈동, 완주 덕동, 완주 반교리, 완주 신풍, 전주 여의동 등지에서 발견되고 있으며, 유물도 다른 지역에 비해 출토량이 많다. 청동기시대 후기에 전주, 완주지역이 문화의 선진 지역이었음을 짐작할 수 있다. 완주 갈동 유적의 세형동검 거푸집鎔范, 청동화살촉銅鏃, 쇠낫鐵鎌과 환형유리環形琉璃 등은 이 유적의 성격과 교류를 밝히는 중요한 유물로 평가되고 있다. 완주 신풍유적에서는 70여기의 목관묘가 조사되었으며, 내부에서는 각종 청동기와 철기가 공반되는 양상을 보이고 있다. 또한 시기를 가늠할 수 있는 점토대토기粘土帶土器, 흑도장경호黑陶長頸壺, 다양한 유리장신구 등이 출토되었다. 기원전 2세기말경 남부지방에 철기문화가 보급되기 시작하며, 청동기문화의 양식을 모방한 철기가 목관묘에서 출토되고 있는 것이다.

적석목관묘積石木棺墓(돌무지나무널무덤)는 목관을 안치한 후, 그 위에 돌을 덮거나 목관의 주위를 돌로 두르는 무덤을 말한다. 종래에는 석관묘나 석곽묘로 불리었으나 화순 대곡리에서 목관 주위에 할석을 돌리는 예에서 새롭게 밝혀졌다. 대개 단독으로 축조되고 있으며, 원삼국시대로 넘어가면서 혈연과 지연을 통한 집단 묘역을 이루게 된다.

목관묘와 적석목관묘의 부장유물 출토의 몇 예를 보면, 완주 갈동 유적에서는 세형동검의 거푸집을 비롯하여 청동화살촉, 쇠낫, 쇠도끼, 환형유리, 흑도장경호, 우각형파수부호牛角形把手附壺, 점토대토기, 대부장경호臺附長頸壺 등 다양한 유물이 출토되었으며, 완주 신풍유적에서는 청동거울銅鏡, 간두령竿頭鈴, 청동검銅劍, 청동끌銅鑿 등의 청동기와 환두도자環頭刀子(둥근고리자루손칼), 손칼刀子, 쇠끌鐵鑿, 쇠도끼鐵斧, 점토대토기, 흑도장경호, 다양한 유리 장신구 등이 출토되었다. 부여 합송리에서는 청동검, 청동꺽창銅戈, 청동종방울銅鐸, 청동거울, 동기銅器, 유리 대롱옥, 쇠끌, 쇠도끼, 흑도장경호 등이 출토되었다.

장수 남양리에서는 세형동검, 청동투겁창銅矛, 청동거울, 쇠도끼, 쇠끌, 쇠새기개鐵鉇, 돌칼, 간돌화살촉磨製石鏃 등이 일괄적으로 수습되었으며, 여기에 점토대토기와 흑도장경호가 출토되었다. 당진 소소리 유적과 같이 청동유물과 철기유물이 공반하여 남한지역에 점차 철기가 도입되는 과정을 보여주고 있다.

화순 대곡리유적에서는 세형동검, 청동도끼銅斧, 팔주령八珠鈴, 쌍두령雙頭鈴, 청동거울 등이, 함평의 초포리유적에서는 묘광의 바닥에서 장식옥과 칼자루끝장식劍把頭飾, 청동검, 청동거울, 청동 투겁창, 청동 꺽창, 청동도끼, 청동끌, 쌍두령, 청동방울銅鈴 등이 발견되어, 부장품이 셋트로 놓여 있음을 알 수 있다. 할석과 묘광 사이에는 청동방울이 놓여 있었으며, 피장자의 머리와 팔꿈치 부분에 해당된다. 천하석제의 옥 1쌍도 피장자의 양쪽 귀 부분에서 대칭으로 발견되었다.

이와 같이 청동기시대의 목관묘, 적석목관묘의 특징은 무덤의 구조 및 부장품의 부장방법에 이르기까지 다음 시기인 원삼국시대原三國時代 목관묘의 문화에 충실히 계승된다. 원삼국시대 초기에 출현하는 목관묘에는 청동기와 철기, 무문토기와 함께 새로운 양식의 토기인 와질토기瓦質土器가 부장되고 있는 점이 특징이다. 목관묘의 주체부는 통나무관이나 판재관이 사용되고 있으며, 관 밑에 구덩이를 파고 유물을 매장하여 특이한 장법을 보여주고 있다.

4. 유물

1) 청동기

(1) 개요

청동기는 소수권력자들이 사용하는 신분상징적인 유물로 평가되고 있으며, 한반도에서는 기원전 10세기경 중국 동북지방에서 제작되어 점차적으로 보급되었다. 유입된 청동기는 무기로 사용되기도 하였으며, 농업에 획기적인 전환점이 되기도 하였다.(도면17) 청동기시대 후기에는 점차적으로 철기가 도입되어 원삼국시대의 서막을 이루게 된다.

청동기의 존속시기는 세계적으로 지역에 따라 차이를 보이고 있다. 청동기의 주조술은 메소포타미아 지방에서 시작되었으며, 약 6,000년 전에 크게 발전하였다. 약 4,000년전에는 구리와 주석의 합금인 청동이 일반화 되었으며, 유럽지역에서도 청동기가 사용되었다. 이후 청동기의 주조술은 중앙아시아의 우랄산맥을 넘어 시베리아에 도달하였으며, 중국 동북지방을 거쳐 한반도에는 기원전 10세기경에 유입되었다. 중국 동북지방에는 기원전 15세기경에 소멸한 하가점하층문화夏家店下層文化 단계에 이미 청동기가 등장하였으며, 여기에 출토된 비파형동검琵琶形銅劍

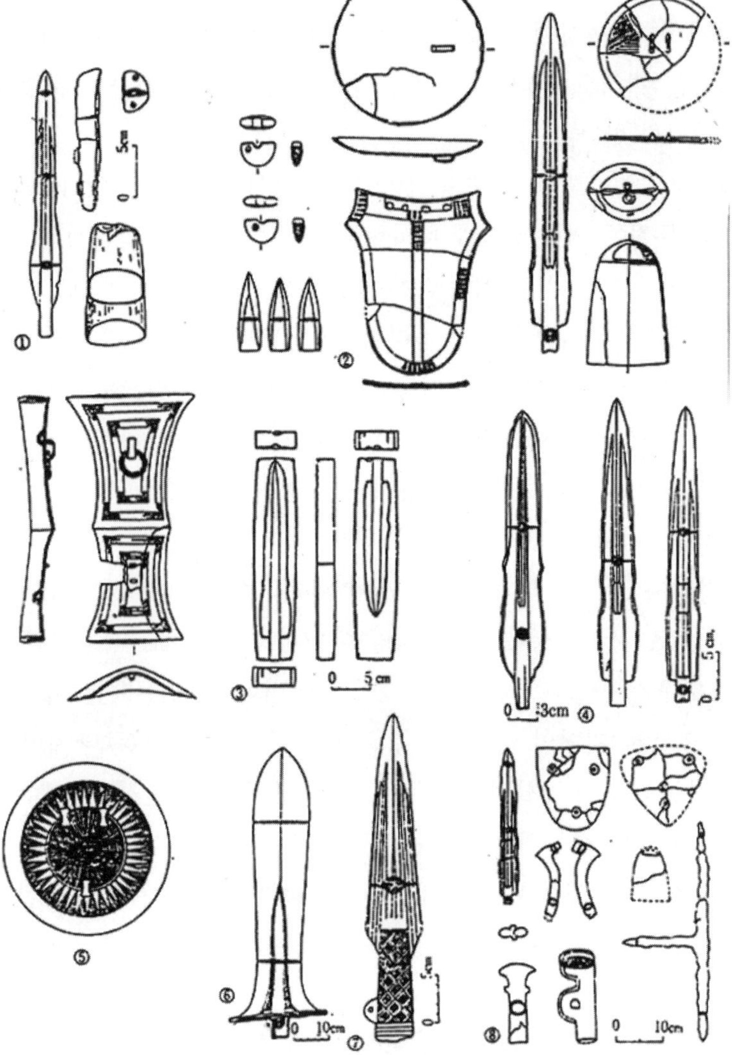

▲ 도면 17. 청동기 각종유물(고고학사전 2001인용)

1.용흥리(비파형동검, 청동손칼, 굽은옥, 간돌도끼)
2.괴정동(원개형동기, 방패형동기, 검파형동기, 청동거울, 청동종방울, 세형동검)
3.용인출토 세형동검 거푸집 4.청동검 각종(비파형동검, 세형동검) 5.세문경
6.청동꺽창 7.청동투겁창 8.평양출토(세형동검, 을자형동기, 거여구, 청동종방울)

이 한반도와 관련되고 있다. 청동기의 사용은 세계적으로 공통된 것이 아니고 지역에 따라서 다양한 양상을 보이고 있다. 서남아시아에서는 청동기의 사용시기가 오랫동안 지속되었으며, 곧바로 철기시대로 들어가는 지역도 있다. 일본의 경우는 청동기와 철기가 구분없이 함께 사용되기도 한다.

청동기 유물 중에는 청동검이 가장 많이 출토되고 있다. 청동검은 지역과 특징에 의해서 크게 비파형동검琵琶形銅劍과 세형동검細形銅劍으로 분류하고 있다. 비파형동검은 중국 요령지역에서 주로 출토되어 요령식동검遼寧式銅劍으로도 불리며, 한반도에서 주로 발견되는 형태가 가늘고 긴 세형동검은 한국식동검韓國式銅劍으로 불리기도 한다. 따라서 청동기문화를 비파형동검문화와 세형동검문화로 대변하기도 한다.

비파형동검문화는 중국 동북지방을 중심으로 주로 석관묘, 적석묘, 토광묘 등에서 미송리식토기와 함께 비파형동검, 비파형청동투겁창, T자형검자루劍柄, 부채모양도끼扇形銅斧, 조문경粗文鏡(거친무늬거울) 등이 출토되는 양상을 일컫는다. 이 시기는 한반도 청동기의 기본이 되는 도구가 만들어진 시기이다. 이러한 비파형동검문화는 지역에 따라 중국 요서遼西지역의 하가점상층문화夏家店上層文化, 요동遼東지역의 요동 비파형동검문화, 길림성 길림, 장춘지역의 서단산문화西團山文化, 한반도의 비파형동검문화로 구분되고 있다. 청동검 이외에도 비파형동검문화기에 보이는 청동유물은 청동투겁창銅矛, 청동화살촉銅鏃, 손칼刀子, 청동도끼銅斧, 청동끌銅鑿 등이 있으며, 마구류, 청동 의기류 등은 보이지 않는다.

세형동검문화는 비파형동검문화에 이은 청동기시대 후기에 해당한다. 비파형동검문화를 바탕으로 형성되었으며, 중국 동북지역의 청동기문화를 받아들이면서 새로운 청동기문화로 정착하게 되었다. 대동강 유역에서는 비파형동검문화를 발전시켜, 세형동검, 세형청동꺽창, 세문경細文鏡(잔무늬거울) 등의 청동기가 제작되었다. 남부지방에서는 이 시기에 아산 남성리, 예산 동서리, 대전 괴정동, 부여 연화리 등의 유적이 서남해안 지역에 집중된 양상을 보이고 있다. 이 지역은 서남해안 교통의 요충지로 요동반도와 서해상을 통한 교류가 지속되었던 곳이다. 이 시기에는 비파형동검문화 단계보다 다양한 유물이 출토되며, 새롭게 의기류와 함께 무기류, 공구류가 가미되고 있다. 세형동검을 필두로 청동투겁창銅矛, 청동꺽창銅戈, 다뉴세문경多紐細文鏡 등이 공반되고 있다. 남한지방에서는 의기로서 방패형동기防牌形銅器, 나팔형동기喇叭形銅器, 원개형동기圓蓋形銅器 등이 출토되며, 각종 청동거울이 만들어 진다. 이 문화가 일본으로 건너가 야요이시대弥生時代의 청동기문화에 지대한 영향을 주었다. 이후 중국 전국시대戰國時代의 철기문화 파급으로 인하여 청동기는 점차 쇠퇴하여 간다.

(2) 청동제작기술

청동을 얻기 위해서는 광석을 캐내는 채광採鑛, 광석에 열을 가해 청동을 뽑아내는 정련精鍊, 청동을 배합하는 합금合金, 그리고 청동유물을 제작하기 위해 거푸집鎔范에 넣어서 형태를 만드는 주조鑄造 등 여러 단계의 공정을 거쳐야 하며, 전문적인 기술을 필요로 한다.

청동은 구리와 주석, 비소 등이 합금된 금속이며, 여기에 납이나 아연을 섞어서 제작하는 경우도 있다. 청동은 주석이 합금되는 비율에 따라서 연성延性과 경도硬度가 변하며, 청동유물의 용도에 따라서 합금의 비율이 차이를 보이고 있다. 청동유물의 경우, 구리에 주석이 19% 정도일때 가장 견고한 것으로 파악되고 있다. 한반도에서 출토되는 청동기는 유물에 따라서 차이는 있지만, 세형동검의 경우는 대략 구리 79.2%, 주석 13.4%, 납 6.8% 정도가 혼입된 것으로 연구되고 있다. 의기儀器나 청동거울銅鏡, 장신구裝身具 등의 청동기는 구리의 비율이 떨어져 59.6%, 주석은 22.1%, 납 7.3% 정도이다. 이것은 제품의 특성을 고려해 주조하는데 편하게 성분배합이 이루어졌으며, 여기에는 각 제품마다 합금술의 올바른 원리를 적용하였음을 알 수 있다.

청동기를 주조하기 위해서는 도가니와 거푸집鎔范이 필요하다. 한반도에서 청동기시대의 도가니는 아직 출토예가 없지만, 거푸집은 한반도 거의 전 지역에서 출토되고 있다. 특히 영산강유역의 영암에서 출토된 거푸집은 청동검, 청동투겁창, 청동꺽창 등의 무기류, 청동도끼, 청동끌의 공구류, 낚시바늘을 제작한 거푸집이 일괄로 발견되어 대규모의 공방이 있었던 것으로 보인다.

한반도의 거푸집은 주로 활석제이며, 비파형동검문화와 관련된 지역에서 발견되고 있다. 거푸집은 한쪽면만 이용하는 단합범單合范도 있으나, 같은 모양 2매를 합하여 사용하는 쌍합범雙合范이 주류를 이룬다.(사진82) 정교한 문양이나 장식이 있는 청동거울, 청동방울은 밀랍으로 틀을 만들고, 점토를 씌운 다음, 밀랍을 녹여서 제작하는 방법도 사용되었다. 활석의 거푸집은 토제의 거푸집과는 달리 조각이 쉽고, 주조할 때 터지지 않아 반영구적으로 사용할 수 있다는 장점이 있다. 또한 표면이 매끄러워 주조된 청동기 표면의 질을 높일 수 있다. 쌍합범에는 합칠 때에 어긋나지 않게 측면에 눈금을 표시한 것, 쇳물을 부어넣는 탕구湯口가 명확한 것, 속틀과 고정못 등이 있어서 청동기의 제작기술을 엿볼 수 있다. 이외에도 청동제품의 보수를 위해서 문양을 그려 넣는 기법, 땜질하는 기법 등도 파악되고 있다.

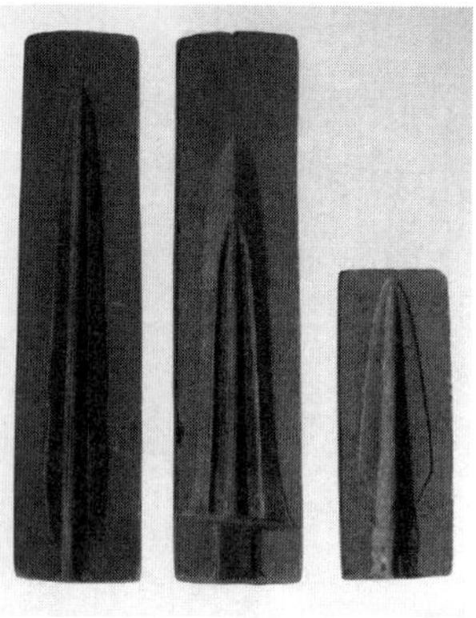

▲ 영암 출토 거푸집(사진82)

(3) 청동무기

비파형동검琵琶形銅劍은 형태에 있어서 악기인 비파와 유사한 모습이며, 칼몸劍身과 칼자루劍把, 칼자루 끝장식劍把頭飾을 조합하는 형태이다.(사진83) 비파형동검은 중국 요령지역에 집중적으로 출토되어, 요령식동검遼寧式銅劍으로 불리기도 한다. 이 청동검의 비파형 형태는 시기가 지나면 점차 폭이 좁아지는 경향을 보이며, 칼몸의 중앙에 척돌이라고 하는 돌기부가 있는 것이 특징이다. 칼몸은 칼과 따로 만들어 조립하게 되어 있으며, 칼손잡이劍柄는 T자형을 이룬다. 따로 제작하여 결합하는 방식은 중국식동검이나 북방계의 오르도스식 청동검과는 차이를 보인다. 목재이기 때문에 청동검에 비하면 출토량이 적다. 한반도 남부에서 출토되는 비파형동검은 손잡이의 장착을 용이하게 하기 위하여 자루에 홈을 판 유구경식有溝莖式이 주류를 이룬다. 이러한 양식은 중국 동북지방보다는 한반도 서남부의 송국리형문화와 관련이 깊다. 칼자루끝장식劍把頭飾은 철광석제, 청동 등의 재질이 사용되고 있다. 비파형동검의 기원은 중국의 하가점상층문화夏家店上層文化인 것으로 알려지고 있다. 함경북도를 제외한 전국적인 분포를 보이고 있으며, 60여점 이상이 출토되었다. 비파형동검은 중국 요하유역에서는 적석총, 목관묘, 토광묘에서, 한반도에서는 석관묘와 지석묘에서 부장품으로 발견되고 있다. 석관묘에서는 황해도 배천 대아리, 신평 선암리, 사리원 상매리, 부여 송국리유적에서 출토 예가 있으며, 지석묘에서는 승주 우산리, 여천 적량동, 여천 오림동, 여천 평려동, 여수 화장동, 고흥 운대리유적이 있다. 그 중에서도 전남 해안지역의 지석묘에서 다수가 발견되어 중국 동북지방과의 교류 흔적을 엿볼 수 있다. 이외에도 개풍 해평리, 청도 예전동유적에서 출토된 것으로 전하는 비파형동검은 제사시 매납으로 보이는 적석시설에 감추어 놓은 유물로 파악하고 있다.

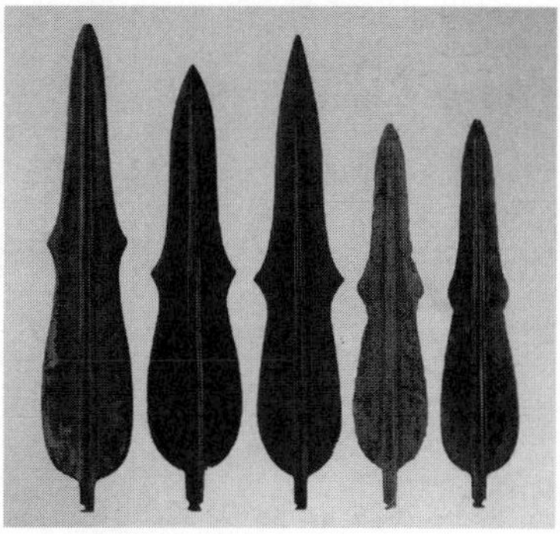

▲ 비파형동검(사진83)

세형동검細形銅劍은 비파형동검을 기본으로 시간의 경과와 함께 점차 동검의 폭이 좁아지고, 길이가 길어지는 변화를 보인다. 검신이 직선화되고, 가늘게 뻗어있는 형태를 보이고 있으며, 한반도에서 주로 출토된다 하여 한국식동검韓國式銅劍으로 불리기도 한다.(사진84) 세형동검은 결입부가 형성되고 마디가 뚜렷해지는 특징이 있는 한반도 고유의 청동검이다. 주로 청천강 이남에서 일본 큐슈九州에 이르기까지 넓게 분포하고 있으며, 주로 목관묘나 석곽묘에서 출토되고 있다. 세형동검은 부여 연화리, 부여 구봉리, 대전 괴정동, 대전 탄방동, 예산 동서리, 아산 남성리, 부여 남성리, 익산 용제리, 화순 대곡리, 함평 초포리, 영암 장천리, 창원 다호리, 김해 내동 등의 고분유적에서 출토되었다. 특히 부여 구봉리유적에서는 10여점이 넘는 많은 양의 청동검이 출토되었다. 이 세형동검은 철기유물과 공반되는 부여 합송리, 아산 궁평리, 당진 소소리, 공주 봉안리, 연기 봉암리, 익산 평장리, 장수 남양리, 양양 정암리, 횡성 강림리, 경주 죽동리, 경주 입실리, 경주 구정동유적 등 청동기시대 후기의 유적에서도 출토되고 있다. 거푸집은 영암에서 출토된 것이 있다.

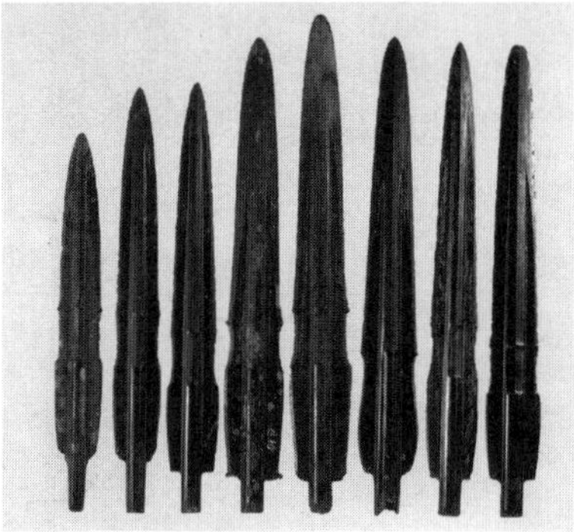
▲ 세형동검(사진84)

중국식동검中國式銅劍은 칼몸과 칼손잡이가 분리되지 않고 동시에 주조되었으며, 춘추시대春秋時代후기부터 한대漢代에 걸쳐 사용되었다. 황해도 재령 고산리유적에서 비파형동검과 함께 출토된 바 있으며, 중국 전국시대

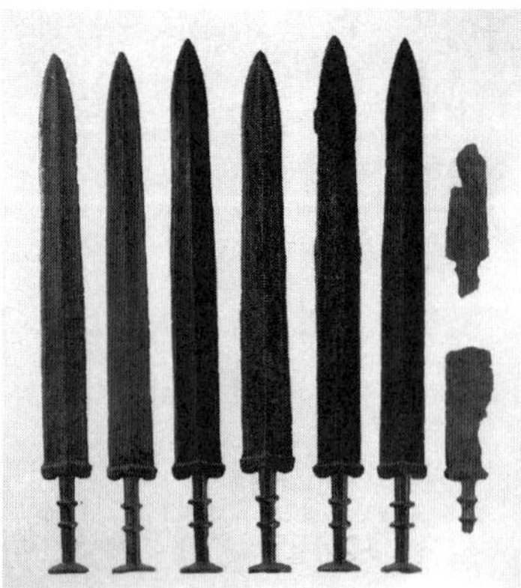
▲ 중국식동검(사진85)

戰國時代에 유입된 것으로 추정되고 있다. 북한지역에서는 평양 석암리, 재령 고산리유적에서 출토되었으며, 남한지역에서는 완주 상림리 야산에서 일괄 26점, 함평 초포리유적에서 2점이 출토된 바 있다.(사진85) 완주 상림리유적의 중국식동검은 대체로 칼몸은 단면이 납작한 마름모꼴이고, 자루는 원통형인데 중간에 2개의 마디가 있다. 대부분의 청동검이 완형을 이루며, 길이는 대개 45㎝ 전후이다. 중국식동검은 고분에서 1~2점 출토된 바 있으나, 20점이 넘는 많은 숫자가 발견된 예는 없다. 중국식동검의 모방품으로 여겨지며, 성분분석에 있어서도 금강유역 일대의 세형동검과 일치하고 있다.

비파형청동투겁창琵琶形銅矛의 형태는 비파형동검과 완전히 동일한 비파형이며, 창으로 사용하기 때문에 자루를 꽂을 수 있도록 투겁이 있다.(사진86) 주로 요령성, 길림성 등 중국 동북지역 의 비파형동검이 유행한 지역에서 만들어지며, 밀접한 관련성이 있다. 이 청동 투겁창의 출현은 요령지역에서는 기원전 8~6세기, 한반도에서는 기원전 5세기 전후로 추정되고 있다. 한반도에서는 거의 전국적인 분포를 보이며, 거푸집을 포함하여 14점 정도가 출토되었다. 이 청동투겁창은 평양 남경, 부여 송국리, 여수 적량동, 보성 봉릉리유적 등 주로 석관묘, 남방식 지석묘와 주거지에서 출토되고 있다. 여수 적량동 상적지석묘에서는 비파형동검과 공반 출토된 바 있다. 비파형청동투겁창의 거푸집은 함남 영흥읍, 강원 통천 발산유적에서 출토 예가 있다.

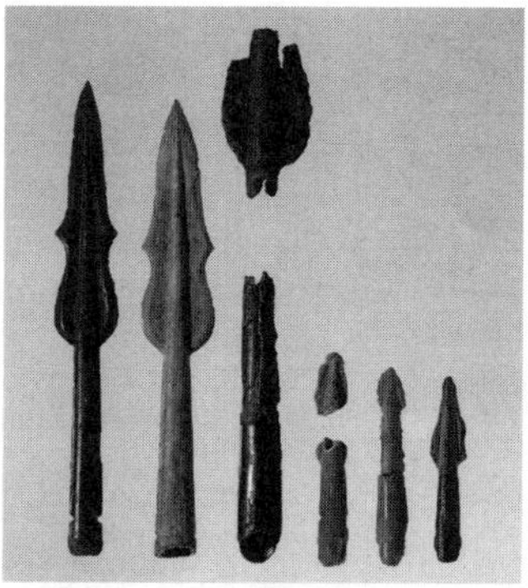
▲비파형청동투겁창(사진86)

세형청동투겁창細形銅矛은 길이가 길지는 않으며, 옆면에 못구멍이 나 있어, 빠지지 않도록 하고 있다. 투겁몸矛身에서 직선상의 인부刃部와 각을 이루고 있으며, 등의 돌기가 갈려진 모습이다.(사진87) 청동투겁창은 세문경細文鏡의 발생과 거의 병행하는 시기에 제작되며, 문양이 있는 유문식有文式의 등장, 투겁몸의 장대화, 둥근 귀모양의 환이環耳부착 등의 과정을 거친다. 원삼국시대 초기까지 이어지면서 비실용적인 의기로 사용되다가 쇠투겁창鐵矛으로 교체된다. 세형청동투겁창은 부여 구봉리, 대전 탄방동, 익산 평장리, 전주 효자동, 장수 남양리, 함평 초포리, 대구 팔달동, 대구 신천동, 경주 죽동리, 경주 입실리, 경주 구정동유적에서 출토 예가 있으며, 거푸집은 영암에서 출토된 것이 있다. 특히 청동기 후기에는 세형청동투겁창이 발전한 형식으로 뇌문雷文, 음각집선문陰刻集線文 등의 문양이 있는 유문식의 형태와 환이環耳의 부착으로 다양하게 변화한다. 이러한 유문식의 동검은 청동기 후기 영남지역의 대구 신천동, 경주 죽동리, 경주 입실리, 경주 구정동유적에서 성행하고 있다.

▲ 세형청동투겁창(사진87)

청동꺽창銅戈은 긴 자루를 창몸과 직각으로 묶어 찍거나 베는데 사용하는 무기이다.(사진88) 세형청동투겁창에 비해 발생시기가 늦은 것으로 보고 있으며, 원삼국시대 초기까지 의기화된 형식으로 존속되고 있다. 집선集線과 단선短線의 문양이 있는 유문 청동꺽창은 세형동검문화에서도 늦은 시기에 해당되며, 주로 영남지역에서 출토되고 있다. 청동꺽창은 당진 소소리, 부여 합송리, 부여 구봉리, 공주 봉안리, 아산 궁평리, 연기 봉암리, 익산 용제리, 익산 평장리, 전주 여의동, 함평 초포리, 대구 팔달동, 대구 신천동, 경주 죽동리, 경주 입실리, 경주 구정동유적에서 조사되었으며, 거푸집으로는 영암에서 출토된 것이 있다.

▲ 청동꺽창(사진88)

청동화살촉銅鏃은 청동검이나 청동투겁창에 비해 출토량이 적으며, 날개의 개수와 형태에 따라 양익유경식兩翼有莖式, 삼익유경식三翼有莖式, 삼익유공식三翼有孔式, 삼릉식三菱式으로 분류되고 있다. 중국 요령지역에서 청동화살촉이 공반되는 것은 비파형동검 단계부터 이다. 비파형동검과 공반된 청동화살촉은 황해도 백천 대아리, 사리원 상매리 석관묘에서 출토된 바 있으며, 이 청동화살촉은 단면이 마름모형菱形을 이루는 양익유경식에 해당한다. 이 외에도 청동화살촉은 황해도 은천 약사동 지석묘, 사리원 상매리, 배천 홍현리 석관묘, 고성 거진리, 김해 무계리 지석묘, 보성 덕치리 신기 지석묘, 강릉 포남동유적 주거지 등지에서도 출토되었다. 김해 무계리나 보성 덕치리유적의 청동화살촉은 청동검이나 청동투겁창편을 가공하여 제작한 경우도 있다. 중국에서 유입된 것으로 추정되는 2단의 중국식 청동화살촉도 있다. 이러한 청동화살촉은 요서지방의 하가점상층문화夏家店上層文化 유적에서 비파형동검과 공반되기 때문에 한반도 비파형동검문화 유입배경과 연구에 있어서 좋은 자료이다.

(4) 청동공구

청동도끼銅斧는 벌목을 목적으로 하지만, 전투용으로도 사용된다. 한반도에서는 부챗날도끼扇形銅斧와 활모양의 호선弧線을 이루는 장방형도끼長方形銅斧가 출토되고 있다.(사진89) 부챗날도끼는 비파형동검 문화의 대표적인 공구이며, 아산 남성리유적에서와 같이 남한으로 내려와서는 세형동검과 공반되는 양상을 보인다. 부챗날도끼는 곧이어 장방형도끼로 변화된 것으로 보인다. 청동도끼의 날은 한쪽에만 있는 외날片刃로 만든 것으로 보아 자귀의 용도로 보인다.

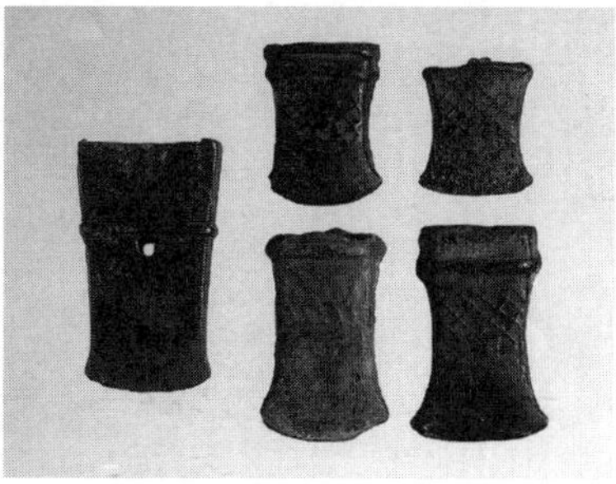
▲ 청동도끼(사진89)

부챗날도끼는 의주 미송리유적에서 출토된 바 있으며, 남한지역에서는 아산 남성리, 부여 구봉리, 전주 여의동유적 등에서 출토되었다. 장방형도끼는 황해도 재령 고산리, 부여 구봉리, 아산 궁평리, 화순 대곡리, 함평 초포리유적에서 출토된 바 있다. 부여 구봉리유적에서는 부챗날도끼와 장방형도끼가 공반되고 있다. 거푸집은 김야 영흥읍, 부여 송국리, 영암에서 발견되었다.

청동끌銅鑿은 목제에 구멍을 뚫거나 홈을 파는 끌로 사용되는 공구이며, 주로 세형동검문화 단계에 출토되고 있다. 형태는 길게 뻗어 있으며, 길이는 대략 8~15cm 정도이다. 청동끌의 단면은 사각형 혹은 육각형을 이루며, 날은 외날이 주류를 이룬다. 청동끌은 한반도에 기원전 7~6세기경에 출현하였으며, 평양 금탄리, 부여 송국리, 부여 구봉리, 아산 남성리, 대전 탄방동, 익산 용제리, 전주 여의동, 함평 초포리유적 등에서 출토되었다. 이 중에 송국리 석관묘의 끌은 비파형동검의 슴베부분을 갈아서 만든 것이다. 영암에서는 거푸집이 출토되기도 하였다.

청동새기개銅鉈는 조각칼과 같은 용도로 사용된 것으로, 날끝은 삼각형을 이루고 있다. 종방향으로 등이 형성되어 있으며, 밑면은 단면이 삼각형 혹은 초생달 모양이다. 중국 전국시대 유적에서 주로 출토되며, 한반도에서는 부여 구봉리, 대전 탄방동, 익산 용제리, 화순 대곡리, 함평 초포리, 경주 구정동유적에서 출토되었다.

(5) 청동거울

청동거울銅鏡은 중국의 경우는 중앙에 1개의 꼭지가 있는 반면, 한반도에 주로 출토되는 청동거울은 2~3개의 꼭지가 있다. 꼭지가 많이 달려있다고 하여 다뉴경多鈕鏡(여러꼭지거울)이라 부른다. 다뉴경은 평면 또는 오목거울이며, 문양은 삼각거치문三角鋸齒文을 이용한 기하학적인 문양이 주류를 이루고 있다. 크기는 7~22cm

정도이며, 백동질白銅質이 주류를 이룬다. 현재까지 중국 동북, 한반도, 일본에 걸쳐 90여점이 발견되었다. 청동거울은 문양이 다소 거친 조문경粗文鏡과 정교한 세문경細文鏡으로 구분된다.

조문경粗文鏡(거친무늬거울)은 중국 동북지방의 조양 십이대영자十二臺營子유적에 비파형동검과 공반 출토된 예가 있으며, 시기적으로도 빠른 단계에 해당한다. 비파형동검의 확산과 더불어 한반도에 전해졌으며, 공반유물이 확실하지는 않지만 세형동검문화 성립기에 제작된 것으로 보인다. 조문경은 굵은 삼각거치문三角鋸齒文의 뇌문雷文, 성형문星形文, 동심원문同心圓文과 조합된 양상이다.(사진90) 주연周緣의 단면은 삼각형에 가까우며, 후기로 갈수록 원형으로 변한다. 꼭지는 반원형을 이룬다. 조문경이 출토된 예는 대전 괴정동, 예산 동서리, 당진 소소리, 아산 남성리, 부여 구봉리, 전주 여의동, 익산 다송리, 고흥 소록도 유적이 있다. 이후에는 문양이 세밀하고 정교한 세문경細文鏡이 보이기 시작한다. 맹산에서 출토된 것으로 전해지는 거푸집도 있다.

▲ 전주 여의동 조문경(사진90)

세문경細文鏡(잔무늬거울)은 조문경이 발전하여 집선集線이 더욱 정밀하게 시문되고 있다. 뒷면에 기하학적문양이 새겨져 있으며, 그 문양은 동심원에 의해 세부분으로 구성된다.(사진91) 주연周緣의 단면은 반원형이며, 꼭지는 장방형을 이루고 있다. 일명 다뉴세문경多鈕細文鏡으로도 불리며, 중앙부위에 2개의 꼭지가 있어, 끈을 연결하게 되어 있다. 오늘날의 기술로도 복원하기 어려울 정도로 정교하게 제작 되었으며, 이는 당시의 청동기 제작기술의 우수성을 대변하는 것이다. 세문경은 예산 동서리, 당진 소소리, 아산 궁평리, 부여 합송리,

▲ 함평 초포리 세문경(사진91)

부여 구봉리, 장수 남양리, 화순 대곡리, 함평 초포리, 횡성 강림리, 양양 정암리, 경주 조양동유적 등에서 출토된 바 있다.

(6) 청동의기

청동방울銅鈴은 장식이 첨가되고 주조기술이 발달된 기원전 3세기~2세기경에 한반도에서 많이 발견된다. 청동방울은 청동검과 함께 샤먼의 필수적인 무구巫具이다. 청동방울은 팔주령八珠鈴, 간두령竿頭鈴, 쌍두령雙頭鈴, 조합식쌍두령組合式雙頭鈴이 있으며, 모두 의례에 사용된 것으로 보인다.(사진92)

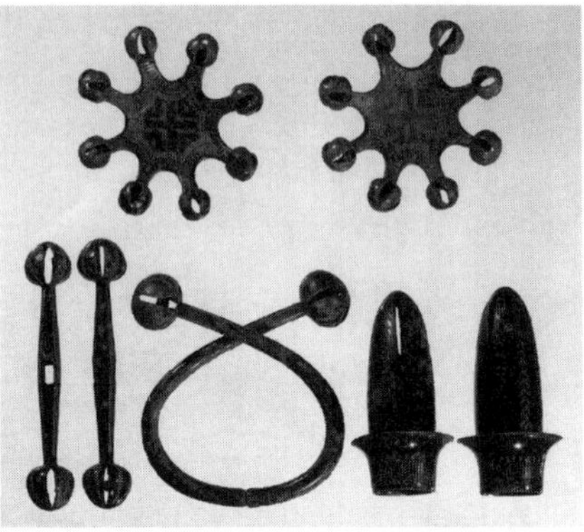

▲ 팔주령, 쌍두령, 조합식쌍두령, 간두령(사진92)

팔주령八珠鈴은 팔각 청동판 끝에 각 1개씩의 방울을 장착한 것이며, 표면이 오목한 상태이다. 문양은 단사선短斜線을 조밀하게 음각하여 십자문十字文 혹은 방사상의 일광문日光文을 시문하였다. 뒷면에는 문양이 없거나 표면과 동일한 문양이 있으며, 중앙에 1개의 고리가 있다. 방울은 구멍이 뚫려 있는 편구형偏球形이지만, 화순 대곡리 출토품은 만두형이고 표면에 대칭된 고사리문양이 있다. 팔주령은 같은 시기에 중국이나 일본에서는 출토되지 않은 한반도 고유의 것이며, 화순 대곡리유적 출토품과 논산, 덕산, 상주에서 출토된 것이 전해진다. 간두령竿頭鈴은 포탄형 몸통의 상부를 칸막이로 막아 방울로 사용한 형태이다. 중앙에 구멍이 있거나 아래쪽에 고리를 마련하여 끼울 수 있게 하였다. 위쪽은 십자일광문 十字日光文으로 시문하였고, 아래쪽에는 단선으로 삼각문 혹은 사각문을 촘촘히 배치하였다. 간두령은 함남 함주 조양리, 완주 신풍지구, 경주 입실리, 함평 초포리, 대구 신천동, 경주 입실리, 경주 죽동리유적 등 주로 중부 이남지역에서 출토되고 있다.

쌍두령雙頭鈴은 아령과 같이 양단에 방울이 달려있는 모습이다. 중앙에는 장방형의 구멍이 있으며, 자루 끝에 끼우거나 매달게 되어 있다. 방울은 다른 종류와 같은 것이며, 문양도 유사하게 시문되어 있다. 화순 대곡리, 함평 초포리유적에서 출토되었고, 논산과 덕산에서도 출토품이 전해지고 있다. 조합식쌍두령組合式雙頭鈴은 소의 코뚜레 모양으로 동봉銅棒의 양단에 방울이 달려 있다. 방울은 약간 편구형偏球形이며, 절개된 방울구멍의 주변에 단사선이 시문되어 있다. 연결부분에 방형의 구멍이 있어 나무자루에 끼워서 사용하였다. 함평 초포리, 덕산, 논산에서 출토품이 전해진다. 이러한 청동방울이 출토된 고분은 제사장의 성격을 가진 것으로 추정된다.

청동종방울銅鐸은 의례시에 종으로 사용하고 있으며, 크기는 대개 15cm 전후이다.(사진93) 가장 오래된 형식은 대전 괴정동의 출토품으로 몸통이 통형에 가까우며, 받침구멍의 위치도 높다. 부여 합송리유적에서는 한반도에서 규모가 가장 큰 청동종방울 2점이 출토되었다. 현재 나진 초도, 대전 괴정동, 부여 합송리, 대구 신천동, 경주 입실리유적 등에서 50여점의 출토 예가 있으며, 금야 영흥읍유적에서는 거푸집이 출토되기도 하였다. 청동종방울보다는 규모가 작은 말방울馬鐸로 불리는 소동탁小銅鐸은 크기가 5cm 전후이며, 청동종방울과는 달리 몸통에 격자문格子文 등의 문양이 시문되고 있다. 중국에서는 가축의 목에 달아 방울로 사용하였으나, 한반도에서는 무덤에서 출토되고 있다. 소동탁은 주로 영남지역의 대구 신천동, 경주 입실리, 경주 죽동리 유적에서 출토되고 있다.

▲ 청동종방울(사진93)

청동단추銅泡는 청동으로 만든 2~5cm 크기의 원형단추 장식품이며, 뒷면에 작은 고리가 부착되어 있다. 중국 요령지역에서는 심양 정가와자

鄭家窪子유적에서와 같이 활집이나 가죽신발 등에 붙이는 장식으로 사용되고 있으며, 말 장식에 사용되는 경우도 있다. 한반도에서는 기원전 7세기경에 출현하지만, 크게 유행하지는 못하였다. 북한지역에서는 평북 강계 풍룡리 석관묘, 용천 신암리, 황해 봉산 신흥동 주거지, 나진 초도, 무산 호곡유적에서 발견되었다. 남한지역에서는 익산 다송리, 경주 죽동리, 영천 어은동유적을 들 수 있다. 어은동유적에서는 원형, 타원형, 방형, 와형蛙形의 다양한 청동단추가 출토 되었으며, 뒷면에 봉이 가로질러 있어 매달 수 있게 하였다. 표면에는 와문渦文, 십자일광문十字日光文 등을 시문하였다. (사진94) 청동단추는 영천 어은동유적에서 출토된 예와 같이 원삼국시대에 접어 들면서 발전해 간다.

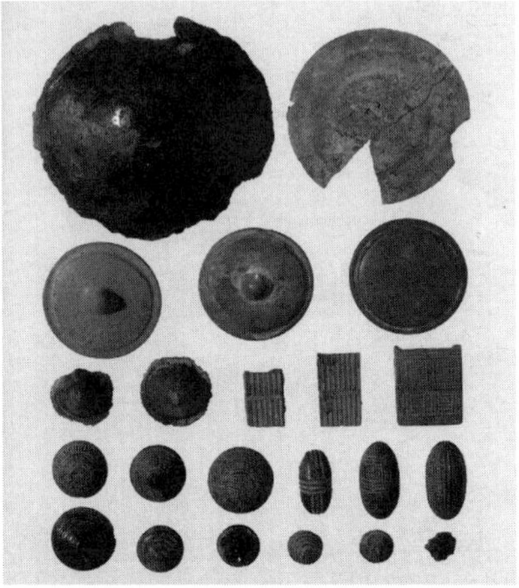

▲ 청동단추(사진94)

동기류는 방패형동기防牌形銅器, 검파형동기劍把形銅器, 원형유문동기圓形有文銅器, 나팔형동기喇叭形銅器, 견갑형동기肩甲形銅器, 원개형동기圓蓋形銅器 등이 알려져 있다. 방패형동기防牌形銅器는 방패와 같은 모양을 하고 있으며, 아산 남성리, 대전 괴정동 석관묘에서 출토되었다.(사진95) 검파형동기劍把形銅器는 대나무를 쪼개 놓은 것 같은 형태이며, 대전 괴정동, 아산 남성리, 예산 동서리 석관묘의 호서지역에서만 출토되고 있다. 원형유문동기圓形有文銅器는 익산에서 출토된 것으로 전해지는 오목거울 형태이며, 뒷면에는 꼭지 가 있던 것으로 보여진다. 태양을 상징하는 방사상

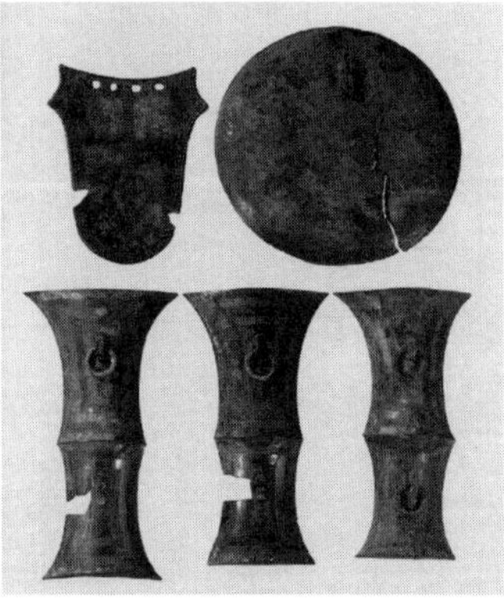

▲ 방패형동기, 원개형동기, 검파형동기(사진95)

문양과 십자형 문양이 조합된 십자일광문十字日光文이 시문되어 있다. 예산 동서리에서 출토된 나팔형동기喇叭形銅器는 원추형의 위에 관을 연결한 형태이며, 원추형 부분에 점선문이 시문되어 있다. 이러한 동기는 요령지역의 심양 정가와자鄭家窪子유적에서도 출토된 바 있다. 경주에서 출토된 것으로 전해지는 견갑형동기肩甲形銅器는 현재 동경국립박물관에 소장되어 있다. 이 동기 표면에 다양한 문양이 시문되어 있으며, 호랑이 1마리와 사슴 2마리도 그려져 있다. 사슴은 활을 맞은 모습이 있는 것으로 보아 수렵과 관련된 의기로 추정된다. 원개형동기圓蓋形銅器는 표면이 완곡되어 튀어나온 원형의 뚜껑 형태이다. 꼭지에 고리를 걸어 두드려 소리를 내는 의기로 추정된다. 심양 정가와자유적에서 유사한 동기가 출토되었으며, 한반도에서는 대전 괴정동, 예산 동서리 석관묘, 부여 합송리유적에서 출토된 바 있다.

2) 철기

(1) 철기의 수용

본문에서는 기존의 초기철기시대初期鐵器時代를 청동기시대 후기에 넣어 구분하는 안을 수용하였다. 그 이유는 기원전 3세기~기원전 1세기경의 이 시기에 한반도에서는 철기의 본격적인 생산단계에 이르지 못하였으며, 철기보다는 오히려 청동기문화가 최고조에 달하는 양상을 보이고 있기 때문이다. 최근에는 기존의 초기철기시대를 청동기시대 후기로 구분해야 한다는 견해가 높아지고 있는 실정이다. 따라서 기존의 초기철기시대에 청동기와 공반된 철기유물은 본장에서 다루고자 한다.

한반도에서의 철기 유입은 중국 동북지방의 영향을 강하게 받고 있다. 기원전 3세기경을 전후하여 고조선은 연燕나라 진개秦開의 침입을 받고 요동지방을 상실하게 된다. 이 과정에서 철기문화가 보급되기 시작하며, 요동지방과 한반도 서북지역에 명도전明刀錢, 주조철기鑄造鐵器, 타날문 회색토기를 주류로 하는 세죽리細竹里-연화보유형蓮花堡類型으로 나타난다. 화폐로도 사용되는 명도전은 연나라의 영향 아래에서 활동했음을 보여주는 증거물이다. 이 시기의 주요 유적은 요령성 무순 연화보, 금현 고려채, 대련 목양성, 위원 용연동, 영변 세죽리, 박천 단산리, 무산 호곡, 회령 오동유적을 들 수 있다.

이러한 세죽리-연화보유형의 문화가 청천강 이남으로 유입되면서 세형동검문화는 기존의 초기철기문화, 즉 청동기 후기에 접어든다. 비파형동검문화를 대체한 세형동검문화의 중심은 평양을 중심으로 하는 대동강유역으로 추정된다. 기원전 2세기경 위만衛滿이 유이민을 이끌고 고조선으로 망명하며, 대동강유역에 전국계戰國系 철기와 세형동검, 점토대토기粘土帶土器가 공반되는 철기문화가 유입된다. 평양의 정백동유적에서 연나라 계통의 말가면馬面, 진나라 계통의 청동꺽창銅戈과 공반되고 있는 것을 보면, 위만조선의 철기문화는 고조선과 연나라의 전통적인 문화에 진·한秦·漢의 새로운 문화요소를 수용한 것으로 추정된다.

중부지방 이남에서는 충청도를 중심으로 기원전 2세기경에 철기문화가 전파되고 있으며, 당진 소소리, 부여 합송리, 장수 남양리유적 등에서 쇠도끼鐵斧, 쇠끌鐵鑿, 쇠새기개鐵鉈 등이 청동기와 함께 출토되고 있다. 약간 늦은 기원전 2세기말경에는 남부지방에도 철기문화가 보급되기 시작한다. 경상도지역에서는 대구 팔달동, 김해 양동리, 창원 다호리, 경주 조양동 등의 목관묘에서 청동기와 함께 철기가 출토되고 있다. 이 시기에는 한식경漢式鏡, 수레와 관련된 거여구車輿具 등이 보이지 않고 있어 낙랑문화가 들어오기 이전의 철기문화로 여겨진다. 따라서 위만조선의 유민들과 관계있는 유적으로 보인다. 기원전 2세기말 이후에는 한식문물漢式文物이 직접 유입되고 철기가 제작되기 시작하면서, 청동기문화는 쇠퇴하게 되며, 원삼국시대로 접어들게 된다.

(2) 철기류

중국 동북지방과 한반도의 철기문화는 기원전 3세기경 연나라의 철기문화가 유입되면서 시작되었다. 연나라 계통의 철기문화 유입은 중국 동북지방에서 가까운 요령성 무순 연화보, 영변 세죽리, 위원 용연동유적 등 주로 청천강 이북에 집중되고 있다. 세죽리-연화보유형으로 일컬어지는 이러한 유적에서는 청동유물과 더불어, 쇠호미鐵鋤, 쇠괭이鐵鍬, 쇠낫鐵鎌 등의 철제 농기구와 쇠투겁창鐵矛, 쇠화살촉鐵鏃 등의 무기도 출토되었다.

청천강 이남에서는 연나라 계통의 철기가 생활유적에서 발견되지 않는 양상을 보인다. 함흥 이화동, 봉산 송산리, 부여 합송리, 당진 소소리, 공주 봉안리, 장수 남양리, 완주 갈동, 신풍지구 등에서 주조철부鑄造鐵斧, 쇠끌鐵鑿, 첨두기가 수점씩 출토되었다. 따라서 이 시기에는 아직 철기의 본격적인 제작과 보급단계에 이르지 못하였으며, 쇠도끼鐵斧와 쇠끌을 제외한 무기류는 여전히 청동으로 제작이 된다.

기원전 3세기경의 청동기시대 후기부터 철기의 유입으로 인하여 기존의 청동기는 실용성이 격감되며, 의기적인 성격의 유물로 변화하여 갔다. 한반도에서 거푸집을 사용한 주조기술은 평남 증산군과 대동군에서 확인되었으며, 시기는 기원전 2세기경으로 추정된다.

청동기 후기의 유적에서 출토된 철기유물의 종류와 양은 많지 않다. 먼저 무기류의 철검鐵劍은 경주 조양동, 경주 입실리, 대구 팔달동유적, 쇠투겁창鐵矛은 창원 다호리, 대구 팔달동유적, 쇠꺽창鐵戈은 경주 조양동유적에서 출토되었다. 공구류의 주조철부鑄造鐵斧는 당진 소소리, 부여 합송리, 장수 남양리, 경주 구정동, 경주 입실리유적, 끌의 용도로 사용된 쇠끌鐵鑿은 당진 소소리, 부여 합송리, 장수 남양리유적, 조각칼

같은 용도로 쓰이는 쇠새기개鐵鉈는 장수 남양리, 경주 구정동유적에서 출토되었다.

3) 토기

(1) 개요

청동기시대의 토기는 무문토기無文土器가 중심을 이루고 있어, 기존 신석기시대의 빗살문양토기櫛文土器와 비교하면 많은 차이를 보인다. 기본적으로 토기면에 문양이 없는 적갈색을 띠고 있으며, 구연부에 구멍을 낸 공렬문孔列文이 있거나, 간단한 단사선문短斜線文, 혹은 흑색이나 적색 등의 마연토기磨研土器도 포함된다. 무문토기는 기형에 있어서 호壺, 옹甕, 심발深鉢, 완盌, 두豆 등 다양하게 보이며, 한반도 전역에서 각 지역마다 지역성과 전통성이 강하게 나타나고 있다. 시기에 있어서 근래 남한지역의 조사성과를 보면, 기원전 15세기까지 거슬러 올라가는 것으로 보고되기도 한다. 따라서 시기구분에 있어서 무문토기를 근거로 본다면, 돌대각목문토기突帶刻目文土器 단계의 조기, 역삼동식, 흔암리식, 가락동식토기 단계의 전기, 송국리식토기 단계의 중기, 원형점토대토기圓形粘土帶土器 단계의 후기로 구분하기도 한다.

(2) 북한지역

북한지역의 토기를 보면, 먼저 함북지방의 토기는 심발형태의 공렬문토기孔列文土器가 보이고 있으며, 이 구멍은 구연부의 바로 밑에 가로방향 일렬로 배치하고 있다. 웅기 송평동패총에서 출토된 공렬문토기는 구멍이 2열인 예도 있다.(사진96) 구멍은 토기의 안쪽에서 뚫은 것과 바깥쪽에서 뚫은 것이 있으며, 완전하게 구멍을 내지 않고 반쯤 구멍을 내고 있다. 공렬문토기는 신석기시대 만기부터 함북지방에서 출현하여 이후 중부지방과 남부지방으로 전해진다. 이 외에도 산화철과 같은 안료를 토기면에 바르고 마연하여 만든 채문토기彩文土器(가지무늬토기)도 압록강과 두만강 유역의 특징적인 토기이다. 채문토기는 중국 요령지역과 관련된 것이며, 의주 신암리, 나진 초도, 웅기 송평동유적에서 출토되고 있다.

▲ 공렬문토기(사진96)

압록강 중·상류역을 대표하는 공귀리식토기는 경부頸部가 짧고, 세로의 손잡이가 붙어있다. 대개 발형토기鉢形土器, 공렬문토기와 공반되기도 한다. 공귀리식토기는 신석기시대의 의주 신암리유적에서 기원을 찾을 수 있으며, 강계 공귀리유적 외에도 시중 심귀리, 중강 토성리 유적에서 출토되고 있다.

청천강 이북의 평북지방에서 중국 요령성과 길림성에 분포하는 미송리식토기는 구연부가 외반外反되고 경부는 짧으며, 동부가 팽창된 모습이다. 또한 동부의 중앙에는 손잡이가 붙어있는 형태이다. 호壺와 이중구연발二重口緣鉢, 비파형동검을 공반하고 있다. 압록강유역의 신암리유적에서 출토되며, 강계 풍용동 석관묘에서는 미송리식토기가 흑색마연으로 만들어지기도 한다.(사진97)

▲ 미송리식토기(사진97)

평남, 황해도를 중심으로 하는 청천강 이남에는 팽이형토기角形土器가 출토되는 지역이다. 저부가 작고, 동부가 팽이 모습을 하고 있으며, 2~3줄의 단사선短斜線이 시문된 이중구연이 특징적이다. 적색마연토기赤色磨研土器는 기면에 산화철을 바르고 마연하여 소성하였으며, 적색의 광택을 내고 있다. 단도마연토기丹塗磨研土器, 홍도紅陶로도 불리는 이

토기는 한반도 서북지방을 제외한 전 지역에서 출토되고 있으며, 동북지방의 무문토기 전기에 발생하여 공렬문토기와 함께 중부, 남부지방으로 전파되었다. 기형은 동북부지방에서는 완盌, 발鉢이 주류를 이루며, 중부 이남에서는 원저호圓底壺가 출토된다. 주거유적에서는 원저호, 발, 호, 완, 두 등 다양한 적색마연토기가 출토된다.

(3) 남한지역

남한지역의 토기를 보면, 시기가 가장 빠른 것으로 알려진 토기는 조기의 돌대각목문토기突帶刻目文土器가 있다. 하남 미사리, 정선 아우라지, 연기 대평리유적 등 중부지방에 출토예가 있으며, 김천 송죽리, 순창 원촌, 진주 상촌리유적 등 남부지방에서도 출토된다. 돌대각목문토기는 미사리유형으로 불리는 방형계 주거지에서 많이 출토된다.

전기에 해당하는 남한지역의 공렬문토기孔列文土器는 함북지방의 영향을 받으며, 구순각목문口脣刻目文과 단사선문短斜線文이 결합된 예도 있다. 구순각목문의 공렬문토기는 역삼동식토기로도 불리며, 여기에 이중구연二重口緣이 결합된 토기는 흔암리식토기로 구분하기도 한다. 역삼동식, 흔암리식토기는 서울, 경기지역을 중심으로 출토되고 있으며, 평남, 황해도 중심의 팽이형토기 영향을 받고 있다. 또한 전기에는 가락동식토기가 유행하는데,(사진98) 이 토기는 구연부에 한겹의 점토띠를 두르고 그 위에 접착이 잘 되도록 짧은 침선문沈線文 혹은 자돌문刺突文을 돌리고 있다. 남한지역에 분포하는 채문토기彩文土器는 구연이 외반하고, 동체부 구형球形을 이루고 있다. 문양은 동체 상반부에 흑갈색의 가지문양이 새겨져 있다. 주로 고분에서 출토되는 의례용 토기로 알려져 있다.

▲ 가락동식토기(사진98)

중기로 구분되는 송국리식토기는 충청도, 전라도, 경상도 서부지역에서 주로 출토되고 있다. 송국리식토기는 평저기형에 외반구연 장란형長卵形의 모습을 보이고 있다.(사진99) 송국리식토기는 생활용기로 사용되나, 옹관의 고분으로 사용하기도 한다. 무문토기 발鉢과 장경호長頸壺 등의 적색마연토기와 공반되고

▲ 송국리식토기(사진99)

있다. 이 시기에 대응하는 다른 지역의 토기로는 강원도의 천전리유형, 영남 동부의 검단리유형이 출토된다. 송국리식토기의 시기는 근래에 기원전 8세기까지 올려보는 추세이다. 하한은 광주 신창동, 순천 연향동, 제주 삼양동유적에서 보면 기원을 전후한 시기까지 확인되고 있다.

후기의 토기는 점토대토기粘土帶土器, 흑도장경호黑陶長頸壺, 외반구연호外反口緣壺, 두형토기豆形土器 등이 있으며, 시루甑도 등장하게 된다. 점토대토기는 구연부에 원형이나 삼각형의 점토띠를 붙인 것이며, 구연부 아래에 꼭지모양의 돌기가 붙어있는 경우도 있다. 이 점토대토기는 흑도장경호, 두형토기, 홈자귀, 어깨가 있는 청동도끼有肩銅斧, 세형동검, 청동꺽창 등과 공반되고 있다. 점토대토기는 남양주 수석리, 아산 교성리, 아산 남성리, 안성 반제리, 청주 비하동, 대전 괴정동, 보령 교성리, 장수 남양리, 함평 초포리, 화순 대곡리유적에서 출토되고 있다. 특히 금강유역에서는 세형동검과 청동유물이 출토되는 석관묘계통의 고분에서 주로 출토되고 있다. 시기는 대략 기원전 4세기~기원전 2세기에 해당하며, 남성리南城里-초포리유형草浦里類型을 대표하고 있다. 점토띠의 단면은 시기에 따라 원형에서 삼각형으로 변해가는 양상을 보이며, 원삼국시대인 기원후 1세기까지도 이어진다. 삼각형의 점토대토기는 기형에

▲ 삼각형점토대토기(사진100)

있어서 옹, 발, 시루 등의 형태가 있으며, 호, 두형토기, 철기 등과 공반된다. 이 시기의 점토대토기는 사천 늑도유적의 주거지에서 출토되고 있다.(사진100)

흑도장경호黑陶長頸壺는 목이 길게 뻗어 있는 형태의 토기이며, 전면에 흑연 등의 광물질을 발라 마연한 뒤 구워서 광택으로 처리하였다. 흑도장경호는 점토대토기와 함께 중국 요하유역과 송화강유역에서 제작되며, 세형동검과 함께 한반도에 전해진 것으로 추정된다. 점토대토기와 함께 중부이남 후기의 대표적인 토기이며, 원삼국시대 초기까지 잔존한다. 남한지역에서는 대전 괴정동, 예산 동서리, 당진 소소리, 부여 구봉리, 부여 합송리, 청주 비하동, 장수 남양리유적 등에서 출토되었다.(사진101)

▲ 흑도장경호(사진101)

외반구연호外反口緣壺는 동부의 중앙부분이 최대경을 이루며, 짧은 목에 구연부가 외반하고 있다. 중국 동북지방과 한반도 서북부, 동북부지방에 널리 보급되며, 세죽리細竹里-연화보유형蓮花堡類型을 대표하는 토기이다. 또한 송화강 동쪽과 연해주지역의 단결團結-크로노프카유형의 여러 유적에서도 확인되고 있으며, 기원후 2~3세기까지 이어진다. 이른바 이 토기는 원삼국시대의 외반구연호外反口緣壺로 발전한다.

두형토기豆形土器는 접시에 높은 굽이 있는 형태이며, 굽의 형태는 나팔형, 통형, 장고형 등 다양하다. 청동기시대 초기부터 중국 동북지방과 한반도에 걸쳐 출토되고 있으며, 청동기시대 후기에 들어와

▲ 두형토기(사진102)

더욱 번성한다. 남부지방에서는 광주 신창동, 대구 팔달동유적, 창원 다호리유적 등에서 출토되고 있다.(사진102)

4) 석기

(1) 무기류

간돌검磨製石劍은 청동기시대의 유물 중에서 무문토기와 더불어 가장 많이 발견되고 있으며, 한반도 고유의 무기이다. 간돌검은 기본적으로 날을 가진 칼몸劍身과 자루부분柄部으로 이루어지며, 재료는 셰일, 슬레이트, 점판암 등이 사용된다. 간돌검은 지석묘나 석관묘 등 고분유적에서 많이 출토되고 있으며, 주거지에서도 출토되는 양상을 보인다. 대체적으로 길이는 30cm 정도의 것이 많다. 간돌검은 자루에 끼울 수 있도록 슴베형태로 만든 유경식有莖式과 손으로 쥘 수 있도록 손잡이가 달린 유병식有柄式, 그리고 슴베와 손잡이가 없는 경우도 있다. 유경식은 나무에 장착하기 때문에 장식을 가하지 않지만, 유병식은 손잡이에 해당하여 장식이 가해진다. 유병식은 손잡이에 홈이 없는 일단병식一段柄式과 손잡이에 홈이 있는 이단병식二段柄式이 존재 한다.(사진103) 간돌검 중에 일단병식이 가장 많으며, 주로 남부지방의 고분유적에서 출토예가 많다. 부여 송국리, 여수 적량동 지석묘에서는 비파형동검과 출토되기도 하였다. 주거지에서 출토되는 간돌검은 실생활에서 자르거나 찌르는 용도로 사용되었으며, 길이도 10~15cm 정도로 짧은 편이다.

▲ 이단병식 간돌칼(사진103)

그러나 간돌검은 주로 고분에서 출토되고, 손상되지 않은 것이 많으며, 그 중에는 문양이나 투조透彫장식을 하는 비실용적인 것도 있어 부장용으로 사용되기도 한다. 또한 부장시에 부러뜨리거나 특정한 위치에 매장하는 의례적인 성격을 띠기도 한다.

간돌화살촉磨製石鏃은 신석기 시대에 출현하고 있으며, 청동기 시대에는 수렵이나 무기로 사용된다. 길이는 5~10cm 정도이며, 화살대에 결합하는 슴베가 있는 유경식有莖式, 슴베가 없는 무경식無莖式, 버드나무잎 모양의 유엽식柳葉式으로 구분되고 있다.(사진104) 유경식화살촉有莖式石鏃은 단면이 마름모형菱形이며, 슴베와 몸통의 경계가 확연하다. 유경식화살촉은 일단경식一段莖式과 이단경식二段莖式으로 구분된다. 일단경식은 출토량이 가장 많고, 넓은 지역에 분포함과 동시에 기원 전후까지도 사용되고 있다. 이단경식은 대동강 유역, 중부지방에 주로 출토되고 있다. 무경식화살촉無莖式石鏃은 몸통의 단면이 편평한 육각형을 이루며, 쌍각촉雙角鏃, 삼각만입촉 三角灣入鏃, 삼각촉이 있다. 쌍각촉은 회령 오동, 북창 대평리, 파주 옥석리유적에서 출토예가 있다. 삼각만입촉은 거의 전국적으로 분포하고 있으며, 전기의 유적에서 출토량이 많다. 삼각촉은 서해안에서 주로 출토되며, 점토대토기 등과 출토되는 후기에 해당하는 화살촉이다. 유엽식화살촉柳葉式石鏃은 유경식과 무경식의 중간형식이며, 몸통과 슴베가 확실한 구별이 없는 것이다. 몸통의 단면은 능형이며, 긴 버드나무 잎의 모양이다. 주로 중부지방에서 출토되고 있으며, 부장품으로 사용되기도 한다.

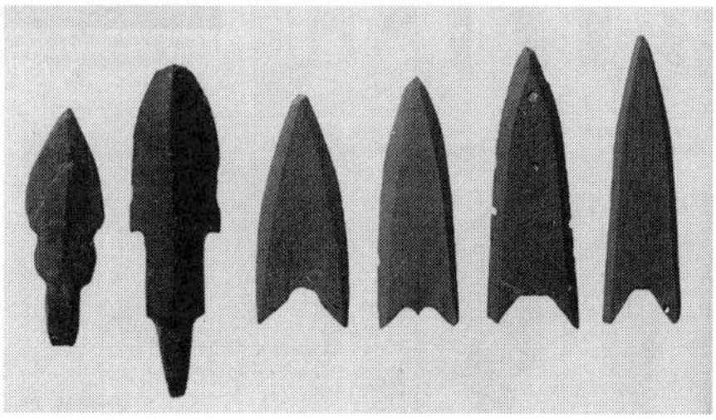
▲ 여주 흔암리 돌화살촉(사진104)

(2) 수확구

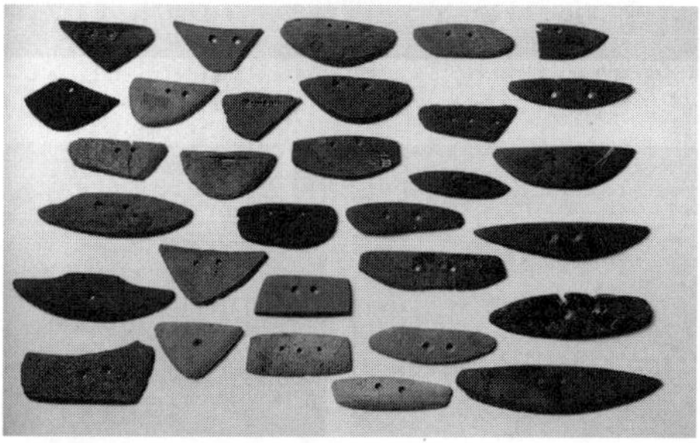

▲ 각종 반달형돌칼(사진105)

청동기시대에는 한반도의 전역에 농경이 보급되고 있으며, 곡물의 이삭을 잘라 수확하는 대표적인 도구로 반달형태의 반달형돌칼半月形石刀을 들 수 있다.(사진105) 둥근 부분에 날이 가해져 있으며, 몸체에는 2개의 구멍이 뚫려 있다. 낫이 등장하기 이전에 곡식을 익은 것부터 선택적으로 잘라서 수확하는 도구이며, 벼농사와 관련이 깊다. 돌칼은 중국 화북華北지방에서 발생하였으며, 지역에 따라서 형태가 다르게 나타난다. 반달형돌칼은 신석기시대 후기 이후에 사용되며, 청동기시대에 들어서는 다양해진다. 반달형돌칼은 반달형半月形 이외에도 장방형長方形, 어형魚形, 제형梯形(사다리형), 즐형櫛形(빗형), 주형舟形(배형), 삼각형이 있다. 반달형은 논과 밭농사가 동시에 이루어진 한반도 전역에서 출토되고 있다. 여기에 더하여 장방형, 즐형, 제형의 돌칼은 주로 두만강, 압록강유역에서 보이고 있으며, 청천강, 대동강유역에서는 어형과 주형이 주로 사용되었다. 이러한 돌칼은 팽이형토기와 공반 출토되며, 한강유역과 영동지방에까지 영향을 미친다. 금강유역에서는 중기 이전에 어형과 주형이 사용되나 중기의 송국리형 단계에는 주로 삼각형이 사용된다. 삼각형돌칼은 제작이 쉬우며, 사용면적을 넓힐 수 있는 장점이 있다. 삼각형돌칼은 이후 전라도와 경상도지역에까지 확대되며, 일본의 야요이시대弥生時代에도 유행한다. 후기에 이르러서는 철로 만든 반달형쇠칼半月形鐵刀이나 쇠낫鐵鎌으로 변화하였다.

돌낫石鎌은 날에 직교하여 나무자루를 끼워서 사용하는 낫이며,

청동기시대 한반도 전역에서 출토되고 있다. 길이는 반달형돌칼보다 길며, 대개 20~25cm, 두께 1cm 정도이다. 전기, 중기 단계는 형태 변화가 보이지 않으나, 후기 단계에는 크기가 작아진다. 대부분 주거지에서 출토되는 실생활용의 수확구이다.

(3) 농경구

돌괭이石鍬는 흙을 잘게 부수거나 고르는데 사용하며, 신석기시대 이래 사용되는 농경구이다. 괭이는 장방형, 사다리형 등 여러 형태가 있으며, 길이는 20cm 정도의 것이 주류를 이룬다. 괭이 중에는 날이 넓고 어깨가 좁은 형태의 곰배형丁字形이 많아 곰배괭이라 부른다. 곰배괭이는 신석기시대 후기부터 많이 사용된 이후, 청동기시대 전기까지 사용되었다. 그 이후는 목제 농구가 사용되기 시작하여 수량은 줄어드는 양상이다. 청동기시대의 곰배괭이는 회령 오동유적의 출토품이 있으며, 길이가 22cm 정도이다.

돌보습石犁은 농사를 지을 때 씨를 파종하기 위하여 땅을 갈아엎는 쟁기의 용도이다. 신석기시대부터 등장하며, 청동기시대에는 가축을 이용하여 밭갈이 하는 방식으로 발전하였다. 돌보습은 대부분 날을 갈아서 만들었으며, 큰 것은 50~60cm, 너비 15~25cm, 작은 것은 30~40cm 정도의 크기이다. 돌보습은 영변 세죽리, 여주 흔암리, 진주 상촌리유적 등지에서 출토되었다.

매부리형석기는 윗면이 다소 직선적이고, 아래쪽은 반원형태이다. 아랫쪽에 날이 세워져 있으며, 측면에는 타격을 가하여 홈을 만들었다. (사진106) 진주 대평리유적의 밭에서 출토된 것으로 보아 호미와 비슷한 용도의 농경구로 추정되고 있으나, 수확구나 공구로 보는 견해도 있다. 이 석기는 회령 오동, 무산 호곡, 청진 농포리, 두만강유역, 남한의 진주 대평리 어은지구, 옥방지구, 진주 상촌리, 울산 다운동, 대구 동천동, 대구 서변동유적 등에서 출토되었다.

이 외에도 농경과 관련된 목제 유물이 각 유적에서 출토되고 있다. 금릉 송죽리유적에서 출토된 목제 괭이, 광주 동림동유적에서 자귀 자루, 황해도 신흥동, 경주 조양동, 대구 서변동, 대구 매천동, 논산 마전리유적에서 도끼자루가 출토되었으며, 대구 매천동유적에서는 절구공이와 고무래가 출토되었다.

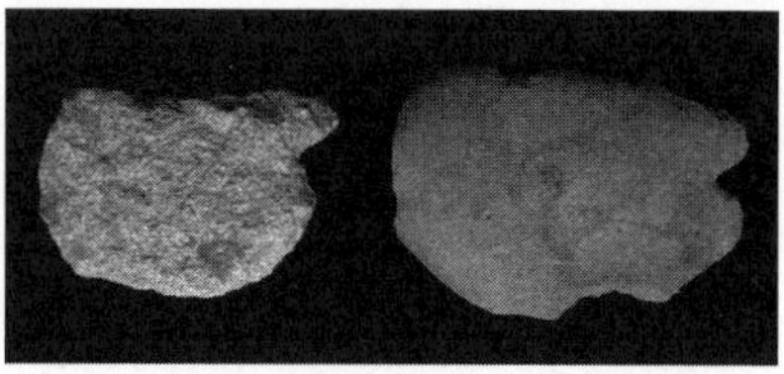
▲ 진주 옥방9지구 매부리형석기(사진106)

(4) 가공구

간도끼磨製石斧는 신석기시대에 성행하였으며, 청동기시대에 다양한 형태의 간도끼가 제작되었고, 철기의 보급과 더불어 소멸된다. 간도끼는 크기나 날의 형태에 따라서 용도가 다르게 나타난다. 삼림벌채용은 대개 20cm 이상이며, 목재를 켜거나 절단할 때에는 10cm 미만의 도끼가 사용된다. 날의 형태에 따라서는 외날을 가진 외날도끼單刃石斧와 양날을 가진 양날도끼兩刃石斧가 있다. 대팻날도끼, 돌끌, 홈자귀 등과 셋트를 이루고 있으며, 나무껍질을 벗기거나, 목재를 다듬는 목재가공의 기본적인 도구였다.

대팻날도끼扁平石斧는 돌끌石鑿에 비해 폭이 넓으며, 장방형을 이루고 있다. 날은 편평한 것과 곡선을 이루는 것이 있으며, 길이는 10cm 내외가 가장 많다. 주거지 내에서 출토량이 많으며, 홈자귀有溝石斧, 돌끌과 같이 목제 농경구를 제작하는데 사용되었다. 홈자귀로 1차 가공한 것을 더 정밀하게 다듬는데 사용하였다. 청동기시대 전 시기에 사용되며, 중기 이후에는 홈자귀가 제작되기 시작하였으며, 후기 단계까지 사용되었다. 일본에서도 흡사한 것이 발견되고 있다.

돌끌石鑿은 폭에 비해 길이가 긴 장방형의 소형 외날도끼 單刃石斧이며, 길이 5~10cm가 주류를 이룬다. 돌끌은 1차 가공 후에 세밀한 부분을 가공하는데 사용하는 목제 가공구이다. 청동기시대 한반도 전역에서 사용되며, 대부분 주거지에서 출토되고 있다. 특히 흔암리형, 송국리형 단계에 출토량이 많은 편이다.

홈자귀有溝石斧는 목재 가공구이며, 나무자루에 장착하기 위한 오목한 홈이 있다. 날은 한쪽에만 있는 외날도끼單刃石斧이며, 크기는 8~17cm, 단면은 마름모형이다. 송국리형 시기에 등장하는 표지적인 유물이며, 주로 주거지 내에서 출토된다. 중기에 본격적인 농경으로 인하여 목제 농경구의 생산이 활발하게 이루어진 증거이다. 홈자귀는 중국보다도 한반도에서 처음 출현하였으며, 일본 야요이시대弥生時代 초기의 농경 문화에 영향을 미치고 있다.

턱자귀有段石斧는 몸통 중간에 턱을 지게 만들었으며, 목공구에 해당한다. 길이는 대략 15~30cm 정도로 홈자귀에 비해 크다. 대동강유역에 한정되어 출토되고 있으며, 팽이형토기와 공반되고 있다. 턱자귀는 평양 금탄리, 황주 침촌리, 송림 석탄리유적 등 주로 주거지 내에서 출토되었다.

5) 골각기

청동기시대의 골각기骨角器는 사슴, 노루 등 동물의 뼈를 갈아서 가공하거나, 깨트려서 뾰족하게 만든 것이 있다. 용도도 다양하여 무기류, 농·공구, 어로구, 장신구, 생활용구 등으로 사용되고 있다. 무기류는 단검, 창끝, 뼈화살촉骨鏃, 찰갑札甲 등이 있다. 단검短劍은 동물의 다리뼈를 쪼개서 갈아 만든 길이 20cm 정도의 것이며, 선봉 서포항, 회령 오동, 중국 연길 소영자묘小營子墓에서 출토된 바 있다. 창끝은 선봉 서포항유적에서 출토되었으며, 동물 다리뼈를 세로로 쪼개어 갈아서 만든 것이다. 뼈화살촉은 유경식有莖式이 기본을 이루며, 동물의 이빨을 갈아서 만든 무경식無莖式 뼈화살촉도 있다. 선봉 서포항, 회령 오동, 태안 안면도 고남리패총에서 출토되었다. 안면도 고남리패총에서는 사슴뿔을 이용한 유엽형柳葉形 뼈화살촉이 출토되기도 하였다. 찰갑은 무산 호곡유적 주거지에서 출토되었으며, 사슴의 늑골로 추정되는 뼈를 갈아서 만든 것이다. 장방형의 형태이며, 대칭되는 구멍을 두줄로 뚫었다.

농구류는 회령 오동유적에서 출토된 사슴뿔의 괭이가 있다. 끝이 뭉툭하고 굵어서 괭이나 뒤지개로 사용한 것으로 추정된다.

공구로는 뼈송곳骨錐, 뼈끌骨鑿, 예새 등이 있다. 이 중에 송곳이 가장 많이 사용되고 있으며, 나진 초도, 회령 오동, 무산 호곡유적에서는 80여점 정도 다량으로 출토되었다. 송곳은 사슴, 돼지, 노루 등의 사지골, 경골, 척골 등으로 만들었으며, 대형어류인 방어의 갈비뼈를 뾰족하게 갈아서 사용하기도 하였다. 끌은 가공하는데 사용한 도구이며, 나진 초도, 선봉 서포항, 무산 호곡유적에서 출토되었다. 동물의 사지골이나 하악골을 이용한 경우가 많으며, 길이는 10~15cm 정도이다. 예새는 토기를 만들거나 문양을 시문할 때 사용하는 도구이며, 선봉 서포항, 회령 오동유적에서 출토되었다.

어로구는 낚시바늘과 찔개살이 있다. 낚시바늘은 단식과 결합식 두 종류가 있다. 단식낚시바늘은 무산 호곡, 안면도 고남리패총에서 출토된 바 있다. 이중 고남리패총에서는 멧돼지 송곳니로 만든 것이 출토되었다. 선봉 서포항유적에서는 동물의 뼈나 이빨을 갈아서 만든 결합식낚시바늘이 여러 점 출토되었으며, 나진 초도에서도 확인되고 있다. 찔개살은 나진 초도, 선봉 서포항, 무산 호곡유적에서 출토되었다.

장신구는 대롱옥管玉, 굽은옥曲玉, 드리개垂飾, 빗 등이 있다. 이들 장신구는 조류의 뼈나 조개껍질, 동물의 이빨, 견갑골 등이 이용되었다. 대롱옥은 선봉 서포항, 나진 초도유적에서 출토되었으며, 조류의 다리뼈를 잘라서 만들었다. 굽은옥은 조개껍질의 정수리부분을 떼어 내고 길아서 만든 것이며, 선봉 서포항, 안면도 고남리패총에서 출토되었다. 드리개는 목걸이의 용도로 사용한 것이며, 동물의 이빨, 갈비뼈, 조개 등을 이용하였다. 드리개는 선봉 서포항, 무산 호곡, 나진 초도, 회령 오동유적에서 출토된 바 있다. 빗은 동물의 견갑골을 다듬어서 만들었으며, 회령 오동유적에서 출토되었다.

생활용구는 바늘과 바늘통, 수저형 골각기, 삿바늘 등이 있다. 바늘은 조류의 뼈, 사슴뿔, 가오리 꼬리가시 등으로 만들었으며, 길이는 2.5~9cm 정도이다. 머리쪽을 납작하게 갈아서 구멍을 뚫었으며, 구멍없이 홈을 파서 실을 묶어 사용하도록 한 것도 있다. 바늘은 의주 미송리, 나진 초도, 무산 호곡, 선봉 서포항, 안면도 고남리패총에서 출토되었다. 바늘통은 동물의 다리뼈를 이용하여 만들었으며, 나진 초도, 선봉 서포항유적에서 출토되었다. 나진 초도에서는 바늘통에 4개의 바늘이 들어있는 상태로 출토되었으며, 서포항 출토 바늘통은 표면에 기학학적인 문양이 음각되어 있다.(사진107) 수저형 골각기는 나진 초도, 선봉 서포항, 무산 호곡유적에서 출토되었다.

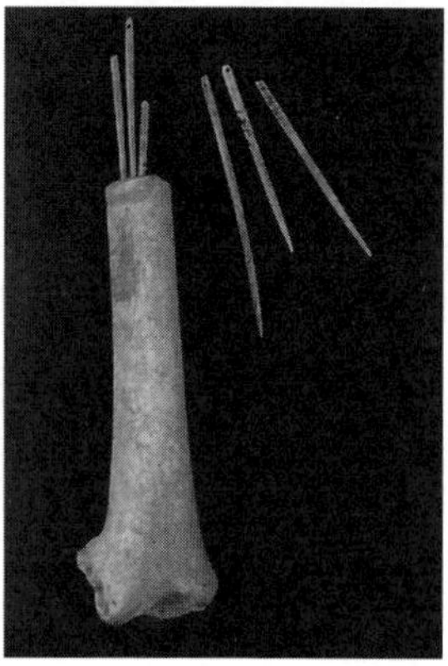

▲ 선봉 서포항 바늘과 바늘통(사진107)

5. 생업

1) 농경

(1) 논

신석기시대 후기 이후 농경은 잡곡을 중심으로 이루어졌으나, 청동기시대에는 보리, 밀, 조, 수수, 기장, 콩류 등의 밭농사와 함께 본격적으로 벼농사가 시작되었다. 초기에는 밭농사가 중심을 이루지만, 점차적으로 벼농사로 확대되었다. 한반도에서 벼농사는 서북부, 중서부지방에서 시작되어 남부지방으로 확산된 것으로 보인다. 전래의 루트는 여러 설이 있으나 대체적으로 중국의 산동반도山東半島나 요동반도遼東半島를 거쳐 들어온 북방설이 유력하다.

벼농사의 흔적은 논유적과 출토된 탄화미炭化米의 흔적으로 파악할 수 있으며, 또한 토양분석을 통한 벼의 프랜트오팔(plant opal)을 검출하는 방법에 의해서도 알 수 있다. 이러한 벼농사의 흔적은 춘천 천전리, 보령 관창리, 논산 마전리, 부여 구봉리, 대구 동천동, 울산 무거동 옥현, 울산 야음동, 밀양 금천리, 함안 도항리유적 등에서 조사되었다. 탄화미의 흔적은 평양 남경, 강릉 교동, 여주 흔암리, 부여 송국리유적에서 단립형의 탄화미가 발견되었으며, 부안 소산리유적에서는 무문토기의 저부에서는 볍씨 자국이 확인되기도 하였다. 안동 저전리 유적에서는 다량의 벼껍질이 출토되었다.

청동기시대 논은 구릉사면 말단의 골짜기를 개간하거나 중소규모의 하천이 범람하는 곳에 위치한다. 논의 형태는 울산 야음동이나 논산 마전리유적에서와 같이 계단식과 울산 무거동 옥현유적에서와 같이 부정형으로 구획된 소규모의 논이 있다. 계단식은 논의 너비가 좁아서 관개灌漑시설이 확인되지 않지만, 부정형의 논은 수로, 저수장 등의 관개시설이 확인되기도 한다. 계단식 논은 한반도에서만 확인되고 있어, 한반도 고유의 논 형태로 보인다.

벼농사를 지었던 몇 유적을 보면, 논산 마전리유적에서는 15개의 소규모 논이 조사되었으며, 사람의 발자국도 확인되었다. 구릉 상단에는 면적 40㎡ 정도의 계단식, 구릉말단부에는 면적 50㎡ 정도의 구획된 논이다. 또한 마전리유적에서는 논과 관련된 관개시설이 확인되었다. 수로와 수문의 수리시설과 함께 물을 저장하였던 저수장, 저목장 등이 발전된 논의 형태를 보이고 있다. 저목장에서는 목제 도끼자루와 목제품이 출토되었다. 이 유적에서는 우물 2기도 조사되었으며, 우물 내부에서는 송국리식토기와 각종 석기가 출토되었다.

울산 무거동 옥현유적에서 발견된 논은 기원전 7~6세기경의 것이며, 경사를 따라 계단을 이루면서 10㎡ 정도의 소구획된 논이다.(사진108) 평면형태는 방형, 장방형, 부정형이며, 논바닥에서는 발자국, 경작흔적 등이 발견되었으며, 공렬문토기, 적색마연토기, 그물추, 석기 등도 출토되었다. 이곳에서는 논둑을 끊어 만든 수구水口와

▲ 울산 무거동 옥현 논 유적(사진108)

수로水路도 확인되었다. 수로는 구릉과 골짜기의 경계지점에 설치되었으며, 확인된 길이만도 450m에 달한다. 이 유적에서는 청동기시대 논의 구조나 조성, 관개시설을 파악할 수 있으며, 일본 초기 소구획 논의 기원이 한반도에 있음을 밝힐 수 있는 증거가 확보되었다.

밀양 금천리유적은 신석기시대 만기에서 청동기시대 초기에 걸친 논유적과 수리시설을 갖춘 오래된 마을유적이다. 논은 면적 20㎡ 정도 크기 70면 이상이 조사되었으며, 평면형태는 장방형이 주류를 이룬다. 논에서는 2줄의 수로가 발견되었으며, 하나는 논의 경계둑과 나란히 흘러가며, 또 하나는 논의 중앙부분을 동서방향으로 관통하고 있다.

(2) 밭

청동기시대 초기에는 밭농사를 중심으로 이루어졌으며, 곡물은 밀, 보리, 기장, 조, 수수, 팥, 콩, 들깨 등이 재배되었다. 재배종에 따라서 이랑과 고랑에 식재할 수 있으며, 밭의 형태에 따라 경작방법도 차이가 있는 것으로 알려지고 있다. 밭으로 경작된 곳은 강변이나 대지의 낮은 구릉지대에 조성된 경우가 많으며, 집 주위에 소규모로 이용되기도 하였다.

밭유적으로는 진안 여의곡, 대구 동천동, 대구 동호동, 진주 대평리 어은지구, 대평리 옥방지구, 산청 묵곡리유적에서 경작된 밭 유구를 확인할 수 있다.(사진109)

▲ 진주 대평리 옥방6지구 밭 경작지(사진109)

대평리 어은지구유적에서는 강가의 모래사장에서 2,000평 정도의 밭이 조사되었으며, 남강변을 따라 소규모의 밭이 조성되어 있다. 이곳에서는 이랑과 고랑이 뚜렷하게 보이고 있으며, 밭의 흔적이 상하로 중복되어 있기도 하여 오랫동안 반복되어 경작이 이루어졌음을 알 수 있다. 밭에서는 탄화된 쌀과 보리, 수수, 조, 명아주속의 씨앗, 견과류 등이 출토되었으며, 수확을 위한 반달형돌칼, 돌낫 등의 농경구도 출토되었다. 어은지구와 연결되는 옥방지구에서도 밭의 흔적이 조사되었다. 진안 여의곡유적의 밭 유구는 1,300평 정도가 확인되었으며, 이랑과 고랑이 남아 있다. 채집된 토양의 식물규소체 분석결과, 벼, 조, 피, 율무, 기장이 재배되었을 가능성이 제기되었다.

이 외에도 평양 남경유적에서는 탄화된 쌀, 조, 수수, 콩, 기장 등이 출토되었으며, 여주 흔암리유적에서도 탄화된 쌀, 보리, 조, 수수 등의 곡물이 발견되어 밭농사가 본격화 되었음을 알 수 있다. 진주 옥방지구에서 보리, 팥, 조, 수수, 울산 다운동에서 콩, 춘천 천전리에서 팥 등의 곡물이 출토되기도 하였다.

2) 어로와 장신구

(1) 어로

청동기시대에 논과 밭농사에 의한 식량이 주류를 이루기는 하였으나 해변이나 강가에서는 어로에도 종사하였다. 패총에서 조사된 어패류나 어로구 관련 유물을 통해서 어로의 형태 등을 추론해 볼 수 있다. 낚시바늘은 동물 뼈나 뿔을 갈아서 제작한 것이며, 단식, 결합식 낚시바늘이 있다. 드물지만 청동제 낚시바늘도 출토된다. 그물추는 석제, 토제, 패각제가 있으며, 크기와 무게는 다양하다. 기타 어로구는 투창과 작살, 찔개살 등이 있다.

청동기시대에는 어로 이외에도 목축이 이루어진다. 벼농사가 이루어지는 지역보다 주로 초원지대에서 목축이 활발하게 이루어진 것으로 보인다. 무산 호곡유적에서 길들인 돼지의 뼈가 상당 수 출토 되었으며, 평양 입석리, 무산 호곡, 회령 오동, 나진 초도유적에서는 소뼈가 발견되었다.

(2) 장신구

청동기시대 대표적인 장신구는 주로 고분에서 출토되는 귀걸이와 목걸이를 들 수 있다. 신분이 높은 피장자의 부장품으로 활용되고 있으며, 몸에 치장한다는 의미도 있지만 지위나 위엄을 나타내는 상징적인 유물이기도 하다. 옥 종류는 초생달 모양의 굽은옥曲玉과 원통형의 대롱옥管玉, 둥글거나 원판형의 둥근옥丸玉을 들 수 있다.(사진110)

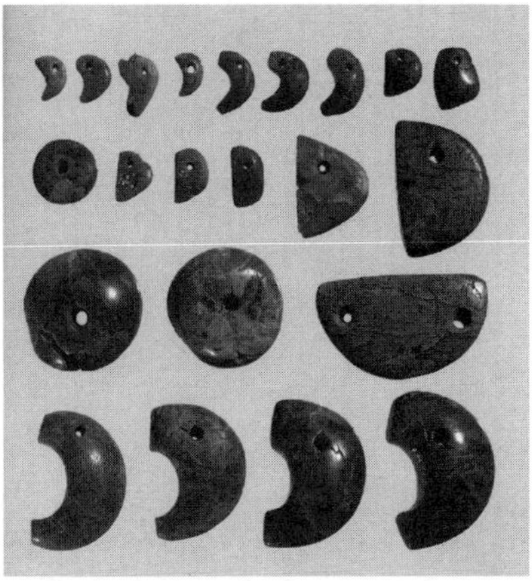

▲ 각종 굽은옥류(사진110)

굽은옥曲玉은 귀걸이의 용도로 주로 천하석이 사용되고 있다. 함평 초포리유적의 석관묘에서는 굽은옥이 피장자의 귀 밑에서 2점이 셋트로 출토되어 귀걸이로 사용하였을 가능성을 시사하고 있다. 굽은옥은 석관묘나 지석묘에서 주로 출토되고 있으며, 부여 송국리, 대전 괴정동, 승주 우산리, 함평 초포리, 연화리, 영덕 오포동, 창원 신촌리유적 등에서 출토되었다. 산청 묵곡리, 진주 대평리유적에서는 굽은옥의 제작지가 발견되었다. 굽은옥과 대롱옥은 주로 세형동검과 함께 석관묘에서 출토되고 있으며, 셋트를 이루는 경우가 많다.

대롱옥管玉은 목걸이의 용도로 사용되었으며, 다른 옥과 결합되어 사용하기도 한다. 주로 벽옥을 재료로 만들어졌다. 길이는 대개 3cm 이하이며, 부여 송국리, 진주 대평리유적에서와 같이 5cm 이상의 것도 있다. 주로 석관묘나 지석묘에서 출토되고 있으며, 나진 초도, 공주 봉안리, 당진 소소리, 부여 송국리, 부여 합송리, 장수 남양리, 승주 우산리, 여천 오림동, 여천 봉계동, 여천 평려동, 영덕 오포동, 창원 덕천리, 창원 신촌리유적에서 출토되었다. 여천 평려동이나 창원 덕천리 지석묘에서는 150여점 이상이 출토되었으며, 나진 초도에서는 새의 뼈로 만든 것이 출토되기도 하였다. 부여 합송리의 대롱옥은 성분분석 결과 중국유리와 같은 납과 바륨계통으로 확인되었다.

둥근옥丸玉은 다른 옥과 결합하여 목걸이로 사용하거나, 단독으로 귀걸이로 사용하기도 한다. 크기에 있어서 1cm 미만의 소형이며, 원판형의 것이 많다. 주로 석관묘, 지석묘 등에서 출토예가 많으며, 마산 신촌리, 고성 두호리, 진주 대평리, 산청 묵곡리, 사천 이금동, 여수 봉계동, 여수 오림동, 순천 우산리 등 남부지방에서 주로 출토되고 있다.

청동기시대에는 베틀을 이용한 방직기술이 개발되었으며, 사계절 패션이 가능하게 되었다. 식물성 섬유를 이용하여 각종 옷감을 만들었다. 이 시기에는 무산 호곡, 나진 초도유적에서 베실, 북청 토성리 2호주거지에서 유물을 포장한 천, 함평 초포리유적에서 섬유조각이 출토되어 방직기술이 일반화 되었음을 짐작할 수 있다.

실을 뽑는 도구는 신석기시대 이래 가락바퀴紡錘車가 사용되었다. 가락바퀴는 원판형, 구슬형, 원추형, 주판알형 등 다양한 형태를 보이고 있다. 중앙에 구멍이 뚫려있으며, 이곳에 축으로 쓰는 나무를 꽂아 회전력을 이용해 베실을 뽑아내는 용도이다. 이러한 실은 바느질실이나 그물에 사용할 실로 사용하기도 하고, 천과 천을 잇대어 옷감을 만들기도 한다. 여기에 사용할 뼈바늘骨針도 유적에서 많이 출토되고 있다. 선봉 서포항, 나진 초도유적에서는 바늘통과 함께 뼈바늘이 출토된 바 있다.

6. 신앙과 예술

1) 신앙

농경사회가 정착되고, 마을단위의 공동체 의식이 증가하면서 신앙과 관련된 의례가 본격화 되었다. 그렇지만 조사된 신앙, 의례와 관련된 유적은 별로 없으며, 장송의례가 진행되면서 고분 주변에 토기, 석기, 대롱옥 등을 사용한 흔적이 조사되는 정도이다. 의례에 사용된 적색마연토기赤色磨硏土器, 채문토기彩文土器, 고배高杯 등을 고분의 주변에 폐기하는 양상이다. 고분 내부에 부장품으로 매장하는 간돌검 중에는 문양이나 투조透彫장식이 있는 비실용적인 경우도 있고, 일부러 파손하거나, 특정 위치에 매장하는 경우도 있다. 논산 원북리유적에서는 세형동검을 일부러 부러트려 다른 장소에서 처리하고, 나머지를 목관 안에 부장하기도 하여 당시 매장의례의 일면을 볼 수 있다.

산청 묵곡리유적에서는 인위적으로 만든 구상유구溝狀遺構와 수혈유구竪穴遺構에서 청동기시대에서 삼국시대에 이르기까지 폐기된 많은 유물이 수습되어 의례공간으로 파악되고 있다. 도랑내의 유물은 대부분 파손되어 정연하게 쌓여져 있으며, 측벽에는 구멍을 파고 옥이나 토기,

석기편을 의도적으로 끼운 흔적도 발견되었다. 그 양도 방대하여 수천점에 이르며, 출토된 유물도 다양하여 청동기시대에 사용된 대부분의 유물이 수습되었다. 이곳에서는 물과 관련되면서 농경이나 옥제품 제작의 복합적인 의례가 이루어진 것으로 추정된다. 또한 논산 마전리 논유적에서는 나무 우물이 조사되었으며, 의례와 관련된 적색마연토기와 우물 외부에서 새모양의 목제품이 출토되었다. 아마도 우물의 정화 작용이나 농경의례에 사용된 것으로 추정된다.

매납유적埋納遺蹟은 특별한 목적을 가지고 청동기나 석기 등 유물을 의도적으로 매납하고 있는 유적이다. 매납은 제사나 의례와 같은 신앙과 관련이 있을 것으로 추정되며, 주변을 조망하기 좋은 강변이나 해안가에 위치하는 경우가 많다. 마산 가포동 해안의 경사면에 2개의 바위로 이루어진 바위틈에서는 청동검, 청동투겁창, 청동꺽창, 청동새기개, 무문토기 등이 출토되었다. 청동투겁창은 4개체로 분리되어 있고, 청동꺽창은 고의로 떼어낸 흔적이 있어, 의례와 관련된 의도적인 파손으로 볼 수 있다. 이 외에도 매납유적으로 볼 수 있는 청도 예전리, 산청 백운리, 합천 영창리, 대구 만촌동유적이 있다.

청동유물인 방패형동기, 검파형동기, 원형유문동기, 나팔형동기, 견갑형동기, 원개형동기에서 보이는 독특한 형태나 특수한 문양에서도 의례적인 면모를 추정할 수 있다. 대전 부근에서 출토된 것으로 전해지는 방패형동기防牌形銅器는 의례에 사용된 것으로 보인다. 방패모양으로 하부가 일부 결실되기는 하였으나 문양은 잘 남아 있다. 우측 상부에는 머리에 깃털을 꽂은 채 따비로 밭을 경작하는 모습이 보이고, 그 아래쪽에는 괭이를 사용하는 인물이 묘사되어 있다. 좌측에는 토기에 추수한 곡물을 담는 여성의 모습이 보이고, 뒷면에는 새가 마주하는 모습이 새겨져 있다. 이 동기는 지도자가 농경 의례시에 수확과 풍요를 기원하는 의미로 사용된 것으로 보인다. 아산 남성리와 예산 동서리유적의 검파형동기劍把形銅器에는 사슴과 사람의 손 모양이 표현되어 있으며, 시베리아의 샤머니즘과 관련되는 문양이다. 사슴과 손은 샤머니즘에 자주 등장하는 동물이며, 모자나 의복, 금관 등에도 표현되고 있다. 익산지역에서 출토된 것으로 전해지는 원형유문동기圓形有文銅器는 태양을 상징하는 방사상문양과 십자형문양이 조합된 십자일광문十字日光文이 시문되어 있다. 이러한 문양은 시베리아 지역에서도 보이고 있으며, 북방적인 요소가 채택된 흔적으로 이해할 수 있다. 태양과 관련된 이러한 문양은 간두령竿頭鈴이나 세문경細文鏡 등에서도 보이고 있다. 예산 동서리 석관묘에서 출토된 나팔형동기喇叭形銅器는 의기로 보여지나, 중국 요령지역에서는 말머리 장식으로 사용되고 있다. 경주에서 출토된 것으로 전해지는 견갑형동기肩甲形銅器는 표면에 호랑이와 사슴이 그려져 있다.(사진111) 사슴은 화살을 맞은 모습이며, 수렵과 관련된 의기로 추정된다. 원개형동기圓蓋形銅器는 표면이 완곡되어 튀어나온 원형의 뚜껑 형태이다. 금이 가거나 깨진 형태로 발견된 것으로 보아 꼭지에 고리를 걸어 두드려 소리를 내는 의기로 추정된다. 중국 심양 정가와자鄭家窪子유적에서 유사한 동기가 출토되었으며, 한반도에서는 대전 괴정동, 예산 동서리, 부여 합송리유적에서 출토된 바 있다. 한반도의 청동 의기들은 십자 일광문, 사슴, 손, 수렵문 등이 시문되고 있다. 이러한 문양은 북방적인 요소를 가지며, 시베리아의 여러 종족에게 퍼져있던 샤머니즘과 관련이 있는 문양으로 볼 수 있다. 이러한 의기의 소유자는 제정祭政을 함께 관장하는 신분이었을 것으로 보인다.

▲ 견갑형동기(사진111)

신앙과 관련된 청동방울은 청동거울, 청동검 등과 함께 샤먼의 필수도구이다. 청동방울은 팔주령八珠鈴, 간두령竿頭鈴, 쌍두령雙頭鈴, 조합식쌍두령組合式雙頭鈴이 있으며, 이들은 모두 의례의식에 사용된 것으로 보인다. 점뼈卜骨는 동물의 견갑골肩胛骨을 사용하였으며, 불로 지져서 균열의 흔적을 가지고 한해의 길흉화복을 점치는 도구이다. 복골은 무산 호곡유적에서 2점이 출토된 바 있으며, 불로 지진 흔적인 굼이 20여개 이상 확인되고 있다. 중국에서는 신석기시대에도 사용되지만, 한반도에서는 대개 청동기시대 후기부터 원삼국시대에 걸쳐 많이 보이고 있다.

2) 예술

청동기시대의 예술과 관련된 암각화岩刻畵는 15개소 이상 알려져 있으며, 주로 하천변의 암벽면에 새겨져 있다. 한반도에서는 농경사회가 시작되면서 물이 신성시 되었으며, 농경과 관련하여 풍요를 기원하는 암각화를 새긴 것으로 보인다. 암각화는 동물의 형상, 인물상, 어로, 수렵 등의 사실적인 표현이 있으며, 대표적으로 울산 대곡리 암각화를 들 수 있다. 울주 천전리 암각화는 동물의 형상 이외에도 삼각형, 십자형, 마름모형, 원형, 동심원을 포함한 기하학적인 문양이 표현되어 있으며, 농경과 관련된 것으로 추정되고 있다. 동심원과 십자형, 인면人面이나 방패와 유사한 신상神像과 같은 추상적인 문양도 존재하는데, 고령 양전동, 고령 안화리, 포항 칠포리, 남원 대곡리, 영천 보성리, 경주 석장동, 경주 상신리, 함안 도항리 암각화가 있다.(사진112) 이러한 암각화는 기법, 표현방식 등이 시베리아 일대의 북아시아 암각화와 관련이 있을

▲ 고령 양전동 암각화(사진112)

것으로 추정된다. 시기에 있어서 함안 도항리의 경우는 동심원이나 홈구멍을 새긴 연대를 기원전 5세기 정도로 파악하고 있으며, 고령 양전리, 경주 상신리, 경주 석장동 암각화는 후기의 무문토기와 관련되는 것으로 보고 있다.

지석묘의 상석에서도 암각화가 확인되고 있다. 여수 오림동 지석묘에서는 간돌검, 돌화살촉이 새겨져 있으며, 간돌검 앞에 무릎을 꿇고 칼을 숭배하는 듯이 기원하는 인물상이 있다. 포항 인비리 지석묘에서도 간돌검, 돌화살촉이 새겨져 있다.

조각품으로는 토제 남성이 무산 범의구석, 선봉 서포항유적에서 출토되었다. 무산 범의구석유적의 남성상은 눈, 코, 입은 가는 것으로 찔러서 표현하였으며, 귀는 고리형으로 만들기도 하였다. 또한 무산 범의구석에서는 돼지 조각품이 출토되었으며, 길이 6cm 정도에 튀어나온 입과 등이 두드러지게 묘사되어 있다.

선봉 서포항유적에서는 뼈피리가 출토되었으며, 재질은 새의 다리뼈를 잘라 만들었다. 크기는 길이 13.5cm, 직경 1cm 정도이며, 한 줄의 일정한 간격으로 13개의 구멍이 확인되고 있다.

V. 원삼국시대

1. 원삼국시대의 개요

원삼국시대原三國時代는 고대국가로 정립되기 이전의 시기이며, 개략적으로 기원전 1세기에서 기원후 3세기경에 해당되고 있다. 이 시기는 한국사에서 삼한시대三韓時代로 부르기도 하지만, 삼한은 남한지역에 국한하는 구분으로 북한지역까지 아우르는 시대구분으로는 적절치 않다는 견해가 있다. 그런 의미에서 김원용은 삼국시대의 원초기라는 의미에서 이 시기를 원삼국시대라 명명하였다. 지역적으로 마한馬韓, 진한辰韓, 변한弁韓이 속하는 남한지역은 물론, 낙랑樂浪, 대방帶方, 동예東濊, 옥저沃沮가 속한 북한지역과 고구려高句麗, 부여夫餘가 속한 중국 동북지방까지 포함하는 광의의 개념으로 이해할 수 있다. 원삼국시대의 명칭은 아직까지 고고학계에서 널리 통용되고 있는 시대구분이나, 청동기가 소멸하고 철기의 제작이 본격화되고 있으므로 청동기시대青銅器時代에 이은 철기시대鐵器時代로 구분하자는 제안도 있다. 연대설정에 있어서도 연구지역이나 국가 간의 사회변동에 따라 다르게 해석될 수 있는 여지가 있다.

원삼국시대에는 철기가 본격적으로 발달하게 된다. 이 시기의 철기문화는 낙랑의 한식문물과 밀접한 관련이 있다고 볼 수 있다. 원삼국시대에 출현하는 목관묘木棺墓에는 청동기와 철기, 무문토기와 함께 전기 와질토기瓦質土器가 부장된다. 또한 이 시기부터 낙랑과의 교섭을 통해 한식문물이 출현하여 위신재로서 분묘에 부장되기 시작한다. 그러나 2세기경에는 목곽묘木槨墓가 등장하게 되어 남부지방 상위계층의 분묘로서 출현하게 된다. 이 시기에는 단조철기鍛造鐵器의 제작이 주류를 이루고 있으며, 환두대도環頭大刀를 비롯하여 철검鐵劍, 쇠투겁창鐵矛, 쇠화살촉鐵鏃 등의 새로운 무기류가 만들어진다. 무기의 발달은 전쟁을 통한 사회의 통합과 재편성을 이루는 계기가 되었다. 이 시기에는 쇠삽鐵鍤, 쇠낫鐵鎌, 쇠괭이鐵鍬, 쇠스랑, 따비 등의 철제 농구류가 다량으로 제작되어 농업생산력의 증대를 가져왔다.

고분은 마한지역에 토광목관묘土壙木棺墓, 주구토광묘周溝土壙墓, 적석분구묘積石墳丘墓, 옹관묘甕棺墓 등이 있다. 특히 주구토광묘는 매장 주체부를 도랑周溝으로 돌려서 보호하는 형태로 최근에 호서와 호남지역에서 많이 조사되는 마한 토착세력의 고분이다. 강돌을 쌓아 축조한 적석분구묘는 한강 중 · 상류역에 분포하고 있다. 진한 · 변한지역은 목관묘, 목곽묘, 옹관묘가 존재하고 있으며, 그 중심은 목곽묘이다. 부장유물로는 철기류, 농구류가 새롭게 추가되고, 대부장경호臺附長頸壺, 화로모양토기盧形土器, 새모양토기鳥形土器 등의 후기 와질토기가 출토된다. 목곽묘는 이전 단계 목관묘의 문화를 계승하면서 새로운 요소가 가미되고 있다. 고고학적인 입장에서 보면, 진한과 변한의 구분은 뚜렷하지 않으며, 문물에 있어서 공통적인 양상을 보인다.

이 시기의 토기제작에는 중국의 회도灰陶기법이 가미되었으며, 높은 온도에서 굽는 도질토기陶質土器가 생산되었다. 토기요지는 등요登窯이며, 고온에서 소성되어 회색, 회청색의 토기가 생산된다. 토기제작에는 회전대를 사용하였으며, 이로 인하여 대량생산이 가능해졌다. 서북한지역에서는 화분형토기와 회백색의 단지가 셋트로 출토되기도 하며, 중부지방에서는 경질무문토기硬質無文土器, 타날문토기打捺文土器,

승석문토기繩蓆文土器, 낙랑계토기樂浪系土器가 출토된다. 남부지방에서는 주머니호, 대부장경호, 장경호長頸壺, 우각형파수부호牛角形把手附壺, 원저단경호圓低短頸壺, 고배高杯, 화로모양토기, 새모양토기, 시루 등이 보이고 있다.

원삼국시대에는 한사군漢四郡 설치이후, 평양을 중심으로 한 낙랑지역에서 한식문물이 적극적으로 유입되었으며, 삼한사회 전반에 걸쳐 그 영향력은 확대되어 갔다. 교류와 관련되는 문물은 토기, 철기, 청동기, 장신구 등과 화폐나 한경漢鏡, 점뼈卜骨와 같은 유물도 출토되어 삼한의 전 시기에 걸쳐 다양하게 교류가 이루어졌다. 기원 전후에 낙랑계토기, 철경동촉鐵莖銅鏃, 전한경前漢鏡, 점뼈, 화폐 등이 유입되어 낙랑과의 교류가 시작되며, 철기제작의 기술이 들어와 각종 무기류와 농공구류가 제작된다. 1세기 후반~2세기 중반까지는 낙랑에서 후한경後漢鏡과 함께 유리제 대롱옥이 유입되고, 방제경이 제작되기 시작한다. 왜에서 들어오는 교역품은 실용성이 퇴색된 광형청동투겁창廣形銅矛과 청동꺽창銅戈, 그리고 방제경倣製鏡, 야요이토기弥生土器 등이 있다. 이로 미루어, 낙랑지역에서 한강유역의 중서부, 서남해안, 남해안, 일본 큐슈로 이어지는 당시 문물교류의 양상을 파악할 수 있다.

2. 철기의 확산

철기의 수용은 청동기시대 후기인 기원전 3세기경에 중국 요동지방과 한반도 서북지역에 명도전明刀錢, 주조철기鑄造鐵器, 회색토기와 공반되면서 이루어지기 시작한다. 기원전 2세기경 위만衛滿이 유이민을 이끌고 고조선으로 망명하게 되는데, 이 시기 대동강유역에 전국계戰國系의 철기와 세형동검細形銅劍, 점토대토기粘土帶土器가 공반되는 철기문화가 유입된다. 평양의 정백동고분군에서 연나라 계통의 말가면, 진나라 계통의 청동꺽창銅戈이 공반되고 있는 것을 보면, 위만조선의 철기문화는 고조선과 연나라의 전통적인 문화에 진한秦漢교체기의 새로운 문화요소를 수용한 것으로 추정된다.

위만은 동북아시아의 강자로 부상하면서 한때는 한의 세력을 위협하기도 하였지만, 결국은 철기문화의 완전한 단계를 이루지 못하고 기원전 108년 한에 의해 멸망하고 말았다. 이로 인하여 낙랑군, 현도군, 임둔군, 진번군의 한사군漢四郡이 설치되며, 이 중에 평양을 중심으로 한 낙랑군의 세력이 강하였다. 이즈음에 유이민 파동과 함께 고구려와 부여가 철기의 보급으로 인해 강한 연맹왕국으로 성장하였으며, 특히 강성해진 고구려에 의해 임둔군과 진번군이 폐지되고 현도군은 요동으로 밀려나게 되었다. 그 여세를 몰아 313년 미천왕대에는 한사군의 마지막 세력인 낙랑을 축출하게 된다. 당시 동북아시아의 여러 소국 중에 고구려는 철기를 가장 적극적으로 수용하였으며, 이 철기문화를 기반으로 주위의 부여, 옥저, 동예 등의 소국들을 아우르면서 점차 고대국가로 성장하게 된다.

남한지역에서는 낙랑의 영향을 많이 받았으며, 마한, 진한, 변한의 연맹왕국이 형성되었다. 중부지방 이남에서는 호서지역을 중심으로 기원전 2세기경에 철기문화가 전파되고 있으며, 약간 늦은 기원전 2세기말경에는 남부지방에도 철기문화가 보급된다. 기원전 1세기경에는 낙랑문화가 직접 유입되고 철기가 본격적으로 제작되기 시작한다. 그러나 한반도의 중서부와 서남부지역보다는 철 생산이 많은 영남지역의 진한 · 변한 세력이 철기문화를 더 적극적으로 수입한 것으로 보인다.

기원전 1세기 후반부터 유행한 목관묘木棺墓에서 보면, 청동유물이 점차 소멸되고 다수의 철기가 부장되고 있다. 청동무기류는 실용성을 벗어나고 있으며, 낙랑문화의 영향에 의해 한경漢鏡, 수레부속품인 거여구車輿具, 띠고리帶鉤, 청동종방울銅鐸 등이 수입되고, 한경을 모방한 방제경이 새롭게 제작되었다. 철기가 확산된 이 시기의 문화상은 기존 청동기시대 후기의 토기 기형이 남아 있고, 또한 세형동검문화의 기반위에 철기문화가 발전한 것으로 보인다. 이 시기의 집단은 수장을 중심으로 한 계층과 하호층으로 분화가 이루어졌다. 수장세력의 집단은 낙랑으로부터 한식문물을 수입하여 토착사회에서 영향력을 과시하였을 것이다.

특히 남한지역의 원삼국시대 목곽묘木槨墓에서 출토되는 유물 중에는 철기제품이 다량으로 매장되어 있으며, 무기류와 공구류의 단조철기鍛造鐵器가 주류를 이루고 있다. 「三國志」 魏書 東夷傳 변진조弁辰條에서 알 수 있듯이 경주와 울산, 김해 등지는 철 생산의 중심지였으며, 낙랑, 대방, 예, 왜에서 철기재료를 수입하여 갔다. 경주 사라리 130호분이나 울산 하대유적 76호분의 경우는 바닥에 판상철부板狀鐵斧가 깔려있는 상태이며, 1차적으로 단조한 이 판상철부를 주변지역에 공급하였다. 이 시기에는 철검鐵劍, 쇠투겁창鐵矛, 쇠화살촉鐵鏃 등의 무기류가 제작되었으며, 많은 철제무기류의 확보는 강대한 군사력의 기반이 되었다. 농구류도 다량으로 제작되었으며, 경작에서부터 수확에 이르기까지 철제농구가 사용되었다. 철제농구의 사용으로 인하여 석기나 목기를 사용하던 때보다 노동력과 시간이 절약되었으며, 작업능률도 향상되었다. 또한 땅을 깊게 갈 수 있어 토지의 비옥도를 높였으며, 농업 생산력이 증대되었다.

3. 중국 동북지방 및 북한지역

1) 초기의 고구려

(1) 개요

고구려는 주몽에 의해 기원전 37년 현재의 중국 환인桓仁지역인 졸본卒本에서 건국하였다. 건국 초부터 송양 세력을 통합하였으며, 이후 유리왕대(3년)에 집안集安으로 수도를 옮긴 후 비약적으로 발전하였다. 태조왕대(56년)에는 동옥저를 정복하였으며, 요동으로 진출하는 발판을 마련하였다. 차대왕대(146년)에는 압록강 하구의 서안평을 공격하였으며, 미천왕대(313년)에는 한나라의 세력을 축출하였다. 그러나 전연 모용황의 공격으로 인하여 환도산성이 점령(342년)당하였으며, 백제 근초고왕의 공격을 받아 고국원왕이 전사(371년)하는 시련을 겪기도 하였다. 소수림왕대에는 정치제도의 정비가 이루어졌고, 불교수용(372년)과 더불어 율령이 반포(373년)되었다. 안정된 정치를 기반으로 광개토왕은 백제를 공격(396년)함은 물론, 후연의 모용성을 공격(400년)하여 요동지역을 장악하였다. 이렇듯 고구려는 시련을 겪으면서도 집안의 국내성을 중심으로 중국 동북지방과 한반도의 중부지방까지 영토를 확장하였다.

고고학적인 자료는 창건시기의 수도였던 환인과 이후 천도에 의해 세워진 집안, 평양의 각 시기에 고분과 산성의 조사에 의해 유구와 유물이 축적되었다. 그러나 초기 고구려의 유적은 중국에 위치해 있어서 우리의 연구자가 적극적으로 연구하고 접할 수 있는 기회가 매우 적다. 초기 고구려의 모습은 환인지역과 집안 천도 초기의 고분과 산성에서 찾아볼 수 있다. 초기의 고구려고분은 3세기말까지 사용되는 수혈식적석총竪穴式積石冢이 대표적이며, 환인의 혼강渾江을 따라 많은 고분이 분포하고 있다. 고구려 초기의 수혈식적석총은 환인과 집안 일대에 12,000여기 정도 있는 것으로 알려져 있으며, 형태에 따라 무기단식, 기단식, 계단식적석총으로 구분되고 있다. 환인지역의 고분은 혼강변에 분포하고 있으며, 그 중에 대표적인 것이 고력묘자高力墓子고분군이다. 집안지역의 초기 고구려 적석총은 칠성산七星山, 마선구麻線溝, 우산하禹山下고분군을 들 수 있다. 이후 3세기말에서 5세기까지는 석실적석총石室積石塚, 석실봉토분石室封土墳, 벽화분壁畵墳이 공존하는 양상을 보인다.

고구려의 산성은 초기에는 환인, 집안, 통화지역에 많이 분포하고 있으며, 초기부터 평지성과 산성이 공존하는 도성체계를 갖추었다. 특히 산성의 경우에는 절벽과 가파른 산의 자연지형을 이용하여 축조하였으며, 쐐기돌을 이용하여 각층마다 들여쌓기를 하는 방식이다. 환인의 도성은 평지성으로 하고성자토성下古城子土城이 비정되고 있으며, 산성은 오녀산성五女山城이 알려져 있다. 이후 집안에는 평지성인 국내성國內城, 산성인 환도산성丸都山城, 평양에는 평지성인 안학궁성安鶴宮城, 산성인 대성산성大城山城이 축조되어 평지성과 산성이 공존하는 양상을 보이고 있다. 평상시에는 평지성에서 군사, 행정업무를 보지만, 전쟁 시에는 배후의 산성으로 진지를 옮겨 군사적인 초소와 평지성을 방어할 목적으로 사용되었다. 이 외에 산성의 내부 조사시에 궁터, 병영터, 창고,

온돌주거지 등이 출토되기도 하여 초기 고구려의 생활상을 파악해 볼 수 있다.

(2) 고분

초기의 고구려유적은 고분과 산성이 주류를 이루고 있으며, 고구려의 면모를 잘 보여주고 있다. 무엇보다도 초기의 고구려 고분은 3세기 말까지 사용되는 수혈식적석총竪穴式積石冢이 주류를 이루고 있으며, 이 시기는 고구려가 성립하여 발전해가는 단계에 해당한다. 고분은 주로 압록강의 중·상류와 그 지류에 분포하고 있다.

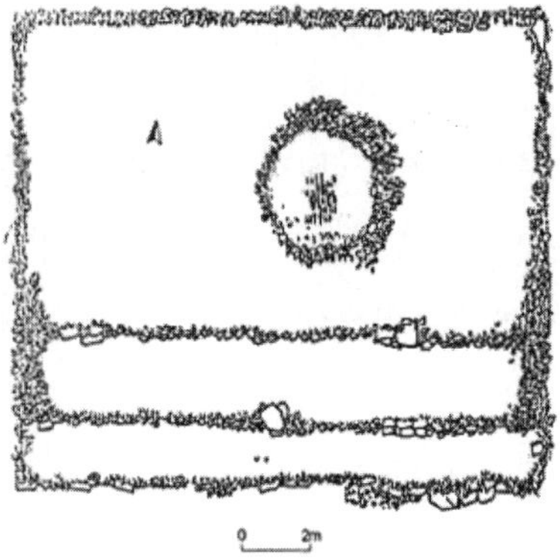

▲ 도면 18. 집안 오도령구문 적석총

이 시기의 적석총은 대부분 평지나 경사가 완만한 산기슭에 입지하고 있다. 매장은 지상에 돌을 깔고, 시신을 안치한 후, 다시 그 위에 돌을

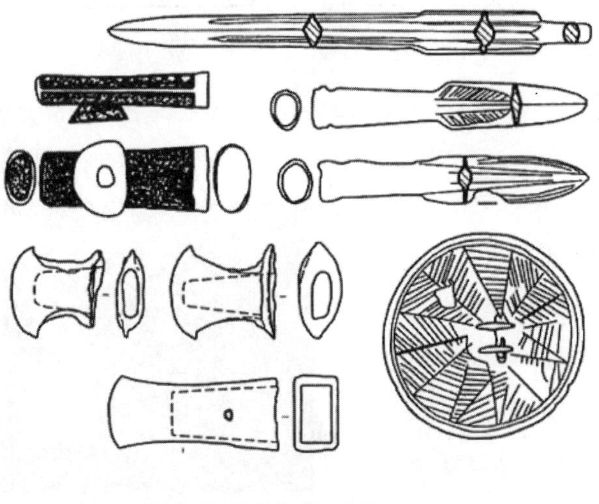

▲ 도면 19. 오도령구문 적석총 출토유물(한국고고학강의 2007인용)

덮는 형태이다. 이러한 적석총의 기원에 대해서는 천산산맥에서 집안에 이르는 지역에 보이는 청동기가 부장된 기원전 4~3세기경의 적석묘에서 구하고 있다. 특히 집안 오도령구문五道嶺溝門 적석총이 고구려 적석총의 시원으로 여겨지고 있다.(도면18, 19) 3세기경 까지 축조되는 적석총은 분구의 축조형태에 따라 무기단식적석총, 기단식적석총, 계단식적석총으로 구분되며, 연구자에 따라서는 매장방식으로 구분하기도 한다. 적석총은 중국의 묘제와는 상이하며, 그 독자성이 엿보이고 있다. 무기단식에서 기단식, 계단식으로 분화되면서 정형성을 보이고 있으며, 문화적인 전통을 가지고 성장하고 있음을 보여주고 있다.

초기 고구려고분의 적석총은 요령성 환인현 혼강을 따라 고력묘자高力墓子, 연강連江, 이도령二道嶺, 마대영馬大營, 손가가孫家街, 대우구大牛溝 등지에 분포하고 있다. 대부분 산기슭에 분포하며, 많게는 수백기가 집중되기도 한다. 이 중에 고력묘자고분군이 초기 적석총의 전형적인 모습을 보인다.(도면20, 사진113) 고력묘자고분군은 환인의 혼강변에 위치하며, 북쪽 5km 지점에 오녀산성이 자리한다. 묘역은 남북 길이가 1km에 달하며, 모두 적석총을 이루고 있다. 동군에서 10기, 북군과 남군에서 수백기, 남단에 70기 정도가 분포한다. 무기단식 적석총은 소형이 주류를 이루며, 기단식적석총과 계단식적석총은

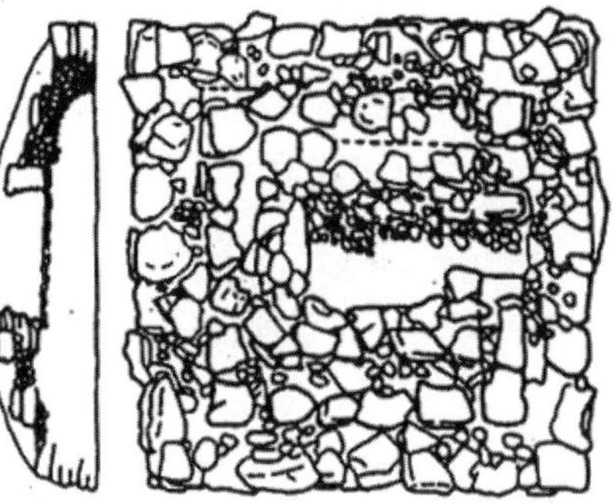

▲ 도면 20. 집안 고력묘자고분

▲ 환인 고력묘자고분(사진113)

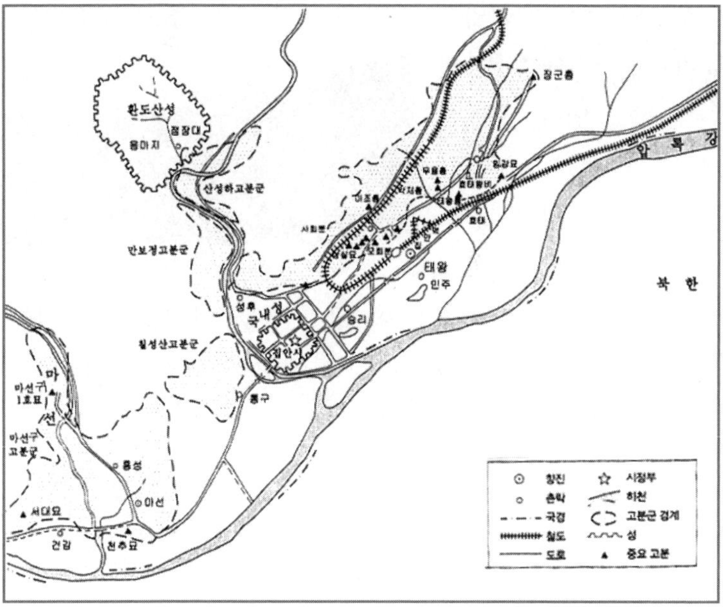

▲ 도면 21. 집안지역 고구려 유적지(한국고고학강의 2007인용)

대형이 주류를 이룬다. 이 고분군에서는 기단식에서 계단식 으로 발전해 가는 모습을 파악할 수 있다. 출토유물은 환두대도環頭大刀, 철제띠고리 鐵製帶鉤, 쇠화살촉, 금동장식품, 재갈 등이 있다.

집안지역의 초기 고구려 적석총은 칠성산七星山, 마선구麻線溝, 우산하 禹山下고분군이 존재한다.(도면21) 칠성산고분군에는 1,600여기의 고분이 존재하고 있다. 그 중에 규모가 가장 큰 칠성산 211호분은 방형 계단식 적석총이며, 유물 중에 진晋의 자기편, 시유토기施釉土器가 포함되어 있다. 시기는 3세기 후반으로 보고 있고, 서천왕릉으로 추정하기도 한다. 집안 서쪽 칠성산 부근 마선구麻線溝묘역에서는 2,500여기의 고분이 있으며, 그 중에 서대묘, 천추총이 유명하다. 서대묘西大墓는 방형 계단식적석총이며, 한변이 55m, 잔존높이 9m에 이른다.(사진114) 조사 시에 많은 기와편과 함께 명문이 새겨진 와당이 출토되었다. 규모가 큰 계단식적석총 중에는 많은 기와, 와당이 출토되는 것으로 보아, 분구의 정상에 기와를 얹은 건축물이 있었을 것으로 추정하고 있다. 근래에 이르러 서대묘를 미천왕릉으로 파악하기도 한다. 천추총千秋塚의 규모는 한변이 80~85m, 잔존높이 11m에 이르는 10단 내외로 추정되는 방형계단식적석총이다. 이 고분에서는 전돌에 천추만세영고千秋萬歲永固라고 새겨진 명문이 발견되었으며, 소수림왕릉으로 비정되기도 한다.

▲ 집안 서대묘(사진114)

우산하禹山下고분군은 집안에서 가장 밀집도가 높은 곳이며, 3,400여기가 존재하고 있다. 이 중에 무기단식 365기, 기단식 398기, 계단식 231기가 확인되었다. 대표적으로 태왕릉, 장군총, 임강총, 우산하 992호분, 2110호분 등이 있으며, 이들은 모두 왕릉으로 비정되고 있다. 특히 임강총臨江塚은 한변이 71~76m에 이르며, 잔존높이 10m 정도의 계단식적석총이다. 출토된 유물은 금반지, 금동제 장식품, 철제띠고리, 수많은 기와편, 토기편, 꺽쇠, 못, 송곳, 재갈 등이 출토되었다. 3세기초·중반에 재위했던 산상왕릉이나 동천왕릉으로 비정하기도 한다. 이 시기는 고구려가 강대하여 낙랑을 축출한 시기의 전후에 해당하며, 초대형 계단식적석총을 왕릉으로 비정하는 논의가 진행되고 있다.

이후 3세기말에서 5세기까지는 석실적석총石室積石塚, 석실봉토분石室封土墳, 벽화분壁畵墳이 공존하는 양상을 보인다. 방형 계단식적석총에 석실이 등장하여 이후 석실적석총으로 발전해 간다. 또한 당시 동북아시아에서 유행하는 합장용 석실봉토분과 벽화분의 새로운 묘제를 받아들여 기존의 적석총과 공존하면서 발전한다. 이 시기에는 묘제의 분포범위가 확대되고 있으며, 고구려의 영토확장과 관련되는 현상으로 볼 수 있다.

(3) 성곽

고구려의 산성은 초기에는 환인桓仁, 집안集安, 통화通化지역에 많이 분포하고 있으며, 각 지방에도 전 영역에 성을 축조하여 성을 단위로 통치가 이루어졌다. 성은 토성, 토석혼축성, 석성이 있으며, 이 중에 석성은 쐐기돌로 축성한 것과 판축 후 외측에 돌을 덮은 석성이 존재한다. 성의 시설은 성문, 성벽, 여장, 치, 옹성, 각루, 장대, 우물, 건물터, 병영터, 해자, 참호 등이 있다. 고구려산성의 축성에는 기단석을 들여쌓기 하는 굽도리 기초공사, 그랭이공법, 쐐기돌 사용, 6합 쌓기 등의 방법이 적용되고 있다.

고구려성은 초기부터 환인의 하고성자토성과 오녀산성, 집안의 국내성과 환도산성, 평양의 안학궁성과 대성산성이 축조되어 평지성과 산성이 공존하는 도성체계가 이어지고 있다. 하고성자토성下古城子土城은 환인현 하고성자촌에 있는 평지성으로 5km 정도의 거리에 오녀산성이 자리한다. 잔존길이 1km, 잔존높이 2m 정도의 토성은 장방형을 이루고 있으며, 혼강변의 동벽을 제외하고는 잘 남아있다. 성문은 동벽과 남벽의 중앙에 있으나 유실되어 정확한 구조는 파악하기 어렵다. 성 외부에서는 성 주변을 돌린 해자의 흔적이 확인된다. 성의 내부에서는 초기 고구려의 막새기와를 비롯한 많은 유물이 출토되었다. 오녀산성과 셋트를 이루는 도성체계였던 것으로 보인다.

▲ 환인 오녀산성(사진115)

오녀산성五女山城은 고구려 첫 수도인 환인에 위치하며, 해발 820m의 산성 정상은 남북 1km, 동서 300m 정도의 넓은 평탄대지가 자리하고 있다.(사진115) 서벽과 북벽, 그리고 남벽의 서측은 깎아지른

절벽을 그대로 성벽으로 사용하였으며, 경사가 완만한 동쪽 및 남벽 동단에 성돌로 축성하였다. 산성의 동쪽, 남쪽, 서북쪽에 각 1개소씩 성문을 설치하였으며, 남문의 경우는 성문을 어긋나게 배치하였다. 동쪽에 성벽, ㄱ자형 옹성 등이 자리하고 있으며, 성의 내부에는 궁터, 병영터, 창고, 온돌주거 등이 조사되었다. 천지로 불리는 연못이 있으며, 출수구도 확인되었다. 오녀산성에서는 기원 전후의 시기인 오수전五銖錢, 대천오십大泉五十의 동전이 공반되고 있으며, 초기의 고구려 토기인 파수부호형토기把手附壺形土器, 심발형토기深鉢形土器, 철기로는 주조철부鑄造鐵斧, 철검鐵劍, 쇠낫鐵鎌, 쇠삽鐵鍤, 쇠투겁창鐵矛 등이 출토되었다. 북한지역에서 초기 고구려유적으로 분류한 시중 노남리유적의 토기와도 상통하는 면이 있다.

집안으로 천도한 후에는 국내성과 배후의 산지에 있는 환도산성이 축조되었다. 국내성國內城은 집안 남쪽으로 흐르는 압록강과 그 지류인 통구하通溝河가 만나는 지점의 평지성이다.(사진116) 국내성은 둘레 2.7km 정도의 방형의 성이며, 동벽 554m, 서벽 664m, 남벽 751m, 북벽 715m로 전체 둘레는 2,686m이다. 성벽에는 일정한 간격으로 치雉가 설치되어 있다. 석축 성벽 아래에서 고구려 건국 이전의 토성 흔적이 발견되었으며, 국내성은 이 토성을 기준으로 제1차, 제2차 석성이 축성되었다. 집안으로 천도한 후에 축성된 것으로 보이는 제1차 축성시에 사방의 성벽에 치가 설치되어 있으며, 옹성을 만든 독특한 축성술을 보이고 있다. 성문은 어긋나게 설계하여 적의 접근이 용이하지 못하도록 하였으며, 환인의 오녀산성에서도 같은 축성기법을 볼 수 있다. 성의 내부에서는 집안시청이 있던 곳이 발굴되었으며,

▲ 집안 국내성(사진116)

이곳에서 건물터, 기와 등이 다량으로 출토 되었다.

▲ 집안 환도산성(사진117)

환도산성丸都山城은 집안 국내성의 서북쪽 2.5km 지점의 해발 676m의 환도산에 위치하고 있다. 이 산성은 험준한 자연지세를 이용하여 축조하였으며, 지세가 낮은 남문이 열려있는 형국이다.(사진117) 남문 앞으로는 통구하의 하천이 흐르고 있어, 환도산성은 방어체계에 유리한 성으로 알려져 있다. 성의 둘레는 6,951m이며, 성의 내부는 경사가 완만하고 넓은 산기슭이 있다. 성벽은 들여쌓기를 하였으며, 옹성, 여장 등이 확인되었다. 성문은 7개소에서 확인되었으며, 문지 주변에서 기와편이 많이 수습된 것으로 보아 문루가 있었던 것으로 보인다. 남문에서는 평대平臺, 옹문甕門, 배수구 등이 조사되었다. 성 내부에서는 궁터, 병사거주지, 장대將臺와 고분 37기, 연못 1개소, 우물 2개소가 조사되었다. 특히 궁터는 대형건물로 95×62m의 규모이며, 3단의 대지위에 조성되어 있다. 이 건물지에서 소형小兄이란 명문이 있는 와당이 출토되기도 하였다. 적의 동태를 감시하는 장대는 한변 6m 정도이며, 정상부에 올라서면 멀리 국내성이 바라다 보인다. 이곳에서 다량의 적색 기와편이 발견되었고, 화재의 흔적도 확인되었다.

(4) 유물

고구려의 유물은 고분의 부장품이 많으며, 시기에 있어서도 4~5세기에 집중되고 있다. 고구려의 토기는 마연된 기면에 흑회색 혹은 황갈색을 띠고 있으며, 띠모양의 손잡이인 대상파수帶狀把手를 붙이는 특징을 가지고 있다. 초기 고구려의 토기는 시중 노남리유적에서 출토된 노남리형토기魯南里型土器를 표지로 삼고 있으며, 시기적으로 초기 고구려의 적석총 출현시기와 거의 일치하고 있다. 노남리유적의 토기 중에는 특히 대상파수帶狀把手가 붙어 있는 흑색마연토기가 다량으로 출토되었다. 고구려의 토기는 중국 회도의 영향을 받으면서도 고구려 특유의 요소를 보이고 있는데, 사이장경호四耳長頸壺, 장경호長頸壺, 장경옹長頸甕, 이부호耳附壺, 심발형토기深鉢形土器 등은 초기 고구려부터 출토되는 기종이다. 4세기 이후에는 구형호球形壺, 직구호直口壺, 광구호廣口壺, 동이, 시루, 완椀, 이배耳杯, 원통형 삼족기三足器, 호자虎子, 솥, 화덕 등 다양한 토기가 출토된다.(사진118) 유약을 바르는 시유토기施釉土器는 녹갈색이나 황갈색을 띠며, 장경호, 이배, 시루, 솥, 화덕 등의 기종에서 확인되고 있으며, 주로 고분에서 출토되는 것으로 보아 부장용으로 사용되었을 것이다.

▲ 국내성 쇠솥(사진118)

철기는 초기의 적석총에서 쇠도끼鐵斧, 쇠괭이鐵鍬, 쇠낫鐵鎌 등이 출토되며, 4세기 경이 되면 삼각형 보습犁先, 쇠스랑, 쇠호미鐵鋤 등은 중국과 다른 고구려의 특징을 보여주게 된다. 무기 중에는 쇠화살촉이 가장 많으며, 종류도 다양하다.(사진119) 이중 도끼날모양의 쇠화살촉은 초기 고구려부터 사용되었다. 쇠투겁창鐵矛은 쇠화살촉과 공존 출토되며, 연미형燕尾形 쇠투겁창과 반부盤部 쇠투겁창이 있다. 환두대도와 대도는 2세기 이후 부장되고 있으며, 철제대도와 소환두대도, 쇠투겁창 등은 주로 4세기 이후 고분에서 마구, 갑주甲冑와 공반 출토된다. 제철유구와 관련해서는 시중 노남리유적에서 제철로 1기가 확인되었다. 노남리 주거지에서도 쇠도끼, 쇠화살촉, 쇠낚시바늘鐵釣針, 띠고리帶鉤 쇠송곳鐵錐, 꺾쇠 등의 철제품이 출토된 것으로 보아 이미 초기 고구려 시기에 철기제작이

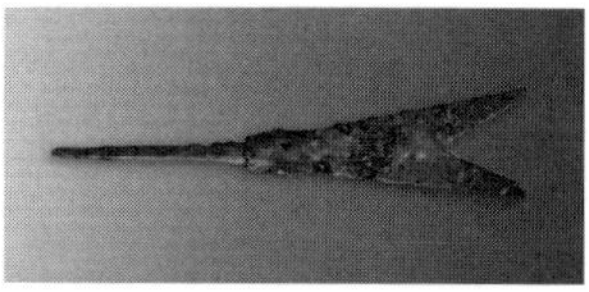
▲ 환도산성 쇠화살촉(사진119)

일반화된 것으로 추정된다.

청동용기는 중국 동진제의 것과 유사한 청동세발솥銅鼎, 청동솥銅鍑, 청동자루솥鐎斗이 고분에서 출토된다. 특히 청동솥은 북방계의 취사도구로 북방 유목민과의 교류가 지속되었음을 알 수 있다. 청동합銅盒은 십자형 손잡이가 달려 있으며, 이러한 형태는 초기 신라의 황남대총 남분, 천마총, 호우총 등의 고분에서도 출토되고 있어 비교자료로 주목되고 있다.

갑주甲冑와 마구馬具는 중국 북방의 요소와 관련되고 있으며, 갑주는 초기 고구려인 환인지역에서부터 출토예가 있다. 마구류는 재갈, 등자, 안교, 행엽, 운주 등이 출토되고 있으며, 3세기의 고분에서도 보이지만 4세기 중엽부터 본격적으로 부장된다.

장신구는 주로 고분에서 출토되고 있으며, 금속제 관, 관장식冠飾, 귀걸이耳飾, 띠꾸미개帶金具, 팔찌, 신발 등이 있다. 태왕릉에서 출토된 금동관은 새날개모양의 관장식, 삼엽문三葉文이 장식되어 있으며, 초기 신라의 관장식에도 영향을 주었다. 귀걸이耳飾는 태환太環 귀걸이와 세환細環 귀걸이가 공존하고 있으며, 고구려 귀걸이의 제작기법이 초기 신라 귀걸이에 영향을 준 것으로 보인다. 집안의 마선구麻線溝 1호분의 태환 귀걸이는 초기 신라 황남대총 북분의 귀걸이와 유사한 점이 있다. 띠꾸미개帶金具는 진식晋式 띠꾸미개와 역심엽형이 있으며, 이 중에 진식띠꾸미개는 4세기대에 집안 적석총을 중심으로 출토되고 있다.

고구려의 기와는 회색 혹은 붉은색을 띠며, 안쪽의 포목흔과 외부에 승문繩文과 격자문格子文이 시문되어 있다. 초기 고구려의 무기단적석총 분구에서 기와가 수습되고 있으며, 지금도 초기 고구려의 적석총에서는 기와편이 보이고 있다. 이에 비해 막새기와는 4세기대부터 사용되기 시작한다.(사진 120) 국내성과 계단식적석총에서 권운문卷雲文의

▲ 환도산성 출토 와당(사진120)

수막새가 수습되었으며, 연화문蓮花文 와당은 국내성, 환도산성, 천추총, 태왕릉, 장군총 등에서 출토되었다. 전돌은 건물지나 사찰지에서 출토되고 있다. 형태는 방형, 장방형, 삼각형, 부채형 등 다양하며, 문양은 승문繩文, 능형문菱形文, 연화문蓮花文 등이 있다.

2) 부여

(1) 개요

부여는 기원전 3~2세기경 송화강松花江유역, 송요평원松遼平原을 중심으로 존재하였으며, 700년 이상 지속되었다. 동부여에서 고구려의 주몽집단이 나와 고구려가 출현하기 전까지는 핵심세력으로 지탱되었다. 압록강 유역에 있던 비류집단이 한강유역으로 내려가 백제를 세웠고, 후대에 고구려를 계승한 발해도 부여를 조상의 나라로 인식하였다. 이렇듯 부여의 세력은 고구려, 백제를 세우고 발해까지 이어갔으며, 우리 고대국가 시점에 중요한 디딤돌이었다. 부여의 영역은 길림성을 중심으로 흐르는 송화강과 그 유역이며, 사방 2,000리 지역을 차지하였다고 하나, 점차 주변 세력들에 의해 세력이 약화되었다. 부여의 생업은 주로 밭농사와 초원지대에서의 목축이 성행하였다.

고고학적인 연구에 의하면, 부여의 성장기반은 청동기시대의 서단산문화西團山文化에 있으며, 전한 시기의 부여인들이 포자연문화泡子沿文化로 발전시켰다. 포자연문화는 기원전 2세기초~기원후 2세기까지 지속된 것으로 추정된다. 노하심老河深, 서차구西岔構, 모아산帽兒山 고분에서 출토된 철제무기와 농기구는 한의 철기문화를 바탕으로 문화가 발전하였음을 알 수 있다.

문헌에서 보면, 고구려 대무신왕은 부여를 공격(21년)하였으며, 선비 모용외에 의한 1차 공격(285년), 선비 모용황에 의한 2차 공격(346년)이 가해지기도 하였다. 4세기에 들어서는 고구려의 공격이 빈번해지고, 이후 부여는 중심지가 성산자산성城山子山城, 요원遼源지역으로 이동된 것으로 보인다. 부여는 동으로는 읍루挹婁, 서로는 선비鮮卑, 남으로는 고구려와 관계를 유지하였지만, 고구려 광개토왕에 의해 고구려에 편입(410년) 되었으며, 494년에 고구려와 통합되기에 이르렀다. 부여와 고구려의 통합은 중국 동북지역에서 우리 민족의 역사적인 흐름이 동일하다는 점을 시사하고 있다. 그렇지만 근래의 동북공정에서 고구려사를 매개로 고조선과 부여의 역사를 왜곡하여 그 의미를 희석시키고 있는 것은 안타까운 일이 아닐 수 없다.

(2) 고분

부여의 초기 중심지는 길림시 동단산성東團山城, 남성자고성南城子古城, 용담산성龍潭山城 일대에 해당하며, 포자연문화로도 불린다. 이 시기의 고분으로는 노하심老河深, 서차구西岔構, 모아산帽兒山고분, 장사산長蛇山, 서황산둔西荒山屯, 대청산大靑山유적이 알려져 있다. 특히 노하심, 서차구유적에서는 유목문화와 관련된 선비鮮卑의 유물이 혼재되어 있는 양상으로 출토되었으며, 이는 부여와 선비가 지속적인 교류가 있었음을 의미한다.

길림성 유수시 송화강 북안의 노하심老河深유적에서는 전한 말기에서 후한 전기에 걸쳐서 축조된 129기의 고분이 조사되었다. 구조는 토광묘와 토광목관묘 혹은 토광목곽묘를 이루고 있으며, 내부에서 목질의 흔적이 확인되는 경우도 있다. 매장은 단독장과 다장이 공히 사용된다. 유물은 4,200여점이 출토되었으며, 생활용구는 두豆, 관罐, 호壺, 배杯, 반盤, 완盌, 충盅 등의 토기류와 쇠송곳鐵錐, 청동솥銅鍑, 청동거울銅鏡, 오수전五銖錢이 있다. 무기류는 환두소도, 철검, 쇠투겁창, 쇠화살촉, 화살통, 투구, 갑옷, 공구류는 쇠낫鐵鎌, 쇠괭이鐵鍬, 쇠끌鐵鑿,

숫돌砥石, 거마구車馬具는 청동재갈, 수레부속 장식품, 장신구로는 금·은·동제 귀걸이耳飾, 금·은제 반지, 패식牌飾, 청동팔찌銅環, 띠고리帶鉤, 청동단추銅泡, 마노주瑪瑙柱 등이 있다. 이 고분에서는 북방 유목민과의 교류를 보이는 동물문양의 패식과 한과의 교류를 나타내는 방격규구사신경方格規矩四神鏡의 청동거울이 확인되었다. 또한 이 고분에서는 환두소도, 마노주, 오수전 등을 일부러 훼손하여 부장하는 풍습을 엿볼 수 있으며, 흉노와 선비의 문화와도 관련성이 있다.(도면22)

서차구西岔構유적은 요녕성 집중촌에 위치하며, 63기의 토광묘가 조사되었다. 단독장의 고분으로 일부의 토광에서는 목질흔이 확인되어 목관묘도 있었을 것으로 보인다. 말뼈가 출토되기도 하여 말을 순장殉葬하는 풍습이 있었음을 알 수 있다. 유물은 13,850점이 출토되었으며, 토기류, 무기류, 마구류, 장신구가 주류를 이룬다. 토기류는 관罐, 호壺, 배杯, 완盌, 격鬲, 두豆 등이 있으며, 무기류는 철제 환두대도, 쇠손칼鐵刀子, 철검, 쇠투겁창, 쇠화살촉, 촉각식동검觸角式銅劍, 청동도끼, 청동거울, 마구류는 철제재갈, 청동제 말가면, 운주, 장신구는 청동장식판, 청동단추, 청동거울, 청동팔찌, 각종 패식牌飾, 마노, 옥석, 유리질 관상주管狀珠 등이 있다. 이 외에 쇠솥鐵鍑, 쇠도끼, 쇠호미鐵鋤, 돌화살촉, 숫돌 등이 출토되었다. 유물 중에 철제공구나 마구류, 일광경日光鏡, 백유경百乳鏡 등의 청동거울, 반량전, 오수전 등의 화폐는 한식유물의 특징을 보이고 있다. 시기는 기원전 2세기말~기원전 1세기 중엽에 해당한다.

▲ 길림 모아산고분군과 송화강(사진121)

모아산帽兒山고분군은 길림시 송화강변의 동단산 남성자고성에서 동남쪽 1km 지점에 있으며, 동단산과 마주 보고 있다.(사진121) 고분은 1,000여

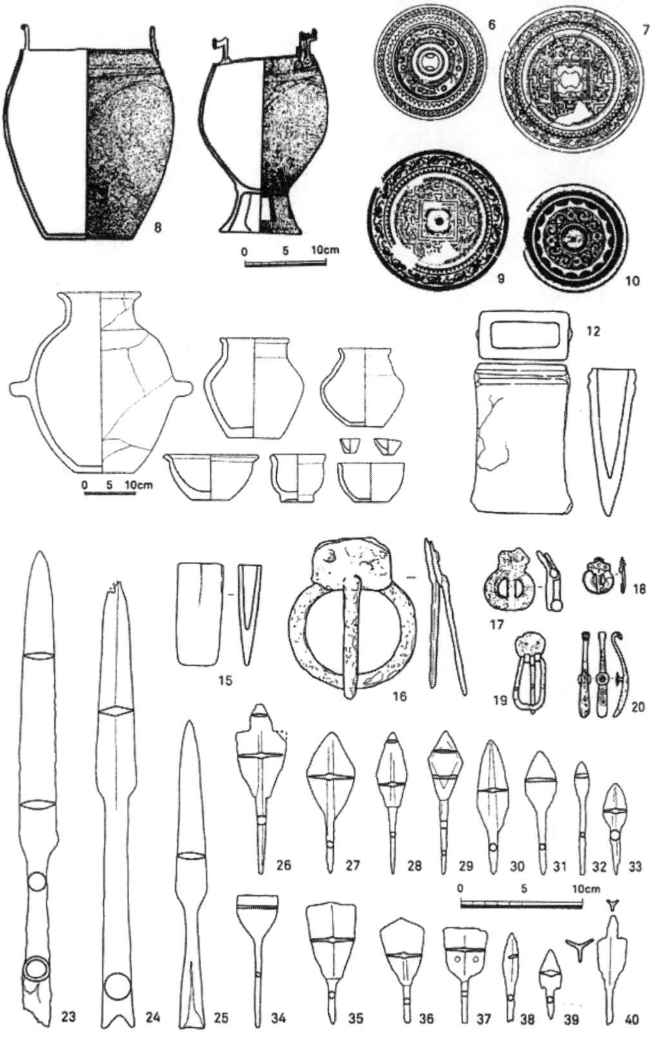

▲ 도면 22. 유수 노하심고분 출토유물
(한국고고학강의 2007인용)

기에 이르며, 129기가 조사되었다. 이 중에 토광목관묘 혹은 토광목곽묘가 가장 많다. 출토유물은 생활용구, 무기류, 공구류, 거마구, 장신구 등 다양하게 출토되었다. 생활용구는 두豆, 관罐, 호壺, 옹甕 등의 토기와 쇠솥鐵鍑, 청동솥銅鍑, 청동거울, 칠기, 목기, 방추차가 있으며, 무기류는 창, 환두도, 공구류는 쇠삽, 쇠괭이, 손칼刀子, 청동삽, 거마구는 청동재갈, 비녀장車轄, 띠고리帶鉤, 등자, 안장, 장신구로는 금은 패식, 금제 관장식, 금동장식, 은제팔찌, 청동팔찌, 청동단추 등이 있다. 이 외에도 왕망의 신新에서 사용한 화폐인 화천貨泉이 출토되어 고분의 연대가 후한의 시기임을 알 수 있다.

(3) 성곽

길림시 송화강변의 동단산 남성자고성은 부여궁성으로 비정되고 있으며, 그 동쪽의 동단산성은 도성에 해당한다. 남성자고성南城子古城은 길림성 유수현 남성자둔에 위치하며, 고성의 서쪽으로 송화강이 흐르고 있다. 성의 형태는 장방형이며, 판축기법에 의해 축조된 토축산성이다. 규모는 남북 300m, 동서 150m, 둘레 900m 정도이며, 문지는 동벽 중앙부에 있다. 성의 내부에서는 기와편, 회색토기편, 동전 등이 출토되었다. 이 고성은 초기 부여의 궁성으로 비정되고 있다.

동단산성東團山城은 길림시 영한촌 동단산에 위치하며, 용담산성과는 2.5km 정도의 거리에 있다. 산성의 서쪽으로 송화강이 흐르고, 산성은 강변의 독립된 구릉에 있다. 3중으로 성이 둘려져 있으며, 외성은 동서 230m, 남북 115m, 둘레 689m 정도이며, 중성은 동서 170m, 남북 62m, 내성은 동서 62m, 남북 15m 정도이다. 성의 내부에서는 청동기시대의 유물부터 고구려의 적색 기와편에 이르기까지 많은 유물이 발견되었다. 이 산성은 부여와 관련된 시기에도 산성으로 활용한 것으로 보인다.

용담산성龍潭山城은 길림시 동쪽 7km 정도 떨어진 용담산에 위치한다.(사진122) 용담산은 화분형이며, 깊은 골짜기를 형성한다. 성의 서쪽으로는 송화강이 흐르며, 동단산과 인접해 있다. 성의 둘레는 2,936m이며, 가장 높은 곳의 성벽은 10m에 이른다. 성벽 네 모서리에 평대平臺가 축조되어 있으며, 이곳에서는 적색 기와가 수습되었다. 성 내부에서는 적색 기와편과 함께 고구려 이전의 돌칼, 돌도끼, 한대의 토기편, 발해 기와 등이 발견되었다. 출토된 유물로 미루어보아 부여 시기에도 활용한 것으로 보인다.

▲ 길림 용담산성(사진122)

3) 낙랑

(1) 개요

위만 조선의 붕괴 후에 한무제는 기원전 108년 그 영역에 낙랑, 진번, 임둔, 현도군을 설치하였다. 이 중에 진번군, 임둔군은 기원전 82년에 폐지되고, 기원전 75년에는 현도군마저 고구려에 의해 서북지역으로 밀려나고 말았다. 따라서 한사군으로 대표되는 고조선 지역의 군현 설치는 사실상 낙랑으로 대표되었으며, 낙랑은 한나라가 멸망한 후에도 그 세력을 유지하였다. 그 영역은 청천강유역에서 황해도지역까지 달하였으며, 그 중심은 평양을 위시한 대동강유역이었다. 낙랑은 세력을 넓혀 함경남도까지 확대되었으며, 기원후 3세기경에는 황해도지역에 대방군이 설치되기도 하였다. 그러나 낙랑은 313년 강력한 철기문화를 기반으로 한 고구려에 의해 병합되었다.

일제시대와 해방 후 평양에서는 낙랑과 관련된 많은 유적조사가 진행되었다. 특히 대동강 남안의 낙랑구역인 오야리, 정백리, 석암리 등지에서는 많은 낙랑고분과 낙랑의 치소로 알려진 낙랑토성 등에 대한 조사가 이루어졌다. 낙랑고분은 목곽묘木槨墓와 전실묘塼室墓가 주류를 이루고 있다. 목곽묘는 단장목곽묘와 합장목곽묘가 있으며, 합장목곽묘는 다시 병혈합장竝穴合葬과 동혈합장同穴合葬으로 분류되고 있다. 이러한 목곽묘의 대표적인 예는 평양 정백동貞柏洞 37호분, 평양 석암리石巖里 9호분, 평양 왕광묘王光墓 등이 알려져 있다. 목곽묘는 부장품의 기년명을 가진 칠기와 한경에서 보면, 전한말에서 후한에 걸친 100여 년간에 걸쳐 조영된 것으로 보인다. 2세기 이후 3세기대에는 동혈합장의 목곽묘에 후행하여 전실묘가 성행한다. 전실묘에서는 연호, 피장자, 축조자와 관련된 명문이 새겨진 전돌이 출토되기도 하였으며, 조영시기를 가늠하는데 중요한 자료를 제공하고 있다.

평양 근교에는 한사군 설치와 관련하여 치소와 관련된 토성이 존재하며, 평양의 낙랑토성樂浪土城, 은율 운성리토성雲城里土城, 온천 성현리토성城峴里土城, 봉산 지탑리토성智塔里土城 등이 알려져 있다. 이 중에 낙랑토성에서는 대규모의 건물유구와 함께 각종 화폐, 낙랑예관 樂浪禮官 등의 명문이 새겨진 와당, 낙랑군 소속의 현을 나타내는 봉니封泥 등이 출토된 점으로 보아 낙랑의 치소가 있던 곳으로 추정되고 있다. 지탑리토성에서는 광화5년光和五年(182년), 태시7년泰始七年(271년) 등의 연호가 전돌에서 확인되고 있으며, 주변에 대방태수 장무이묘張撫夷墓를 비롯하여 한묘漢墓가 많은 것으로 보아 대방군의 치소로 비정되고 있다.

(2) 고분

낙랑의 고분은 지역적으로 청천강 이남에서 멸악산맥 이북 사이에 주로 분포하고 있다. 그 중에 중심은 낙랑토성의 남쪽 지역인 대동강 주변 평양의 낙랑구역에 해당한다.(사진123) 해방 이전 조사시에 2,000여기의 고분이 있었던 것으로 알려졌으며, 해방 후에도 많은 조사가 이루어졌다. 낙랑고분은 목관묘木棺墓, 목곽묘木槨墓, 전실묘塼室墓가 주류를 이루고 있으며, 여기에 수는 적지만 옹관묘甕棺墓, 소형 와관묘 瓦棺墓, 소형 전곽묘塼槨墓가 존재한다.

▲ 평양 정백동고분군(사진123)

목관묘木棺墓는 판재나 통나무 목관을 안치하고 묘광이나 목관 사이에 유물을 부장하는 형태이다. 낙랑고분 중에 가장 오래된 시기이며, 세형동검과 관련된 단계의 토광묘와 계승관계가 엿보인다. 유물은 세형동검과 관련된 청동기류와 화분형토기花盆形土器, 단경호短頸壺 등이 출토되고 있으며, 목곽묘 단계까지 이어진다. 낙랑고분의 고식古式으로는 평양 정백동 494호분, 평양 토성동 113호분이 있으며, 시기적으로 목곽묘에 선행한다.

목곽묘木槨墓는 단장목곽묘와 합장목곽묘로 구분되며, 합장목곽묘는 다시 병혈합장竝穴合葬과 동혈합장同穴合葬으로 분류되고 있다. 단장목곽묘는 판재를 잇대어 만든 판재식, 각재로 묘광내에 축조한 것, 그리고 귀틀목곽묘로 구분한다. 그 내부에 목관을 안치하며, 목곽과 목관 사이에 부장품을 넣은 공간이 있다. 내부에서는 세형 동검기의 청동기류, 화분형토기, 단경호가 출토되고 있으며, 유물의 조합으로 보아 낙랑 이전에 사용되었을 가능성이 높다. 단장 목곽묘는 평양 상리, 평양 동대원리 허산유적이 대표적이다. 병혈합장은 선행 축조된 묘광 옆에 나란히 묘관을 축조하는 것이며, 부부합장이나 친족 중심의 매장을 기본으로 한다. (도면23, 사진124) 유물은 세형동검을 비롯하여 철제무기, 공구류,

▲ 평양 채협총 낙랑고분(사진124)

거마구, 화분형토기, 단경호 등이 출토된다. 유물의 양상은 고조선 이래의 전통이 유지되고 있다. 이러한 고분은 평양 정백동 37호분, 53호분이 이에 해당하며, 시기는 기원전 1세기가 중심을 이룬다. 동혈합장은 규모가 큰 목곽을 먼저 설치하고 그 내부에 다시 목곽을 안치하여 방대형의 봉분을 만드는 구조이다. 부장품은 청동용기, 장옥葬玉, 칠기, 각종 장신구가 보인다. 주요 고분은 평양 정백리 2호분, 127호분, 205호분, 평양 석암리 9호분, 205호분, 219호분이 이에 해당하며, 시기는 기원후 1세기~2세기가 중심을 이룬다.

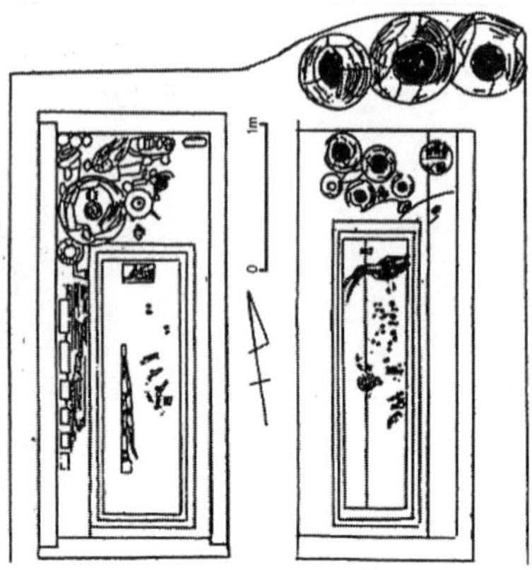

▲ 도면 23. 평양 정백동 3호분
(고고학사전 2001인용)

2세기 이후 3세기대에는 동혈합장의 목곽묘에 후행하여 전실묘塼室墓가 성행하고 있으며, 황해도와 평안남도 일대에까지 분포한다. 전실묘는 지하에 깊이 1m 정도의 묘광을 파고 내부에 장방형의 벽돌을 쌓아 지상 위까지 올린 형식으로, 묘광의 숫자에 따라 단실묘單室墓와 이실묘耳室墓로 구분된다. 묘광 바닥에 전돌을 깔고, 널받침棺臺을 설치하였으며, 사방 벽으로 전돌을 올려 궁륭상의 천정을 이루는 형태이다. 부장품으로 마구, 부뚜막, 가마, 집 등의 모형이나 동물을 형상한 개, 돼지, 닭, 곰의 모형이 출토되기도 한다. 전실묘의 부장품 중에는 가평2년嘉平二年(250년), 경원원년景元元年(260년) 등 위魏의 연호가 쓰여진 전돌이 있으며, 서진西晋의 연호도 많이 보이고 있다. 또한 서진의 건흥4년建興四年(316년), 동진東晋의 원흥3년元興三年(404년) 등이 새겨 진 전돌이 출토된 것으로 보아 낙랑의 치소가 폐지된 이후에도 전실묘는 계속 해서 조영되었음을 알 수 있다.

평양 석암리 9호분은 낙랑구역 일대의 석암리 유적내에 소재한 동혈합장 의 방대형 봉분을 갖춘 목곽묘이다.(도면24) 이 9호분은 묘광과 목곽 사이를 강돌로 채우고 있으며, 합장 대신에 단독장을 이루는 특이한 구조이다. 목관 내부에서는 화려하고 정교한 금제 띠고리帶鉤, 철제 장검, 옥돈玉豚, 옥인玉印, 장옥葬玉과 벽옥碧玉이 출토되었다.(사진125) 목곽의 북벽에서는 청동세발솥銅鼎, 청동호銅壺, 청동술병銅樽, 청동 대야銅洗, 칠반漆盤, 칠기漆器, 이배耳杯, 회백색 도옹陶甕, 도관陶罐 등이 출토되었다. 서벽 부근에서는 철검, 쇠손칼鐵刀子, 쇠창鐵戟, 쇠뇌弩機, 금동제 말가면, 각종 수레부속구車輿具, 양산日傘 등이 출토되었다. 특히 칠반에 거섭3년 居攝三年(8년)이란 명문이 있어 고분의 시기를 짐작해 볼 수 있다.

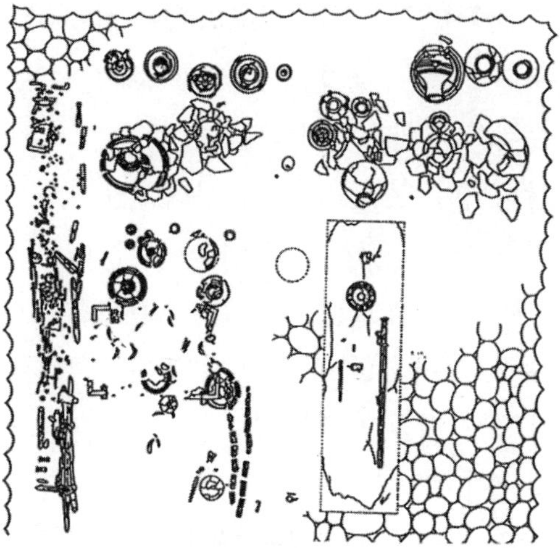
▲ 도면 24. 평양 석암리 9호분

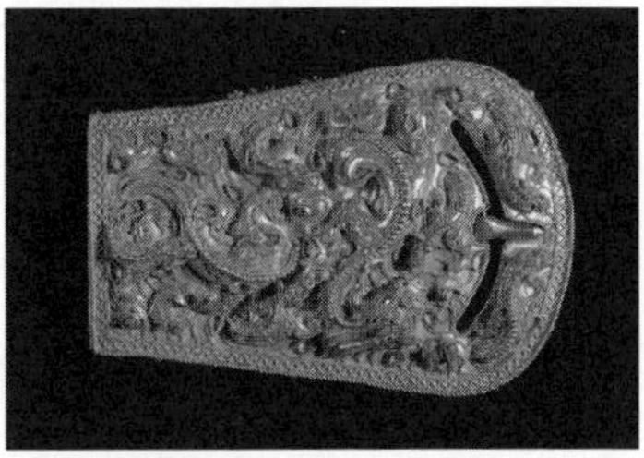
▲ 평양 석암리 금제띠고리(사진125)

평양 정백동 37호분은 낙랑구역 내의 고분군에 있는 병혈합장의 목곽묘이다.(도면25) 출토된 부장품이 100여 점으로 품격이 높아 최고위 층의 고분으로 추정된다. 출토된 부장품은 철검鐵劍, 쇠투겁창鐵矛, 칠곽漆槨, 칠통漆桶,

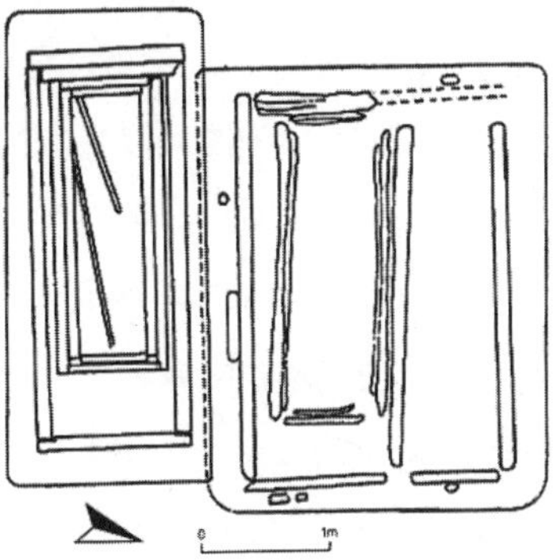

(고분사전 2009인용)
▲ 도면 25. 평양 정백동 37호분

칠반漆盤, 칠초漆鞘, 띠고리帶鉤, 한경漢鏡, 청동 삼족호靑銅三足壺, 화분형토기, 옥류, 금동제 말가면, 재갈 등이 출토 되었다. 철검은 칼날과 손잡이가 완전하게 남아 있었으며, 목제로 만든 칼집은 거치문鋸齒文이 장식되어 있다. 은제의 장식품인 장방형의 띠고리는 은판을 압출하여 구름문양과 함께 호랑이를 장식하였다. 한경은 일광경日光鏡과 소명경昭明鏡, 명광호문경明光弧文鏡이 보이고 있으며, 1개체분의 목걸이는 유리, 수정, 마노 등의 재료를 고루 사용하여 제작하였다. 또한 칠곽에서는 지절4년2월地節四年二月(기원전 66년) 이라는 명문이 발견되어, 고분이 축조된 시기와 유물이 제작, 사용된 시기를 가늠해 볼 수 있다.

왕광묘王光墓는 평양 낙랑구역의 정백리 127호분이다. 이 고분은 봉분을 갖춘 동혈합장의 목곽묘이며, 목곽의 내부에 2개의 목관을 안치하는 구조이다.(도면26) 목관의 부장유물은 왕광이라는 남성이 묻힌 서쪽 목관에서는 철검, 띠고리, 나무 도장木印, 직물편이 출토되었으며, 30세 전후의 여성인골이 나온 동쪽 목관에서는 주로 장신구류가 출토 되었다. 특히 나무도장에는 낙랑태수 연왕광지인樂浪太守掾王光之印과 왕광사인王光私印이란 피장자의 관직과 이름을 알 수 있는 명문이 새겨져 있어 주목을 끌었다. 목곽 내부의 부장유물은 청동거울, 칠갑漆匣, 칠안漆案, 칠이배漆耳杯, 화분형토기, 단경호, 대옹大甕, 마구류, 쇠뇌弩機, 양산日傘, 화장용 솔과 붓, 전돌 등이 있다. 청동거울은 방격규구사신경 方格規矩四神鏡과 이체자명대경異體字銘帶鏡이 출토되었다. 조영시기는 고분의 구조와 청동거울의 연대를 통해 보면 기원전 1세기 전반에 해당한다.

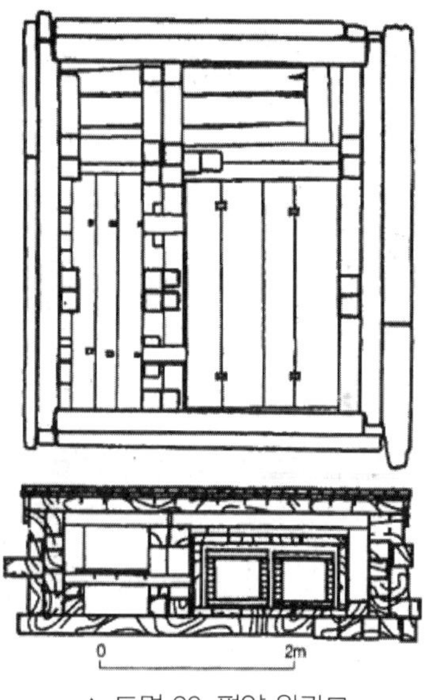

▲ 도면 26. 평양 왕광묘

(3) 성곽

▲ 평양 낙랑토성(사진126)

낙랑의 토성은 낙랑군 설치지역에 분포하는 평지성이며, 형태는 방형을 이루고 있다. 낙랑의 고분군과 인접하여 있으며, 군현지배와 관련된 치소治所가 있었던 것으로 보인다. 낙랑의 토성은 평양 낙랑구역 낙랑토성, 은율 운성리토성, 온천 성현리토성, 신천 청산리토성, 봉산 지탑리토성, 금야 소라리토성 등이 알려져 있다.

낙랑토성樂浪土城은 평양의 낙랑구역인 대동강의 남안에 위치하고 있으며, 토성리토성으로도 불린다.(사진126) 북쪽은 대동강에 면해 있으며, 나머지 부분은 낮은 평지로 둘러싸여 있다. 성의 규모는 동서 700m, 남북 600m 정도로 중국의 토성과 비교하여 규모가 작은 편이다. 성벽은 서쪽과 동남쪽이 잘 남아 있다. 토성 내에서는 곳곳에서 건물지가 중복되어 조사되었으며, 공방터를 비롯하여 전돌이 깔린 보도, 우물 등이 발견되었다. 출토유물은 환두대도環頭大刀, 청동화살촉銅鏃, 청동거울銅鏡, 청동팔찌銅環, 청동방울銅鈴, 봉니封泥, 화폐, 금목걸이, 와당 등 다양하다. 여기서 출토된 화폐는 왕부王扶, 동인銅印, 우심전藕心錢, 반량半兩, 소천직일小泉直一 등의 동전이 있다. 낙랑예관樂浪禮官, 낙랑부귀樂浪富貴 등의 명문이 새겨진 와당이 출토되기도 하였으며,(사진127) 낙랑태수장樂浪太守章을 비롯하여 낙랑군 소속의 현을 나타내는 봉니가 다수 발견되었다. 이러한 유물은 토성 남쪽에 분포하는 2,000여기의 낙랑고분 출토의 유물과도 대비되고 있다.

▲ 낙랑예관 명문 와당(사진127)

이 낙랑토성은 낙랑군의 행정 중심의 기능과 물자를 만드는 생산기지의 역할도 담당한 것으로 보인다.

운성리토성雲城里土城은 은율읍에서 4.5km 정도 거리의 운성리에 위치한다. 구릉지대에 펼쳐진 토성은 내성과 외성 이중구조의 장방형을 이루고 있다. 외성의 둘레는 1km 내외이며, 내성은 동서 170m, 남북 60m 정도의 규모이다. 동쪽 성벽 외부에서는 너비 8m, 깊이 1.4m의 해자도 확인되었다. 내성에서는 관청 건물지, 배수로 시설이 조사되었으며, 쇠손칼, 쇠화살촉, 쇠낫, 보습, 화분형토기, 완형토기, 와당, 전돌 등이 출토되었다. 특히 천추만세千秋萬歲라 새겨진 명문의 와당이 출토되었다. 토성 내부에서 출토된 유물들은 남쪽 400m 지점의 낙랑고분인 운성리고분군에서 출토된 것과도 대비되는 것이다. 운성리토성과 운성리고분군의 유물조합은 평양 낙랑구역의 낙랑토성과 그 주변 고분군이 하나의 세트를 이루는 것과 비교되는 것으로서, 당시 낙랑군 예하의 치소가 있었던 곳으로 추정된다. 이 토성의 축조시기는 기원전 2세기로 보고 있다.

성현리토성城峴里土城은 남포시 온천군 성현리의 낮은 구릉 위에 위치하며, 어을동토성으로도 불린다. 성의 둘레는 1.5km 정도이며, 내성은 동서 170m, 남북 120m, 외성은 동서 450m, 남북 300m 정도이다. 성벽은 북쪽에서 2.5m~3m 정도가 남아 있다. 토성 내부에서는 많은 건물터와 전돌을 깐 시설물이 조사되었다. 관청 건물터의 규모는 길이 10.4m, 너비 6.8m 정도이다. 유물은 세형동검 검자루끝장식劍把頭飾, 화분형토기, 소형단경호 등이 출토되었다. 이 토성 서남쪽 485m 지점에서 점제현신사비黏蟬縣神祠碑가 발견되어 이 성을 점제현의 치소로 추정하고 있다.

지탑리토성智塔里土城은 동서 700m, 남북 600m 정도이다. 출토 유물은 화분형토기, 회색토기, 와당, 전돌 등이 나왔다. 특히 광화5년光和五年(182년), 태시7년泰始七年(271년) 등의 연호가 전돌에서 확인되고 있으며, 서북쪽 5km 지점의 전실묘에서 대방태수장무이묘帶方太守張撫夷墓를 비롯하여 한묘漢墓가 많은 것으로 보아 대방군의 치소로 비정되고 있다.

(4) 유물

낙랑에서는 진·변한과 철을 매개로 교역이 이루어졌으며, 낙랑의 철기문화가 수용되는 과정에서 삼한과의 관련성이 주목되어 왔다. 낙랑에서는 전국계의 철기유물인 쇠창鐵戟, 쇠투겁창鐵矛, 철검鐵劍, 쇠손칼鐵刀子, 쇠화살촉鐵鏃 등의 무기류와 쇠도끼鐵斧, 쇠낫鐵鎌, 쇠삽鐵鍤 등의 농구류가 있다. 삼한지역에서는 낙랑과 관련된 주조철부鑄造鐵斧, 철경동촉鐵莖銅鏃, 쇠솥鐵鍑 등의 유물이 출토되어 낙랑과의 교류가 지속적으로 이루어졌음을 알 수 있다. 특히 낙랑구역 정백동 37호분에서 출토된 철검은 칼날과 손잡이가 완전하게 남아 있었으며, 목제로 만든 칼집은 거치문鋸齒文이 장식되어 있다.

낙랑지역의 청동기는 청동꺽창銅戈, 청동투겁창銅矛, 청동검銅劍, 청동화살촉銅鏃, 청동솥銅鍑, 청동세발솥銅鼎, 청동호銅壺, 청동술병銅樽, 청동대야銅洗, 청동거울銅鏡, 청동방울銅鈴, 동전銅錢, 쇠뇌弩機의 부속구 등이 있으며, 이러한 청동기류는 중국식이지만 낙랑지역에서 제작한 것이 주류를 이룬다.(사진128) 세형동검은 낙랑군 설치 이후에도 지속적으로 제작되고 있다. 한경으로는 일광경日光鏡, 소명경昭明鏡, 명광호문경明光弧文鏡, 방격규구사신경方格規矩四神鏡, 이체자명대경異體字銘帶鏡 등이 있다.

▲ 낙랑 청동유물(사진128)

낙랑토기는 중국의 한식토기와 형태 및 제작기법에서 구분되는 기종이 대부분이다. 원통형토기, 완형토기, 화분형토기, 단경호, 시루, 고배, 대옹大甕, 도옹陶甕, 도관陶罐, 이배耳杯, 부뚜막형토기 등이 있다.

칠기는 주로 낙랑고분에서 출토예가 많으며, 칠이배漆耳杯, 칠반漆盤, 칠안漆案, 칠명漆皿 등의 식기류, 칠갑漆匣, 칠합漆盒, 칠곽漆槨, 칠통漆桶, 칠협漆篋 등의 보관함, 칼집劍鞘, 찰갑札甲 등의 무구류 등이 확인되고 있다. 칠기는 평양 왕광묘(정백리 127호분)에서 82점, 평양 석암리 194호분에서 81점, 석암리 205호분에서 58점이 출토되었으며, 그 외의 낙랑고분에서 많은 양이 출토되고 있다. 또한 제작연대의 명문이 새겨진 칠기가 출토되는 특징을 보이고 있는데, 대개 기원전 85년에서 기원후 102년 사이에 제작된 칠기 67점이 현존하고 있다.

장신구로는 은제품의 장식품이 다수 확인되고 있다. 평양 정백동 37호분의 장방형의 띠고리는 구름문양과 호랑이를 장식하였고, 정백동 92호분에서도 호랑이와 용이 새겨진 장방형의 띠고리가 출토되었다. 낙랑구역의 남사리 29호분에서는 구름과 용이 음각된 단조기법의 은제그릇이 출토되기도 하였다. 옥과 관련하여서는 옥돈玉豚, 옥인玉印, 벽옥碧玉 장옥葬玉 등 다양하게 출토되고 있다. 장옥은 평양 남사리 29호분과 전오동 5호분에서 보이고 있다. 장옥은 죽은 신체에 악귀가 들어가지 못하도록 신체구멍에 옥으로 만든 기물로 막는 도구이다. 장옥은 한나라의 풍속이며, 낙랑의 묘제에도 영향을 주고 있다. 왕광묘에서는 양산日傘자루, 화장용 솔과 붓이 출토되어 당시의 생활상을 생생하게 전하고 있다.

낙랑지역에서의 와당은 원와당圓瓦當이 출토되고 있으며, 문양에는 고사리문, 운기문雲氣文, 사엽좌문四葉座文 등이 시문되고 있다. 평양 출토의 와당에는 낙랑예관樂浪禮官, 천추만세千秋萬歲의 명문이 새겨진 것도 있다. 평기와는 대부분 와통을 사용하지 않으며, 성형과정에서 승문繩文의 내박자를 사용하고 있다.

낙랑의 건물과 고분에는 전돌을 많이 사용하고 있다. 기본적으로 거푸집鎔范을 이용하여 한 장씩 찍어내는 기법이며, 제작과정에서 승문繩文의 타날흔적이 남는다. 전돌의 문양은 기하학문幾何學文과

능형문菱形文이 많이 보이고 있다. 봉산 지탑리토성에서는 광화오년光和五年(182年), 태시칠년泰始七年(271年)의 명문이 새겨진 전돌이 출토되었고, 고분의 전실묘 전돌에서는 가평2년嘉平二年(250년), 경원원년景元元年(260년), 건흥4년建興四年(316년) 등의 연호가 새겨져 있어 당시의 사용시기를 짐작할 수 있다.

4. 마한

1) 개요

문헌에 의하면 마한은 기원전 1세기경 『三國志』, 『晋書』 동이전東夷傳에 이미 그 존재가 알려져 있으며, 54개 소국 중에 목지국目支國의 지배자가 진왕辰王으로 추대되어 삼한 중에 두각을 나타냈다. 목지국의 위치에 대해서는 공주, 익산방면의 금강유역으로 추정되기도 하며, 연구자에 따라서는 익산 금마를 지칭하기도 한다. 2세기에 들어서는 한강 하류역에 위치한 백제가 성장하기 시작하였다. 정치적으로는 소국들 간의 혈연을 매개로 한 연맹체적 성격을 띠었으며, 소국들에는 각 나라의 대표성을 가진 군장君長이 있었다. 종교적으로는 천군天君이라 부르는 제사장이 있었고, 소도蘇塗라 부르는 제사지역을 관할한 이른바 제정분리祭政分離가 이루어진 사회였다. 생업은 농경과 잠상蠶桑이 주류를 이루고 있으며, 5월과 10월에는 군중이 모여 신에게 제사를 지냈다.

마한은 백제가 본격적인 국가체제를 갖추기 이전의 기원전 1세기~3세기까지 금강과 한강유역을 중심으로 다양한 문화가 전개되었다.

고고학적으로 보면, 토착문화와 융합되면서 사회가 발전하였으며, 철기문화에 기반을 둔 새로운 정치세력이 등장하였다. 이 시기에 전국계戰國系의 철기문화가 수용되었으며, 서북한지역에서 진 · 변한보다 먼저 철기문화를 수용하였다. 특히 마한 목지국의 진왕은 금강유역을 중심으로 철기문화를 받아들였으며, 공주 봉안리, 당진 소소리, 부여 합송리, 완주 갈동, 장수 남양리유적 등에서 보이듯이 기존의 초기 철기문화를 발전시켜갔다.

한강유역에는 여자형呂字形, 철자형凸字形의 주거지가 존재하고 있으며, 2세기 중반 이후에는 임진강과 남한강유역에 적석분구묘積石墳丘墓로 불리는 수장급의 고분이 확인되고 있다. 한강유역을 제외한 중서부지역에서는 장방형의 주거지가 주류를 이루고 있다. 중서부지역의 주요유적은 서울 풍납토성, 하남 미사리, 화성 기안리, 화성 발안리, 안성 도기동, 용인 상갈동, 오산 수청동유적 등이 있다.

금강유역의 호서지역에는 2세기 중반 이후에 유적이 형성되고 있다. 주거지는 방형을 이루고 있으며, 기둥구멍이 4개인 4주식 주거지가 폭넓게 분포하고 있다. 주구토광묘周溝土壙墓는 매장주체부를 활모양과 같은 ㄷ자형의 도랑을 두른 청당동형 주구묘와 매장주체부의 사방에 도랑을 두른 관창리형 주구묘로 구분된다. 근래에 아산 갈매리, 아산 명암리유적 등에서는 생활유적과 주구토광묘가 대규모로 조사되었으며, 낙랑과 관련된 유물이 출토되고 있다. 호서지역의 주요유적은 아산 갈매리, 아산 갈산리, 아산 명암리, 천안 장신리, 천안 청당동, 보령 관창리, 공주 지산리, 공주 장선리, 공주 장원리, 서천 오석리, 서천 봉선리, 서천 송내리, 서천 지산리, 연기 용호리, 대전 구성동, 대전 용계동, 청주 송절동, 청주 봉명동, 오창 송대리, 충주 금릉동유적 등이 있다.

호남지역에서는 3세기대의 유적이 주류를 이루며, 백제의 영향을 많이 받은 4세기 이후에도 지속적으로 발견되고 있다. 주거지는 원형 내지는 말각방형의 주거지가 조사되고 있다. 주거 내부에는 벽구壁溝 시설이 있으며, 부뚜막과 외부로 빠지는 배수구가 있는 경우도 많다. 내부에서는 장란형토기長卵形土器, 심발형토기深鉢形土器, 시루甑가 많으며, 양이부호兩耳附壺, 주구토기注口土器도 출토되고 있다. 고분은 주구토광묘周溝土壙墓, 옹관묘甕棺墓, 분구묘墳丘墓가 있다. 남해안지역에서는 해남 군곡리패총에서와 같이 패총유적이 조사되고 있으며, 이곳에서는 다양한 토제품을 비롯하여 골각기, 장신구, 철기, 석기, 점뼈 등이 출토되고 있다. 호남지역의 주요유적은 군산 관원리, 군산 남전패총, 익산 사덕, 익산 율촌리, 익산 영등동, 완주 상운리, 전주 송천동, 남원 세전리, 부안 하입석리, 부안 장동리, 고창 교운리, 고창 만동, 영광 군동, 담양 태목리, 순천 대곡리, 순천 덕암리, 함평 소명동, 함평 중랑, 함평 월야, 함평 만가촌고분, 나주 용호, 영암 내동리, 영암 금계리, 보성 도안리, 장흥 지천리, 장흥 상방촌유적 등이 있다.

마한 시기에 있어서 중서부지역의 한강유역은 3세기 중엽을 원삼국시대의 하한으로 볼 수 있으나, 호서, 호남지역은 백제가 미치는 영향력에 의해 차이가 있다. 특히 호남지역은 문헌상에서는 4세기 중반경에 백제에 의해 멸망한 것으로 되어 있다. 그러나 고고학적인 정황으로 보면, 영산강유역을 중심으로 하는 지역은 백제의 통치영역에서 멀리 벗어나 있어서 마한의 독자적인 문화가 6세기초까지 이어지고 있는 양상을 보인다. 근래에는 마한지역에서 중국, 낙랑, 왜와 관련된 유물이 출토되고 있어, 마한에 대한 위상이 높아지고 있다.

2) 주거지

마한의 마을유적은 주로 하천 충적지와 해안의 사구에 위치하기도 하며, 경사가 완만한 구릉에 입지하는 경우가 많다. 천안 용원리유적은 예외적으로 계곡 깊숙이 들어간 경사가 급한 곳에 자리하기도 한다. 중서부지역에서 발견되는 마을유적은 하남 미사리, 풍납토성 내부, 연천 강내리, 남양주 장현리, 가평 항사리, 화성 발안리, 화성 기안리, 천안 용원리, 진천 산수리, 진천 석장리유적을 들 수 있다. 특히 풍납토성 내부에서는 3중의 환호環濠 마을이 조사되기도 하였으며, 화성 기안리, 진천 산수리, 진천 석장리의 마을유적에서는 토기와 철기를 생산하는 집단이 있었음을 알 수 있다.

마한의 주거형태와 내부구조 등은 지역에 따라 다르게 나타나고 있다. 주거의 형태에 있어서는 경기 남부지역을 중심으로 북쪽에 철자형凸字形이나 여자형呂字形주거지 등이 있으며, 그 이남 지역과 호남, 호서지역의 마한 주거형태는 방형, 장방형 계통이 주류를 이루고 있다. 내부 구조에서도 주거의 평면형태에 따라 기둥구멍의 위치나 화덕자리의 위치가 정해지기도 하고, 화덕시설이 점차 발전하여 부뚜막시설이 가미되는 모습을 보여주고 있다.

철자형凸字形주거지는 출입구로 추정되는 부분이 돌출된 구조를 보이고 있다. 중서부지역의 특징적인 주거지이며, 초기 한성백제의 주거로 이어지고 있다. 凸자형주거지는 파주 주월리, 연천 강내리, 서울 풍납토성, 서울 몽촌토성, 하남 미사리, 남양주 장현리, 가평 항사리, 가평 대성리, 용인 수지, 여주 연양리, 화성 발안리, 화성 당하리, 천안 용원리, 원주 가현동, 춘천 율문리유적에서 조사되었으며, 홍성 성산리와 춘천 하중도유적에서도 呂자형주거지와 공반 출토되고 있다. 남양주 장현리유적에서는 85기에 이르는 대규모 마을유적이 조사되었으며, 대부분 출입 시설이 마련된 凸자형주거지 이다.

▲ 남양주 장현리 凸자형주거지(사진129)

(사진129) 주거내부에는 화덕자리, 구들, 벽구壁溝 등이 확인 되었으며, 유물은 중도식中島式 경질무문토기硬質無文土器, 타날문토기打捺文土器, 뚜껑蓋杯, 토제 거푸집과 슬러그편이 확인되었다. 연천 강내리유적에서는 63기의 凸자형주거지와 2기의 呂자형주거지, 7기의 방형주거지가 출토되어 규모가 큰 마을을 형성하고 있다. 주거지 내부에서는 화덕자리, ㄱ자형 구들, 一자형 부뚜막이 확인되었고, 유물은 경질무문토기, 타날문토기 등이 출토되었다. 화성 발안리유적에서는 14기의 凸자형주거지가 조사되었다. 이 주거지에서는 화덕자리→화덕자리+ㄱ자형부뚜막→부뚜막의 순서로 변화하고 있으며, 토기에 있어서도 중도식토기에서 원저단경호圓底短頸壺, 백제토기로의 흐름이 보이고 있다. 춘천 율문리유적에서는 완벽하게 구비된 아궁이와 부뚜막, 구들, 배연시설이 출토되어 우리나라 온돌 발전과정을 연구하는데 중요한 자료를 제공하고 있다. 또한 근래에 조사된 동해 망상동유적에서 조사된 凸자형주거지는 신라와 교섭을 했던 예濊의 마을유적으로 파악하기도 한다.

여자형呂字形주거지는 중서부지역에서 많이 출토되고 있으며, 서울 풍납토성, 서울 몽촌토성, 하남 미사리, 가평 항사리, 가평 대성리, 파주 주월리, 포천 자작리유적 등이 있다. 특히 하남 미사리 1호주거지의 경우는 돌을 깔아 만든 화덕자리와 I자형의 구들이 있는 원시적인 온돌이 설치되어 있어서 화덕의 발전된 형태를 보이고 있다. 주거의 내부에서는 경질무문토기, 타날문토기, 쇠손칼, 숫돌, 쇠화살촉, 방제경倣製鏡 등이 출토되었다.(사진130) 근래에 조사된 가평 항사리유적에서는 내부시설로 벽선을 따른 기둥구멍, 부석식 화덕시설, 一자

▲ 하남 미사리 呂자형주거지(사진130)

형의 부뚜막, 외줄의 ㄱ자형 구들이 확인되었다. 유물은 경질무문토기, 타날문토기, 쇠낫, 쇠손칼, 유리구슬, 탄화곡물 등이 출토되었다. 가평 대성리유적에서는 呂자형과 凸자형주거지가 공반하고 있으며, 주거내에서는 쇠화살촉, 철경동촉鐵莖銅鏃, 쇠괭이, 쇠낫, 쇠손칼, 쇠끌, 쇠낚시바늘鐵釣針의 철기류와 경질무문토기, 타날문토기와 더불어 낙랑계통의 화분형토기花盆形土器, 일본 야요이토기弥生土器가 동시에 출토되어 주목을 끌고 있다.

呂자형주거지는 영서지역의 횡성 둔내, 정선 예미리, 홍천 성산리, 춘천 하중도, 영동지역의 강릉 동덕리, 강릉 안인리유적 등 강원도 지역에서 조사되기도 하였다. 근래에 조사된 춘천 하중도유적은 북한강과 소양강이 합류되는 충적대지에 위치하며, 35기의 주거지가 조사되었다. 주거지는 凸자형과 呂자형주거지가 공존하고 있으며, 화덕자리는 점토띠, 무시설식, 부뚜막으로 구분되고 있다. 이중 C구역 2호주거지는 呂자형이며, 벽체 및 기둥재, 지붕의 건축부재 등이 온전한 형태로 남아 있어 당시 주거를 복원하는데 귀중한 자료로 평가된다. 내부에서는 경질무문토기, 타날문토기, 원저단경호, 시루, 쇠손칼, 쇠낫, 쇠화살촉, 옥 등이 출토되었으며, 2~3세기경의 생활상을 보여주고 있다. 이러한 呂자형주거지는 강원도지역에도 폭넓게 보이고, 때로는 凸자형주거지와 공반되며, 낙랑계토기가 출토되기도 하여 예濊와 관련된 주거지로 보기도 한다. 하지만 중서부지역에서도 상당수 유적에서 출토되고 있어, 향후의 지속적인 조사와 연구가 필요한 실정이다.

호서지역에서는 2세기 중반에서 3세기 후반에 유구가 집중되고 있으며, 주거지는 낮은 구릉지대에서 발견되고 있다. 평면형태는 원형과 방형의 주거지가 주류를 이루며, 방형주거지가 많은 편이다. 방형주거지는 기둥구멍이 4개의 4주식이며, 한쪽 벽면에 부뚜막시설이 존재한다. 주거지는 금강 이북지역에서는 진천 삼룡리, 천안 장산리,

천안 용원리, 천안 두정리, 연기 응암리, 금강 이남에는 공주 장선리, 논산 정지리, 대전 용계동, 대전 노은동, 대전 장대동, 대전 대정동유적에서 조사되었다. 특히 대전 용계동유적에서는 443기의 주거지와 환호環濠시설, 토기가마 등 대규모의 마을유적이 조사되었다. 형태는 방형, 장방형, 원형이 있으며, 기둥은 기본적으로 4주식이다. 이곳에서는 I자형과 ㄱ자형의 외줄 구들이 확인되었으며, 출토토기는 장란형토기, 심발형토기, 시루가 주류를 이룬다. 연기 응암리유적에서는 26기의 주거지가 조사되었으며, 형태는 주로 방형을 보이고 있다. 특이한 점은 주거지 내부에서 그간 고분에서만 출토되었던 마형띠고리馬形帶鉤가 처음으로 출토되어 주목을 끌었다. 수량도 8호주거지에서 13점, 9호주거지에서 7점이어서 많은 양을 보이고 있다.

호남지역에서는 2세기 이후에 마을유적이 형성되며, 3세기 이후에는 보성 도안리유적과 같이 산사면 하단에 대규모의 마을이 등장한다. 익산 사덕, 담양 태목리, 함평 중랑유적에서와 같이 200여기 이상의 주거지가 발견되기도 한다.(사진131) 주거지의 평면 형태는 원형과 방형으로 구분되며, 시기가 지날수록 규모가 커지고 부뚜막과 벽구가 설치된다. 구들은 I자형이 보편화 되었으며, 주거 외부로 빠지는 배수구가 있는 경우가 많다. 기둥구멍은 4주식이 주류를 이루고 있으며, 고상가옥高床家屋이 보이기도 한다. 주거유적은 군산 관원리, 익산 사덕, 전주 송천동, 김제 대목리, 부안 장동리, 부안 부곡리, 부안 신리, 고창 성남리, 고창 신송리, 고창, 신덕리, 고창 교운리, 고창 우평리, 고창 봉덕, 정읍 관창리, 남원 세전리, 담양

▲ 함평 중랑 마을유적(사진131)

태목리, 순천 대곡리, 광주 쌍촌동, 무안 양장리, 함평 중랑유적 등이 조사되었다. 시기는 2세기 중반에 시작되며, 4세기 전후에 가장 번성한 것으로 이해된다. 주거지는 평면형태가 장방형 혹은 방형을 이루고 있으며, 형태적 특징인 벽구와 배수시설, 화덕자리, 4주식의 기둥구멍 등이 확인되고 있다. 이러한 주거 형태의 특징은 마한 거의 전 지역에 걸쳐 공통적인 양상을 보인다.

근래에는 지하식 수혈형태의 토실土室을 주거지로 보는 견해가 있으며, 마한지역에서 주로 출토되고 있다. 토실은 1m 이상의 두께를 가진 천정이 있으며, 1개의 단실형과 2개 이상의 수혈이 연결되는 복합형으로 구분되고 있다. 전자는 용인 죽전, 후자는 용인 보정리, 공주 장선리, 익산 사덕유적에서 확인된 바 있다.(사진132) 용인 보정리나 익산 유성유적의 토실에서는 불을 피운 흔적이 확인되었고, 가구시설이 발견되기도 하였다. 그러나 마한지역에 폭넓게 보이는 방형계통의 4주식 주거지가 보편적으로 발견되고 있기 때문에 토실을 주거로 보기 어렵다는 견해도 있다.

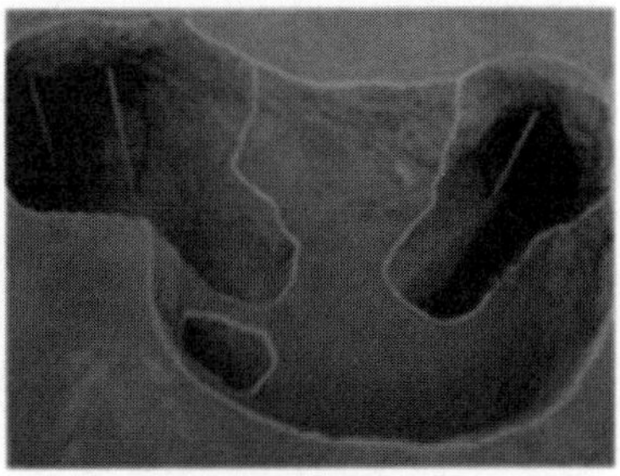

▲ 공주 장선리 토실(사진132)

3) 고분

(1) 토광목관묘

토광목관묘土壙木棺墓는 장방형의 토광을 파고 목관을 만들어 시신을 넣어 매장하는 것이며, 토광목곽묘土壙木槨墓는 목곽을 넣고 시신은 따로 목관에 넣어 안치하는 형태이다. 또한 토광의 주변을 할석으로 채운 경우도 조사되고 있다. 원삼국시대의 목관묘에서는 이전 단계의 청동기유물이 점차 줄어들고 다수의 철기가 부장되고 있다. 그리고 실용적인 철기문화의 성행으로 청동기는 형식적이고 퇴화된 형태로 이행하고 있다. 이 시기 마한 토광목관묘의 유적은 천안 청당동, 아산 용두리, 청원 송대리, 서천 오석리, 고창 예지리유적 등이 있다.

아산 용두리 진터유적에서는 토광묘 44기, 주구토광묘 19기, 옹관묘 13기가 조사되었으며, 토광묘는 관곽의 유무에 따라 토광목관묘와 토광목곽묘로 구분된다. 토광목관묘에서는 쇠투겁창鐵矛, 철검鐵劍, 손칼小刀子, 쇠낫鐵鎌, 쇠도끼鐵斧, 쇠화살촉鐵鏃, 마형띠고리馬形帶鉤가 출토되었으며, 주로 철기유물이 부장된다. 토광목곽묘는 쇠화살촉, 쇠투겁창, 철검, 쇠낫 등 철기류에 더하여 원저단경호, 유개대부직구호有蓋臺附直口壺, 옹형토기甕形土器 등의 토기류가 추가된다.

청원 송대리유적에서는 37기의 토광묘가 조사되었으며, 그 중에 목관묘가 6기, 목곽묘가 31기 정도가 파악되고 있어 목곽묘의 비율이 높다. 또한 토광묘 중에는 청당동형 주구토광묘 10기가 포함되어 있다. 관곽이 갖추어진 경우도 있으나 대부분 관이 없이 곽내에 토기를 부장하고 있다. 부장품은 토기의 경우 원저단경호, 경질무문토기, 심발형토기가 셋트를 이루는 경우가 많다. 무기류는 쇠투겁창, 쇠화살촉, 환두대도, 재갈, 농공구류는 쇠도끼, 쇠끌, 쇠낫, 장신구는 마형띠고리가 출토되고 있다. 유적의 시기는 3세기 중반~4세기대에 이르고 있으며, 주변의 청주 송절동유적과도 공통된 양상을 보이고 있다.

(2) 주구토광묘

주구토광묘周溝土壙墓는 매장주체부를 도랑과 같이 주구周溝로 돌려서 보호하는 특이한 형태로 호서와 호남지역에서 많이 보이며, 최근에는 김포 운양동유적과 같이 한강유역에서도 조사되는 마한 토착세력의 고분이다. 주구토광묘는 매장주체부를 활모양과 같은 ㄷ자형의 도랑을 두른 청당동형 주구묘와 매장주체부의 사방에 도랑을 두른 관창리형 주구묘로 구분된다.

청당동형淸堂洞型 주구묘는 매장주체부가 토광이며, 옹관은 주구에 추가장으로 발견되기도 한다. 주로 천안, 공주, 청주 등 내륙지역에서 많이 보이고 있다. 주요 유적은 오산 수청동, 용인 상갈동, 천안 청당동, 아산 명암리 밖지므레, 아산 용두리 진터, 공주 하봉리, 공주 장원리, 청원 송대리, 청주 송절동, 서천 오석리유적 등에서 조사되었다 부장유물은 원저단경호圓低短頸壺, 심발형토기深鉢形土器가 조합되어 출토되는 특징을 보인다. 환두대도, 쇠투겁창 등 철제무기와 공구류, 옥이 공반되고 있다.

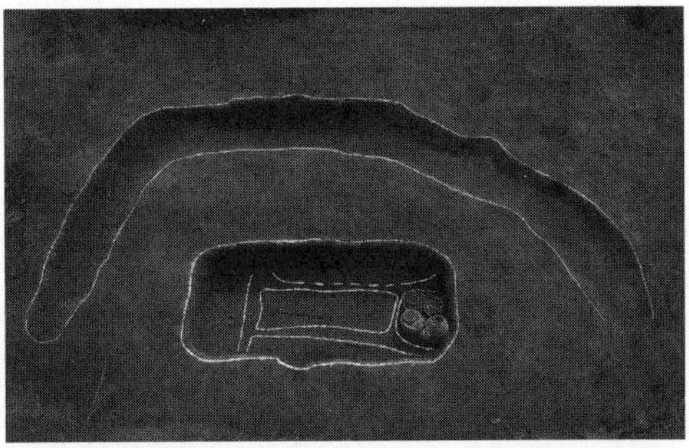

▲ 천안 청당동 주구토광묘(사진133)

천안 청당동유적에서는 주구토광묘 25기가 조사되었다.(사진133) 묘광의 평면 형태는 말각장방형이며, 매장주체부를 ㄷ자형의 도랑으로 두르고 있다. 매장주체부는 목관 19기, 목곽 3기가 확인되었다. 부장유물은 원저단경호, 심발형토기가 공반된 양상을 보이며, 철기류는 환두대도環頭大刀, 쇠투겁창鐵矛, 쇠화살촉, 농공구류는 환두도자環頭刀子, 손칼小刀子, 쇠도끼, 쇠끌鐵鑿, 쇠낫, 따비, 장신구류는 금박유리, 마노제 구슬, 청동제 마형띠고리馬形帶鉤, 곡봉형띠고리曲棒形帶鉤 등이 출토되었다. 유물에는 11점이 출토된 청동제 마형띠고리는 마한의 특징을 보이며, 동일한 거푸집으로 만든 것이 없다. 이 마형띠고리는 피장자의 허리부분에서 다리와 평행하게 출토되었는데, 허리띠라기보다는 별도의 부장 의례적인 측면에서 사용되었을 가능성도 있다. 또한 원저단경호와 심발형토기가 셋트를 이루어 서북지방 목관묘 유적과의 관련성을 엿볼 수 있으며, 금박유리와 곡봉형띠고리는 대외교류를 파악하는데 중요한 자료로 평가된다. 시기는 2세기 후반~3세기 후반으로 편년되고 있다.

공주 하봉리유적에서는 10기의 주구토광묘가 조사되었으며, 매장주체부는 목관묘이다. 부장유물은 환두대도, 쇠낫, 쇠손칼, 쇠투겁창, 쇠도끼 등 철기류와 타날문의 원저단경호와 표주박형토기 등이 출토되고 있다. 1호분의 주구 동단에서는 대형 옹관이 파괴된 채로 부장되어 있어, 별도로 묻었을 가능성이 제기되고 있다. 이러한 양상은 고창 예지리의 6호주구묘, 서천 당정리 11호주구묘에서도 확인되고 있다.

근래에 조사된 아산 명암리 밖지므레유적에서는 69기의 주구 토광묘가 조사되었으며, 청당동형과 관창리형이 공존하는 다양한 평면형태를 띠고 있다. 매장주체부는 목관묘이며, 유물은 원저단경호, 심발형토기, 원통형토기, 새모양토기, 환두대도, 쇠투겁창, 쇠도끼, 쇠낫, 쇠손칼, 쇠끌, 쇠화살촉, 마형띠고리, 청동방울, 옥류 등이 출토되었다. 좁은 곡간부를 두고 서쪽 구릉에 명암리 밖지므레유적의 주구토광묘와 연결된다.

관창리형寬倉里型 주구묘는 매장주체부가 토광이 주류를 이루나 확인되지 않는 경우도 있다. 이러한 현상은 매장주체부가 지상화 하였을 가능성이 제기되고 있다. 유적으로는 김포 운양동, 김포 양곡리, 김포 학운리, 인천 동양동, 인천 운서동, 아산 명암리 밖지므레, 보령 관창리, 공주 장원리, 서천 당정리, 부여 증산리, 익산 영등동, 부안 대동리, 고창 예지리, 고창 광대리, 고창 성남리, 무안 인평리, 영광 군동 등 주로 서해안을 따라 발견되며, 군집을 이루고 있다. 주구토광묘는 매장주체부가 토광을 위주로 한 단독묘의 형태를 보이지만, 점차로 옹관 등을 주구에 추가하는 형태로 변화하기도 한다. 이후에는 옹관이 고분의 중심에 자리하며, 옹관고분으로 발전하여 간다. 시기적으로는 기원전 1세기~기원후 3세기까지 유행하고 있다.

보령 관창리유적에서는 99기의 주구토광묘가 조사되었다. 매장 주체부의 사방에 도랑을 두른 형태가 많아 그 특징을 살려 관창리형 주구묘로 구분하고 있다.(사진134) 출토토기는 옹형토기甕形土器, 원형점토대토기圓形粘土帶土器, 두형토기豆形土器, 흑색마연토기黑色磨研土器, 호형토기弧形土器, 대옹大甕이 있다. 그 중에 제사용으로 추정되는 두형토기가 가장 많으며, 두형토기는 원형점토대토기, 흑색마연토기와 공반되기도 한다.

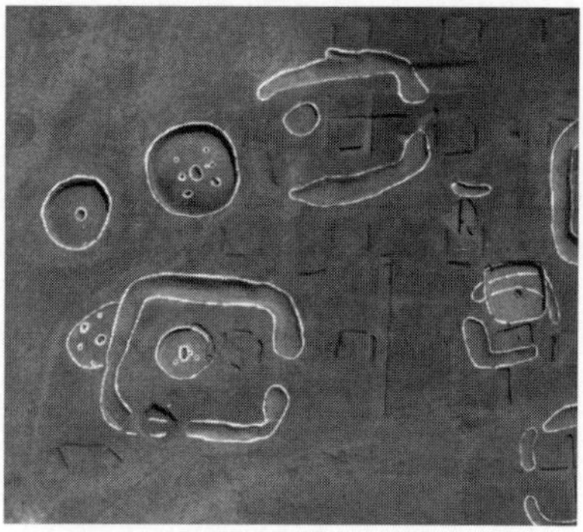

▲ 보령 관창리 주구토광묘(사진134)

서천 당정리유적에서는 23기의 주구토광묘가 조사되었다. 주구는 중복되지 않고 단독으로 형성되며, 방형을 이루고 있다. 주구의 크기는 너비가 20m를 넘는 대형에서부터 10m 미만의 소형에 이르기까지 다양하며, 내부의 매장주체부는 확인되지 않고 있다. 부장유물은 배장용으로 사용된 것으로 보이는 대형 옹관편과 11호분의 주구 내에서 합구식 옹관이 출토되는 정도로 빈약한 편이다. 근래에는 한강유역의 김포 운양동유적에서도 26기의 주구토광묘가 출토되고 있으며, 매장주체부에서는 원삼국시대 후기로 추정되는 환두대도, 철검, 쇠투겁창, 쇠손칼, 쇠도끼, 쇠낫, 쇠화살촉, 회백색 단경호, 금제귀걸이, 유리구슬 등의 유물이 출토되었다. 그간 주구토광묘는 호서 이남지역에서 주로 확인되었으며, 한강유역의 경우는 적석분구묘積石墳丘墓 분포권으로 이해되어 왔기 때문에 운양동유적의 주구토광묘는 마한 묘제의 연구에 중요성을 더하고 있다.

(3) 적석분구묘

적석분구묘積石墳丘墓는 임진강과 한강 중·상류역의 하안사구에 축조되고 있다. 구조는 자연사구의 상면을 정지한 다음에 강돌을 쌓아 축조하였으며, 매장주체부에는 두껍게 돌을 쌓았다. 기존에 즙석식 적석묘葺石式積石墓로 불리던 고분이다. 적석분구묘는 서울 석촌동고분군과 같은 기단식적석총의 선행 단계인 무기단식적석총으로 분류하는 견해가 있지만, 유물의 성격은 한성 백제와 연결시키기 어려운 점이 있다. 이러한 연유로 이 고분을 예계濊系의 집단세력으로 보기도 한다. 시기는 대략 2세기 중반 이후에 축조되고 있으며, 유적으로는 연천 삼곶리, 연천 학곡리, 양평 문호리, 제천 양평리고분 등이 있다.

▲ 연천 삼곶리 적석분구묘(사진135)

연천 삼곶리유적은 임진강 북안의 충적대지에 위치하고 있으며, 구릉 경사면을 따라 강돌을 겹겹이 쌓아서 만든 수혈식석곽이다.(사진135) 적석의 길이는 12m, 너비 6m 정도이며, 매장주체부는 동쪽과 서쪽에서 확인되었다. 내부에서는 유엽형의 쇠화살촉, 유리·호박·마노제의 목걸이頸飾, 청동팔찌銅環가 출토되었으며, 석곽의 주변에서는 단경호短頸壺, 경질무문토기硬質無文土器, 숫돌 등이 출토되었다.

연천 학곡리유적은 임진강변의 낮은 사구에 위치한다. 적석묘의 남사면과 동사면에 즙석시설을 한 것과 매장주체부를 이루는 적석으로 구성된다. 유물은 매장주체부에서 타날문토기, 낙랑계토기, 청동방울, 청동팔찌, 금박유리가 출토되었다. 특히 낙랑계토기, 청동방울, 청동팔찌, 금박유리 등은 낙랑, 대방과의 교류 흔적을 엿볼 수 있는 유물이다. 조영시기는 2세기대로 추정하고 있다.

양평 문호리유적은 팔당댐 수몰지구내에 있으며, 남북 11m, 동서 10m 정도의 방형 계단식적석을 이루고 있다. 중앙에 매장주체부가 있으며, 내부에는 철제 꺽쇠가 출토되어 목관을 사용한 것으로 보인다. 외부 3개 지점에서 인골편이 확인되고 있어 3구의 순장자가 묻힌 것으로 추정된다. 유물은 타날문토기, 쇠손칼, 꺽쇠, 청동방울, 대롱옥 등이 출토되었으며, 시기는 3세기대로 보고 있다.

(4) 옹관묘

원삼국시대의 옹관묘甕棺墓는 중심 묘제에 부수되어 나타나는 배장묘陪葬墓의 성격을 가진 것이 많으며, 아직은 옹관이 대형화되지 않은 단계이다. 분구가 대형화하지 못하고 집단 묘지적인 성격을 띠고 있다. 이 시기에는 지표상에 얕은 토광을 파고 옹관과 부장품을 넣은 형태이나 합구식合口式과 합개식合蓋式, 대옹과 소옹의 크기 등 다양한 형태로 나타난다. 소옹에 주옹을 끼워 맞춘 합개식의 경우는 소옹으로 단경호短頸壺, 시루甑, 발형토기鉢形土器, 화로모양토기 등 다양하게 일상생활의 토기가 사용되고 있다. 이 시기의 옹관묘는 대동강유역의 평양 정백동, 장진리, 복사리, 한강유역의 서울 가락동, 서울 석촌동, 호서지역의 서천 오석리, 논산 가야곡, 호남지역의 남원 두락리, 고창 예지리, 고창 신월리, 고창 송룡리, 광주 신창동, 영암 선황리, 화순 용강리, 영남지역의 대구 팔달동, 경주 조양동, 부산 노포동, 부산 복천동, 김해 회현동, 김해 지내동, 김해 양동리, 창원 삼동동, 양산 신평, 사천 늑도패총 등에서 조사되었다. 이후 영산강유역에서는 원삼국시대 후기가 되면 옹관을 매장시설로 하는 대형의 봉토고분으로까지 발전하여 마한의 특징적인 묘제가 된다. 이러한 현상은 중서부, 호서지역과도 유사한 문화양상을 보이고 있다. 이후 분구묘墳丘墓가 등장하고, 그 대표적인 예가 함평 만가촌과 영암 만수리 4호분, 영암 신연리 9호분이다. 이 대형 분구묘에서는 토광묘가 매장주체부로 등장하게 되며, 이것이 옹관묘로 이동된 후에 거대화하는 양상을 보인다.

고창 예지리유적에서는 대옹과 소옹을 결합한 합구식 옹관묘 1기가 조사되었다. 이 옹관에서는 새모양 토기가 부장되어 있었다. 한반도에서의 새모양토기는 3세기 중반부터 제작되는 것으로 보인다. 마한지역에서는 아산 명암리, 서천 오석리, 익산 간촌리, 전주 송천동, 고창 예지리, 영광 군동, 영광 수동유적에서 새모양토기가 출토되고 있다. 새모양토기는 장례와 관련한 의식에 사용되었고, 피장자의 영혼 승천과 관련된 것으로 보여진다.

광주 신창동유적은 영산강의 지류인 극락강변의 낮은 능선이 있는 사면에 위치한다. 조사구역에서는 53기의 옹관이 발견되었으며, 합구식 옹관이 주류를 이룬다.(사진136) 사용된 토기는 점토대토기와 송국리형 토기의 속성을 보이는 것, 손잡이가 부착된 토기 등이 있다. 부장유물은 철편과 토기편이 있고, 옹관 밖에서 철편, 동제 검자루끝장식劍把頭飾, 소형토기, 돌도끼, 돌화살촉, 숫돌 등이 출토되었다.

▲ 광주 신창동 옹관묘(사진136)

4) 토기

원삼국시대의 토기가마는 낮은 구릉지역에 위치하며, 반지하식의 등요登窯가 주류를 이룬다. 여기에는 등요의 등장과 함께 전국계의 회도灰陶기법이 가미된다. 토기제작에 있어서 입자가 고운 정선된 점토를 사용하며, 회전대를 사용함으로서 토기 제작이 빨라지고 대량생산이 가능하게 되었다. 토기 소성시에는 기존의 노천요와는 다른 등요를 사용함으로서 산소를 차단하고 고온에서 소성하게 되었다. 산소 공급이 많은 노천요는 점토 속의 철분이 산화해 적갈색을 띠는 토기가 생산되나, 등요에서는 고온이 되어 회색 내지는 회청색의 토기가 생산된다. 토기 성형시에는 문양이 있는 타날구打捺具에 의한 타날문이 시문되는 특징이 있다. 경질무문토기硬質無文土器를 만드는 가마는 규모가 적지만, 타날문토기打捺文土器 제작 시기가 되면 점차 규모가 커진다. 가마의 평면형태는 타원형 혹은 장타원형이며, 시기가 내려 가면서 경사가 높아진다. 출토된 토기가마는 진천 삼룡리, 진천 산수리, 화성 가재리, 공주 귀산리, 천안 용원리, 대전 용계동, 전주 송천동, 익산 왕궁, 부안 부곡리, 승주 대곡리, 순천 연향동, 영광 군동, 나주 오량동, 해남 군곡리 등의 유적이 알려져 있다.(사진137)

▲ 진천 산수리 토기가마(사진137)

마한의 토기는 한강유역의 중서부와 호서, 호남지역에서 경질무문토기와 타날문토기가 출토되고 있다. 서남해안지역에서는 삼각형점토대토기三角形粘土帶土器가 출토되기도 하며, 중서부지역에서는 낙랑계 토기가 출토되기도 한다.

경질무문토기는 중도식토기中島式土器로 불리는 것으로, 기종은 옹甕, 호壺, 발鉢, 완椀, 시루甑, 뚜껑蓋杯 등이 있다. 기존의 무문토기와는 달리, 새로운 고화도의 소성기술이 가미되어 경질의 토기를 생산하게 되었으며, 노천요에서 소성했다는 견해와 등요에서 개방된 상태로 소성했다는 견해가 있다.

타날문토기는 철기의 보급과 함께 새롭게 출현하는 토기이다. 여기에는 등요의 등장과 함께 전국계의 회도기법이 가미된다. 타날문의 종류는 승석문繩席文, 격자문格子文, 평행선문平行線文 등이 있으며, 기면을 때려서 시문하기 때문에 타날의 단위가 확인되기도 한다. 특히 타날문 중에는 새발자국 모양의 조족문鳥足文과 톱니날 같은 거치문鋸齒文이 타날문과 중복되어 시문되기도 하는데, 이는 마한토기의 특징적인 문양이다. 타날문토기의 기종은 심발형토기深鉢形土器, 장란형토기長卵形土器, 주구토기注口土器, 원저단경호圓底短頸壺, 양이부호兩耳附壺, 대옹大甕, 이중구연호二重口緣壺, 유공호有孔壺, 시루, 동이 등이 있다.(사진138, 139)

▲ 원저단경호(사진138)

▲ 양이부호(사진139)

중부지역에서는 낙랑, 대방과 관련된 토기가 출토되기도 한다. 기종은 평저호平底壺, 단경호短頸壺, 화분형토기花盆形土器가 있다. 목곽묘를 포함한 이러한 낙랑계 문물은 기원전 1세기 후반경에 한강유역에 출현하고 있다. 낙랑계토기가 출토된 유적은 포천 금주리, 연천 학곡리, 화성 기안리, 화성 당하리, 수원 서둔동, 가평 대성리, 가평 달전리, 양평 양수리유적 등 주로 경기도지역에서 출토되고 있다. 근래에는 춘천정거장 예정부지유적의 원삼국시대 주거지에서 경질무문토기, 외반구연호, 타날문토기 등이 여러 점의 낙랑계토기와 함께 출토되었다. 이곳에서 출토된 낙랑계토기는 낙랑이나 대방과 한강 중상류지역의 상호 교류관계를 반영하는 유물로 평가된다.

5) 철기

(1) 무기류

마한지역에서는 진한 · 변한지역보다 철기문화가 뒤떨어져 있었으나, 2세기 이후에는 철기문화가 발전하여 종류와 수량이 증가하였다. 특히 3세기에는 중서부, 서남부지역을 중심으로 환두대도, 쇠투겁창, 쇠화살촉 등의 철제무기가 제작되었다.

환두대도環頭大刀는 둥근 고리형태의 손잡이를 가진 칼로 마한에 특징적으로 나타나는 무기이다. 대부분 지배층 고분의 부장품으로 발견되고 있다. 환두대도는 용인 상갈동, 아산 명암리, 천안 청당동, 청원 송대리, 서산 봉선리, 서산 기지리, 공주 하봉리, 충주 금릉동, 연기 응암리, 고창 남산리, 고창 예지리, 고창 만동, 해남 황산리, 해남 분토리유적 등에서 출토되었다.(사진140) 충주 금릉동, 제천 양평리, 연기 응암리, 고창 만동, 고산 남산리, 함평 만가촌, 해남 분토리유적에서는 환두소도環頭小刀가 출토되었다.

▲ 환두대도(사진140)

철검鐵劍은 자루가 있는 것과 없는 것으로 구분되고 있다. 철검은 연기 용호리, 고창 만동, 가평 달전리유적에서 출토되었다. 가평 달전리유적의 낙랑계 고분에서는 낙랑계의 토기와 함께 촉각식철검觸角式鐵劍이 출토되어 낙랑과의 교류를 주목할 수 있다. 연기 용호리의 철검은 소용돌이 장식이 좌우에 대칭되어 붙어있다. 이와 유사한 철검은 김해 양동리고분에서도 확인되었다. 쇠투겁창鐵矛은 자루끝의 형태에 따라 직선형과 연미형燕尾形으로 구분되며, 청원 송대리유적에서 출토예가 있다.

쇠화살촉鐵鏃은 하남 미사리, 연천 삼거리, 가평 대성리, 천안 청당동, 제천 양평리유적에서 출토되었으며, 동해 송정동유적에서 확인되고 있다. 특히 낙랑과의 교류를 엿볼 수 있는 철경동촉鐵莖銅鏃은 철원 오수리, 시흥 오이도, 포천 금주리, 양평 양수리, 가평 대성리, 광주 신창동, 제주 삼양동 등 주로 마한 지역에서 출토되고 있다.(사진141)

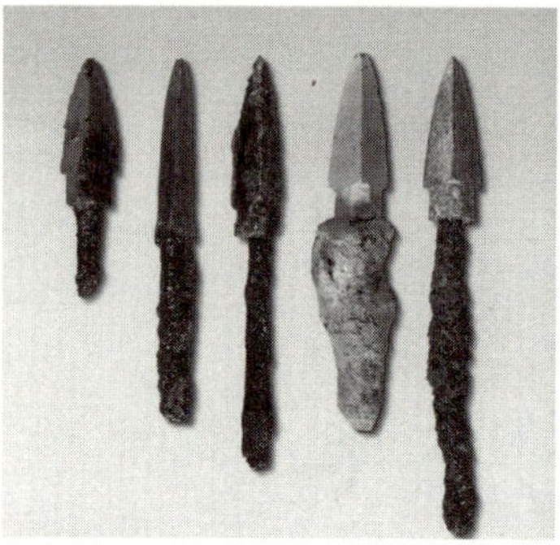

▲ 철경동촉(사진141)

(2) 농 · 공구류

쇠도끼鐵斧는 장방형과 부챗살모양의 선형煽形, 날 부분이 퍼지는 사다리형梯形이 존재하며, 나무자루를 끼우는 부분은 둥글게 말아 삽입이 용이하게 되어있다. 청원 송대리, 중원 하천리, 제천 도화리, 제천 양평리, 고창 만동유적 등에서 출토되었다.

쇠삽鐵鍤은 말굽모양의 철제 날을 나무자루에 끼운 삽으로 논과 밭을 경작하는데 사용한다. 철이 귀중한 시기에 날 부분만을 철제로 하여 편의성을 도모한 농기구이다. 형태는 U자형과 V자형으로 구분되며, 쟁기가 등장하기 전까지 사용되었다. 쇠삽이 출토된 유적은 북한지역의 중강 토성리, 운성리, 가말뫼, 중원 하천리유적 등이며, 동해 송정동유적에서도 출토예가 있다. 대개 2~3세기대의 시기에 해당된다. 쇠괭이鐵鍬는 아산 용두리, 중원 하천리유적에서 출토되었다.

쇠낫鐵鎌은 중원 하천리, 제천 양평리, 공주 하봉리, 화순 용강리, 동해 송정동유적에서 출토되었으며, 쇠끌鐵鑿은 제천 양평리유적, 쇠손칼鐵刀子은 하남 미사리, 가평 대성리, 중원 하천리유적에서 출토된 바 있다.

(3) 제철유적

마한지역은 3세기 이후에 철기의 생산이 확대되었으며, 야금冶金기술을 익힌 장인집단이 등장하였다. 특히 단조鍛造기술의 발달로 무기와 농공구류가 대량생산 되었다. 제철관련 유적은 연천 삼곶리, 화성 기안리, 가평 대성리, 진천 삼룡리, 진천 산수리, 진천 석장리, 춘천정거장 예정부지유적 등이 있다.

연천 삼곶리에서는 철기 생산집단의 마을유적이 조사되었으며, 화성 기안리 제철유적에서는 다량의 낙랑계토기와 함께 낙랑 기와의 제작기술과 철기생산을 알 수 있는 송풍관, 철재, 노벽, 철편, 숫돌 등이 출토되었다. 제련에서 단야에 이르는 철기생산의 공정을 살필 수 있으며, 낙랑의 전문기술자가 남긴 유적으로 평가하고 있다. 진천 석장리유적에서는 제철과 관련된 지상식과 반지하식의 제련로 36기가 조사되었으며, 춘천정거장 예정부지유적에서는 2기의 제련로가 확인되었다. 진천 삼룡리유적에서는 송풍관이 출토되었다. 이 외에도 가평 대성리, 남양주 장현리, 여주 언양리유적의 주거내에서도 제련로편, 슬래그 등이 발견되고, 단야공정이 확인된 것으로 보아 철기의 보수나 간단한 단야작업이 이루어졌음을 알 수 있다.

철 가공에 사용된 덩이쇠鐵鋌는 서천 오석리, 공주 남산리, 고창 만동유적에서, 집게, 망치, 끌, 줄 등의 단야구鍛冶具는 완주 상운리, 무안 사창리유적 등에서 출토되었다. 이 외에도 주조철부鑄造鐵斧의 거푸집이 광양 도월리유적에서 출토되었다.

(4) 마구류

말장식에는 많은 부위의 종류가 있으나 아산 명암리, 충주 금릉동유적에서는 재갈이 출토되었다. 재갈은 말을 제어하기 위하여 입에 물리는 도구이다. 충주 금릉동에서 출토한 재갈로 미루어보아 중서부지역에서는 3세기대에 마구류가 갖추어졌으며, 이는 낙랑의 거마구車馬具가 전래된 것으로 보인다.

6) 청동기

마한지역에서 청동유물은 수량이 많지 않으며, 진한·변한지역에 비교하면 청동검이나 한경漢鏡, 청동세발솥銅鼎 등의 유물은 없는 편이다. 전한경前漢鏡은 익산 평장리, 여수에서 출토예가 있고, 후한경後漢鏡은 익산 연동리, 고흥 안동고분에서 출토되었다. 한경을 모방한 방제경倣製鏡은 하남 미사리, 영광 수동, 제주 산지항유적에서 출토되고 있다.

청동종방울銅鐸은 청주 봉명동, 청원 송대리, 오산 세교유적에서 출토되었다. 청원 송대리유적에서는 마형띠고리와 함께 청동종방울이 출토되었으며, 상부에는 반원형의 고리가 부착되고 기면에는 격자문格子文이 시문되어 있다. 청주 봉명동유적의 청동종방울은 기면에 사다리꼴문양과 구슬문양이 시문되어 있으며, 그 안에 대길大吉이라는 명문이 새겨져 있다.(사진142) 오산 세교의 청동종방울은 공工자형의 명문이 새겨져 있으며, 내부에 또 하나의 작은 방울이 붙어있다.

▲ 청주 봉명동 청동종방울(사진142)

이 외에도 조형청동기鳥形靑銅器는 영광 수동유적에서 출토되었다. 특히 영광 수동의 조형청동기는 고성 동외동유적에서 출토된 것과 동일하다. 청동팔찌銅環는 제천 도화리유적에서 출토된 바 있다.

7) 목기

목기는 선사시대에 일반적으로 사용되는 도구인데, 유기물질의 습성상 오래 보존 되지 못하고 썩어서 없어지는 유물이다. 따라서 유적에서의 목제유물은 저습지라는 특수한 자연환경에 놓여 있는 유적에서만 출토되고 있는 상황이다. 그러한 대표적인 유적이 바로 광주 신창동유적이다. 이 유적은 영산강의 지류인 극락강변의 낮은 능선이 있는 사면에 위치하고 있으며, 그 주변의 저습지에서는 많은 농경 복합유물이 조사되어 주목되고 있다. 특히 곡간대지와 강변의 충적대지에서는 저습지와 공방터가 확인되었으며, 기원전 1세기경의 생활상은 물론 자연환경에 대한 다양한 정보가 확보되었다.

신창동유적에서 출토된 목기는 무구류, 제사용구, 농구류, 공구류, 용기류, 생활용구류로 구분하여 볼 수 있다. 이러한 유물은 근래의 농촌에서도 사용한 생활용구가 많으며, 기원전 1세기경에 목기의 사용이 일반화 되었음을 짐작할 수 있다. 또한 목기의 제작과정에 대해서도 많은 정보를 제공하고 있다. 무구류는 목검木劍, 칼집劍鞘, 칼손잡이劍把, 검형목제품, 활 등이 있으며, 대개 세형동검의 형태를 모방하고 있다. 제사용구에는 파문원형칠기巴文圓形漆器, 조형목제품鳥形木製品이 있다. 파문원형칠기는 내측에 파문巴文의 형태가 있으며, 외측은 거치문鋸齒文으로 돌리고 있다. 세문경의 문양을 충실히 따르고 있으며, 청동거울과 같은 의기적인 성격을 띤다. 조형목제품은 2점이 출토되었으며, 하부에 구멍을 뚫은 형태이다. 목간에 부착한 것으로 오늘날의 솟대와 같은 모습이다. 농구류는 괭이, 괭이자루, 삽, 따비, 낫자루, 절구공이 등이 출토되었다. 괭이는 판상의 평괭이平鍬와 날이 2개 이상인 쇠스랑형괭이叉鍬가 있다.(사진143) 따비는 대칭을 이루는

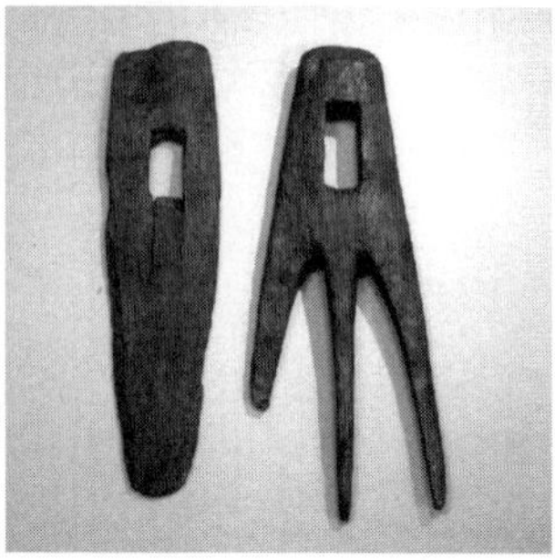

▲ 광주 신창동 쇠스랑형괭이(사진143)

쌍날이며, 자루 결합부에 고정한 흔적과 끈을 동여맨 턱이 있다. 공구류는 직선형의 도끼자루斧柄, ㄱ자형 자귀자루, 나무망치木鎚 등이 출토되었다. 용기류는 국자형목기, 통형칠기筒形漆器, 칠기절판漆器折坂, 사각용기, 소형목합小形木盒, 대부호臺附壺, 목기뚜껑, 접시 등 다양하다. 이 시기에는 옻칠이 본격화 되었음을 알 수 있으며, 칠을 담았던 용기와 머리카락을 이용한 붓털도 발견되었다. 생활용구는 발화구, 신발골, 부채자루, 빗, 쐐기, 말목, 각종 끈, 방직구 등이 있다. 불을 일으키는 도구인 발화구는 발화대와 발화봉이 셋트로 출토되었으며, 신발골은 가죽신을 제작할 때 형태를 유지하는 나무틀이다. 방직구는 바디緯打具, 실감개絲卷, 방추차 등이 있다. 이 외에도 현악기, 수레바퀴통, 바퀴살 등의 수레부속품인 거여구車輿具, 어구인 통발, 문짝, 빗자루, 새끼줄 등이 출토되었다.

8) 장신구

출토되는 장신구의 종류는 둥근옥丸玉, 대롱옥管玉, 다면옥多面玉, 굽은옥曲玉, 연주옥連珠玉 등이 있으며, 재료로는 유리, 천하석, 마노, 연옥, 수정, 호박 등이 사용되었다. 유적에서는 대략 목관묘에서 유리옥, 굽은옥이 보이며, 목곽묘에서는 수정옥, 유리옥, 다면옥, 굽은옥 등이 출토되는 양상을 보인다. 옥은 연천 삼거리, 용인 상갈동, 천안 청당동, 연기 응암리, 충주 금릉동, 청원 송대리, 군산 남전, 남원 세전리, 고창 만동, 영광 수동, 함평 성남, 동해 송정동유적 등이 알려져 있다. 특히 동해 송정동 1호주거지에서는 경질무문토기류와 쇠삽,

쇠화살촉, 쇠낫 등의 철기류와 함께 은제 귀걸이, 둥근옥, 굽은옥, 대롱옥 등의 장신구가 다양하게 출토되었다.

▲ 천안 청당동 금박유리옥(사진144)

유리 장신구는 풍납토성, 천안 청당동, 익산 송학동, 장수 남양리유적에서 출토되었다. 중국이나 낙랑과의 교류를 엿볼 수 있는 금박유리옥金箔琉璃玉은 연천 학곡리, 천안 청당동, 천안 두정동, 서산 기지리, 고창 남산리, 영암 신연리유적 등에서 출토되었으며, 이러한 장신구는 마한 지배층 신분의 부를 상징하는 유물이다.(사진144) 또한 낙랑과 관련이 엿보이는 수정제 다면옥이 고창 만동, 영광 수동, 해남 군곡리패총에서 발견되었다.

유리의 제작기법은 거푸집鎔范에 부어 제작하는 방법과 녹인 유리용액을 봉에 말아 일정한 크기로 자르는 방법이 확인되었다. 유리의 거푸집은 하남 미사리, 춘천 중도, 해남 군곡리패총에서 출토되었다.

띠고리帶鉤는 허리띠의 양 끝을 걸어 고정시키는 금속구이다. 청동제가 많지만 철이나 금, 은, 옥으로도 제작이 된다. 형태는 마형馬形, 호형虎形, 곡봉형曲棒形, 비파형琵琶形 등이 있으며, 청동기시대 후기부터 원삼국시대 전 시기에 걸쳐 출토된다. 한에서 수입된 띠고리는 평양의 왕광묘, 채협총, 석암리 등의 낙랑유적에서 출토되었으며, 평양 상리, 위원 용연동유적에서도 출토되었다. 또한 북방문화의 영향을 받은 마형, 호형의 동물형띠고리는 아산 갈매리, 아산 용두리 진터, 평택 마무리, 연기 응암리, 천안 청당동, 청원 송대리, 청주 봉명동, 청주 산남동, 충주 금릉동유적에 발견되고 있으며, 영남지역의 영천 어은동, 대구 비산동, 경주 사라리, 김해 대성동유적 등에서도 출토되었다. 특히 청원 송대리의 토광묘유적에서는 청동제와 철제의 마형띠고리가 공반 출토되었으며, 철제의 마형띠고리는 드문 예이다. 또한 연기 응암리유적에서는 그간 고분에서만 출토되었던 마형띠고리가

8호주거지에서 13점, 9호주거지에서 7점이나 폐기된 채로 출토되었다. 곡봉형曲棒形띠고리는 긴 막대기 형태에 앞쪽의 꺽어진 갈고리 모양을 한 허리띠이다. 곡봉형띠고리는 중국 전국시대에서 한나라에 걸쳐 유행한 장신구이며, 낙랑지역에서는 평양 석암리유적, 남한지역에서는 천안 청당동과 창원 다호리유적에서 출토되었다. 천안 청당동유적에서는 청동제 마형띠고리와 곡봉형띠고리가 철기, 옥, 단경호 등과 함께 출토되었으며, 이러한 유물은 서북한지역의 목관묘와 관련성이 있다.(사진145) 청동제 마형띠고리는 호서지역 일대에서 발견되는 마한의 특징적인 유물이며, 곡봉형띠고리의 출토는 영남, 호서지역과 중국과의 교류가 빈번히 이루어졌음을 알 수 있다.

▲ 천안 청당동 마형, 곡봉형띠고리(사진145)

5. 진한 · 변한

1) 개요

문헌상에서의 진한은 대구와 경주를 중심으로 12개국이 알려져 있으며, 경주 일대의 사로국斯盧國이 2세기 초에 경산지역의 압독국押督國을 복속하고, 3세기 중엽에 나머지 10여국을 복속한다. 변한은 김해와 마산을 중심으로 12개국이 알려져 있으며, 3세기 중엽 왕이 존재하여 구야국狗倻國의 지배자로 추정된다. 마한과 마찬가지로 제정분리가 이루어진 사회였으며, 농경과 잠상蠶桑이 주요 경제적 수단이었으며, 변한의 포는 낙랑에 수출하였다. 특히 철을 생산하여 낙랑, 대방, 마한, 예, 왜 등지에 수출하였으며, 낙랑과의 인적교류도 활발하게 이루어졌다.

철기의 사용은 기원전 2세기경으로 보는 견해와 한사군 설치 이후로 보는 견해가 있으나, 기원전 1세기경에는 낙랑과의 교류가 활발해지면서 한식문물의 유입과 함께 유구와 유물에 있어서도 많은 변화가 보이고 있다. 이때에 낙랑의 영향으로 인하여 영남지방에 와질토기瓦質土器가 등장하는 것으로 파악되고 있다. 삼각형점토대토기와 공반되는 전기

와질토기는 원저단경호, 우각형파수부호牛角形把手附壺, 주머니호, 보시기 등의 기형이 보이며, 2세기 중엽 목곽묘와 함께 등장하는 후기 와질토기는 화로모양토기爐形土器, 대부장경호臺附長頸壺, 새모양토기鳥形土器 등이 출토된다.

진한과 변한이 속하는 영남지역은 대체로 동일한 문화권에 속한다. 진한 · 변한의 주거지 형태는 주로 원형을 이루며, 후반기의 주거지는 방형이 주류를 이룬다. 내부에서는 화덕자리도 보이지만 부뚜막이나 구들이 보이기 시작하며, 점차로 일반화 되어간다.

고분에 있어서는 목관묘木棺墓와 목곽묘木槨墓가 주류를 이루고 있다. 목관묘는 경산 임당동, 조영동고분 등에서 출토되며, 기원전 2세기~기원후 2세기경에 축조된다. 이 시기에는 부장품의 종류가 증가하고 철기의 부장이 일반화되기 시작한다. 게다가 낙랑과의 교섭을 통해 한식유물이 분묘에 부장되기 시작한다. 이후 목곽묘는 2세기 중엽~4세기 중엽에 축조된다. 목곽묘는 묘광이 장방형을 이루고 낙랑지역의 목곽묘와는 구별된다. 부장유물로는 철제농구와 환두대도, 쇠화살촉 등 새로운 무기가 추가되고, 대부장경호, 화로모양토기 등의 와질토기가 출토된다. 목곽묘는 이전 단계 목관묘의 문화를 계승하면서 새로운 요소가 가미되고 있으며, 매장의 관념은 낙랑의 영향을 받고 있다. 3세기 후엽의 김해 대성동고분에서는 순장殉葬의 흔적이 확인되기 시작한다.

고고학적인 입장에서 보면, 진한과 변한의 구분은 뚜렷하지 않으며, 문물에 있어서 공통적인 양상을 보인다. 그러나 3세기 후반경에는 경주와 김해를 중심으로 고분이나 유물에 있어서 도질토기, 낙랑의 한식문물, 무구류 등의 양상에서 지역성이 나타나기 시작한다. 아마도 진한과 변한이 신라와 가야로 이어지면서 각지에서 점차 다른 특징적인 요소가 가미되는 현상으로 보인다.

2) 주거지

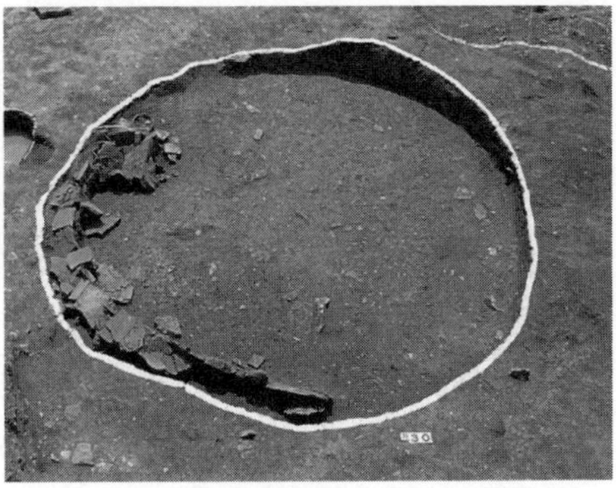

▲ 사천 늑도 주거지(사진146)

마한의 주거지는 방형 내지는 장방형의 형태에 4주식 기둥을 기본으로 하고 있지만, 진한·변한의 주거형태는 시기에 따라 약간의 차이가 엿보인다. 전기의 주거형태는 원형이 주류를 이루고 있으며, 면적은 25㎡ 전후의 크기를 보인다. 사천 늑도유적의 Ⅳ지구에서는 원형주거지가 조사되었으며, 내부에서는 부뚜막과 판석으로 만든 외줄 구들이 확인되고 있다.(사진146) 유물은 삼각형점토대토기三角形粘土帶土器를 비롯하여 고배高杯, 뚜껑蓋杯, 시루 등의 토기가 다량으로 출토되었고, 일본과의 교류를 보여주는 야요이토기弥生土器도 출토되었다. 이 외에 쇠손칼鐵刀子, 쇠낚시바늘鐵釣針의 철기류와 점뼈卜骨, 찌르개 등의 골각기가 출토되었다. 근래에 조사된 대구 봉무동유적에서는 17기의 주거지가 조사되었으며, 정형화된 마을이 형성된 것으로 보인다. 주거의 형태는 원형, 방형, 타원형이 있으며, 원형이 주류를 이루고 있다. 내부시설은 기둥구멍, 화덕자리, 벽구 등이 확인되었으며, 기둥구멍은 4주식, 벽주식, 외주식과 벽주식으로 구분되고 있다. 출토유물은 장란형토기, 옹형토기 등 다양하며, 동물의 두개골과 점뼈 등이 출토되기도 하였다.

후기 주거지의 형태는 원형이 있기는 하나 방형이 주류를 이루고 있으며, 면적이 점차 확대되어 40㎡ 이상의 대형주거지가 등장하기도 한다. 구들은 일반화되기 시작하며, 외줄 구들에 대신하여 ㄷ자형이나 곡선형으로 변화한다. 이 시기의 유적은 경주 황성동, 경산 임당동, 대구 시지지구, 양산 평산리, 울산 달천유적이 있다. 경주 황성동유적에서는 원형 또는 타원형 주거지 18기와 방형주거지 2기가 조사되었으며, 시기는 원형주거지가 빠르게 나타난다. 화덕자리는 대부분 동벽쪽이나 서벽쪽에 붙어서 위치하고 있다. 출토유물은 무문토기, 대옹, 주머니호, 호형토기의 토기류와 쇠화살촉, 쇠낫, 쇠손칼, 단조철부鍛造鐵斧, 쇠끌 등의 철기류가 출토되었다. 사천 늑도 Ⅰ지구에서는 방형, 장방형 주거지 11기가 조사되었으며, 기둥구멍은 4주식이다. 유물은 삼각형점토대토기, 호형토기, 고배, 뚜껑, 우각형파수, 판상철부板狀鐵斧, 쇠손칼, 쇠낚시바늘 등의 철기류와 돌도끼, 돌낫의 석기류, 뼈화살촉骨鏃, 뼈바늘骨針, 골제첨두기 등의 골각기류가 출토되었다. 울산 달천유적에서는 방형주거지가 출토되었으며, 내부에서는 삼각형점토대토기, 흑색마연장경호, 주머니호 등이 출토되었다. 이 주거지는 철 생산지와 관련한 것으로 동일 유적내의 수혈유구에서는 다량의 철광석 덩어리가 출토되었다.

김해 봉황대, 김해 대성동, 양산 평산리, 양산 다방리, 창원 남산유적 등에서는 환호環濠나 목책木柵시설을 갖춘 마을유적이 확인되고 있다. 양산 평산리유적에서는 19기의 주거지가 조사되었으며, 주거지 주위에는 환호와 목책이 둘려져 있는 양상이다. 환호는 120m 정도가 남아있으며, 환호 안쪽으로 20~30cm 간격으로 목책열이 확인되고 있다. 환호의 바깥쪽에서는 토루시설이 발견되었으며, 망루시설도 조사되었다.

3) 고분

(1) 토광목관묘

토광목관묘土壙木棺墓는 장방형의 토광을 파고 목관을 만들어 시신을 넣어 매장하는 것이며, 이 지역에는 기원전 2세기경에 나타난다. 목관의 상부에 할석으로 채운 적석목관묘와 무적석목관묘가 있다. 목관묘는 묘광이 깊고, 요갱시설이 없는 경우가 많으며, 상자형 목관이 사용된다. 기원전 1세기경에는 판재로 만든 목관과 함께 창원 다호리 1호분, 경주 조양동 38호분과 같이 통나무를 파서 만든 목관이 보이기 시작하며 기원후 1세기경까지 축조된다. 이 시기에는 적석목관묘積石木棺墓(돌무지나무널무덤)가 점차적으로 쇠퇴하며, 와질토기가 부장되기 시작한다. 또한 이 시기에는 경주 조양동, 창원 다호리유적과 같이 혈연과 지연을 통한 집단 묘역을 이루게 되며, 부장품의 종류가 증가하고 철기의 부장이 일반화되기 시작한다. 또한 부장유물에서 상·장례의식에 사용되었을 것으로 보이는 각종 의기의 발달이 본격화된다. 1~2세기 전후 목관묘유적의 부장유물은 철기와 더불어 실용성이 떨어지는 의기성 청동검, 청동꺽창, 청동투겁창 등의 무기류가 피장자와 같이 매장된다. 게다가 낙랑과의 교섭을 통해 한식유물이 출현하여 분묘에 부장되기 시작하며, 낙랑의 묘제에서 필요한 부분만 수용하여 종래의 목관묘에 적용시킨 점이 특징이기도 하다. 진한·변한의 목관묘는 대구 팔달동, 경주 사라리, 경주 조양동, 경산 임당동, 경산 조영동, 성주 예산리, 김해 양동리, 창원 다호리, 영천 어은동유적 등을 들 수 있다.

대구 팔달동유적에서는 영남문화재연구원의 조사에서만도 토광목관묘 102기가 조사되었다. 이 중에 90호분은 동서로 긴 장방형을 이루고 있으며, 목관과 묘광 사이에는 암반 덩어리를 넣어 채우는 초기의 목관묘 형태를 나타낸다. 부장유물은 철검, 쇠투겁창鐵矛, 판상철부板狀鐵斧, 청동투겁창銅矛, 청동꺽창銅戈, 장경호長頸壺, 뚜껑蓋杯 등이 출토되었다.

경주 사라리유적에서는 7기의 목관묘가 조사되었다. 이 중에 130호분은 묘광과 목관 사이에 흙과 작은 할석을 채웠으며, 목관의 바닥에는 70점의 판상철부를 7열로 깔아 놓았다.(사진147) 부장유물은 목관 위에서 8자형동기, 재갈, 옹, 주머니호, 장경호 등 와질토기가, 목관의 내부에서는 철검, 청동검, 청동거울, 청동팔찌銅環, 호형띠고리虎形帶鉤 등의 청동기류와 쇠솥, 철검, 마구 등의 철기류, 유리, 수정옥, 토기는 옹, 주머니호, 장경호류의 와질토기가 출토되어 실로 다양하다. 이 목관묘의 연대는 목곽묘로 바뀌어 가기 직전의 1세기말~2세기초로 추정되고 있으며, 낙랑의 영향이 미쳤음을 짐작할 수 있다.

▲ 경주 사라리 토광목관묘(사진147)

경주 조양동유적에서는 28기의 목관묘가 조사되었으며, 형태는 장타원형 혹은 세장방형을 이루고 있다. 이 중에 38호분에서는 우각형파수부호, 장경호, 단경호, 주머니호 등 고식의 와질토기류와 주조철부, 판상철부, 철검, 쇠손칼, 쇠낫, 쇠끌, 청동제 검자루끝장식, 청동팔찌, 한경, 마노옥, 유리옥 등이 출토되었다. 특히 한경의 소명경昭明鏡, 일광경日光鏡 등은 중국 전한대前漢代의 고분에서 기원전 1세기 후반에 부장되는 것들이다.

경산 임당동고분군의 목관묘는 판재를 사용하고 있으며, 기원전

2세기~기원후 2세기 중엽에 조영되었다. 부장유물은 고식 와질토기, 한경, 원통형동기圓筒形銅器, 오수전五銖錢, 세형동검細形銅劍, 청동제검자루끝장식劍把頭飾, 청동종방울, 철검, 쇠투겁창, 쇠낫, 쇠도끼, 쇠종방울鐵鐸, 칠이 입혀진 현악기 등 다양한 유물이 출토되었다. 이 중에 현악기와 신락臣樂이라는 명문이 쓰여진 원통형동기는 낙랑과의 교류를 보여주는 유물이다. 2세기 중엽~4세기 중엽까지는 목곽묘가 축조된다. 와질토기와 빠른단계의 신라토기, 갑주甲冑 등 다양한 철기류가 출토된다. 저습지에서는 점뼈卜骨도 출토되었다. 이곳은 『삼국사기』에 보이는 압독국押督國에 해당하는 지역이며, 이후 신라에 복속된다.

창원 다호리유적에서는 44기의 목관묘가 조사되었으며, 구유형목관이 주류를 이루고 있다. 그 중에 1호분은 보존 상태가 좋으며, 길이 178cm, 폭 136cm 정도이다. 통나무로 만든 목관과 함께 바닥 중앙에 설치된 구덩이에서 쇠도끼, 쇠투겁창, 청동투겁창, 청동거울, 청동팔찌銅環, 청동종방울小銅鐸, 청동띠고리靑桐帶鉤, 칠초청동검漆鞘銅劍, 오수전, 붓 등 각종 칠기 등이 대나무 상자에 담긴 채로 발견되었다. 부장유물의 대부분은 철기와 칠기이며, 토기는 후기의 무문토기와 와질토기가 출토되고 있다. 그러나 고분의 구조 및 부장방법, 출토유물 등에서 보면, 원삼국시대의 문화로 넘어가는 과도기적인 특징을 보여주며, 성운경星雲鏡, 오수전, 청동종방울 등의 한식유물은 경주 조양동 유적에서도 출토된 바 있다.

(2) 목곽묘

목관묘 이후의 시기인 2세기경에는 길이가 3~10m 정도의 목곽묘가 등장하게 된다. 목곽묘木槨墓는 목곽을 시설하고, 시신은 따로 목관에 넣어 안치하는 형태이다. 목곽은 목관을 보호하는 의미도 있지만, 다량의 부장품을 매납하기 위한 공간이기도 하다. 울산 하대고분군이나 김해 양동리의 162호분과 같은 대형목곽묘도 상위계층의 분묘로서 출현하게 되며, 이러한 대형목곽묘는 낙랑 상위계층을 상징하는 분묘이고, 3세기대까지 축조되는 것이다. 그러나 남부지방의 목곽묘는 묘광이 장방형을 이루고, 부부 합장이 거의 없어 낙랑지역의 목곽묘와는 구별되기도 한다. 부장유물로는 철제농구와 환두대도, 쇠화살촉 등 새로운 무기가 추가되고, 대부장경호, 화로모양토기 등 새로운 형태의 와질토기가 출토된다. 또한 목곽묘에서 의기성 철기 무기류가 부장되기도 한다. 미늘쇠有刺利器는 3세기 전반대에 목곽묘유적에서 나타나기 시작하며, 여기에 붙어 있는 고사리모양의 장식은 실용성이 배제된 것으로 장식성을 높이는 기능을 한 의기적인 성격이 강한 것이다. 이 고사리문양은 3세기 후반 이후에는 토기와 철기 등 전반적인 요소에 채용된다. 목곽묘 단계에는 제사과정에서 대호大壺를 부장하거나, 목곽을 태우는 풍습이 있었으며, 또한 유물을 일부러 훼손하여 부장하기도 한다. 이러한 현상은 낙랑의 고분에서도 확인되고 있다. 목곽묘는 이전 단계의 목관묘 문화를 계승하면서 새로운 요소가 가미되고 있으며, 매장의 관념은 낙랑의 영향을 받고 있다. 3세기 후엽에는 김해 대성동고분에서와 같이 순장의 흔적이 확인된다.

울산 하대유적에서는 80여기의 목곽묘가 조사되었다. 유물은 환두대도, 장검, 쇠화살촉, 쇠스랑, 삽날, 따비, 재갈 등의 철기류와 대부장경호, 화로모양토기, 대부직구호臺附直口壺, 고배高杯, 양이부호兩耳附壺, 새모양토기 등의 토기류, 수정제 다면옥 등의 장신구류가 출토되어 다양한 부장유물이 있음을 보여주고 있다. 특히 43호분과 76호분에서는 삽날과 쇠스랑이 셋트로 출토되어, 농구류에도 철기화가 상당히 진척되어 일반화 되었음을 보여주고 있다. 또한 46호분에서는 장례, 의례용인 새모양토기가 출토되었다. 23호분이나 43호분에서와 같이 목곽을 불태운다든지, 44호분에서는 부장품을 의도적으로 분리하여 부장한 것도 있어 상·장례의식이나 장법의 특수한 예가 존재함을 알 수 있다.

김해 양동리고분군에서는 17기의 목곽묘가 조사 되었다.(사진148) 그 중에 162호 분은 장축 500cm, 단축 340cm의 대형목곽묘로 묘광 바닥 네모서리에는 각각 10개씩의 판상철부가 깔려 있었다. 부장유물은 철검, 한경, 방제경倣製鏡, 쇠솥鐵鍑, 갑주류甲冑類, 환두대도, 옥류 등이 출토되었다. 특히 이 목곽묘에서 출토된 한경과 쇠솥은 변한의 대외관계를 잘 나타내고 있다. 다른 목곽묘에서도 칼劍, 거울鏡, 옥, 갑주류 등 수장급의 목곽묘가 조사되어 주목되고 있고, 왜계유물인 광형청동투겁창廣形銅矛 등의 유물과 울산 하대유적에서와 같이 목곽을 태우는 장례기법을 보여주는 유구가 조사되었다.

▲ 김해 양동리 토광목곽묘(사진148)

김해 대성동고분군에서는 목관묘, 목곽묘, 목곽분이 조사되었으며, 중심묘제는 목곽묘이다. 목곽묘의 규모는 길이 900cm, 너비 500cm 내외이며, 깊이가 얕고 판재를 이용하여 목곽을 조영한 것과 부곽을 설치한 것이 있다. 부장유물로는 다량의 토기류, 철기류, 농공구류, 마구류 등이 출토되었다. 특히 29호, 47호분에서는 청동솥銅鍑이라고 하는 북방유목민의 청동용기와 23호분에서는 방격규구사신경方格規矩四神鏡의 한경이 출토되었으며, 낙랑에서 위세품으로 유입되어 부장된 것으로 보인다. 이 고분군에서는 낙랑에서 수입한 유물이나 왜로부터 유입된 유물들이 발견되어 구야국狗邪國 내지는 금관가야金官伽耶의 특성과 교류를 연구하는데 귀중한 자료를 제공하고 있다.

근래에 조사된 가평 달전리유적은 북한강변 경춘선 가평역사부지에 위치하며, 이곳에서 낙랑계 목곽묘 4기가 조사되었다. 고분의 구조는 서북한지역의 남포 태성리, 은율 운성리, 은파 갈현리 등의 낙랑 목곽묘와 동일한 구조를 보이고 있으며, 유물들도 유사한 면을 보이고 있다. 이 중에 2호묘는 길이 300cm, 너비 120cm 정도이며, 북쪽 단벽이 2단으로 굴광되어 있다. 내부에서는 화분형토기, 단경호, 환두소도環頭小刀, 촉각식철검觸角式鐵劍, 쇠도끼, 쇠창鐵戟, 쇠낫 등 낙랑계 유물이 주류를 이루고 있다. 이 유적에서는 낙랑계 문물이 중부지방에 기원전 1세기 후반경에 출현하였음을 보여주고 있으며, 목곽묘가 주로 발견되는 영남 동남부지역과의 매개적인 양상의 유적으로 볼 수 있다.

(3) 옹관묘

원삼국시대의 옹관묘甕棺墓는 중심 묘제에 부수되어 나타나는 배장묘적인 성격을 가진 것이 많으며, 아직은 옹관이 대형화되지 않은 단계이다. 이 시기에는 지표상에 얕은 토광을 파고 옹관과 부장품을 넣은 형태이다. 옹관은 타날문토기가 사용되지만, 영남지역에서는 옹관으로 와질토기가 사용되기도 한다. 일반적으로 청동기시대 이후 옹관묘의 부장유물은 매우 적은 편이나 원삼국시대의 영남지역이나 일본 큐슈지역에서는 유물의 질과 양에 있어서 수장급의 부장유물 성격을 띠고 있는 것이 있어 주목되고 있다. 이 시기의 옹관묘는 대동강유역의 평양 정백동, 장진리, 복사리, 한강유역의 가락동, 석촌동, 호서지역의 서천 오석리, 논산 가야곡, 호남지역의 남원 두락리, 고창 예지리, 광주 신창동, 영암 선황리, 화순 용강리, 영남지역의 대구 팔달동, 경주 조양동, 부산 노포동, 복천동, 김해 지내동, 김해 회현동, 김해 양동리, 창원 삼동동, 양산 신평, 사천 늑도 등 전국에서 조사되고 있다.

대구 팔달동유적에서는 137기의 옹관묘가 조사되었으며, 원삼국시대의 옹관은 보존상태가 양호하다. 옹관으로 사용한 토기는 대부분 삼각형점토대토기이며, 이중 11기는 와질토기를 사용한 옹관이다.

3옹식 옹관 2기를 제외한 대부분이 합구식으로 이루어졌다. 부장유물은 빈약한 편이다.

김해 회현동패총에서는 3기의 옹관이 조사되었다. 옹관의 내부에서는 벽옥제의 대롱옥이 출토되었고, 옹관의 바로 밑에서는 세형동검과 청동장신구가 발견되었다. 옹관으로 사용된 토기는 일본의 야요이토기弥生土器와 유사하여 주목되고 있다.

창원 삼동동유적에서는 34기의 옹관묘가 조사되었다. 처음에는 유아장이나 이차장의 소형 합구식옹관으로 시작되나 토광묘에 접하면서 점차 변화를 초래하여 굴장屈葬, 신전장伸展葬이 가능한 중·대형 합구식 옹관으로 발전한 것으로 보인다. 부장유물은 와질토기류, 경질토기류, 쇠낫과 쇠손칼의 수확용구가 있고, 12호, 25호, 31호 옹관에서는 옥류가 다량으로 출토되었다. 옥류는 수정, 마노, 유리 등으로 제작한 다양한 각종 옥류가 다량으로 검출되어 옥류가 관습화된 필수 부장품이었을 것으로 생각된다. 특히 18호 옹관에서는 부장품으로 중국 후한대의 방제경이 출토되어 3세기 전반의 시기임을 증명하고 있다.

사천 늑도유적에서는 35기의 옹관묘가 확인되었다. 옹관묘는 합구식과 단옹식이 있으며, 단옹식은 판석의 뚜껑이 있다. 옹관 내부에서는 소아의 유골이 남아 있어 어린아이의 매장에 사용되고 있음을 보여주고 있다. 이 유적의 중심연대는 기원전 1세기경이며, 무문토기와 함께 쇠도끼, 쇠손칼 등 철제유물이 나와 철기문화의 유입과정을 알 수 있는 단서를 제공하고 있다.

4) 토기

진한 · 변한에는 원형점토대토기의 영향 아래 삼각형점토대토기三角形粘土帶土器가 나타나기 시작하며, 영남지역의 해안지역에서 주로 보이고 있다. 구연부에 삼각형의 점토띠를 붙이고 있으며, 옹형토기甕形土器, 발형토기鉢形土器가 주류를 이루고 있다. 또한 시루가 새롭게 만들어지며, 다양한 기종이 등장한다. 이 토기는 단조철기, 검자루끝장식, 청동검, 청동투겁창 등과 공반되고 있으며, 서북한지역과 연관되고 있다. 삼각형점토대토기는 사천 늑도, 경산 임당, 경산 와촌유적 등지에서 출토되고 있다. 특히 사천 늑도패총에서는 낙랑계 토기와 일본 야요이토기弥生土器가 다량으로 출토되어 활발한 교류를 보이고 있다.

이 시기에는 삼각형점토대토기에 이어서 와질토기瓦質土器가 등요登窯의 도입과 함께 새로운 기술로 제작되기 시작하였다.(도면27) 와질토기는 회색 위주의 회흑색, 흑색의 색조를 띠며, 기와와 유사하다하여 붙여진 명칭이다. 기원전 1세기에서 기원후 2세기 전엽에 해당하는 삼각형점토대토기와 공반되는 전기 와질토기는 원저단경호圓低短頸壺, 주머니호袋狀壺, 우각형파수부호牛角形把手附壺, 보시기 등의 기형이 출토된다.(사진149, 150) 이 시기에 목관묘가 조영되면서 진한 · 변한이 성립한다.

▲ 김해 대성동 우각형파수부호(사진149)

▲ 창원 다호리 주머니호(사진150)

후기 와질토기는 2세기 중엽 목곽묘와 함께 등장하며, 고분에서

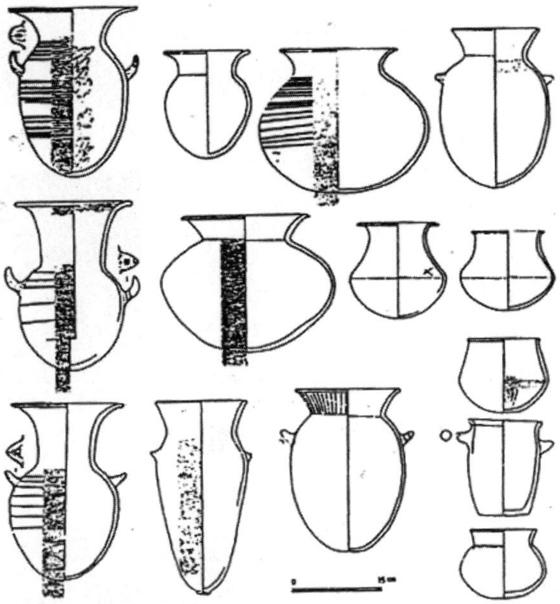

와질토기문화 전기의 토기군(고고학사전 2001인용)

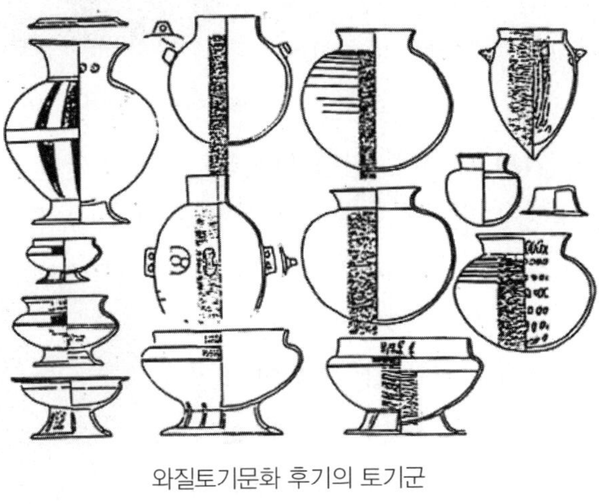

와질토기문화 후기의 토기군

▲ 도면 27. 원삼국시대의 토기

출토예가 많다. 주로 화로모양토기, 대부장경호臺附長頸壺, 새모양토기 등이 출토되며, 집선문集線文과 암문暗文이 주류를 이루고 있다.(사진151, 152) 새모양토기와 관련해서는 『三國志』 魏書 東夷傳 변진조에 「큰 새의 깃털을 사용하여 장사를 지내는데, 그것은 죽은 사람이 새처럼 날아다니라는 의미이다」는 기록이 있다. 이 내용으로 보아 새의 깃털은 영혼불멸사상에 의한 사자死者의 승천을 돕고자 하는 뜻에서 사용되었으며, 새는 이승과 저승을 연결하는 역할을 한 것으로 보인다.

▲ 경주 조양동 화로모양토기(사진151)

▲ 울산 중산리 새모양토기(사진152)

외래문물의 낙랑계토기는 서북한 지역에서 화분형토기가 보이고 있으며, 기원 전후에 중국 한식의 회도기법이 가미되며, 2세기 중엽에는 낙랑토기의 영향을 받고 있다. 낙랑계토기가 출토되는 유적으로는 연천 학곡리, 가평 대성리, 가평 달전리, 강릉 안인리, 춘천 율문리, 동해 망상동, 광주 신창동, 순천 대곡리, 순천 낙수리, 진도 오산리, 해남 군곡리, 사천 늑도패총 등이 있다.(사진153) 가평 대성리, 광주 신창동, 사천 늑도 유적에서는 낙랑계토기와 일본 야요이 토기가 공반 출토되고 있다.(사진154) 왜계 토기는 야요이토기弥生土器와 하지끼土師器가 출토되고 있다. 야요이토기는 가평 대성리, 남원 세전리, 광주 신창동, 울산 달천, 사천

▲ 강릉 안인리 낙랑토기 (사진153)

▲ 사천 늑도 야요이토기 (사진154)

늑도패총 등에서 출토되었으며, 시기는 1세기대 야요이 중기의 토기가 많이 보인다. 야요이 토기보다 후대에 속하는 하지끼는 군산 남전, 고창 장두리, 함평 소명 유적에서 출토되었다.

5) 철기

(1) 무기류

기원전 1세기대는 낙랑군 설치 이후 철 자원이 풍부한 진한·변한 지역에서 중심적인 위치를 차지하였으며, 마한지역보다 철기문화가 발달하였다. 각지에서 환두대도를 비롯하여 철검, 쇠투겁창, 쇠화살촉 등의 철제무기가 제작되었다. 2세기 이전 목관묘 단계에는 철검, 쇠투겁창이 주류를 이루고 있다. 목곽묘 단계에서는 장검과 환두대도가 보이고 있으며, 쇠화살촉의 종류와 수량이 증가한다.

환두대도는 김해 양동리, 울산 하대고분 등에서 출토되었으며, 철검은 경주 사라리, 김해 양동리고분 등에서 출토되었다. 김해 양동리고분에서 출토된 철검은 손잡이에 소용돌이 장식이 좌우에 대칭되어 붙어있는데, 이와 유사한 철검은 마한 지역의 연기 용호리유적에서도 발견되었다. 이외에도 쇠투겁창鐵矛은 김해 양동리, 포항 옥성리유적에서, 쇠화살촉鐵鏃은 김해 양동리, 울산하대유적에서, 미늘쇠有刺利器는 김해 양동리, 포항 옥성리유적에서, 끌모양철기鑿形鐵器는 울산 하대유적에서 출토되었다. (사진155)

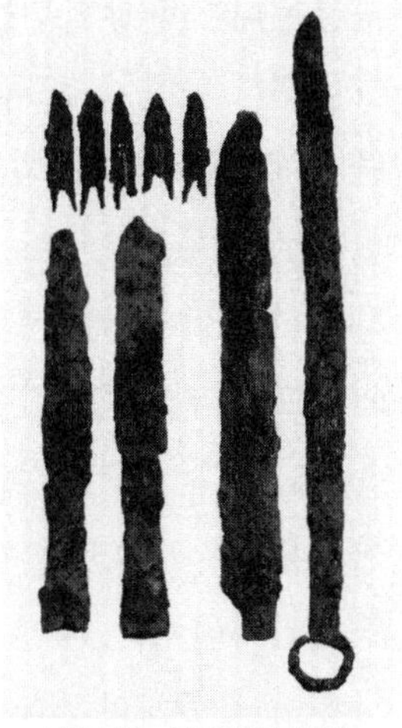

▲ 쇠화살촉, 쇠투겁창, 철검, 환두대도(사진155)

제철과 관련된 유적으로는 경주 황성동, 경주 월성, 울산 달천, 울산 검단리유적 등이 있다. 특히 경주 황성동유적의 주거지에서는 기원전 1세기경부터 단야공정이 이루어졌으며, 3세기경까지 주조와 단야에 이르는 공정이 대규모로 이루어졌다. 황성동유적에서는 용해로와 철광석을 제련하는 송풍관과 거푸집이 발견되었다. 울산 달천유적의 수혈유구에서는 철광석 덩어리가 다량으로 출토되었으며, 일본 야요이 토기도 여러점 출토되었다. 이곳은 기원전 1세기경의 채광유적으로 『三國志』 魏書 東夷傳에 진한 · 변한 철산지와 관련된 기록을 고고학적으로 입증하고 있다.

(2) 농 · 공구류

전반적으로 철제 농기구와 무기들은 대형고분에서 출토되는 특징을 보이고 있다. 특히 철제 농기구가 지배층의 고분에서 부장품으로 사용되는 것은 철제 무기 못지않게 정치적인 권위와 부를 상징하며, 지배층의 권력기반을 다지는 계기가 되었음을 의미한다.

판상철부板狀鐵斧는 대형과 소형, 실용적인 것과 비실용적인 것으로 구분된다. 판상철부는 창원 다호리, 경주 사라리, 울산 하대, 김해 양동리, 사천 늑도유적 등에서 출토되고 있다. 판상철부는 목관묘 단계에서는 창원 다호리 1호묘에서와 같이 날이 세워진 상태여서 실제로 사용된 것으로 보이며, 나무에 장착되어 출토되기도 한다. 경주 사라리 130호분 바닥에서는 70점의 판상철부를 7열로 깔았으며, 이외에도 목관 위, 목관 내부, 목관과 묘광사이에서 다종다량의 유물이 출토되었다. 출토된 판상철부는 날이 무디어져 있으며, 실용도구로서의 기능은 상실하였다. 2세기말 이후 목곽묘 단계에서는 폭이 좁아지고 두꺼워지면서 도구로서의 기능보다는 철의 중간 소재 용도로 교역에 사용되어 화폐의 기능도 하였을 것으로 추정된다.

쇠도끼鐵斧는 장방형과 부챗살모양의 선형煽形, 날부분이 퍼지는 사다리형梯形이 존재하며, 나무자루를 끼우는 부분은 둥굴게 말아 삽입이 용이하게 되어있다. 대구 팔달동, 포항 옥성리, 김해 양동리, 울산 하대, 사천 봉선리유적에서 출토예가 확인되고 있다.

쇠삽鐵鍤은 U자형과 V자형으로 구분되며, 쟁기가 등장하기 전까지 사용되었다. 쇠삽이 출토된 유적은 포항 옥성리, 김해 양동리, 울산 하대유적 등이며, 대개 2~3세기대의 시기에 해당된다. 쇠낫鐵鎌은 대구 팔달동, 김해 양동리, 포항 옥성리, 울산 하대유적에서, 쇠끌鐵鑿은 대구 팔달동유적에서 출토되었다.

이 외의 농구류는 쇠스랑과 따비가 사용되었다. 쇠스랑은 오늘날 사용하는 농기구와 같으며, 울산 하대, 김해 양동리유적에서 출토되었다. 따비는 울산 하대, 김해 양동리, 포항 옥성리유적에서 출토예가 있다. 특히 울산 하대유적에서는 쇠삽과 따비, 쇠스랑이 공반 출토되어 당시에 무기는 물론이고 농구류도 철기화가 상당히 진척되었음을 알 수 있다.

(3) 마구류

재갈은 말을 제어하는 도구이며, 기원 전후에 제작되기 시작한다. 청동제의 재갈은 경주 탑리, 대구 평리동유적에 출토예가 있으며, 철제품은 평양 상리, 대구 평리동, 창원 다호리, 경주 사라리유적에서 출토되었다. 이 시기의 재갈은 S자형이 주류를 이루고 있다. 경주 황성동, 울산 하대, 김해 양동리유적의 2세기대 목곽묘에서는 주로 고사리 문양이 장식되어 있는 재갈이 출토된다. 4세기대에는 의기적인 성격보다는 실용적인 재갈이 등장하고 있어 당시의 정세를 엿볼 수 있다.

(4) 용기

쇠솥鐵鍑은 북방 초원지대의 스키타이계 유목민문화에 기원이 있다. 쇠솥은 부여지역의 길림시에 위치한 유적으로 서차구西岔溝,

모아산고분帽兒山古墳 등지에서 출토되고 있다. 한반도에서의 출토품은 북한의 평양 정백동, 만경대, 석암리, 태성리유적 등이 있으며, 남한 지역에서는 경주 사라리, 김해 양동리고분이 있다. 경주 사라리 130호분에서 출토된 쇠솥은 묘광의 모서리와 목관 사이에서 출토되어 제례와 관련된 용기로 추정되고 있다.(사진156) 김해 양동리유적의 162호 대형목곽묘에서도 쇠솥은 한경, 방제경, 철검, 옥종류와 공반 출토되어 당시 낙동강 하류의 변한의 대외관계를 파악할 수 있다.

▲ 경주 사라리 쇠솥(사진156)

6) 청동기

진한 · 변한지역의 청동기는 기원전 2세기말 이후 변화를 보이고 있으며, 특히 서북한지역의 검자루끝장식劍把頭飾, 칼집劍鞘장식, 청동검, 청동투겁창의 영향을 받기도 한다. 한경을 모방한 방제경이 제작되며, 낙랑의 영향을 받은 동제 재갈이나 삿갓모양동기, 수레 부속구 등도 보이고 있다. 그러나 동물모양 띠고리帶鉤, 유구동기有鉤銅器 등은 진한 · 변한지역 고유의 청동유물이다.

청동검銅劍은 대구 팔달동, 경산 임당, 경주 사라리 130호분, 김해 양동리 427호분, 대구 평리동, 마산 가포동유적에서 출토되었다. 특히 김해 양동리 427호 목관묘 출토의 청동검은 변형한 세형동검으로 낙동강 하류역에서 독특하게 보이는 것이다. 시기는 2세기 전반대에 제작된 것으로 추정된다. 이와 더불어 촉각식동검觸角式銅劍은 대구 비산동, 경산 임당유적과 일본 대마도에서 출토되고 있는데, 이 청동검은 길림시 송화강유역의 서차구西岔構 유적에서와 같이 부여지역에서 출토되는 특징적인 유물이다.(사진157) 이 외에도 청동꺽창銅戈은 마산 가포동유적에서, 청동투겁창銅矛은 대구 팔달동, 마산 가포동유적에서, 청동도끼銅斧는 경산 임당, 대구 서변동유적 등에서 각각 출토되었다.

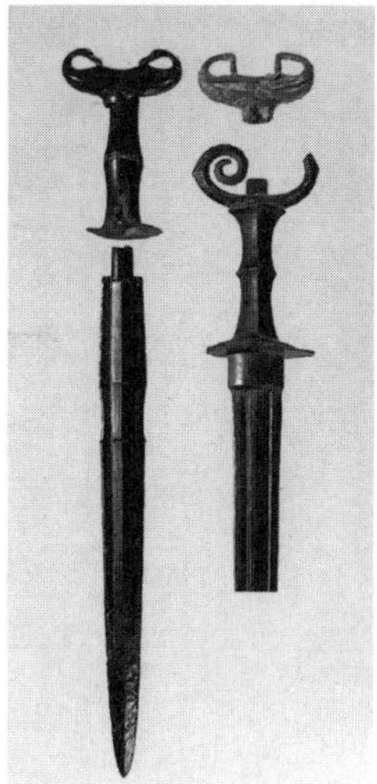

▲ 촉각식동검(사진157)

한경漢鏡은 북한지역 낙랑고분에서 많이 발견되고 있으며, 낙랑의 영향을 받아 남한지역의 유적에서도 발견된다.(사진158) 전한경前漢鏡은 창원 다호리유적에서 출토된 성운문경星雲文鏡, 경주 조양동유적에서 출토된 가상부귀경家常富貴鏡, 일광경日光鏡, 소명경昭明鏡, 사유경四乳鏡 등이 있다. 특히 경주 조양동유적의 38호 목관묘에서는 우각형파수부호, 주머니호, 철기와 더불어 한경이 출토되었으며, 시기는 1세기 사로국 단계에 해당하는 것으로 보인다. 후한경後漢鏡은 김해 양동리고분에서 출토된 방격규구사신경方格規矩四神鏡이 있으며, 김해 내덕리, 영천 어은동, 고성 동외동, 제주 건입동유적에서도 출토된 바 있다. 특히 영천 어은동유적의 한경은 1세기경에 제작된 것으로 추정되며, 공반된 마형띠고리, 호형띠고리, 청동마, 마구류, 청동단추銅泡 등의 청동유물은 북방문화의 요소를 엿보게 한다.

▲ 김해 양동리 한경, 방제경(사진158)

한경을 모방한 방제경倣製鏡은 경주 사라리, 김해 양동리, 영천 어은동, 하남 미사리, 영광 수동, 제주 산지항유적 등 많은 유적에서 출토되고 있다. 영천 어은동이나 김해 양동리 162호분에서와 같이 한경과 공반 출토되기도 한다. 2세기대로 추정되는 김해 양동리 427호

목관묘에서는 3점의 방제경이 출토되었으며, 이 방제경은 청동검과 옥을 공반하고 있어 수장급의 고분으로 판단된다. 방제경은 일본으로도 건너가 성행하였으며, 역으로 일본에서 제작된 방제경이 다시 한반도로 유입되기도 한다.

▲ 울산 하대 청동세발솥(사진159)

청동세발솥銅鼎은 중국 상주商周시대 이래 의기로 사용되었으며, 신분이나 정치적인 권위를 상징하기도 한다. 한반도에서는 평양 정백동, 김해 양동리, 울산 하대유적에서 출토되었다.(사진159) 이들 청동세발솥은 중국에서 기원전후에 제작된 것으로 추정되고 있으며, 정치적 권위를 상징하는 위신재로 수입되었다. 청동세발솥의 제작시기와 200여년의 부장된 시기차이가 있는 것으로 보아 전세품의 가능성이 있다. 김해 양동리고분 출토의 청동세발솥은 견부에 예서체로 쓰여진 명문이 있으며, 울산 하대유적의 청동세발솥은 전한前漢 말기의 양식을 보이고 있다.

청동솥銅鍑은 중국의 북방민족이 주로 사용하는 취사용구이다. 김해 대성동 29호분, 47호분, 김해 양동리 235호분, 경주 입실리유적 등에서 보이고 있다. 부여의 노하심老河深유적에서 발견된 것과 맥을 같이 하고 있다.

이 외에도 청동팔찌銅環는 경주 사라리유적, 청동종방울銅鐸은 대구 평리동유적의 출토예가 있다. 대구 평리동유적의 청동종방울은 청동검, 청동거울 등과 함께 출토되었으며, 상부에 반원형의 고리와 내부에 소리를 낼 수 있도록 방울이 부착되어 있다.

7) 장신구

장신구의 재료는 유리, 수정, 마노, 천하석, 호박 등 다양하며, 대략 목관묘에서는 유리옥, 굽은옥이 보이며, 목곽묘에서는 수정옥水晶玉, 유리옥琉璃玉, 다면옥多面玉, 굽은옥曲玉, 둥근옥丸玉 등이 출토되는 양상을 보인다. 옥은 경주 사라리 130호분, 김해 양동리 427호분에서 많이 출토되었다. 특히 김해 양동리고분의 427호 목관묘에서는 1셋트의 둥근옥이 방제경, 청동검과 공반 출토되었으며, 162호 대형목곽묘에서는 다면옥, 둥근옥 등이 한경, 방제경, 철검, 쇠솥, 판상철부와 함께 출토되었다. 수장급 고분으로 평가되는 이곳에서 출토된 한경과 쇠솥은 변한의 대외관계를 알 수 있는 유물이며, 시기는 2세기 후반으로 추정된다. 창원 다호리유적 70여기의 고분 중에 3기에서만 옥이 출토되어 옥은 신분이 높은 피장자에게만 귀중하게 사용된 것으로 보인다. 수정제 다면옥은 호남지역의 고창 만동, 영광 수동, 해남 군곡리패총에서도 출토되지만, 경주 조양동, 대구 팔달동, 경산 임당동, 포항 옥성리, 울산 하대, 김해 양동리고분 등 주로 영남지역에서 출토예가 많으며, 대형 목곽묘에서 출토되고 있다. 수정 및 마노제 다면옥은 목곽묘와 함께 유행하고 있으며, 특히 낙랑이나 중국의 다면옥과 유사한 형태를 보이고 있다.(사진160)

▲ 포항 옥성리 목걸이(사진160)

띠고리帶鉤는 허리띠의 양 끝을 걸어 고정시키는 금속구이다. 청동제가 많지만 철이나 금, 은, 옥으로도 제작된다. 형태는 마형馬形, 호형虎形, 곡봉형曲棒形, 비파형琵琶形 등이 있으며, 청동기시대 후기부터 원삼국시대 전시기에 걸쳐 출토된다. 마형, 호형의 동물형띠고리는 아산 갈매리, 평택 마무리, 연기 응암리, 천안 청당동, 청원 송대리, 청주 봉명동, 청주 산남동, 충주 금릉동 유적에서 발견되고 있으며, 영남지역의 영천 어은동, 대구 비산동, 경주 사라리, 김해 대성동고분 등에서도 출토 되었다.(사진161)

▲ 경주 사라리 호형띠고리(사진161)

6. 삼한의 생업

1) 농경

문헌에 의하면 삼한 사람들은 쌀, 보리, 조, 콩, 기장의 오곡을 재배했다고 전하고 있다. 당시에 각종 철제 농기구가 보급되고, 논과 밭농사가 시행되면서 농경의 비중이 현저히 증가하였다. 이러한 삼한의 농업생산력은 철제 농기구의 등장으로 인하여 발전되었다. 삼한의 철제 농기구는 기원전 1세기경에 이미 판상철부板狀鐵斧, 쇠괭이鐵鍬, 쇠낫鐵鎌, 따비가 사용되었으며, 2세기 후반경에는 U자형 따비, 쇠스랑이 출현하였다. 3세기에는 철제 농기구가 기능에 따라 다양화되며, 목제 농기구가 철제로 대체된다. 이후에 4세기대에 살포와 쇠호미鐵鋤, 6세기에 쟁기가 사용되면서 우경牛耕이 전국에 보급되었다.

농경에 있어서 평야가 많은 마한지역에 농업과 양잠이 주류를 이루고 있으며, 벼농사가 활성화되면서 수리시설도 축조되었다. 특히 광주 신창동유적에서는 흑갈색 유기물 부식토층에서 155cm에 이르는 압착된 벼껍질층이 확인되었으며, 또한 이 유적의 밭 유구에서는 다량으로 벼의 프랜트오팔(plant-opal)이 확인됨에 따라 밭에서도 벼陸稻재배가 이루어진 것으로 보인다. 논과 밭의 유적으로는 천안 장산리, 연기 대평리, 서천 송내리유적이 있다. 천안 장산리유적 주거지에 인접한 골짜기의 저지대에서는 논 유적과 수로, 보, 집수시설이 조사되었으며, 연기 대평리유적에서는 주거지의 배후습지에서 논과 수로, 강쪽에서는 밭 유구가 조사되었다. 서천 송내리유적에서는 주변에 소규모의 텃밭이 확인되었으며, 주거지에서도 탄화된 곡물이 다양하게 확인되었다.

농경의 흔적은 목제 농경구 출토에서도 짐작할 수 있다. 광주 신창동, 무안 양장리유적에서는 목제괭이, 괭이자루, 목제삽, 따비, 나무쇠스랑, 고무래, 자귀자루, 낫자루, 절구공이 등 다양한 목제 농기구가 출토되었고, 강릉 강문동 저습지유적에서는 절구, 떡매, 괭이, 목제 용기류, 공구류와 더불어 망태기, 새끼줄 등의 유기물질도 출토되었다.

2) 음식과 조리

원삼국시대에는 곡물의 증가와 함께 새로운 식량의 요리가 이루어졌고, 이에 더하여 부뚜막이 출현하면서 취사도구도 개량되었다. 마한의 주거지에는 벽가에 부뚜막이 있으며, 부뚜막 아래에는 점토로 만든 아궁이 틀을 제작하였다. 연기를 배출하기 위해서는 토기로 만든 연통이 사용되었다. 부뚜막 주변에서는 취사용기로 사용된 시루, 장란형토기, 발형토기가 출토되고 있으며, 토기를 엎어서 솥받침으로 사용하기도 한다.

유적에서 출토된 곡물류를 보면, 광주 신창동유적에서 다량의 벼껍질, 탄화미, 보리, 밀, 조 등과 함께 오이, 들깨, 박씨 등의 밭작물도 출토되었다. 전주 송천동유적 주거지에서는 탄화미와 콩류가 화덕자리를 중심으로 다량으로 검출되었다. 탄화미는 국내 벼 품종에 근접한 자포니카, 콩은 야생콩으로 판명되었다. 사천 늑도와 양산 평산리유적에서 탄화미, 보리, 밀, 콩, 밤 등이 출토되어 삼한시대 식생활의 양상을 엿볼 수 있다. 부여 논치제사유적에서는 쌀, 보리, 팥, 조 등 많은 양의 곡식과 토기가 출토되어 농경신에 대한 제사가 이루어졌음을 알 수 있다. 이 외에도 완주 용흥리유적에서는 탄화미, 밀, 팥, 조, 불에 탄 복숭아씨, 단양 애곡리유적에서 밀, 팥, 단양 수양개유적에서 밀, 녹두, 팥, 보리, 콩, 양양 가평리유적에서 보리, 콩, 춘천 율문리유적 주거지에서는 콩, 팥, 새팥이 수습되기도 하였다.

조리기로는 시루甑, 옹형토기甕形土器가 주로 사용되었다. 부뚜막의 등장으로 인하여 시루가 사용되기 시작하였으며, 비로소 찜을 하여 음식을 먹을 수 있게 되었다. 시루는 기원전 1세기부터 사용되기 시작하며, 기원후 3세기에 이르면 지역마다 다양한 형태로 변화를 보이고 있다. 시루는 많은 유적에서 일반적으로 출토되고 있으며, 호나 옹과 셋트를 이루고 있다.(사진162) 물을 담아 수증기를 내는 토기는 부뚜막에 걸치고, 그 위에 시루를 얹어서 사용하는 방식이기 때문이다. 식기로는 발형토기鉢形土器, 두형토기豆形土器가 사용되었으며, 목기로는 사각용기, 오절판, 주걱, 국자 등이 출토되었다.

▲ 강릉 안인리 시루(사진162)

조리의 흔적은 토기에 음식물이 묻어 있는 경우, 토기에 담겨진 경우가 있다. 토기의 내면에 그을음의 흔적이 남거나 넘쳤을 경우에는 토기 외벽에 음식물의 흔적이 남는다. 토기의 내부에

▲ 양양 가평리 주거지 곡물출토(사진163)

남아 있는 경우는 강릉 안인리 주거지 출토의 호형토기에서 조의 낱알이 덩어리로 발견되었으며, 양양 가평리 주거지의 화덕자리 옆에서는 탄화된 보리, 콩 등이 담긴 토기가 발견되기도 하였다.(사진163)

저장용기는 호형토기壺形土器, 파수부옹把手附甕 등이 있으며, 강릉 교항리, 양양 가평리, 양산 평산리, 경주 황성동유적에서는 불에 탄 곡물이 출토되기도 하였다.

7. 삼한의 신앙과 예술

1) 신앙

▲ 새모양토기(사진164)

삼한에서는 농경을 위주로 한 농경제사가 이루어졌으며, 또한 새를 숭배하여 여러 새를 만들어 공헌물로 사용하였다. 문헌에 나오는 소도蘇塗에서 새의 신앙과 관련된 솟대의 유래를 짐작해 볼 수 있다. 또한『三國志』魏書 東夷傳 변진조에는「큰 새의 깃털을 사용하여 장사를 지내는데, 그것은 죽은 사람이 새처럼 날아다니라는 의미이다」라는 기사는 고고학적인 측면에서도 이를 입증할 수 있는 유물이 많이 출토되고 있다. 이와 관련한 새모양토기鳥形土器는 삼한의 많은 유적에서 출토되고 있다. 새모양토기는 3세기 중반부터 제작되고 장례와 관련한 의식에 사용되었다. 마한지역에서는 아산 명암리, 서천 오석리, 익산 간촌리, 전주 송천동, 고창 예지리, 영광 군동, 영광 수동유적에서 새모양토기가 출토되고 있다.(사진164) 전주 송천동유적에서는 드물게 주거지 내에서 새모양토기가 출토되기도 하였다. 진한 · 변한지역에서는 울산 하대, 울산 중산리, 경산 임당동, 경주 사라리, 부산 복천동, 김해 대성동고분 등에서 출토되고 있다. 새모양토기는 장례와 관련한 의식에 사용되었으며, 영혼의 승천을 돕고자 하는 뜻에서 피장자와 동시에 안치된 것으로 보여진다. 이러한 유물은 제사장이나 수장급의 중요 인물이 소지하여 제사를 집행할 때 쓰였을 것이며, 또한 사후에는 피장자와 함께 매장했던 것으로 추정된다. 부장유물 이외에도 농경 의례에 필요한 제기 등에도 사용되었다. 국가라는 권력체계가 생기면서 새모양토기는 재질이나 형태가 다양화되면서 금속류에도 사용되기 시작하며, 수장급 권력의 상징물에 투영된 것으로 보인다. 조문청동기鳥文靑銅器는 영광 수동, 고성 동외동, 사천 늑도, 김해 봉황동유적에서 출토되었다.

점뼈卜骨의 풍습은 동북아시아 지역에 폭 넓게 보이고 있으며, 철기문화와 함께 확산되었다. 점뼈는 멧돼지나 사슴의 견갑골肩甲骨에 불로 달군 도구로 지져서 균열이 생긴 흔적을 가지고 한해의 길흉화복을 점치는 도구이다. 멧돼지나 사슴의 견갑골을 이용하는데, 넓고 얇아서 점을 치기에 용이하다. 점뼈는 문자의 유무에 따라 유자복골有字卜骨과 무자복골無字卜骨로 분류되며, 이 중에 중국 동북지역, 한반도, 일본에서는 무자복골이 출토되고 있다. 대개는 견갑골을 이용하고 있지만 군산 남전패총에서와 같이 늑골肋骨이나 관골寬骨을 이용하는 경우도 있다. 점뼈는 광주 신창동유적을 제외하고는 군산 남전, 해남 군곡리, 보성 금평, 사천 늑도, 김해 부원동

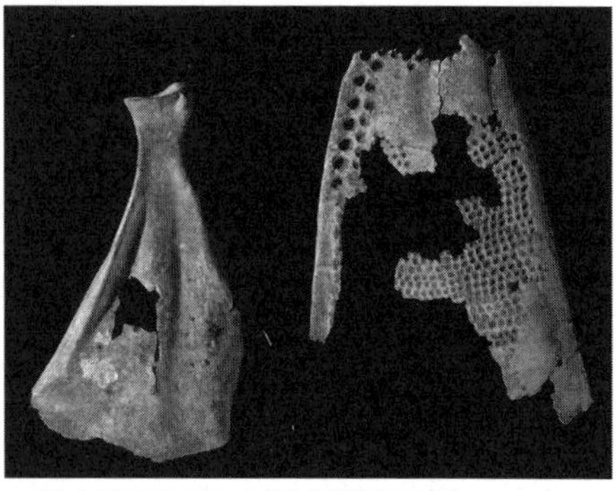
▲ 해남 군곡리, 군산 남전 점뼈(사진165)

패총 등 주로 해안지역의 패총에서 출토예가 많다. 당시의 해로와 관련이 있으며, 항해의 안전이나 무사기원을 점치는 의례 등에 사용한 것으로 보인다.(사진165)

순장殉葬의 풍습은 『三國志』 魏書 東夷傳 부여조에 「사람을 죽여서 순장을 하는데 많을 때는 백명 가량이나 된다」는 기록이 있듯이, 한반도에서도 3~5세기대 정도까지 행해지고 있었음이 조사되고 있다. 순장은 선사와 고대사회에 이미 중국의 은殷, 주周, 진秦에 걸쳐 성행한 것으로 알려져 있으며, 순장의 의미는 무덤에서도 현세와 같은 생활을 영위하려 하는 계세사상에 바탕을 두고 있다. 원삼국시대 말기에서 삼국시대에 걸쳐 축조된 경산 임당동, 경산 조영동, 김해 대성동고분 등지에서 순장고분이 조사되었으며, 삼국시대 초반의 경주 황남대총, 양상 부부총, 부산 복천동고분, 합천 옥전고분, 고령 지산동고분 등지에서도 조사된 바 있다. 그러나 이러한 순장은 지증왕 3년(502년)에 법률로 금하는 명을 내림으로서 수백년간 지속되어 온 순장제도가 소멸한다. 그 배경으로는 역시 농업을 국가 경제의 기반으로 삼겠다는 강력한 의지, 즉 우경의 시작과 함께 농경에 참여해야 할 인력의 확보가 큰 관건이었고, 순장이라는 비인도적인 풍습으로 인하여 노동력을 낭비하는 폐습을 막는다는데 의미가 있었을 것이다.

소형토기는 10cm 전후의 작은 토기이며, 일상 생활용기로 사용하기 어려운 모형토기이다. 주로 발형토기鉢形土器, 뚜껑蓋杯, 고배高杯 등이 있으며, 용도는 제사용, 공헌품으로 사용되기도 한다. 출토유적은 아산 갈매리, 군산 남전, 남원 세전리, 순천 월평, 해남 군곡리, 사천 늑도패총 등이 있다. 점뼈와 마찬가지로 주로 해안가 구릉의 패총이나 주거지에서 발견되기도 하며, 항해의 안녕을 기원하는 의례나 생업의례와 관련된 것으로 추정하고 있다. 이 외에도 일상용기로 사용할 수 없는 이형토기異形土器나 유공원통형토기有孔圓筒形土器 등이 출토되는데, 제사와 밀접한 관련이 있는 토기이다.

제사유적으로는 부여 논치유적이 있다. 해발 76m 정도의 산정상부에 형성되어 있으며, 제사와 관련된 수혈유구 15기와 구상유구 등이 발견되었다. 수혈유구에는 의도적으로 훼손한 철기나 토기가 발견되었으며, 내부에서는 숯, 곡물, 자갈 등이 보이고 있다. 출토된 유물은 대호, 원저단경호, 장란형토기, 양이부호, 주구토기, 발형토기, 뚜껑, 시루 등의 토기류와 쇠손칼, 쇠도끼, 쇠낫, 덩이쇠, 쇠화살촉, 주조괭이 등의 철기류, 청동검, 청동팔찌, 다량의 석기, 석제품, 쌀, 보리, 팥, 조 등의 탄화곡물이 출토되었다. 이 제사유적은 『三國志』 魏書 東夷傳에 보이는 농경의례와 관련된 것으로 보인다. 이 외에도 제주 건입동 산지항과 여수 거문도유적에서는 한漢의 동전이 일괄 출토되었으며, 의례와 관련된 퇴장退藏유적으로 확인되었다. 특히 제주 신지항유적의 절벽 동굴에서는 오수전五銖錢 4매, 화천貨泉 11매, 대천오십大泉五十 2매, 화포貨布 1매 등 18매의 화폐와 청동거울 2점, 청동검 부속기 1점이 공반 출토되었다.

2) 예술

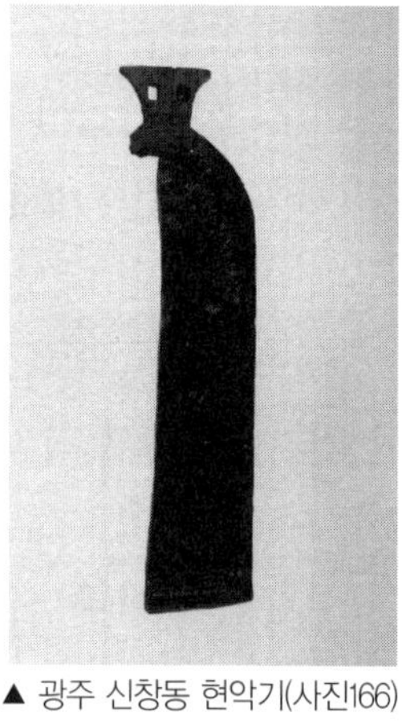
▲ 광주 신창동 현악기(사진166)

삼한의 악기와 관련하여 『三國志』 魏書 東夷傳에는 비琵라는 현악기가 있었다고 전하고 있는데, 실물이 광주 신창동유적과 경산 임당동고분에서 출토되었다. 광주 신창동유적 저습지에서 출토된 현악기는 한반도에서 실물로 출토된 가장 오래된 것으로 주목을 받고 있다.(사진166) 벚나무로 제작된 현악기는 절반만 남아 있는 상태로 출토되었으며, 내부가 파인 상태로 현을 걸기 위한 작은 구멍이 남아 있다. 윗부분에 현을 거는 구멍이 있고, 아래에는 역삼각형의 돌출부를 만들고 두 개의 구멍을 뚫어 현을 고정하게 되어 있다. 현재 남아 있는 구멍은 6개이며, 복원 추정결과 10줄의 악기로 판명되었다. 마찰면의 사용흔이 있는 것으로 보아 실제로 제례 등에 사용하였던 것으로 추정된다. 출토된 층위에서 보면 시기는 기원전 1세기경으로 추정된다. 경산 임당동 121호분에서도 현악기가 출토되었으며, 칠을 한 흔적이 남아 있다. 형태와 크기는 광주 신창동유적의 현악기와 동일하다.

그간 악기는 삼국시대의 토기나 토우에 연주하는 모습으로 남아 있어 그 형태를 짐작할 수 있었으나 실물이 출토됨으로서 그 중요성을 더하고 있다. 아직까지 중국이나 일본에서는 실물이 출토된 예가 없어서 삼한에서 독자적으로 제작하였을 가능성도 제기되고 있다. 『三國史記』에 가야의 가실왕 때 가야금이 제작되고, 진흥왕 때 신라에 전해진 것으로 기록되어 있는데, 이미 그보다 500여년 이상 앞선 시기에 현악기가 사용되었음을 알 수 있다.

8. 외래문물의 교류

1) 한과의 교류

한반도에서 고고학적인 조사가 진전됨에 따라 중국과 일본지역의 유구, 유물의 비교가 활발해졌고, 이와 맞물리어 원삼국시대에 포함되는 낙랑과 대방, 삼한과 왜를 잇는 교류의 연구가 진행되고 있다. 한사군 설치 이후, 평양을 중심으로 한 낙랑지역에서 한식문물이 적극적으로 유입되었으며, 삼한사회 전반에 걸쳐 그 영향력은 확대되어 갔다. 기원전 1세기~기원후 1세기 중반까지는 낙랑계토기, 철경동촉鐵莖銅鏃, 전한경前漢鏡, 점뼈卜骨, 화폐 등이 유입되어 낙랑과의 교류가 시작되며, 철기제작의 기술이 들어와 각종 무기류와 농·공구류가 제작된다. 기원후 1세기 후반~2세기 중반까지는 낙랑에서 후한경後漢鏡과 함께 유리제 대롱옥이 유입되고, 방제경倣製鏡이 제작되기 시작한다. 일본 야요이토기弥生土器 등 왜계문물이 보이면서 지역 정치체의 집단이 성장하게 된다.

중국 동북지방과 외래문물의 양상을 파악할 수 있는 토기는 낙랑계 토기이다. 서북한지역에서는 기원전 1세기 전반까지 화분형토기가 출토되며, 기원 전후에는 중국 회도灰陶의 기법이 가미되어 회백색 단경호短頸壺, 백색 옹형토기甕形土器가 출토된다. 2세기 중엽에 이르면, 한식 낙랑토기의 영향이 강하게 나타난다. 유적으로는 연천 학곡리, 가평 대성리, 가평 달전리, 강릉 안인리, 춘천 율문리, 동해 망상동, 광주 신창동, 순천 대곡리, 순천 낙수리, 진도 오산리, 해남 군곡리, 사천 늑도패총에서 출토되었다.(사진167) 해남 군곡리패총에서 출토된 원저단경호는 동일 층위에서 화천과 함께 발견된 것으로 보아, 기원후 1세기 중엽에 유입된 것으로 보인다. 가평 대성리, 광주 신창동유적에서는 낙랑계토기와 일본 야요이토기弥生土器가 공반 출토되고 있으며, 이러한 현상은 사천 늑도패총에서도 보이고 있다. 연천 학곡리 적석분구묘에서는 낙랑계토기, 청동방울, 청동팔찌, 금박유리 등 낙랑과의 교류를 엿볼 수 있는 유물이 출토되었다. 가평 대성리유적에서도 낙랑계통의 철경동촉, 화분형토기와 일본 야요이토기가 동시에 출토되어 주목을 끌고 있다. 낙랑지역에서 한강 유역 중서부, 서남해안, 남해안, 일본으로 이어지는 당시 문물교류의 흔적을 확인할 수 있으며, 시기는 기원 전후에서 기원후 2세기대로 추정된다.

▲ 가평 달전리 낙랑계토기(사진167)

철기와 관련된 것은 많으나 철경동촉鐵莖銅鏃과 쇠솥鐵鍑을 들 수 있다. 철경동촉은 형태에 있어서 대부분 양익형兩翼形이나 삼릉형三稜形이며, 쇠화살촉이 보편화되기 전에 진과 한에서 사용되었다. 낙랑지역에서는 삼릉형이 주로 출토되고 있으며, 평양 정백동, 낙랑토성 등의 유적에서 많이 출토되었다. 남한지역에서는 철원 오수리, 시흥 오이도, 포천 금주리, 양평 양수리, 가평 대성리, 광주 신창동, 제주 삼양동, 사천 늑도, 경주 구정동유적 등에서 출토되고 있다. 철경동촉은 주로 생활유적에서 출토되고 있으며, 낙랑 설치 이전부터 남부지방에 유입된 것으로 보인다. 쇠솥鐵鍑은 북방 초원지대의 스키타이계 유목민문화에 기원이 있으며, 한반도에서의 출토품은 평양 정백동, 평양 석암리, 남포 태성리, 경주 사라리, 김해 양동리고분 등이 있다. 특히 김해 양동리 고분의 162호 대형목곽묘에서는 쇠솥과 함께 한경, 방제경, 철검, 옥류와 공반 출토되어 당시 낙동강 하류의 변한의 대외관계를 파악할 수 있다.

청동기와 관련하여서는 촉각식동검觸角式銅劍, 청동거울銅鏡, 청동 세발솥銅鼎, 청동솥銅鍑을 들 수 있다. 촉각식동검은 대구 비산동, 경산 임당유적과 일본 대마도에서 출토되고 있는데, 이 청동검은 길림시 송화강유역의 서차구西岔溝유적에서와 같이 부여지역에서 출토되는 특징적인 유물이다. 또한 근래에 가평 달전리유적의 낙랑계 고분에서는 낙랑계의 토기와 함께 촉각식철검觸角式鐵劍이 출토되어 주목을 끌었다. 청동거울은 한경漢鏡과 방제경倣製鏡으로 구분된다. 북한지역의 낙랑고분에서 많이 발견되지만, 낙랑의 영향을 받아 남한지역의 유적에서도 발견되고 있다. 한경은 크게 전한경前漢鏡과 후한경後漢鏡으로 구분한다. 전한경은 익산 평장리의 반리문경蟠螭文鏡, 창원 다호리의 성운문경星雲文鏡, 경주 조양동의 가상부귀경家常富貴鏡, 일광경日光鏡, 소명경昭明鏡, 사유경四乳鏡 등이 있다.(사진168) 후한경은 익산 연동리의 반룡경 盤龍鏡, 고흥 안동의 연호문경連弧文鏡, 김해 양동리의 방격규구사신경方格規矩四神鏡이 있으며, 영천 어은동, 고성 동외동, 제주 건입동유적에서도 출토된 바 있다. 방제경은 경주 사라리, 김해 양동리, 영천 어은동, 하남 미사리, 영광 수동, 제주 산지항유적 등 많은 유적에서 출토되고 있다. 방제경은 일본으로도 건너가 성행하였으며, 역으로 일본에서 제작된 방제경이 다시 한반도로 유입되기도 한다.

▲ 김해 양동리고분 사유경(사진168)

청동세발솥銅鼎은 중국 상주商周시대 이래 의기로 사용되었으며, 신분이나 정치적인 권위를 상징하기도 한다. 한반도에서는 평양 정백동, 김해 양동리, 울산 하대유적에서 출토되었다.(사진169) 이들 청동세발솥은 중국에서 기원 전후에 제작된 것으로 추정되고 있으며, 정치적 권위를 상징하는 위신재로 수입되었다. 청동솥銅鍑은 중국의 북방민족이 주로 사용하는 취사용구이다. 김해 대성동 29호분, 47호분, 김해 양동리 235호분, 경주 입실리유적 등에서 보이고 있다. 부여의 노하심老河深유적에서 발견된 것과 맥을 같이 하고 있다.

▲ 김해 양동리 청동세발솥(사진169)

삼한지역에서 발견되는 중국 화폐는 오수전五銖錢, 반량전半兩錢, 화천貨泉, 대천오십大泉五十, 화포貨布 등이 있으며, 모두 한대漢代에 주조된 것들이다. 화폐가 출토된 유적은 17개소에 이르며, 주로 해안, 강변에서 출토되고 있다. 중국 왕망의 신나라 때의 화폐인 화천, 오수전이 서울 풍납토성, 강릉 초당동, 해남 군곡리, 나주 랑동, 여천 거문도, 사천 늑도, 창원 성산, 창원 다호리, 김해 회현리, 경산 임당, 영천 용전리, 제주 금성리, 제주 종달리, 제주 산지항 등의 유적에서 출토되었다. 오수전은 한반도에서 출토된 화폐 중에 수량이 가장 많으며, 여수 거문도유적에서는 980점의 많은 양이 출토되기도 하였다. 또한 제주 신지항유적의 절벽 동굴에서는 오수전 4점, 화천 11점, 대천오십 2점, 화포 1점 등 18점의 화폐가 출토된 바 있다.(사진170, 171) 수량은 적지만 완주 상운리, 사천 늑도패총에서는 반량전이 출토되기도 하였다. 특히 사천 늑도패총에서는 반량전과 함께 낙랑계토기, 점뼈가 출토되었으며, 일본의 야요이토기도

▲ 사천 늑도 반량전(사진170)

공반되어 당시에 국제무역항이었음을 실감할 수 있다. 이러한 화폐는 서남해안을 연결하는 해로 교통의 요지에 있는 유적에서 발견되는 특징을 보이고 있다. 한대의 화폐는 재화교환의 수단보다는 정치적 상징성이 강한 위세품으로 사용되었을 가능성이 높다. 기원 전후의 시기부터 해로를 통한 중국, 낙랑이나 왜와의 활발한 교류가 지속 되었음을 의미한다.

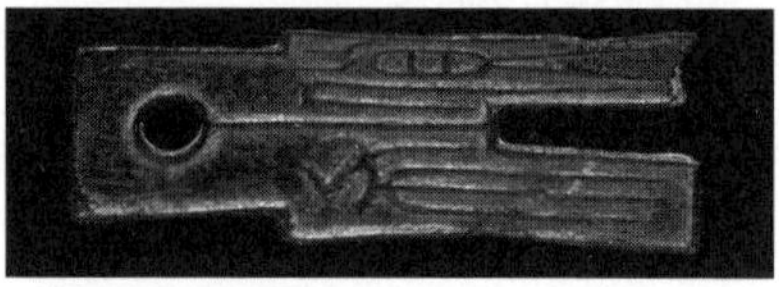

▲ 제주 신지항 화포(사진171)

장신구 중에 띠고리帶鉤는 청동제가 많지만 철이나 금, 은, 옥으로도 제작이 된다. 형태는 마형馬形, 호형虎形, 곡봉형曲棒形, 비파형琵琶形 등이 있다. 한에서 수입된 띠고리는 평양의 왕광묘(정백리 127호분), 평양 채협총(남정리 116호분), 평양 석암리 등의 낙랑유적에서 출토되었으며, 평양 상리, 위원 용연동유적에서도 출토되었다. 또한 북방문화와 관련있는 동물형띠고리는 삼한 전 지역에서 고루 출토되고 있다. 청원 송대리의 토광묘유적에서는 청동제와 철제의 마형띠고리가 공반 출토되었으며, 철제의 마형띠고리는 드문 예이다. 특히 곡봉형띠고리는 중국 전국시대에서 한나라에 걸쳐 유행하였으며, 낙랑지역에서는 평양 석암리고분, 남한지역에서는 천안 청당동과 창원 다호리 유적에서 출토되었다.(사진172)

▲ 곡봉형띠고리(사진172)

장신구의 옥류 중에서는 유리 종류가 문물교류의 흔적으로 파악되고 있다. 유리의 제작기술은 제철기술과 함께 한이나 낙랑과의 교류로 인하여 이루어진 것이다. 후에는 유리옥 등의 거푸집鎔范이 한반도 각 유적에서 출토되는 것으로 보아 자체적으로 생산이 이루어져 많이 사용된 것으로 보인다. 해남 군곡리패총에서 출토된 유리대롱옥은 전국계戰國系의 납바륨 유리로 밝혀졌다. 납바륨 유리의 제작은 고온의

열처리 능력을 갖춘 주조철기 생산 공인이 관여한 것으로 보고 있으며, 낙랑 설치 이전에 유입되었다. 금박유리옥은 제작방법과 색상조절에 있어서 고난도의 기술을 요한다. 한대漢代에 다양한 종류가 출토되며, 낙랑을 통해서 유입되었다. 금박유리옥은 평양 낙랑토성, 평양 정백동, 연천 학곡리, 천안 청당동, 천안 두정동, 서산 기지리, 고창 남산리, 영암 신연리유적 등에서 출토되었다. 이들은 주로 고분에서 출토되고 있으며, 낙랑지역을 제외하면 마한지역에 출토예가 많다. 낙랑과의 관련이 엿보이는 수정제 다면옥은 마한지역의 고창 만동, 영광 수동, 해남 군곡리패총에서도 출토되지만, 경주 조양동, 대구 팔달동, 경산 임당, 포항 옥성리, 울산 하대, 김해 양동리고분 등 주로 영남지역의 고분에서 출토예가 많으며, 2~3세기대의 대형목곽묘에 부장품으로 사용하였다.

이 외에도 청동종방울小銅鐸, 인장印章, 청동단추銅泡, 청동팔찌銅環, 주조철부鑄造鐵斧, 말이나 수레의 부속품인 거여구車輿具, 양산日傘 끝장식 등의 위세품이 발견되고 있으며, 이러한 유물은 한이나 북방지역과의 교류가 지속적으로 이루어졌음을 알 수 있는 유물이다. 한과의 가장 활발한 교류의 시기는 기원 전후이고, 2세기 중엽 이후에는 중국계의 유물이 줄어든 양상을 보이고 있다.

2) 왜와의 교류

왜와의 교류에 있어서 주도적인 역할을 한 것은 김해와 창원을 중심으로한 변한이었다. 변한은 기원전 1세기경부터 낙랑의 선진기술을 도입하여 철 생산과 유통체계를 구축하였으며, 왜를 연결하는 거점지로도 성장하였다. 왜와의 교류 흔적이 많이 보이는 곳이 변한지역이며, 마한지역에서도 토기의 교류가 있었던 것으로 보인다. 왜에서 들어오는 교역품은 실용성이 퇴색된 청동제 의기류가 많으며, 무기의 기능을 상실한 광형 청동투겁창廣形銅矛, 광형 청동꺽창廣形銅戈 등이 있다. 광형 청동투겁창은 김해 양동리, 고성 동외동유적에서 출토되었으며, 일본지역과는 출토양상에서 차이를 보이고 있다. 특히 김해 양동리고분에서는 왜계의 광형 청동투겁창을 비롯하여 한경漢鏡, 청동세발솥銅鼎, 쇠솥銅鍑 등이 출토되었으며, 목곽을 불태우는 장례 의식을 보여주는 유구는 당시 중국, 일본, 북방문화와의 교류가 활발하게 이루어졌음을 의미한다. 광형 청동투겁창 외에도 대구 만촌동, 대구 비산동유적에서 중광형 청동꺽창中廣形銅戈이 출토되었으며, 이는 일본 중광형 청동꺽창의 원류일 가능성이 제기되었다.(사진173)

왜계토기는 야요이토기弥生土器와 하지끼土師器가 출토되고 있다. 야요이 토기는 가평 대성리, 남원 세전리, 광주 신창동, 울산 달천, 사천 늑도패총 등에서 출토되었다.(사진174) 시기는 대개 1세기대의 야요이 중기의 토기가 많이 보인다. 가평 대성리유적에서는 철경동촉, 낙랑계통의 화분형토기와 함께 야요이토기가 동시에 출토되었으며, 광주 신창동과 사천 늑도패총에서도 야요이 토기와 낙랑계토기가 공반 출토되고 있어, 낙랑지역에서 한강유역 중서부, 서남해안, 남해안, 일본으로 이어지는 폭넓은 교류가 이루어졌음을 알 수 있다. 광주 신창동, 울산 달천유적에서 출토된 야요이토기는 큐슈 편년의 스구식토기須玖式土器에 해당하며, 남원 세전리의 세경호細頸壺는 시모오구마식

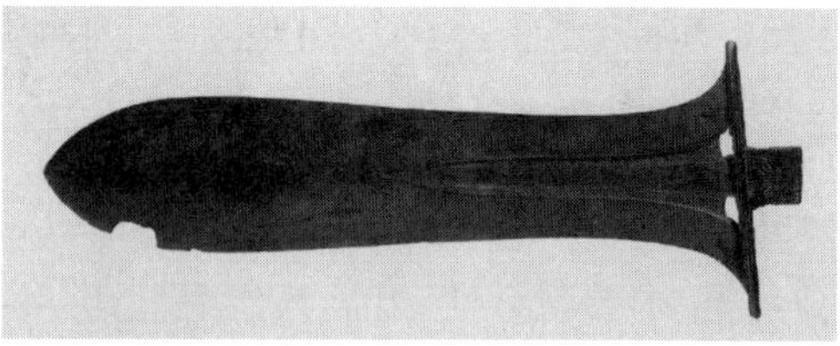
▲ 대구 만촌동 중광형 청동꺽창(사진173)

▲ 남원 세전리 야요이토기(사진174)

토기下大隈式土器에 해당한다. 울산 달천유적의 수혈유구에서는 다량의 철광석 덩어리와 함께 야요이토기가 여러점 출토되어, 『三國志』 魏書 東夷傳에 진한 · 변한 철산지와 교역에 관련된 기록을 고고학적으로 입증하고 있다. 야요이토기보다 후대에 속하는 하지끼土師器는 군산 남전, 고창 장두리, 함평 소명유적에서 출토되었다.

이 외에도 김해 지내동과 김해 회현리패총에서 야요이옹관弥生甕棺, 경산 임당동, 고성 동외동, 창원 삼동동유적에서는 방제경이 출토되기도 하였다. 장신구에 있어서 해남 군곡리패총에서 출토된 유리소옥은 일본 야요이시대 큐슈 후따쓰까야마二塚山유적이나 스구須玖유적에서 출토된 것과 관련이 있는 것으로 연구되고 있다. 또한 일본 큐슈의 니시진마치西新町유적에서는 마한계의 이중구연호二重口緣壺, 양이부호兩耳附壺가 출토되기도 하였으며, 큐슈지방에서는 마한의 특징적인 조족문鳥足文을 시문한 토기도 확인되고 있다.

■참고문헌

1. 고고학입문

국립광주박물관,『영산강의 고대문화-특별전』, 1998

김원용,『한국고고학개설』, 일지사, 1986

마틴존스,『고고학자, DNA 사냥을 떠나다』, 바다출판사, 2007

이상균,『신석기시대의 한일문화교류』, 학연문화사, 1998

이상균,『전북지역의 고고학』, 전주대학교 출판부, 2011

최성락,『고고학입문』, 학연문화사, 2005

최몽룡 편,『고고학연구 방법론』, 서울대학교 출판부, 1998

히라오 편저,『문화재를 연구하는 과학의 눈』, 학연문화사, 2001

高橋豊 外,「螢光X線分析에 의한 東三洞 · 凡方遺蹟 出土 黑曜石 産地推定」,『韓國新石器研究』6, 2003

工樂善通,『水田の考古學』, 東京大學 出版會, 1991

町田洋 外,『地層の知識-考古學シリーズ 8』, 東京美術, 1986

服部敬史,『發掘と整理の知識-考古學シリーズ 2』, 東京美術, 1985

時枝克安,成享美,「月溪里遺蹟 2號瓦窯의 殘留磁器測定」,『진안 용담댐 수몰지구내 발굴조사 Ⅳ』, 2001

鈴木公雄,『考古學入門』, 東京大學 出版會, 1988

荒木伸介,『水中考古學』, ニュウ · サイエンス社, 1985

横山浩一,「考古學とはどんな學問か」,『日本考古學を學ぶ(1)』, 有裴閣選書, 1978

2. 구석기시대

국립문화재연구소,『한국고고학저널』, 2005~2011

국사편찬위원회,『한국사 2 구석기문화와 신석기문화』, 1997

김성명 · 김상태,『구석기 · 신석기』, 국립중앙박물관 명품선집, 2008

연세대학교박물관,『한국의 구석기』, 연세대학교 출판부, 2003

이상균,『선사&역사고고학』, 전주대학교 출판부, 2012

장용준,『사람과 돌-특별전』, 국립대구박물관, 2005

조선대학교박물관,『빛나는 호남10만년-특별전』, 2009

주류성,『계간 한국고고학』17, 2011

충북대학교박물관,『선사유적 발굴도록』, 1998

최무장,『한국의 구석기문화』, 예문출판사, 1986

한국고고학회,『한국고고학 강의』, 사회평론, 2009

3. 신석기시대

국립김해박물관,『비봉리』, 2008
국립대구박물관,『사람과 돌, 특별전』, 2005
국립문화재연구소, 2004,『고성 문암리유적』, 2004
국립문화재연구소,『한국고고학저널』, 2005~2011
국립문화재연구소,『한국고고학전문사전-신석기시대』, 2012
국립중앙박물관,『한국의 선 · 원사토기-특별전』, 1993
동삼동패총전시관,『동삼동패총문화』, 2008
동아대학교박물관,『남강유역문화유적 발굴도록』, 1999
복천박물관,『선사 · 고대의 요리-특별전』, 2005
사회과학원 고고학연구소, ,『조선고고학개요』, 새날, 1977
서국태,『조선의 신석기시대』, 사회과학출판사, 1986
안승모,『동아시아 선사시대의 농경과 생업』, 학연문화사, 1998
이상균,『신석기시대의 한일문화교류』, 학연문화사, 1998
이상균,『한반도 신석기문화의 신동향』, 학연문화사, 2005
이상균,『한반도의 신석기문화』, 전주대학교 출판부, 2010
임효재,『한국의 신석기문화』, 집문당, 2000
하인수,『영남해안지역 신석기문화연구』, 부산대학교 박사논문, 2006
佐賀県立名護屋博物館,『縄文のシンフオニ, 特別展』, 1994

4. 청동기시대

국립문화재연구소,『한국고고학사전』, 2001
국립문화재연구소,『한국고고학전문사전-청동기시대편』, 2004
국립문화재연구소,『한국고고학저널』, 2005~2011
국립중앙박물관,『한국청동기문화-특별전』, 1992
국립중앙박물관,『한국의 선 · 원사토기-특별전』, 1993
국립중앙박물관,『한국고대국가의 형성-특별전』, 1998
김권구,『청동기시대 영남지역의 농경사회』, 학연문화사, 2005
동아대학교박물관,『남강유역 문화유적 발굴도록』, 1999
복천박물관,『선사 · 고대의 요리-특별전』, 2005
복천박물관,『고대 아시아 문물교류-특별전』, 2002
이건무,『청동기문화』, 대원사, 2000
이상균,『전북지역의 고고학』, 전주대학교 출판부, 2011

이영문,『한국 청동기시대 연구』, 주류성, 2002
이영문,『한국 지석묘사회 연구』, 학연문화사, 2002
조진선,『세형동검문화의 연구』, 학연문화사, 2005
한국고고학회,『한국고고학 강의』, 사회평론, 2009
한국고대사학회,『한국고대사연구의 새동향』, 서경문화사, 2007

5. 원삼국시대

국립광주박물관,『한국의 옹관묘-특별전』, 1992
국립김해박물관,『변진한의 여명-특별전』, 2003
국립문화재연구소,『한국고고학사전』, 2001
국립문화재연구소,『한국고고학전문사전-고분편』, 2009
국립문화재연구소,『한국고고학전문사전-성곽 · 봉수편』, 2011
국립문화재연구소,『한국고고학저널』, 2005~2011
국립중앙박물관,『한국의 선 · 원사토기-특별전』, 1993
국립중앙박물관,『한국고대국가의 형성-특별전』, 1998
국립전주박물관,『마한 숨쉬는 기록-특별전』, 2009
경성대학교박물관,『김해 대성동고분군 I』, 2000
김경칠,『호남지방의 원삼국시대 대외교류』, 학연문화사, 2009
동의대학교박물관,『김해 양동리 고분문화』, 2000
동아대학교박물관,『남강유역 문화유적 발굴도록』, 1999
복천박물관,『고대 아시아 문물교류-특별전』, 2002
복천박물관,『선사 · 고대의 요리-특별전』, 2005
서길수,『대륙에 남은 고구려-특별전』, 2003
신용민,『한대 목곽묘연구』, 학연문화사, 2000
이상균 외,『한국인의 죽음관』, 전주대학교 출판부, 1998
이재운 · 이상균,『백제의 음식과 주거문화』, 주류성, 2005
이전복,『중국내의 고구려유적』, 학연문화사, 1994
장경희,『평양 조선중앙역사박물관』, 예맥, 2009
최성락,『한국 원삼국문화의 연구』, 1993
한국고고학회,『한국고고학강의』, 사회평론, 2009
한국고대사학회,『한국고대사연구의 새동향』, 서경문화사, 2007
文物考古研究所,『丸都山城』, 2004

■ 사진출처

『고대 아시아 문물교류』-사진125, 142, 154, 161, 168~172, 174
『고성 문암리유적』-사진1, 54, 56, 60
『구석기 · 신석기』-사진44, 51, 61, 65
『계간 한국고고학』17-사진20
『남강유역 문화유적 발굴도록』-사진47, 74, 75, 109
『동삼동패총문화』-사진57, 59, 62, 64, 66
『대륙에 남은 고구려』-사진113, 118
『마한 숨쉬는 기록』-사진131, 133, 134, 137~139, 141, 143, 144, 164, 166, 167
『비봉리』-사진3, 50, 67
『빛나는 호남10만년』-사진21, 28, 31, 37
『선사 · 고대의 요리』-사진146, 162, 163
『선사유적 발굴도록』-사진19, 40~42
『사람과 돌』-사진43, 49, 58, 71, 103~106
『縄文のシンフオニ』-사진68, 69
『영산강의 고대문화』-사진8
『한국고대국가의 형성』-사진73, 77, 130, 135, 140, 145, 147, 148, 155, 156, 158~160, 165
『한국청동기문화』-사진78, 82~95, 110, 111, 157, 173
『한국의 선 · 원사토기』-사진52, 53, 55, 81, 96~102, 136, 149~153
『청동기문화』-사진107, 108, 112
『한국고고학저널』, 2006-사진18
『한국고고학저널』, 2007-사진129
『한국고고학저널』, 2009-사진12
『한국의 구석기』-사진22~27, 29, 30, 32~36, 38, 39
『丸都山城』-사진119, 120